★ 大众创业　万众创新

★ 了解趋势　把握未来

★ 掌握规律　创新模式

★ 提升能力　锻造团队

★ 创业融资　资源整合

★ 高等院校创业教育规划教材

创业管理

蒋翠珍　廖列法　余来文　封智勇／编著

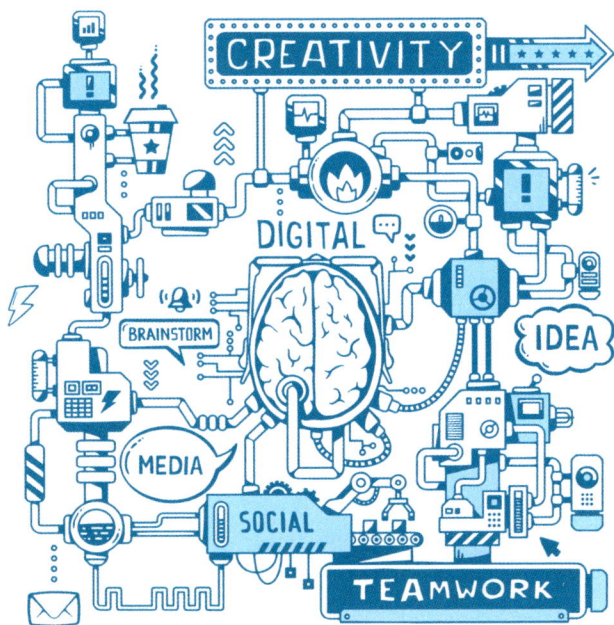

厦门大学出版社
XIAMEN UNIVERSITY PRESS
国家一级出版社
全国百佳图书出版单位

图书在版编目(CIP)数据

创业管理/蒋翠珍等编著. —厦门:厦门大学出版社,2018.1
(高等院校创业教育规划教材)
ISBN 978-7-5615-6694-7

Ⅰ.①创… Ⅱ.①蒋… Ⅲ.①企业管理-高等学校-教材 Ⅳ.①F272

中国版本图书馆 CIP·数据核字(2017)第 239504 号

出 版 人	蒋东明
责任编辑	吴兴友
封面设计	李嘉彬
技术编辑	朱 楷

出版发行 厦门大学出版社

社　　址	厦门市软件园二期望海路 39 号
邮政编码	361008
总 编 办	0592-2182177　0592-2181406(传真)
营销中心	0592-2184458　0592-2181365
网　　址	http://www.xmupress.com
邮　　箱	xmupress@126.com
印　　刷	厦门集大印刷厂

开本	787mm×1092mm　1/16
印张	20.5
插页	2
字数	474 千字
印数	1～2 000 册
版次	2018 年 1 月第 1 版
印次	2018 年 1 月第 1 次印刷
定价	49.00 元

本书如有印装质量问题请直接寄承印厂调换

厦门大学出版社
微信二维码

厦门大学出版社
微博二维码

前　言

当前,中国经济已经步入转型升级的轨道,在此形势下,作为稳增长、保就业、促转型的重要抓手,大众创业、万众创新成为中国经济转型的必然选择。中央层面也对"双创"工作非常重视。在 2017 年两会的记者会上,李克强总理总计 33 次提到了"创"字,在回答的 19 个问题中,有 4 个问题用"创"字予以回应。因此,一时间,"双创"引起了国内外高度关注,创新创业正成为我国经济增长的新引擎。

"大众创业、万众创新",是经济新常态下推动经济增长的关键举措之一,是实现创新发展战略的重要举措,也是打造经济发展新动能的重要引擎,有利于扩大就业、增加居民收入,有利于促进社会公平正义,有利于民生领域的方方面面。在实践层面,我国"双创"成绩喜人,目前"双创"覆盖了一、二、三产业以及大中小企业。2016 年,全国每天新登记市场主体达 4.51 万户,在全球创新指数排名中,中国首次跻身世界最具创新力的经济体前 25 强。可以说,"双创"极大地激发了国家的发展活力,为经济中高速增长提供了源源不断的动力。

虽然国家出台了许多创业扶持政策,但创业形势却不容乐观。有数据显示,中国创业公司的失败率高达 90%。如何成为另外 10% 的成功创业者,是摆在许多创业者面前的难题。

由此,我们认为创业者在创业过程中对创业知识具有强烈的需求。本书从商业模式的视角出发,结合大量案例分析,从全面创业时代、创业管理、商业模式、企业定位、创业团队、资源整合、融资管理、商业计划书以及创新与运营管理等方面,深入浅出地对创业者给予理论和实践指导。总体来说,本书具有以下特点:

1. 紧跟时代潮流

从计划经济到市场经济,从互联网到移动互联网,中国在经历了 1979—1989 年的个体化爆发草根创业、1992—1997 年的下海潮、1997—2000 年的互联网创业三次创业潮后,正进入从 2014 年开始的大众创业阶段。本书紧跟时代潮流,以全面创业时代为切入点,在创业管理中渗透时代特点,不仅介绍了经典的创业管理相关理论和实践,还引入了互联网、移动互联网、互联网十、共享经济等极具时代特征的创业管理内容,以期能够让读者在阅读此书过程中及时了解业界创业者最新的创业进展。

2.强化价值创造

在大众创业、万众创新浪潮的激荡下,近几年来社会上掀起了轰轰烈烈的创业大潮,有人顺势而起,有人败兴而归。社会上不断涌现出互联网思维、大数据思维、人工智能、虚拟现实、区块链等新兴概念,还出现"站在风口上,猪都会飞"的期望,大量创业者在错过一个风口之后都期望自己能够成为下一个风口上的猪。社会上还充斥着一些用新概念包装的老公司。本书在编写过程中,从商业模式的视角出发,强化价值创造在创业管理中的重要性。也希望所有创业者在创业过程中能够不忘初心,坚持价值创造,做到所做之事必须是有价值的,必须给商业生态圈提供价值,清楚客户的痛点到底是什么。我们也相信,在互联网时代,成功的创业者是需要社会理想,也是需要坚守价值创造理念的。

3.深化创业逻辑

网上有一句话说:"放高利贷的改叫 P2P,乞讨的改叫众筹,统计的改叫大数据分析,忽悠的改叫互联网思维,做耳机的改叫可穿戴设备,办公室出租的叫孵化器,看场子收保护费的叫平台战略,搅局的叫颠覆式创新,借钱给靠谱朋友的叫天使投资,借钱给不靠谱朋友的叫作风险投资。"这说明现在是创业最好的年代,互联网大大降低了创业启动成本,创业成功角色模范多。但同时,现在也是创业最坏的时代,创业成了风尚、成了运动,而忽视了创业是一个复杂的系统工程的基本逻辑。那么,创业需要哪些基本要素?本书从商业模式的视角出发,侧重如何把机会转变为商业价值,关注创业团队的组织,强调投融资对创业的作用,关注创业精神、企业家精神和创业者精神对创业的推进作用。从创业成功基因的角度阐述创业管理,深化对创业逻辑的理解。

4.衔接创业实践

实践是最好的导师,在创业初期,其他人的实践经验是提高企业创业成功率的重要知识来源。本书在编写过程中,强调案例的选取要与时俱进,特别是对当前热门的互联网十、人工智能等领域,以众多的创业成功企业为例子,分析其中的团队管理、商业模式、企业定位、资源整合和创新管理,尽量让读者少走独自摸索的弯路,增加感性理解,提高创业成功的概率。

站在第四次创业浪潮中,我们看到大量的新兴业态、初创企业、大学生创业的成功案例破土而出。可以想象,随着大数据、物联网、云计算等软硬件以及数据资源等条件的不断成熟,会有越来越多的创业企业勇立潮头。希望我们的读者能在本书中收获点滴,创造辉煌,这将是我们最大的快乐。

目　录

1.全民创业时代

本 章 要 点

☆　认识中国创业现状；

☆　了解经济转型、创业政策、创业环境与创业机会的关系；

☆　知晓创业时代下的产业发展、创新创业管理；

☆　理解互联网创业实践的趋势。

开 章 案 例

达安基因风险投资模式

图片来源：www.daangene.com

中山大学达安基因股份有限公司（以下简称为"达安基因"），1988 年 8 月 17 日成立，前身为广东省科四达医学仪器实业公司，2001 年 12 月 13 日更名为中山大学达安基因股份有限公司。达安基因是一家依托中山大学雄厚的科研平台，以分子诊断技术为主导，集临床检验试剂和仪器的研发、生产、销售以及全国连锁医学独立实验室临床检验服务为一体的生物医药高科技企业。

达安基因是全国第一批获 CFDA（国家食品药品监督管理总局）批准开展基因测序临床检验的公司之一，是我国基因诊断技术行业龙头，主要从事荧光 PCR（聚合酶链式反应）检测技术研究、开发和应用，荧光 PCR 检测试剂盒和医疗设备的生产、销售以及提供临床检验服务。达安基因在分子生物学技术方面，尤其是基因诊断技术及其试剂产品的研制、开发和应用上始终处于领先地位。

达安基因集聚了包括生物学、遗传学、细胞生物学、生物化学、微生物学、管理学等多项领域的专家及技术人才,拥有包括 80 余位博士、硕士、留学归国人员在内的 800 余人的技术及管理人才队伍,构建了一整套现代企业化的运行模式,先后承担了近 30 项国家及省、部级重点攻关项目。达安基因配备了价值数千万元的世界先进分子生物学研究及分析仪器,建立了计算机远程网络诊断中心。

达安基因拥有 2 家国家级实验室平台,卫生部医药生物工程技术研究中心、符合 ISO15189 标准的大型实验室遍布全国,面积超过 10000 平方米。达安基因于 2004 年 8 月在深圳证券交易所挂牌上市,成为广东省高校校办产业中第一家上市公司。达安基因集团旗下拥有 180 家全资、控股及参股子公司,构建起了大健康生态圈,销售服务网络遍及全国。

一、成立创投公司

达安基因主要是通过银行贷款、提供技术服务和销售产品盈利来解决企业初期发展的资金需求问题,自主发展是企业在这一阶段的主要特点。从 1994 年开始,达安基因通过在多家医院建立基因诊断实验室,为医院提供技术服务,构建全国范围内的技术服务网络;1996 年,达安基因在国内成功研发了荧光定量 PCR 检测技术,填补了国内在这一技术上的空白;与此同时,对这一技术的商业化进程也随之开始;1998 年,达安基因的 5 个荧光定量 PCR 产品通过了中国药品生物制品检定所的检验,为 PCR 产品的生产打下基础;1999 年,达安基因成功推出了乙肝病毒核酸扩增(PCR)荧光检测试剂盒,这是我国第一个荧光 PCR 诊断试剂产品,荧光 PCR 诊断试剂的市场被打开。

进入加速发展阶段后,达安基因的诊断试剂市场不断扩大,通过银行贷款、提供技术服务等方式获取资金已经不能满足企业进一步发展的需要。此时,引进风险投资和战略投资成了达安基因的选择。2001 年,达安基因通过联合广州生物工程中心、红塔投资、东盛投资等企业进行改制,成立股份制公司。随着合作企业资金的不断注入,达安基因在构建生产和营销网络的同时持续推出新的产品。2003 年,达安基因推出了新型冠状病毒核酸扩增(PCR)荧光检测试剂盒这一新产品,通过对病毒基因的准确检测,在防治"非典"的过程中发挥了巨大作用。此后,甲胎蛋白定量测定试剂盒、癌胚抗原(CEA)定量测定试剂盒等多种试剂产品获得国家食品药品监督管理局审核通过,持续不断地实现生产销售。

由于在核酸诊断试剂领域已经获得持续、稳定的发展,扩张期的达安基因选择通过并购、与其他企业合资合作的方式开拓新领域,寻求新的发展模式。2007 年 7 月,达安基因出资 5466 万元收购了中山生物工程有限公司,开始了免疫诊断试剂的生产,将诊断试剂的生产扩展到了免疫领域;通过借鉴欧美的发展经验,达安基因于 2007 年 9 月与中国高新投资集团合资设立了高新达安健康投资有限公司,在一些一、二、三线城市逐渐建立独立的医学实验室,开启了诊断试剂行业新的盈利模式;2012 年,达安基因与美国的 Life Technologies 公司合资成立了广州立菲达安诊断产品技术有限公司,通过利用 Life Technologies 在分子诊断技术和设备上的优势,促进相关分子诊断试剂的研发。与国内外企业在各方面开展合作的战略,在很大程度上解决了达安基因的资金、技术和销售渠道问题。"自主—合作"的发展模式使达安基因逐渐形成了立足于生物医药产业,贯穿于诊断试剂的研发、生产、销售和下游技术服务的全产业链布局。

二、投资成功业绩与经验

传统 PCR 业务稳步增长,NIPT(无创产前基因检测)业务迎来爆发期,在二代基因测序方面拥有从仪器、试剂到服务的全方位布局,这些都让达安基因占得先机。分子诊断是 IVD(体外诊断)行业中增长最快的子领域,分子诊断行业待爆发,技术上的突破与政策的支持将会为其打开新的成长空间。

在政策和测序价格下降等因素刺激下,2020 年基因测序市场有望达百亿,增速超过 30%。达安基因在产业链上中游均有布局,在产前筛查诊断与肿瘤诊断及其治疗领域获卫计委批准试点,有望率先享受行业增长福利。达安基因作为国内分子诊断行业的龙头企业,背靠中山大学,研发实力强劲,拥有丰富的产品线,业务范围覆盖了临床应用、公共卫生、检验检疫、科研、政府项目、企业应用等诸多领域,二代基因测序业务发展前景广阔,在医疗服务投资领域拥有新看点。

达安基因定位基因精准医疗,核酸诊断市场稳定增长,独立实验室探寻新合作模式,研发实力强,销售渠道广;借助医改背景,向产业上下游延伸,布局医院建设;同时还成立多个并购基金进行并购扩张。在精准医学浪潮与医改的背景下,达安基因在技术研发、销售渠道和医院资源的积累,将为分子诊断业务的快速发展奠定良好的基础。

三、结论与启示

在中国,基因科技已和发达国家处于同一起跑线,中国科学院院士周宏灏预测2020 年中国基因检测市场将达 1200 亿元,拥有很大的市场开发空间。环境污染、食品安全问题、水质污染、工作压力大、生活方式不健康、家族遗传病等引发的癌症及重大慢性疾病趋于年轻化,严重威胁我们的健康。全民关注健康的时代已经到来,基因检测是治未病的核心关键,未来 2~3 年约有 3 亿人的消费需求。同时,国家关于健康的利好政策持续不断,基因检测、精准医疗和医院投资步入大发展元年,达安基因多轮驱动步入新时代。

从生物医药行业发展现状看,在深化医疗卫生改革的大背景下,随着全民医保制度的实施、医疗及公共卫生重大专项的推进、我国医疗费用支出存在较大的上升空间及人口老龄化趋势加快等因素的驱动,医疗扩容趋势依然延续,同时随着人们健康意识的提升和消费能力的提高,以及国家产业政策的推动和支持,在未来一个时期内,整个生物医药行业的收入和利润将会保持较快增长。

作为行业领导品牌,达安基因独创大健康生态圈商业模式。以基因检测作为核心驱动力轻松引流获客,通过平台数据分析导入个性化健康管理服务,开展适配体验、养生保健、保险、高端医疗等相关拓展业务,达安基因实现了多元化、多渠道获客、养客、盈利。

(资料来源:作者根据多方资料整理而成)

2016 年 12 月 28 日,清华经管学院中国创业研究中心发布《全球创业观察(GEM) 2015/2016 中国报告》。该报告针对二十国集团(G20)背景下的中国创业活动进行调研对比发现,中国创业活动在二十国集团中处于比较活跃的状态。中国早期创业活动指数为 12.84%,比大多数创新驱动国家,如美国(11.88%)、英国(6.93%)、德国(4.70%)和日本 (3.83%)更活跃。在政策、技术、经济结构转型等环境的作用下,中国已经成为全球创业活动较为活跃的区域之一。2016 年,全国各地的创业路演数量达近 10 万场。随着国务院印发《关于促进创业投资持续健康发展的若干意见》,在全国各地,各类创业论坛和沙龙、商业路演等活动开展得如火如荼,中国进入一个全面创业的年代。

1.1 经济转型与创业时代

我国经济转型过程划分为以下三个阶段:改革开放初期(1978—1992 年)、全面改革开放时期(1992—2001 年)、WTO 时期(2001 年至今)。划分上述三个阶段的历史事件分别是十一届三中全会、邓小平南方谈话和中国加入 WTO。

党的十一届三中全会开创了我国社会主义建设的历史新时期,这次会议确立了党和国家的工作重心是经济建设,为创业者提供了广阔的活动舞台和发展空间。创业型就业如雨后春笋般涌现,第一代创业家开始了中国的创业历程,有效缓解了当时沉重的就业压力。在这一阶段,创业者多是农村人口和城镇无业人员,一般文化素质不高,经营方式为个体户,经营行业一般都是传统行业,如饭馆、小商店、加工业、长途贩运等。

1992 年,国民经济在经历三年治理整顿的短暂低速徘徊后,由于社会主义市场经济体制改革目标的确立而再次出现爆发性的增长。邓小平南方谈话大大地解放了人们的思想,使一度沉寂下来的创业热潮再次高涨起来。在这个阶段,一大批来自政府机关、国有大型企业、高等院校、科研院所的大学生,受南方谈话精神感召,主动创业,形成了一大批具有一定的技术优势、客户资源甚至团队管理经验的企业家。

在 WTO 时期,创新资源、人力和技术资源以及组织和声誉资源的重要性得到空前的提高。此时期出现了大量学历高、技术高、管理起点高的高学历和海归留学生创业者,这些创业者往往在创业前掌握着高技术,拥有较强的创新精神。网易、搜狐等就是典型企业。

1.1.1 中国创业现状与国际竞争

一个国家的创业环境对其创业活动有极其重要的影响,良好的创业环境可以推动创业活动的发展。2014 年 9 月 10 日,我国国务院总理李克强在天津达沃斯论坛上 4 次提到"全民创业"这一概念,全民创业由此受到全社会的广泛关注。2015 年李克强总理在政府工作报告中再次提出"大众创业、万众创新",强调"让人们在创造财富的过程中,更好地实现精神追求和自我价值"。国务院在 2015 年出台了 9 项关于创业的通知或意见,党中央、国务院制定出台了一系列推进"大众创业、万众创新"的政策措施,例如发展电子商务、高等学校开展创新创业教育、支持农民工等人员返乡创业等。在产业环境方面,2016 年,农业和食品、基础设施、高端制造业和房地产继续成为对外投资的重点行业;信息通信技术、医疗保健和交通行业也成为引人关注的行业。

创业不仅要有宏观的政策导向,也应该有一定的软硬件设施来作为支撑。随着经济的发展,我国更加注重提高自主创新能力、提高节能环保水平、提高经济整体素质和国际竞争力。新技术的涌现、互联网的运用、新能源和新材料的开发,为创业提供了全新的空间。

国际竞争的实质是以经济和科技实力为基础的综合国力的较量,是创新力的博弈。进入新世纪后,创新力在国家实力中的作用进一步突显,成为国家发展的原动力、综合国力的核心、国家竞争力的关键。创业创新是稳增长保就业的重要基础,借势"互联网＋"发展,创新驱动,推进强化工业基础能力,能够实现产业结构的调整和发展方式的转变,促进中国经济提质增效。经过近 30 年的高速增长,我国经济总量和市场容量大大增加,成为世界上任何一个国家都不可替代的经济体,市场需求旺盛,为创业提供了机遇。我国为促进国民经济又好又快发展,在加快转变经济发展方式、完善社会主义市场经济体制方面取得重大进展,从而为创业者充分施展才能提供了广阔的空间。

1.1.2 经济转型与创业机会

改革开放后的中国经济同时经历着两种转型,即体制转型和社会转型。体制转型指的是计划经济体制向市场经济体制的转变。这两种经济体制的本质区别在于价格系统是否可以成为资源配置的基本力量。计划经济以政府直接配置资源为特征,政府通过计划这只"有形的手"去配置资源,决定产品的生产、分配、交换以及消费。而在市场经济体制下,主要是通过市场供求关系所形成的价格机制,即亚当·斯密所说的"无形的手"去调节供求进行资源配置,政府在资源配置中主要起弥补"市场失灵"的作用。社会转型是指从传统社会向现代型社会的过渡,尤其是特指当代中国从传统社会向现代社会、从农业社会向工业社会、从封闭性社会向开放型社会的社会变迁和发展的演变过程。发展阶段由传统向现代转型,即现代化;经济由封闭向开放转型,即国际化。由此发生了多个层面的变化:市场态势由卖方市场转向买方市场,企业制度向公司制转型。

中国从计划经济向市场经济转型的过程主要包括两个方面:一是建立对市场机制有灵敏反应的企业群,从而形成由价格系统配置资源的基本运行方式;二是在这个过程中将经济增长所需的资源平稳地从传统国有企业转移到新型企业群。中国经济转型过程就是中国经济资源配置方式转型过程与经济资源转移过程的统一。这个统一的过程保证了中国的市场化进程与经济增长相互促进的关系。

从经济转型的视角来看,制度、市场、技术等环境因素的一个或多个发生变化,就可能使经济体产生非均衡状态,从而产生创业机会。与发达经济体相比,由于转型经济体环境各要素的变化具有独有的特征,因此在转型过程中也将形成独特的创业机会。在经济转型过程中存在着三种类型的创业机会:市场型创业机会、技术型创业机会和全球化创业机会。这三种类型的创业机会之间的关系如表 1-1 所示。

表 1-1　经济转型环境下的创业机会类型

		机会性质	
		需求	技术
机会范围	地方	市场型创业机会	技术型创业机会
	全球	全球化创业机会	

所谓市场型创业机会是指基于未被充分满足的市场需求的创业机会。这些未被充分满足的市场需求是客观存在的，并不是企业家所创造，例如改革开放初期家电行业中的小灵通。所谓技术型创业是指技术商业化的创业机会，例如 Windows 操作系统的商业化。市场型创业机会和技术型创业一般是针对某个特定的区域或一个国家范围以内而言的。市场型创业机会是指企业家首先感知到未被满足的市场需求，然后整合资源（包括整合技术资源）去满足这些市场需求。技术型创业机会则是指企业家首先拥有技术资源，然后为这些技术资源寻找市场。所谓全球化创业机会是指由全球化带来的市场型和技术型创业机会，例如联想通过并购 IBM PC 事业部进入全球市场。

全民创业时代专栏一：

格力电器转型之路

图片来源：www.gree.com.cn

珠海格力电器股份有限公司（以下简称"格力"）是一家集研发、生产、销售、服务于一体的国际化家电企业，拥有格力、TOSOT（大松）、晶弘三大品牌，主营家用空调、中央空调、空气能热水器、手机、冰箱等产品，2015 年排名"福布斯全球 2000 强"第 385 名，家用电器类全球第一名。

格力自 1991 年成立以来，始终坚持"自主创新"的发展理念，秉承"百年企业"的经营目标，凭借领先的技术研发、严格的质量管理、独特的营销模式、完善的售后服务享誉海内外。

2005 年至今，格力家用空调产销量连续 11 年领跑全球，2006 年荣获"世界名牌"称号。2015 年，格力实现营业总收入 1005.64 亿元，净利润 126.24 亿元，纳税148.16 亿元，连续 14 年位居中国家电行业纳税第一，累计纳税达到 683.38 亿元。

一、市场分析

中国新兴的中产阶级消费需求不断增长。随着收入水平的提高，农村和城市居民对家电的消费意愿逐年上升，我国已进入家电消费升级阶段。技术含量高、节能环保、舒适度好、质量过硬和外形时尚美观的中高端家电产品越来越受消费者欢迎，销售量越来越大。

中国家电行业的零售渠道对电子商务的依赖越来越大。在线销售成为广大消费者，特别是 80 后、90 后年轻一代消费者所喜欢的购买方式。渠道变革、消费档次提升正引导整个中国家电行业的产业升级。中国家电企业领先者们正在慢慢改变靠营销忽悠和价格战血拼的低层次发展模式，越来越注重依靠研发和创新来提升核心竞争力。

二、战略转型

2002 年至 2012 年，格力整合所有资源将空调做到最完美，在人们的心中奠定了良好的市场形象。一句"好空调格力造"更是让其成为空调品牌的代名词。在以专业化战略为战略发展的这十年,可以说格力已经将"中国制造"做到了极致,具有令全球制冷业业内人士认同的制造能力,成为国际领先品牌。2013年,格力董事长董明珠以代言人的身份出现在晶弘冰箱的新广告片中,意味着格力已经完成从空调、小家电向冰箱的第二次多元化扩张。2014年,在上海AWE中国家电博览会上,格力正式推出了集前沿科技和时尚潮流于一身的高端生活电器品牌TOSOT(大松),包括净水机、电暖器、加湿器、电风扇、空气净化器、干衣除湿机、电饭煲、电压力锅、电磁炉九大系列新品。2015年,格力首次对外展示了格力手机:不强调智能化,做"物联网"概念,用手机控制家居电器、调控生活环境。2016年格力新品发布会上,格力画时代空调、磁悬浮离心机组、晶弘瞬冷冻冰箱以及TOSOT零耗材空气净化器四大新品惊艳全场。格力还同时发布了"格力,让世界爱上中国造"的新口号。

格力每年在科研上的投入超过20亿元,创新技术成果已经成为格力在市场竞争中获胜的关键因素,也成为企业持续发展的动力。对于技术的高度重视,使得格力有了在更高层面参与竞争的底气。格力依托自主研发推动三大品牌全球影响力的提升,用实际行动让世界为之侧目,提高了自主品牌在国际市场上的竞争力。

(资料来源:作者根据多方资料整理而成)

我国的经济转型与经济增长正处于十分重要的历史节点:一方面,经济转型面临着诸多深层次的结构性矛盾与问题;另一方面,经济转型升级也蕴藏着巨大的市场空间和增长潜力。我国的创业活动是在经济转型环境下进行的,经历着从改革开放之前极度缺乏创业机会,到改革开放后大量涌现创业机会,以及全球化后带来的更加多元化的创业机会的转变。目前,随着经济全球化进程的加快以及全球经济力量格局的重新调整,我国的企业正面临着前所未有的重大历史机遇和挑战。

1.1.3 创业政策与创业机会

创业政策是指国家或地区在自己管辖的范围内采取的鼓励创业的措施,其目的是提高国家或地区的创业活跃程度。创业政策作为创业环境的重要内容,是直接影响一个国家或地区创业活动水平的重要手段。2015年各地掀起全民创业热潮,政府推出各项政策大力支持和鼓励全民创业,让一切劳动、知识、技术、管理、资本的活力竞相迸发,让一切创造社会财富的源泉充分涌流,让每一个创业创新者都拥有公平机会,使创业者能够在更宽广的创业平台上寻找到创业机会。变化是创业机会的重要来源,政府政策的变化会给创业者带来创业机会。

对于创业者来说,优惠政策就好比创业的助推器。政府政策的变化可以让其创造更多不同的新想法,也能扫清许多不利于新创企业生成的障碍,从而降低创业成本,提高创业的成功率。自2013年5月至今,中央层面已经出台至少22份相关文件促进创业创新,这些文件对创业创新起到积极作用。

政府政策的变化还可以为创业者带来创业机会,比如,一些行业进入条件的放宽(如资源开采、民用航空等)、政府采购政策导向的变化(如对高技术企业、第三产业的优惠政策)都有可能为新创企业带来机会。环境保护、治理政策的出台,会将那些对环境破坏大、污染严重的企业的资源,转移到能保护环境的创业机会上来。

此外,创业政策上的大力支持降低了创业难度,让创业者想创业、敢创业、能创业。第一,完善公平竞争市场环境,通过专项资金扶持和贴息贷款,在短期内扶持多数创业者。第二,加大财政资金支持和统筹力度,在资金方面给予支持,同时出台税费减免政策、进行落户政策支持、提供创业服务等。第三,进一步深化商事制度改革,降低创业门槛,打造众创空间。第四,搞活金融市场,实现便捷融资,丰富创业融资新模式。

创业政策培育创业机会　　　　　　　　　创业政策保障创业机会的实践

创业政策

创业政策扶持创业机会的运行

图 1-1　创业政策与创业机会的关系

全民创业时代专栏二：

ofo 共享单车：共享经济＋智能硬件

ofo

图片来源：www.ofo.so

创立于 2014 年的 ofo 共享单车(以下简称"ofo"),是国内首家以平台共享方式运营校园自行车业务的新型互联网科技公司,首创无桩共享单车出行模式,致力于解决大学校园的出行问题。ofo 以"ofo 共享单车"为核心产品,基于移动 APP 和智能硬件开发,是目前中国规模最大的校园交通代步解决方案,为广大高校师生提供便捷经济、绿色低碳、更高效率的校园共享单车服务,同时协助高校回收改造废旧自行车,解决"僵尸车"问题。

2016 年 9 月 26 日,滴滴出行以数千万美元战略投资共享单车平台 ofo。2016 年 12 月 8 日,ofo 在广州召开城市战略发布会,宣布正式登陆广州,将与海珠区政府建立战略合作,2016 年内投放 6 万辆自行车。2016 年 12 月 23 日,ofo 宣布,将在硅谷、伦敦等地开启城市服务试运营。

应用软件操作简单、流畅。用户在使用时,通过移动 APP 输入车牌号即可获得密码解锁单车,并可以将车骑去校内任意的地方,随时停放。另外,高校师生也可以共享自己的单车给 ofo 经营,从而获得所有 ofo 共享单车的免费使用权,实现以 1 换 N 的共享出行模式。

首创无桩共享单车,提高闲置单车的利用率。学生自购新车一般会面临易丢车、修车麻烦的问题。而借助 ofo 共享单车,学生的经济压力更小。校园场景与城市场景比起来,在封闭的校园场景中,共享单车的使用率更高,可以利用潮汐效应。所谓潮汐效应,即学生在校园食堂、图书馆、宿舍、教学楼等地间的迁徙是大规模并发的。

共享单车创新式地提出了"以共享经济＋智能硬件,解决最后一公里出行问题"的理念,不仅可以缓解交通拥堵,减少环境污染,而且将低碳、环保、互联网＋、共享经济等完美融合,创建了全新的出行方式。

国家发改委曾在针对 2016 年印发的《推进"互联网＋"便捷交通 促进智能交通发展的实施方案》所作的阶段性总结中,点名表扬了以 ofo 为代表的共享单车企业,称 ofo "为城市交通中短距离出行、解决'最后一公里'提供了有力支撑"。

(资料来源:作者根据多方资料整理而成)

1.1.4 创业环境与创业机会

创业环境是指开展创业活动的范围和领域,是创业者所处的环境,是对创业活动产生影响和发生作用的各种因素的综合体。创业环境是一个动态的系统,其特性表现为敌对性、动态性、复杂性。

创业环境一般可分为以下几种表现形式。一是宏观环境,包含社会环境、自然环境、消费环境。社会环境是指创业者所处的地区内的政治制度、经济制度、法律制度、思想文化、风俗时尚等方面。自然环境是指创业活动面对的地理、资源、气候等自然状况。消费环境是指创业者的商品在转化为货币的过程中所需要的各种条件,包括特定地区人们的富裕程度、消费观念、消费水平等方面的状况。作为创业活动的宏观背景,社会环境、自然环境和消费环境是不可改变的,同时它们的变化将对创业活动产生不可抵抗的影响。二是市场环境,包括合作环境与竞争环境。合作环境是指创业者建立协作伙伴关系的环境,具体指产业链上下游相关企业及配套企业的完善性,以及融资环境等。竞争环境是指创业企业所在行业及其竞争者的参与、竞争程度,它代表了企业市场成本及进入壁垒的高低。三是创业企业内部环境。内部环境是创业组织内部各种创业要素的总称,如人员、资金、设施、技术、产品、生产、管理、运营等方面的情况。处理好内部关系、优化内部环境,是创业活动生存的根基。上述各种形式的创业环境相互结合,交织成完整的创业环境。

创业机会是指创建企业所需要的机会以及企业发展过程中的战略更新、产品或者服务更新所带来的机会。创业过程中离不开机会,创业环境与创业机会密不可分。如图1-2所示。

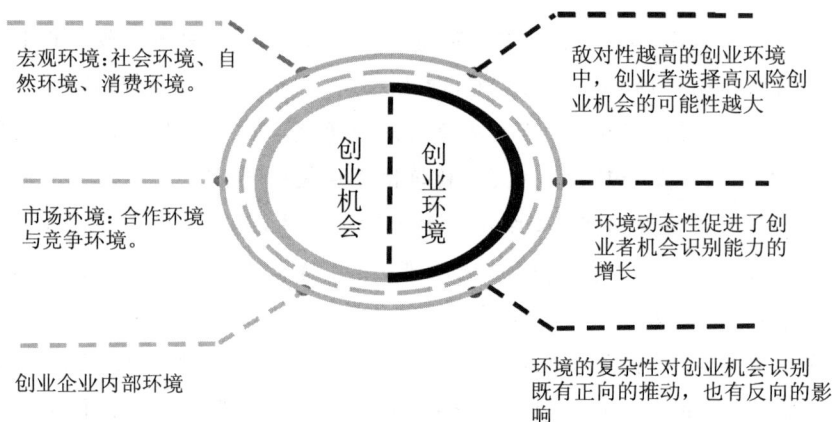

图 1-2　创业环境与创业机会理论框架图

创业环境的敌对性一方面增加了创业机会搜索、发现、评价的难度,另一方面给出了更多的信息与资源,使创业者有更多的机会。在敌对性的环境中,由于竞争对手的竞争能力不同,导致竞争格局的变化,从而给一些企业带来了意想不到的机会。对创业企业而言,在敌对性越高的创业环境中,创业者选择高风险创业机会的可能性越大,对创业者的警觉性要求越高。创业环境的动态性增加了创业者的识别难度,但也促进了创业者机会识别能力的增长。创业者可以通过个人能力来创造创业机会,在此过程中就可以推动创业环境的改变。创业环境的动态性作用于企业创业活动的整个过程中,在给创业企业带来不确定性和挑战的同时,也带来一定的机会。创业环境的动态性是创业机会产生的主要来源,没有环境变化,就没有创业机会。创业环境的复杂性表现在很多方面,例如行业内技术的发展与革新、产品的更新换代、新竞争对手进入的频率、政策法规变化等。不同程度的复杂性影响着创业者的分析判断。创业环境的复杂性对创业机会识别既表现为正向的推动作用,也表现为反向的影响作用。

1.2 产业发展与创业时代

当前中国经济已进入新常态,经济发展正从高速增长转向中高速增长,并将真正实现结构转型,而且将更加看重创新。在这个过程中,我国传统产业转型升级具备了强劲的推动力,不断寻求技术和产品上的更新,同时新兴产业不断兴起,人工智能等新技术不断涌现。传统产业的转型、新兴产业的发展以及技术的创新创造了大量的创业机会。

1.2.1 传统产业转型与创业

一般而言,传统产业是指发展时间较长,生产技术已经基本成熟,经过高速增长后发展速度降低,对国民经济的影响逐渐下降,资源利用率和环保水平通常较低的产业。随着科学技术的日新月异和高新技术产业的迅速发展,以手工业和简单机械加工为主的低技术含量、低附加值的劳动密集型传统产业受到严峻挑战。运用高新技术改造传统产业,实现传统产业的高技术化和高新技术的产业化,成为发达国家和一些新兴经济体对传统产业进行转型升级的核心任务。传统产业转型升级包括高新技术应用于传统产业而引起的技术结构、组织结构和管理水平的升级。

当前,传统产业转型发展既面临巨大的外部压力,同时也能产生强大的内生动力,在经济新常态下将迎来"二次创业"的新阶段。党中央、国务院高度重视创新发展,出台了诸多利好政策,为传统产业提供了新机遇;内需不断向高品质、个性化持续升级,为传统产业带来了新市场;通过加强科技研发、品牌服务、延长价值链条等途径提高发展的质量和效益,为传统产业提供了新空间;包括移动互联网、云计算、大数据、电子商务在内的信息技术飞速发展和壮大,为传统产业带来了新业态。经济新常态下有新思路、新方向、新作为,传统产业将大有可为。

中国经济进入新常态,为我国传统产业转型升级提供了强劲的推动力,创新和转型升级成为我国经济发展的主旋律。信息技术是新经济的支柱和先导,当今世界经济社会发展的大趋势就是信息化。在移动互联网的冲击下,信息消费为经济发展带来新契机,互联网与传统产业的融合也越来越深。在互联网时代,传统企业转型就要充分利用互联网社交平台的便利,明确产品定位,形成质量、品牌、性价比高的优质优价营销模式,依托大数据资源,以最少的资源消耗获得最好的服务,让互联网成为传统企业转型的一种手段。互联网将成为基础性的技术手段和平台,传统产业将利用互联网新技术创造新的商业模式,为企业带来新的利润增长点,拉动更多的经济消费。

传统企业技术结构、组织结构和管理水平的升级,当前国内内需不断向高品质、个性化持续升级为传统产业带来新市场,以及互联网与传统产业的不断融合形成了新的价值创造机会,同时也带来了大量的创业机会。

全民创业时代专栏三:

万马股份转型升级

图片来源:www.zdydep.com

公司是专门从事电力电缆研发、生产和销售,集科研、设计、制造、销售于一体的大型电缆专业生产企业,主要业务涉及电线电缆、新材料、新能源三大行业。具体包括电力电缆业务,线缆及新领域专用材料的研发、生产与销售;光纤光缆、同轴电缆、数据通信电缆等系列产品的研发、生产与销售。近两年来,公司新能源充电桩系列产品的研发、生产、销售量增速较快,并根据市场需求,新增充电网络运维服务、充电网投资等新能源相关业务。

公司践行战略转型,由产品型企业向"集生产制造、运营管理、服务平台建设于一体"的整体解决方案提供者迈进,从单纯提供充电桩到提供全面的智能充电服务整体解决方案转型。万马新能源、爱充网、新能源投资合力形成"智能设备制造+网络运营服务+投资建设充电网"三轮驱动格局,在行业内具备一定知名度。在行业政策不断落地的背景下,万马新能源版块如"星星之火,呈燎原之势"。从单纯提供线缆到全面提供线缆安装、调试、监测等运营一体化服务转型。深化市场布局,为满足客户需求,实现零距离贴近市场,设立 30 余个当地化办事处、扩大销售团队,已经显现效果。

公司积极推动智能制造 4.0 变革,实现物联互通。成立自动化部,通过工业 4.0 项目实施推动制造水平升级,低烟无卤设备互联示范点成功运行,基于物联网的质量管控系统项目获得"2015 年杭州市物联网推广应用示范项目"荣誉,同年万马高分子也实现 SAP 顺利上线。公司在同行中率先将物联网管控技术运用于电缆生产,以技术创新引领电缆行业的发展方向。公司弘扬工匠精神,追求产品的品质灵魂,专注、坚持、用心呵护创立 20 余年的"万马"系列品牌,贴近市场前沿,对产品精心打造、精工制作,不断创新品种、提升品质,为客户提供个性化、定制化的产品与服务。

(资料来源:作者根据多方资料整理而成)

1.2.2 新兴产业发展与创业

新兴产业是指随着新的科研成果和新兴技术的发明应用而出现的新的部门和行业。新兴产业代表新一轮科技革命和产业变革的方向,是培育发展新动能、获取未来竞争新优势的关键领域。目前我国主要有七大新兴产业,分别为节能环保、新一代信息技术、生物、新能源、新能源汽车、高端装备制造和新材料。

"十二五"期间,我国节能环保、新一代信息技术、生物、高端装备制造、新能源、新材料和新能源汽车等战略性新兴产业快速发展。2015 年,战略性新兴产业增加值占国内生产总值比重达到 8% 左右,产业创新能力和盈利能力明显提升。新一代信息技术、生物、新能源等领域一批企业的竞争力进入国际市场第一方阵,高铁、通信、航天装备、核电设备等国际化发展实现突破,一批产值规模千亿元以上的新兴产业集群有力支撑了区域经济转型升级。大众创业、万众创新蓬勃兴起,战略性新兴产业广泛融合,加快推动了传统产业转型升级,涌现了大批新技术、新产品、新业态、新模式,创造了大量就业岗位,成为稳增长、促改革、调结构、惠民生的有力支撑。2016 年,国务院印发《"十三五"国家战略性新兴产业发展规划》,把战略性新兴产业摆在经济社会发展更加突出的位置,大力构建现代产业新体系,推动经济社会持续健康发展。

未来 5~10 年,是全球新一轮科技革命和产业变革从蓄势待发到群体进发的关键时期。信息革命进程持续快速演进,物联网、云计算、大数据、人工智能等技术广泛渗透于经济社会各个领域,信息经济繁荣程度成为国家实力的重要标志。增材制造(3D 打印)、机器人与智能制造、超材料与纳米材料等领域技术不断取得重大突破,推动传统工业体系分化变革,将重塑制造业国际分工格局。基因组学及其关联技术迅猛发展,精准医学、生物合成、工业化育种等新模式加快演进推广,生物新经济有望引领人类生产生活迈入新天地。应对全球气候变化助推绿色低碳发展大潮,清洁生产技术应用规模持续拓展,新能源革命正在改变现有国际资源能源版图。数字技术与文化创意、设计服务深度融合,数字创意产业逐渐成为促进优质产品和服务有效供给的智力密集型产业,创意经济作为一种新的发展模式正在兴起。创新驱动的新兴产业逐渐成为推动全球经济复苏和增长的主要动力,引发国际分工和国际贸易格局重构,全球创新经济发展进入新时代。

到 2020 年,战略性新兴产业发展要实现以下目标:产业规模持续壮大,成为经济社会发展的新动力。战略性新兴产业增加值占国内生产总值比重达到 15％,形成新一代信息技术、高端装备制造、生物、绿色低碳、数字创意等 5 个产值规模 10 万亿元级的新支柱,并在更广领域形成大批跨界融合的新增长点,平均每年带动新增就业 100 万人以上。创新能力和竞争力明显提高,形成全球产业发展新高地。攻克一批关键核心技术,发明专利拥有量年均增速达到 15％以上,建成一批重大产业技术创新平台,产业创新能力跻身世界前列,在若干重要领域形成先发优势,产品质量明显提升。节能环保、新能源、生物等领域新产品和新服务的可及性大幅提升。知识产权保护更加严格,激励创新的政策法规更加健全。产业结构进一步优化,形成产业新体系。发展一批原创能力强、具有国际影响力和品牌美誉度的行业排头兵企业,活力强劲、勇于开拓的中小企业持续涌现。中高端制造业、知识密集型服务业比重大幅提升,支撑产业迈向中高端水平。形成若干具有全球影响力的战略性新兴产业发展策源地和技术创新中心,打造百余个特色鲜明、创新能力强的新兴产业集群。

到 2030 年,战略性新兴产业发展成为推动我国经济持续健康发展的主导力量,我国成为世界战略性新兴产业重要的制造中心和创新中心,形成一批具有全球影响力和主导地位的创新型领军企业。

全民创业时代专栏四:

远达环保发展分析

图片来源:www.zdydep.com

中电投远达环保工程有限公司成立于 1999 年,是中国电力投资集团公司、重庆九龙电力股份有限公司等单位出资组建的高科技环保企业,注册资本 7500 万元,拥有 14 家下属企业。公司最初以常规发电为主,后来抓住产业升级机遇,涉足电力环保领域,通过内部资本调整和业务转型,一举成为中国电力环保领域的典型企业。

目前公司基本形成以工程建设、投资运营、产品制造、技术服务四大价值链为核心,以技术进步和科技创新为支撑的产业架构体系,以环保、节能和水务为主营业务,业务范围涵盖脱硫脱硝除尘工程总承包、脱硫脱硝特许经营、脱硝催化剂制造与服务、水处理工程与运营、除尘设备制造、节能服务、核电站中低放废物处理、环保物联网大数据服务等多个领域,覆盖全国多个地区,并拓展到海外市场。

公司的业务范围主要集中在大气污染治理领域,占主导的业务包括脱硫脱硝除尘工程总承包业务及脱硫脱硝特许经营业务。具体的业务模式为:①脱硫脱硝除尘工程总承包业务经营模式:公司通过参与项目投标签订合同,为业主提供脱硫脱硝除尘工程总承包服务,包括工程设计、设备和材料采购、施工、调试、试运行,最后竣工交付业主,从而获得工程建设收益。②脱硫脱硝特许经营业务经营模式:根据国家发改委和环保部的相关规定,火电厂将脱硫、脱硝业务以合同形式特许给公司,由公司承担脱硫、脱硝设施的投资、建设、运行、维护及日常管理,并完成合同规定的脱硫、脱硝达标排放标准,从而获得脱硫、脱硝电价补贴及脱硫副产物所带来的收益。

面对宏观经济下行、市场环境和经营条件出现不利的变化,公司强化管控水平提升,加快推进环保产业结构调整,坚持科学发展战略引领,紧紧围绕发展经营这一中心任务,在进一步巩固传统优势业务的同时,新业务拓展取得突破。

在传统优势业务领域,公司通过把握超洁净改造机遇,积极参与市场竞争,2016年实现环保工程业务收入 20.73 亿元;完成贵溪二期 2×30 万千瓦脱硝特许经营项目移交运营,特许经营装机容量已达到 3098 万千瓦;脱硝催化剂再生布局基本就位。

在新业务拓展方面也取得突破。首个分布式能源项目——江苏紫光屋顶光伏项目并网发电。潼南项目建成投产并取得危废经营资质。中标重庆市永川区人民医院分布式能源项目,实现了分布式能源工程类项目"零"突破。在核环保业务方面中标山东海阳核电一期工程去污系统设计和技术服务项目、中核集团秦山地区固废处理项目及田湾核电站固废暂存库工程设计项目。土壤修复业务也取得突破,中标邵阳土壤修复项目。在"互联网+"环保领域,完成了火电厂环保远程监测系统的开发和智慧水务平台的搭建,大数据平台开发和智慧环保业务平稳起步。

公司根据建设节能环保产业平台战略部署,发挥中央企业和上市公司优势,以市场为导向,以科技创新为引领,实业发展与资本运作并举,立足重庆,大力开发京津冀、长三角、珠三角等重点区域,全面优化产业结构和资本结构,做精大气治理业务,加快发展水环境治理业务,重点发展节能业务,积极开发固废处理业务,做强做优核环保业务,快速培育"互联网+"业务,大力拓展以城市为主题的生态文明建设,建设成为世界一流节能环保产业集团。

(资料来源:作者根据多方资料整理而成)

1.2.3 产业技术趋势与创业时代

经过 30 多年的高速增长,我国已成为世界第二大经济体。同时,我国的产业发展经历了从生产能力追赶到技术追赶的过程,产业技术进步从模仿制造、引进技术转向引进技术消化吸收与自主研发结合。进入 21 世纪以来,我国的科技投入快速增长,科技经费筹集额和研究开发支出的增长速度均超过 GDP 的增长速度,产业技术发展和创新进入转型阶段,呈现以下特点。

一是科技支出总量进入世界前列,但研发强度与创新型国家相比仍有较大差距。目前,我国研究开发支出总量居世界第二,研究开发支出占国内生产总值的比重居发展中国家首位,超过部分高收入国家水平,但与创新型国家相比仍有较大差距。二是制造能力居世界前列,创新能力为中上水平。目前,我国制造业增加值居世界第一。根据一项由国际组织发布的调查显示,在 2016 年全球创新指数(GII 指数)中,中国成了第一个跻身全球25 强的中等收入经济体,而这个组别通常由位于西欧、北美的高收入经济体组成。三是创新要素逐步向企业集聚,企业创新能力呈二元结构。一方面,企业已经成为创新投入的主力军。另一方面,企业技术水平和创新能力开始分化,少数创新型企业与多数跟随企业并存。四是市场力量驱动企业多种形式创新,以集成创新和引进技术消化吸收改进创新为主。近些年,企业加大自主研发和引进技术消化吸收的投入力度,产业技术进步从依靠跟踪模仿和引进生产能力逐步转向引进技术消化吸收与自主研发相结合。五是不仅高技术产业需要创新,我国传统产业亦具有创新优势。目前,尽管企业研究开发支出相对集中在中高技术行业,但与发达国家相比,我国传统的中低技术制造业的创新优势大于高技术制造业。我国要继续保持传统产业的制造和创新优势,不断提高高技术产业的创新能力,实现从制造大国向制造强国转变。六是部分领域从技术追赶走向局部赶超。经过多年发展,我国部分行业、部分企业的创新能力正从量变转向质变,部分领域从模仿、追赶者变为同行者,少数领域实现赶超。七是我国仍是技术和知识产权的净进口国,关键核心技术对外依赖性较大。

技术创新是产业可持续发展的引擎,是转变产业发展方式、实现工业转型升级的重要支撑。推动产业技术创新能力发展是贯彻落实中央关于加快转变经济发展方式、推进工业化和信息化深度融合的重要手段,是实现制造强国战略的重要抓手,也是推动产业结构迈向中高端、培育战略性新兴产业的关键支撑。通过技术创新引领产业发展,全民创业时代形成。

全民创业时代专栏五:

光迅科技产业技术创新

图片来源:www.zdydep.com

武汉光迅科技股份有限公司(以下简称"光迅科技")成立于 2001 年元月,总部位于武汉"中国光谷",注册资本 1.1 亿元人民币,是中国最大光通信器件供货商,是目前中国唯一一家有能力对光电子器件进行系统性、战略性研究开发的高科技企业,是中国光电子器件行业最具影响力的实体之一。光迅科技专门从事光电子器件及子系统产品研发、生产、销售及技术服务,是全球领先的光电子器件、子系统解决方案供应商,主要产品有光电子器件、模块和子系统产品,按应用领域可分为传输类产品、接入类产品、数据通信类产品。根据咨询机构 Ovum 数据,2015 年第 4 季度到 2016 年第 3 季度光迅科技占全球市场份额约 5.7%,排名第五。

随着移动互联网、大数据与云计算、4K/8K 视频与 VR/AR 等业务的蓬勃发展,网络数据流量持续爆发式增长,驱动大容量光传输系统、大型数据中心与 4G Lte 无线网络市场快速发展。

2016 年中国三大运营商大规模部署 100Gbps DWDM(密集型光波复用)骨干/城域光网络、美国运营商 Verizon 部署 100Gbps 城域光网络,以及全球范围内大型数据中心朝 100Gbps 升级,带动全球光器件和模块市场的增幅达到 17%。100Gbps 相干光模块及器件、100Gbps CFPx/QSFP28 光模块需求强劲。传统波分设备相关产品(波分复用器、光放等)维持增长。国内运营商跟随 ROADM(可重构光分插复用器)等前沿光网络技术发展,相关光器件迎来发展机遇。国内 FTTH 宽带接入市场与无线接入市场受运营商投资周期影响,相关光器件需求整体维持稳定,产品细分市场逐步进行新旧产品的更新换代。

针对中央经济工作会议部署的"三去一降一补"五大任务,结合"两化融合"的目标要求,光迅科技细化信息化和自动化升级方案,强化质量管理,提高精益生产能力和存货管控水平。深化推进 IPD(集成产品开发)建设,全面提升技术创新和产品开发能力。继续加大战略研发投入,发挥全球资源的协同创新优势,渐进掌握核心材料和高速器件封装工艺。聚焦"中国芯",加快关键工艺突破。

未来 5 年,100Gbps 及更高速率光模块市场将占到全球光器件市场的一半以上,100Gbps 光模块中的关键器件——25Gbps/28Gbps 电吸收调制激光器(EML)和分布式反馈式激光器(DFB)芯片供应紧缺,具有核心原材料与芯片技术的企业将占有有利竞争地位。硅光子器件,如 100Gbps 相干光收发模块以及 PSM4 短距光互连模块,已经走向批量商用,挑战行业原有的竞争格局。硅光器件生产厂家逐步赢得市场份额,逐步建立新的成本模式。光器件行业整体集中度下降,中游厂商市场份额纷纷提升,行业更趋离散,竞争加剧。

(资料来源:作者根据多方资料整理而成)

1.3 全民创业与创新

在全民创业的年代,有效的创业管理、持续的创新是创业企业能够把握机会、整合资源、实现价值创造的基础。创业者需要把握好创业过程的人力资源管理、营销管理、财务管理、创新管理等手段,推动企业的健康成长,真正实现全民创业和提高创业成功率。

1.3.1 创业与创业管理

创业的本质在于把握机会,整合一切资源,充分利用机会,实现价值创造的过程。创业是一个经济发展必不可少的基本条件,受到创业者自身素质、地区文化特征以及创业者的社会网络关系等内生因素的影响,同时又受到区域经济位置、地理资源、市场供求状况等外生因素的影响。

成功的创业离不开对创业过程科学、有效的管理。创业管理指的是组织者识别和把握创业机会,利用现有的创业资源加以组织和优化,从而创造价值的过程。从创业的全过程来看,创业管理是指新企业发展初期的管理阶段,此时的管理应当考虑以下几个基本原则:生存重于发展;创业者自己动手;实施集权管理;坚持低成本经营;利益分享、风险共担。创业管理是一个系统的组合,并非某一因素起作用就能导致企业的成功。新创企业的管理关键要围绕如何通过完善与优化新创企业的人力资源管理、营销管理、财务管理等手段,以推动企业的健康成长。

人力资源管理始终是企业经营管理的一项重要工作,主要特点体现在:由于企业规模小,组织结构层次简单,因此决策权在主要创业者手中,决策相对简单,可行性方案可迅速得以执行;决策与执行环节少,使得决策集中高效,执行快速有力,对市场变化能够迅速作出反应;在用人机制上,创业企业有充分的用人自主权,能够吸引大批的人才加盟。

在营销管理方面,市场就是核心竞争力,新创企业可用于市场营销活动的资源有限,应集中营销资源于目标市场,加强销售队伍的建设。同时,创业初期的创业者必须依据时代特点和企业自身状况对传统营销组合有所创新。第一,注重满足消费者人性需求;第二,以尽可能低的价格向消费者提供满意的产品和服务;第三,重视渠道建设,方便顾客购买;第四,以人性化的方式针对个别需求作出一对一的促销服务。

财务管理是企业对资金进行管理,主要解决企业资金的预测、筹集、运用、分配和控制等问题。新创企业成功的关键,就是正确、严格的财务控制。处于创业初期的企业往往将管理的重点放在经营上,而忽视了财务管理,这是创业者对财务管理认识上的偏差。创业者应加强成本管理,深入了解产品和服务的成本;规范财务工作,认识到财务建账的重要性,抓好财务账目管理。

1.3.2 创新与创业管理

创新是创业的动力和源泉,是创业的主要标志,创业活动必然要涉及某些创新活动。创新是赋予资源以新的创造财富能力的行为,是一个企业发展的必由之路。如果把创业比作推动经济发展的发动机,那么创新就是发动机的气缸,它带动了重大发明和新技术的产生,推动了人类社会的不断进步。创新系统主要包括国家创新系统、区域创新系统、产业创新系统。

国家创新系统是以政府为主导、充分发挥市场配置资源的基础性作用,各类科技创新主体紧密联系和有效互动的社会体系。其核心内涵是实现国家对提高全社会技术创新能力和效率的有效调控与推动、扶持与激励,以取得竞争优势。国家创新系统是一个动态的演变系统,不同国家的创新系统要与本国的经济、社会、技术发展阶段和水平相适应,并促进本国经济竞争力的提高。国家创新系统的政策意义在于加强整个创新系统内部的相互作用与联系,如加强企业与企业间的创新合作联系、企业与科研机构和高校的创新合作联系、中介机构在各创新主体间的重要桥梁作用、政府在创新中的产业发展战略与政策引导作用以及政府各部门在工作职能上的协调一致和集成。加强企业吸收和改造引进技术、提高企业独立研发新技术的能力,是目前发展中国家创新系统的重要内容。

区域创新系统是指在一定的地理范围内,经常地、密切地与区域企业的创新投入相互作用的创新网络和制度的行政性支撑安排。在这一社会系统内,与创新全过程相关的不同创新主体之间交互作用,构成了创新系统的组织和空间结构。该系统以促进区域创新活动为目的,鼓励区域内的企业充分利用区域范围内的社会关系、规范、价值及其交互作用等来形成社会资本,以增强区域创新能力和竞争力。区域创新系统的主要功能是技术创新、知识创造和知识资本化。

产业创新系统是一个以技术创新演化理论为基础,以国家创新系统理论为来源,以产业集群和知识管理研究为核心的系统。产业创新的核心是技术的创新,主要依赖知识的生产、扩散和流动,知识和技术是产业创新系统的核心驱动要素。

创新与创业内在相关、密不可分,通过创新,不断开拓新的市场领域、取得竞争优势,从而为创业企业提供发展原动力;通过持续创业,创造出新的市场需求,不断将创新成果转化为现实生产力,从而不断增强企业实力,提高企业的创新能力。管理的实质在于创新,企业创新是企业管理的一项重要内容,企业创新涉及组织创新、技术创新、管理创新、战略创新等方面的问题,而且各方面的问题并不是孤立地考虑某一方面的创新,而是要全盘考虑整个企业的发展,因此创业管理与创新是紧密相连的。时值"一带一路"历史机遇和大众创业、万众创新的发展机遇,中国有眼光的企业家和创业者自然不会放过这千载难逢的机遇,继而提高创新创业意识,开拓新的发展思路。

全民创业时代专栏六:

滴滴分享经济

图片来源:www.xiaojukeji.com

滴滴出行,中国一个知名的打车平台,被称为手机"打车神器",是受用户喜爱的"打车"应用。目前,滴滴在中国400余座城市为近3亿用户提供服务,它已从出租车打车软件,成长为涵盖出租车召车、专车、快车、顺风车、代驾、试驾、巴士和企业级等多项业务在内的全球领先的一站式出行平台。多项第三方数据显示:滴滴拥有87%以上的中国专车市场份额、99%以上的网约出租车市场份额。2015年,滴滴共完成14.3亿个订单,成为全球仅次于淘宝的第二大在线交易平台。

滴滴致力于以共享经济实践响应中国互联网创新战略,与不同社群及行业伙伴协作互补,运用大数据驱动的深度学习技术,解决中国的出行和环保挑战;提升用户体验,创造社会价值,建设高效、可持续的移动出行新生态。2015年,滴滴入选达沃斯全球成长型公司。

一、滴滴出行与共享经济

滴滴出行,基于目前在整个国际社会都非常前卫的"共享经济"理念,借助互联网,通过出租车的信息化,定位于服务整个中国社会。滴滴于2012年6月成立,最早通过出租车切入市场。最初的滴滴并无十分明确的战略目标和远大的规划,其出发点是解决老百姓打车难的痛点,让每个人的出行变得更好。

滴滴的商业模型主要是进行供给侧的创新,因为大多数的商业模式很难实现供给侧革命性的创新,滴滴实际上是通过技术的突破——供给和需求同时在线,同时发出需求,然后瞬间匹配,让一个供给侧原来很高的门槛变得很低。技术突破带来的供给及匹配的全新能力是滴滴整个商业模型的核心竞争力,同时大数据、云平台、存储和调度能力,也都是滴滴核心的商业竞争力。

滴滴在出行领域的战略是潮汐战略,解决的核心问题是车主为什么愿意上来接单。在潮汐战略中,顺风车最重要的价值就是整合社会资源,一种闲散资源,或者家庭旅游,或者闲散运力,只有在高峰期会使用。顺风车是共享经济的真正代表,共享经济的核心是分享,把闲散资源分享起来。吸纳社会供给最核心的一个洞察,是对用户需求的洞察。

滴滴最核心的技术竞争力在于大数据的能力,主要分为三大部分,第一是交通的云调度平台,第二是大数据的存储处理,第三是BI(商业智能)分析与数据决策。其中交通云调度涉及三大交易引擎模式——指派模式、抢单模式和搜索模式,是一个极其复杂的运作系统。

二、共享经济,发展中国

万物互联,随着信息高度透明化,信息传播范围也将扩大,这会让行业效率提升,优胜劣汰加速,也就必然会推动传统产业的变革。共享经济受益于互联网同传统工业之间的剪刀差,传统工业产生的社会闲置资源正在被互联网以更为高效的方式重新利用,前途是不可估量的。滴滴用4年时间发展到现在的规模,不仅是释放"互联网＋分享经济"红利的探索者,也是移动化浪潮和分享经济的受益者,更是每一个伙伴改变出行习惯、改变生活方式、展现分享意愿的见证者。

未来10年依然属于科技,属于互联网,属于信息产业。分享经济是未来的趋势,"互联网＋交通"为中国解决交通问题提供了一个历史性的机遇。滴滴未来仍会深耕出行领域,成为一家用户驱动、大数据驱动的公司,构建智慧交通云,构建一张全球出行的网络,完善用户出行体验,成为一个移动出行的综合入口,并坚定不移地探索中国企业国际化的道路。

(资料来源:作者根据多方资料整理而成)

1.3.3 全民创业活动

从1978年改革开放开始,中国人便迈开了拓荒者的步伐,走进了由创业者引领潮流的创业时代。随着人们对企业认识的变化,自改革开放以来,我国已经出现过三次创业浪潮,迎来了第四次创业浪潮。

第一次创业浪潮出现在改革开放之初到1992年这段时间。1979年,在党的"让一部分人先富起来"政策的感召下,同时为了缓解城镇知识青年返城造成的就业压力,中央首次把自谋职业确定为就业方针之一。当时我国城镇失业率一度超过5%,在这种情况下,中央提出了在国家统筹规划和指导下,劳动部门介绍就业、自愿组织起来就业和自谋职业相结合的"三结合"就业方针,打开了就业的"三扇门"。

在该项政策的鼓励下,创业型就业如雨后春笋般涌现。统计数字显示,从1979年到1984年,全国共安置4500多万人就业,城镇失业率从1979年的5.9%迅速下降到1984年的1.9%,在短短的几年内缓解了城镇沉重的失业压力。这其中,鼓励以创业带动就业的就业政策可谓功不可没。

20世纪80年代,"下海"一词诞生,如四川的刘氏兄弟放弃公职去农村养鹌鹑,开始了希望集团的创业;四通集团的段永基开始在北京中关村创业等。这个时期,许多新创企业并没有以民营企业的形式出现,而是挂靠在国有或集体单位的名下,以乡镇企业的名义开展创业。20世纪80年代乡镇企业的崛起,实际上就是民营企业的崛起。

第二次创业高潮出现在20世纪90年代初,并一直持续到中期,开始于1992年邓小平南方谈话。这次南方谈话中,邓小平提出了"三个有利于"的标准,再次推动了创业活动开展。这一时期创业的特点是：从创业人员来看，政府机关"下海人员"猛增，以创业实现再就业的下岗人员有所增加，所创办企业规模较大，从业范围涉及金融、房地产、教育等。随着我国的市场逐渐规范化，这一时期的创业活动脱离了以前的不规范状态，走向了正轨，朝着健康方向发展。

统计表明，1992 年，私营企业的数量比上年增长了 28.8%，就业人数首次突破了 200 万人；到 1994 年，全民创业活动达到整个 20 世纪 90 年代顶峰，私营企业户数比上年猛增 81.7%，就业人数增长 74.0%。直到 1996 年，私营企业户数的增长率仍高达 25.2%，就业人数增长 22.5%，并首次突破了 1000 万人。

从这个时期开始，新创企业不再仅仅集中在劳动密集型、粗放式的产业，一大批高新技术新创企业诞生并迅速在行业内取得优势地位，成为我国科技创新的一支重要力量，同时也加快了科学技术从实验室到应用的转化。在高科技企业兴起的同时，温州民营企业提出了"二次创业"的概念，在全国企业界迅速得到响应。

第三次创业浪潮出现在 2002 年至 2004 年。2001 年年底，我国正式加入 WTO 后，我国的经济与就业环境发生了根本性的变化。同时，随着互联网技术和资本市场的发展，以及以大量留学人员回国创业为特征的"海归"创业活动的开展，这三年私营企业的户数增长率再次跃上 20% 的阶梯。2002 年，我国政府开始把就业问题作为宏观经济的重要指标，实施了"积极就业政策"。一方面，该政策非常明确地把就业问题作为各级政府的重要考核指标，要求地方各级政府抓好就业工作；另一方面制定了各项配套政策，比如对下岗失业人员自主创业提供的小额担保贷款、创业培训、税费减免以及对安置吸纳下岗失业人员服务型企业实施优惠的政策等等。"积极就业政策"的实施是激发劳动者创业热情的有益措施和有效制度保障。

第四次创业浪潮就是当下大众创业、万众创新的"双创"新浪潮。在 2014 年 9 月的夏季达沃斯论坛上，李克强总理第一次发出"大众创业、万众创新"的号召，他提出，要在 960 万平方公里土地上掀起"大众创业""草根创业"的新浪潮，形成"万众创新""人人创新"的新势态。2012 年以来，我国开始进入第四次创业浪潮，特别是 2014 年以来，每天新注册企业的数量平均都在 1 万户以上，全社会表现出大众创业、万众创新的极大热情。

新一轮创业浪潮和前三次不一样，它具有复合性，且至少有四大主体：一是金融危机催发海归潮推动创业。二是精英离职引发创业浪潮，现在不仅有官员下海，也有大量的科技人员下海。有很多人离开大型的互联网公司创业，成立新的公司，形成一种"裂变"。三是返乡农民工掀起新的草根创业浪潮。四是官方大力推进大学生创业。

当前，大众创业、万众创新的理念正日益深入人心。随着各地各部门认真贯彻落实、业界学界纷纷响应，各种新产业、新模式、新业态不断涌现，有效激发了社会活力，释放了巨大创造力，成为经济发展的一大亮点。

1.4 全民创业时代

当前，国家提出的大众创业、万众创新不断催生新的创业机会，龙头企业在转型升级中再次起航，中小企业在创业过程中不断探索新业态、形成新模式，互联网的飞速发展和壮大给各行各业带来了无数的机遇。这些因素不断激活全民创业激情，推动我国创业活动全面发展。

1.4.1 全民创业活动

在全民创业过程中,需要不断激活各类创业主体发挥创业潜能,激发创业思想,以创业推动发展,以创业带动就业,以创业加快致富,以创业促进社会和谐与稳定。企业作为创业创新的主力军,应摒弃"看摊守业"与"小成即满"的思想,龙头骨干企业要善谋长远、勇于担当,从容面对新常态带来的机遇与挑战,努力在管理体制、经营模式、产品服务等方面推陈出新,在转型升级中实现"二次创业""再次起航"。骨干企业家要以伯乐之心当好创业导师,乐于分享创业智慧与发展经验,助推初创企业特别是科技型小微企业的发展,共同打造产业的升级版。广大中小企业要增强创新发展的信心,善于以产学研合作提升创业起点,利用互联网技术汇聚生产要素,尽快走出一条属于自己的创业创新之路。

大学生等青年创业者群体是创业创新的潜力与希望所在,应消除顾虑,满腔热情地投身创业大潮。要树立"舍我其谁"的创业信心,打破随波逐流、贪图安逸的"精神牢笼",消除等待观望、犹豫徘徊的心态,毅然决然地迈出创业的第一步。要增强"百折不挠"的创业精神,在失败和挫折面前不让步、不退缩,凝聚团队的智慧和力量,及时总结经验,汲取教训,执着前行,直至创业成功。要形成"独具匠心"的创业思路,学会科学把握市场规律,找准适合自己的新业态、新模式,努力在突破发展中实现人生价值。要养成"诚信为本"的创业品格,不为蝇头小利遮蔽双眼,不为不义之财突破底线,努力从细微之处打好创业的根基。

1.4.2 互联网创业

截至 2016 年底,全球互联网用户数已超 30 亿,比上年增长 9%,互联网全球渗透率达到 42%,中国的互联网用户达到 6.68 亿。"互联网+""大众创业、万众创新"战略作为国家经济发展新常态下的新引擎,对促进中小企业经济转型升级有着重要的作用,"互联网+"与大学生就业紧密相连,不仅可以创造巨大的财富,也将为社会减轻压力。移动互联网时代带来了新的创业机遇。

在 2015 年 3 月 5 日十二届全国人大三次会议上,李克强总理在政府工作报告中首次提出"互联网+"行动计划。他指出,制定"互联网+"行动计划,推动移动互联网、云计算、大数据、物联网等与现代制造业结合,促进电子商务、工业互联网和互联网金融健康发展,引导互联网企业拓展国际市场。2016 年 5 月 7 日,国务院印发了《关于大力发展电子商务加快培育经济新动力的意见》(简称电商国八条),其核心思路是为鼓励电子商务创新发展部署纲领,解决这种新兴业态在发展中的障碍。

互联网创业离不开互联网思维。互联网思维是在互联网技术高速发展的前提下,以顾客导向为核心,对企业价值模式、营销模式、盈利模式和运营模式的变革。信息共享、数据同步给那些积极寻找符合消费者心理需求、以顾客理念为主导的企业带来更多的客户资源。这些企业只要利用互联网思维,主动变革,改变观念,就能创造新的发展机遇。互联网思维创新销售渠道和营销方式、与顾客建立双向沟通、采用定制化服务和差异化战略获得先行优势,为新的机会识别和开发指明了方向。

全民创业时代专栏七：

知乎创业分析

图片来源： www.zhihu.com

知乎，一个知识问答型网络社区，秉承"分享是最大收获"的创业理念和"知识分享"的创业目标，于2010年12月开放，在开放3个月后获得了李开复的投资，一年后获得启明创投的近千万美元，2011年初正式上线。知乎在成立初期采用"邀请注册制"的方式，汇聚社会中各行各业的精英。这些精英凭借其专业知识和丰富经验在社区中分享彼此对不同问题的见解，为整个网络社区源源不断地提供高质量的信息。2013年上半年至今，知乎完成了创新工场、启明创投等多家机构的融资，其影响力在SNS社区综合评价中大幅提升。直至2014年，知乎注册用户超过1000万，同比增长10倍。2014年6月，知乎完成了由软银赛富领投的2200万美元的B轮融资。2015年11月8日，知乎获得由腾讯和搜狗领投，此前的投资者软银赛富、启明创投和创新工场跟投的C轮融资5500万美元。

不同于Meta搜索创业最终陷入严重的资金困境，知乎在开发时便面临着一个极具机遇的融资环境，无论是国家还是资本市场对于创业活动都给予相当大程度的支持。知乎主要获取了来自于创新工场、启明创投以及软银赛富等机构的融资。除了这些专业机构对新创企业的鼓励，知乎还与许多移动互联网媒体开展合作，如新浪微博开设的"知乎问题""知乎热点"专栏。伴随着影响力的提升，知乎的融资渠道会越来越多，所涵盖的行业种类也会更加丰富。

伴随着现代信息技术的革新和全球化进程的加快，互联网作为传播媒介，实现了信息的瞬间形成、即时传播、实时互动和高度共享。互联网时代给人们的信息接收与共享提供了巨大的便利，然而面对如此大的信息量，如何高效地进行信息的筛选与处理，如何获得专业性的交流与解答成为网络市场日趋增长的需求，而知乎也正是从这一点切入，从而准确定位了市场。知乎抓住了人性中的一个优点：分享。如果说微博、SNS等产品满足了人的社交需求的话，那么，知乎等问答社区则满足了人的最高层次的两个需求：尊重和自我实现的需求。尤其是在这个"往来无白丁"的精英社区，回答的问题被精英、名人所"赞同"和"感谢"，顶层需求的强烈满足感比其他任何激励措施都更加持续有效。

（资料来源：作者根据多方资料整理而成）

1.4.3 互联网创业实践

"互联网＋"是代表一种新的社会形态，即充分发挥互联网在社会资源配置中的优化和集成作用，将互联网的创新成果深度融合于经济、社会各领域之中，提升全社会的创新力和生产力,形成更广泛的以互联网为基础设施和实现工具的经济发展新形态。目前,"互联网+"已经改造并影响了多个行业,当前大众耳熟能详的电子商务、互联网金融、在线旅游、在线影视、在线房产等行业都是"互联网+"的杰作。"互联网+"不仅正在全面应用到第三产业,形成了诸如互联网金融、互联网交通、互联网医疗、互联网教育等新业态,而且正在向第一产业和第二产业渗透。

在互联网产业快速发展的今天,各种互联网企业如雨后春笋般涌现。互联网在带来机遇的同时,也带来很大的挑战。与传统企业相比,互联网企业的建立成本和进入市场的门槛更低,众多的进入者加剧了互联网行业的竞争性,因此,在互联网创业实践过程中,企业更需要商业模式创新以形成自己的核心竞争力,建立和保持自身的竞争优势。

全民创业时代专栏八:

聚美优品"化妆品团购"模式

聚美优品
JUMEI.COM

图片来源:bj.jumei.com

聚美优品是一家以美妆产品限时特卖为主打业务的互联网企业,于 2010 年 3 月由陈欧、戴雨森、刘辉 3 人在北京创立,首创了"化妆品团购"概念:每天在网站推荐几百款热门化妆品,并以远低于市场价折扣限量出售。

从创立伊始,聚美优品便坚持以用户体验为最高诉求,承诺"100%正品""100%实拍"和"30 天拆封无条件退货",竭力为每个女孩带来独一无二的美丽惊喜。聚美优品从成立起,仅仅用了 4 年时间,便在化妆品线上市场中所占份额达 22.1%,成为近年中国发展速度最快的电子商务公司之一。2011 年 3 月,在聚美优品成立一周年之际,其年销售额突破 5 亿元;2013 年 12 月,全年销售额突破 60 亿元。2014 年 5 月 16 日晚,聚美优品在美国纽交所正式挂牌上市,成为中国首家赴美上市的垂直化妆品电商。

一、市场定位

第一,化妆品市场潜力无限。根据调查数据,2010 年我国化妆品市场规模接近 1300 亿元,是全球第三大化妆品消费市场。化妆品和服装一样,纯利润很高,利润达 25%~30%。目前,除餐饮外,化妆品已经成为第二大团购品类。聚美优品选择从化妆品这一与书、百货等相比较冷僻的市场切入,可以避免与腾讯、阿里巴巴或当当这些电子商务巨头"正面冲突"而遭遇它们的狙击。同时,进军化妆品市场做化妆品 B2C,无疑可以利用网络渠道的低成本而降低成本,让利消费者,从而打造一个物美价廉的化妆品网购平台。

第二,提供最畅销的 20% 美妆产品。在零售业有个品类管理定律——2/8 定律,即 20% 的商品贡献 80% 的营业额。虽然在网络经济时代,长尾理论突破了这个定律,但是如果 B2C 网站只顾拼品类的大而全,全然不顾后台管理能力、客户体验等,是无法成功的。聚美优品的品类少而精,主要卖最畅销的 20% 美妆产品,这样网站后台供应链的管理复杂度就会降低,聚美优品就可以抽出更多的精力去做服务。

聚美优品实质上做的是针对女性的 B2C 服务,它将市场定位于极具潜力的化妆品市场,同时避开了与主流 B2C 巨头的"正面冲突",为爱美女性提供最畅销的 20% 美妆产品,进行少而精的定制化推荐。

二、运营模式

与品牌合作,实行官方授权。聚美优品实行品牌商授权的模式,从品牌厂家、正规代理商、国内外专柜等可信赖的进货渠道采购商品。

走直销路线,从团购网转型为 B2C 模式,自建仓库与物流体系。聚美优品有自己的仓库与物流系统,已经和包括韵达、申通、圆通等在内的第三方快递公司合作,其团队也从最初的三人技术团队迅速扩容到采购专家、仓储物流专业人士以及化妆品品质专业鉴定人员。但与大多数化妆品 B2C 模式不同,聚美优品主要卖最畅销的 20% 美妆产品。

聚美优品主要的营销方法是搜索引擎营销、广告营销、微博营销、娱乐营销、与其他团购网站合作等。

正品保证,始终如一。聚美优品官方承诺"100% 正品、假一赔三、30 天无条件退货",同时与中华财险合作,用户购买的所有商品均已由中华财险质量承保。聚美优品还是团购网站中首家获得互联网协会 A 级及以上信用级别认证的网站。

"重"模式经营,掌控全产业链。与大多数化妆品网购企业推崇"轻"模式不同,陈欧越来越追求"重"模式。聚美优品拥有完整的采购、物流和服务团队,自己掌控从进货到发货的全过程,其最终目的是提升消费者的服务体验。为了不漏掉任何一个投诉,陈欧甚至把自己的微博向消费者开放。聚美优品的"重"模式经营,不仅可以让消费者享受到物美价廉的产品,还可以有效地掌控全供应链,提高服务质量,避免目前生活服务类团购网站所遇到的大规模质量投诉等问题。

(资料来源:作者根据多方资料整理而成)

在全民创业的常态下,企业与互联网相结合的项目越来越多。未来"互联网+"的"+",不仅仅是技术上的"+",也是思维、理念、模式上的"+",以人为本推动管理与服务模式创新是其中的重要内容。"互联网+"的发展趋势是大量"互联网+"模式的爆发以及传统企业的"破与立"。从长远来看,互联网与经济社会各领域的融合发展进一步深化,基于互联网的新业态成为新的经济增长动力,互联网支撑大众创业、万众创新的作用进一步增强,互联网成为提供公共服务的重要手段,网络经济与实体经济协同互动的发展格局基本形成。

章 末 案 例

超图软件业务模式

SuperMap

图片来源：www.supermap.com

一、公司介绍

北京超图软件股份有限公司（以下简称"超图"）于 1997 年在北京成立,公司致力于自主 SuperMap GIS 基础平台软件的研发与推广,通过持续创新以及独有的精益敏捷研发管理体系,在跨平台、二三维一体化、云端一体化、全国产化支持和大数据等方面形成了领先优势。从一个只有几个人的小公司,到现在亚洲最大、拥有国际领先技术的地理信息系统平台软件厂商,超图已发展成一家影响世界的 GIS（地理信息系统）企业。超图的第一制胜之道是贴近用户需求、把握前沿趋势的技术创新。源于对市场的精准把握,早在政府号召"大众创业、万众创新"之前,超图便已经开始长达十余年的创业、创新之路。创新就是超图的灵魂,推动超图在技术、产品和市场上不断前行,创领 GIS 应用,让 GIS 价值无限放大。超图发展的三个阶段如图 1-3 所示。

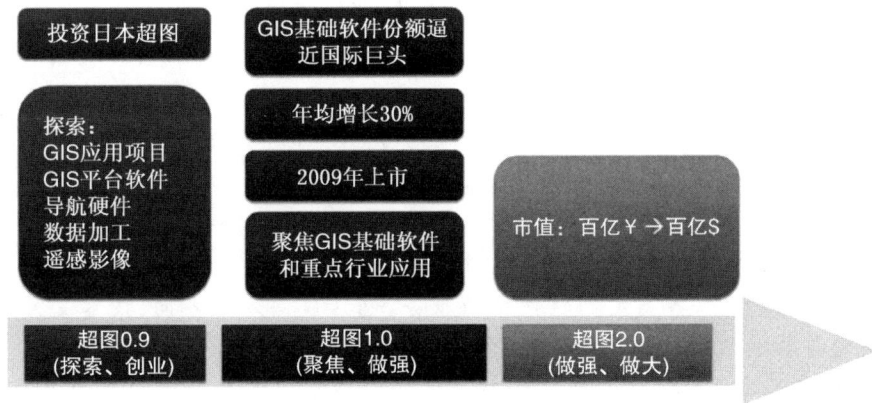

投资日本超图	GIS基础软件份额逼近国际巨头	
探索：GIS应用项目 GIS平台软件 导航硬件 数据加工 遥感影像	年均增长30%	市值：百亿¥→百亿$
	2009年上市	
	聚焦GIS基础软件和重点行业应用	
超图0.9（探索、创业）	超图1.0（聚焦、做强）	超图2.0（做强、做大）

图 1-3　超图公司发展阶段图

在技术和产品方面,自 1997 年成立以来,超图一直致力于研究与开发大型 GIS 平台软件。2001 年,超图果断重构 GIS 内核,实现 SuperMap GIS 从服务器到桌面再到移动端全系列支持多种操作系统,从而构建了全球最领先的大型跨平台 GIS 技术体系,打破了 GIS 应用服务器只能选择 Windows 操作系统的落后传统,并研发了支持苹果和安卓移动终端的全功能移动 GIS。经过多年发展，SuperMap GIS 已成为中国主流的 GIS 平台。

2013 年发布的云端一体化 GIS 平台软件——SuperMap GIS 7C，新增了多个云 GIS 和移动 GIS 产品，进一步丰富了"云＋端"的产品体系，在高性能并行计算和二三维一体化方面具有重大技术突破。结合 GIS 技术优势与丰富的行业经验，超图为智慧城市、国土、统计、气象、水利、环保等行业提供应用软件及解决方案。

同时，超图积极发展 GIS 云服务业务，通过超图云门户为平台软件用户与合作伙伴提供在线地图数据与 API 服务，为行业用户提供在线 GIS 应用服务；还通过地图汇提供大众化的在线地图绘制和地理分析服务。

2015 年，超图融合了云端一体化 GIS、二三维一体化 GIS 和跨平台 GIS 三大技术体系的 SuperMap GIS 8C 系列产品发布。其中，云 GIS 一体机、SuperMap iCloud Manager 和 SuperMap iDesktopCross 三款在国内外主流 GIS 平台软件中未见同类产品，而 SuperMap Online 更是打造了在线 GIS 应用新生态。

在市场应用方面，目前，SuperMap GIS 国内市场份额持续攀升，国际化应用也已全面铺开，用户覆盖亚洲、欧洲、非洲、南美洲等 100 多个国家和地区。超图所处行业迎来了一个千载难逢的市场机遇，整个市场预计总产值超过 200 亿元。

超图拥有软件著作权 300 项，其中 2015 年新增著作权 30 项，超图信息新增 7 项，新增科技软件著作权 44 项、商标 9 项、专利 8 项，其中新增科技专利 2 项。2016 年前三季度，超图实现营业收入 42391.19 万元，同比增长 62.48%；实现营业利润 2665.29 万元，同比增长 858.42%；实现利润总额 4000.01 万元，较去年同期增长 266.24%；实现归属于上市公司股东的净利润 3486.68 万元，较去年同期增长 256.05%；实现归属于上市公司股东的扣除非经常性损益的净利润 3038.11 万元，较去年同期增长 401.51%。

超图一直倡导"开放合作，共同发展"的理念，携手数百家合作伙伴共同打造数十个行业解决方案，推动 GIS 在政府和企事业单位各个领域的广泛应用。超图成为了中国 GIS 走向国际的先行者和领导者。目前，超图进入了 2.0 发展时代，秉承"地理智慧创新 IT 价值"的企业宗旨，正向"成为全球领先的 GIS 品牌"这一愿景努力前行。

二、公司经营与运作

超图的主营业务为 GIS 基础平台软件、应用平台软件的研发和销售，同时基于上述平台软件为客户提供各类定制软件增值服务，包括提供方案咨询、技术支持与技术开发服务及与 GIS 应用工程相关配套产品的销售服务。

第一，GIS 基础平台软件的研发和销售。任何与空间信息管理相关的 IT 系统建设，都需要基于 GIS 基础平台软件，换句话说，GIS 基础平台软件是将地理信息与 IT 应用衔接起来的底层核心中间件。此类业务技术门槛高、研发投入大，是地理信息产业的技术制高点。2015 年，超图发布了 SuperMap GIS 8C 系列产品，率先推出跨操作系统的专业 GIS 桌面软件，使得 GIS 桌面软件也可以在 Linux 操作系统中运行，并支持国产芯片及国产操作系统。受我国国家安全战略和国产替代等相关政策的积极影响,GIS 基础平台软件的销售取得了较大增长。

第二,地理信息应用工程技术开发和服务。为验证 SuperMap GIS 的先进性、稳定性,推广 GIS 技术的应用,结合公司合作伙伴政策和平台战略,多年来,超图仅选择了几个战略行业基于自主 GIS 平台提供解决方案服务,主要为国土、智慧城市、水利、房产、气象、统计和军事等行业提供地理信息应用工程服务,包括技术开发和技术服务。上述行业为地理信息技术的强需求部门,应用难度大、市场大。超图地理信息应用工程业务整体平稳,其中 2015 年我国启动不动产登记系统建设,超图参与了包括国家级不动产登记云平台建设和多个省的示范项目建设。

第三,地理信息在线服务。结合互联网、移动互联网和云计算相关技术的快速发展和应用,超图近年来在地理信息互联网应用方面做了大量的探索。截至 2015 年底,超图提供包括面向企业的商业地理信息服务地图慧、地理信息在线服务门户超图云等相关在线服务产品。2015 年,超图为了在技术体系上全面融入互联网,发布了在线 GIS 平台(SuperMap Online)和云管家(SuperMap iCloudManager),为专业客户构建高端互联网地图应用及在线软件分发服务提供了支撑。2015 年,超图的 GIS 基础平台软件销售业务从传统的 license 模式逐步向在线分发模式转型,超图将全面融入各类专业互联网应用。

第四,GIS 配套产品销售。作为构建 GIS 应用项目的辅助和补充,超图还提供涵盖 GIS 工程项目必备的软件、硬件、电子地图、卫星影像、遥感软件、全数字航空摄影测量系统、无人机软件、倾斜摄影测量软件等配套产品和相关服务。

产品聚合体现整合优势。产品聚合就是把相关的产品进行功能整合,把多个产品转化为一个产品。产品聚合和目前营销中常用的套餐不是一个概念,套餐中的产品是相互独立的,相互之间并无关联性;而经过聚合后的产品表现形式是一个产品具有多个功能,每个功能之间具有关联性。

内生外延助力公司业绩高增长,大数据打开城市规划新空间,协同效应提升竞争力。内生方面,超图抓住不动产登记、智慧城市发展机遇,先后举办全国倾斜摄影技术联盟百城巡展、第九届 GIS 节等活动大力拓展市场,同时加大研发力度完成了 SuperMap GIS 8C(2017)的研发并已经正式推出,相关业务营收增长迅速。外延方面,超图合并了南京国图及北京世纪安图两家公司的业绩,对公司整体业绩也产生积极贡献,两家子公司和超图协同效应明显。同时,2017 年超图并购上海数慧,上海数慧在大数据业务上有一定技术储备,超图通过本次并购,将有效吸纳数慧在大数据方面的技术经验,结合自身储备,为大数据业务在城市规划领域开启新空间。

超图拥有独立完整的研发、服务、采购和销售模式,根据市场需求及自身情况,独立进行生产经营活动。超图在保持传统的经营模式的基础上,积极探索新产品、新商业模式,并有效地利用自身资源积极寻求外延式发展战略,实现公司资源整合最优化,确保公司持续稳定快速发展。

三、服务商模式转型

超图大力加大对合作伙伴的投入，尽量利用合作伙伴的力量，满足产品二次开发的需要，也为合作伙伴的发展留出足够空间。这项举措避免了"一家独大"的局面，促进了整个 GIS 生态系统及产业链的发展。

据了解，如今 GIS 产业的生态系统在国内已逐步健全。2014 年，由中国地理信息产业协会牵头，超过 500 家业内单位共同组建了地理信息总裁圈。超图作为行业中的核心力量，积极参与地理信息总裁圈的工作，连接产业链上、下游企业，一起组织线上、线下交流和学习活动，与众多企业一起推动中国地理信息产业的良性发展。

此外，超图还为中国 110 多所高校的 GIS 专业实验室建设提供支持和服务，积极举办"SuperMap 杯"全国高校 GIS 大赛等公益性的教育活动。这一前瞻性的教育投入，不仅为地理信息产业培养了大量的人才，也使国产 GIS 软件在众多高校中得到推广。

超图还积极在业内进行并购，希望能够围绕超图的核心技术，通过资本整合的方式，将国产核心 GIS 平台技术推广到更多领域、更多国家和地区，打造一个 SuperMap 生态圈和产业链。

四、结论与启示

持续的自主创新能力是市场竞争力的核心要素，超图自成立以来一直高度重视研发投入力度，近几年研发投入一直都保持在公司营业收入的 20％ 以上，持续的研发投入为公司巩固和进一步提高核心竞争力提供了有力的物质保障。超图还持续加强 GIS 基础平台和应用平台的研发，这些产品研发与技术积累为公司持续发展打下良好基础。

精益敏捷研发管理模式，把对软件的质量控制，由原来的"人"控制转变成"机器"控制。从 2008 年开始，超图研究院建立了以两周为迭代周期的敏捷研发模式。在该模式下，每个迭代中都可以灵活增加新需求，产品采用自下而上的创新模式，创新点来源于用户和一线员工，产品的关键环节增加评审节点，发现偏离及时纠正。在需求多变的市场环境下，敏捷研发模式能够对市场需求做出快速响应，使项目周期更为可控。敏捷研发模式解决了瀑布模型的大部分问题，但不能根本解决质量不理想和缺陷重复出现的问题。因此，在敏捷研发模式的基础上，超图又融入了精益质量体系，该体系由自动测试、代码审查和持续集成构成，能有效配置和合理地使用资源，对产品的质量管理更严格。敏捷及精益双拳出击，形成了超图独有的、创新 2.0 时代的精益敏捷研发管理体系，这一体系让研发进程大大加快，让产品质量和稳定性稳步提升，大大增强了用户满意度。

以用户为中心。在创新 2.0 时代，超图产品经理的关注点由原来的以功能和技术为中心转移到了以用户需求为中心。产品经理不再重点关注某个功能所采用的技术是否先进、采用的算法是否最优、界面操作是否更流程化等，他们更加重视用户体验和用户的实际使用习惯，期望产品能够真正解决客户的需求。这种贴近市场、贴近用户的研发策略，让超图的市场营销之路走得更顺畅，业绩屡创新高。

采用自下向上的创新机制。超图早期研发中心的创新机制是自上而下安排:创新点自上层提出来,即公司的决策层集中负责把握前沿技术发展趋势,并据此进行产品的改进与迭代。随着产品体量的增大以及细分应用领域的增多,这一创新机制开始有点跟不上市场的节奏。如今,超图产品创新点和需改进的地方均来自一线开发人员。除此之外,许多来自超图上下游的合作伙伴和二次开发商,也纷纷参与到超图平台软件的创新过程中来。这种鼓励全员创新的机制,突破了传统自上而下的创新方式,使产品更接地气。

(资料来源:作者根据多方资料整理而成)

本章小结

世界经济的发展是一个制度创新与技术创新不断互相促进的过程。人类社会发展史实际上就是一部大众创业、万众创新的历史。在中国新一轮消费升级和供给侧改革大潮中,"转型升级""结构性改革""中国制造""四众双创"等成为新的关键词。中国的经济转型带来了挑战与机遇,大众创业、万众创新被誉为经济增长的双引擎,全民创业时代已然到来。

创业是一个动态的过程,创业机会、创业环境、创业政策均是这个过程中重要的影响因素,同时这三个因素也相互作用、相互协调。创业对于创业者来说是一把双刃剑,创业成功与创业失败的例子一直都在上演。创业者只有抓住创业机会,在良好的创业环境中,顺应正确的创业政策,才能长远可持续发展。

创业不仅仅局限于创办新企业的活动,在现有企业中也存在创业行为。中国产业发展离不开创业,传统产业的转型是二次创业的过程,新兴产业的发展是一个创新创业的过程。创新是创业的基础和灵魂,而创业在本质上是一种创新活动。

当前,全球新一轮科技革命和产业变革蓄势待发,我国经济进入速度变化、结构转型和动力转换的关键时期。面对新的形势,我们必须深入推进大众创业、万众创新,着力营造有利于杰出科学家、发明家、技术专家和企业家不断涌现,大众创业、万众创新蔚然成风的社会环境和文化氛围,让每一个充满梦想并愿意为之努力的人获得成功,实现经济平稳持续增长、国家强盛、人民富裕和社会公平正义。

问题思考

1.在全民创业时代,创业的趋势走向如何?

2.传统产业转型的创业模式与新兴产业的创业模式有何区别?

3.创业难还是创业管理难? 难在哪里?

4.互联网创业带给我们什么启示?

2.创业管理

本 章 要 点

☆　创业机会的识别和评价；

☆　创业管理的内涵与特征；

☆　企业生命周期与创业企业管理的问题；

☆　创业企业的价值主张与运营管理的重点；

☆　创业企业市场营销和财务控制的要点；

☆　创业融资和创业团队的创业资源整合。

开 章 案 例

量子高科管理分析

图片来源：www.qht.cc

一、公司介绍

量子高科(中国)生物股份有限公司创建于 2000 年,是一家专注于微生态健康事业的国家级高新技术企业。公司的主营业务是益生元类低聚糖产品研发、生产和销售,拥有多项自主研发的核心技术和专利技术,开发了全球领先的欧力多微生态健康技术,依托欧力多微生态健康技术和多项核心发明专利为合作伙伴和消费者提供微生态健康技术服务、商品解决方案、高科技营养食品和微生态健康产品。公司旗下拥有欧力多、阿力果、生和堂等品牌,是国内最大的低聚果糖生产基地、微生态健康事业的领军企业。

2015 年,公司成功研制出 6 个低聚果糖成分国家标准品,填补了全国乃至全球的低聚果糖实物标准品的空白,同时公司推出 QHT 低聚糖检测法,能够准确检测终端产品益生元的添加量,解决了整个益生元行业发展过程中的一个痛点。公司是全球益生元技术的领导者和中国市场的开拓者,是低聚糖研发基地和低聚果糖国家标准起草单位,在低聚糖的酶种选育、酶工程等生物技术方面拥有自主知识产权,并具有自主研发能力和持续不断的技术优化以及生物技术产业化能力。

未来,公司将继续致力于以低聚果糖、低聚半乳糖为代表的益生元系列产品的研制、开发、生产和销售,全力打造微生态健康领域领导品牌,同时聚焦大健康产业,继续推动公司产业转型升级,通过产品市场与资本市场双轮驱动,推动公司持续健康发展,提升公司竞争力。

二、电商模式

公司的电商模式主要是 B2B 的营销模式,即通过信息平台和外部网站将面向上游供应商的采购业务和面向下游代理商的销售有机联系在一起,从而降低彼此之间的交易成本,提高客户满意度。公司现有主要业务板块有:一是以欧力多和高斯恩为品牌的健康配料事业,通过 B2B 的营销模式为下游企业客户提供益生元产品作为原料和配料应用在其产品中。目前,公司产品低聚糖作为营养强化剂、健康配料,主要应用于营养保健品、乳制品,也可广泛应用于饮料(含酒精饮料)、烘焙食品、功能性糖果和休闲食品,公司的主要客户有完美、广州一慷园、蒙牛、伊利、贝因美、天狮等。二是以阿力果为品牌的营养保健事业,通过自营网络营销渠道和战略合作伙伴的渠道直接向消费者供应功能性食品——阿力果益生元终端产品。

三、创业管理

公司董事长曾宪经,历任江门生物技术开发中心技术员、分厂副厂长,江门邦威特种润滑油有限公司总经理,江门市江海区江山食品生化有限公司总经理;从事生物技术研发 20 多年,专注于益生元和微生态健康领域的研究开发工作 16 年,具有丰富的行业经验。

量子高科集团的主要关系企业是香港华德集团,其主要业务是摩托车生产销售,年营业额 60 亿元,其属下的大长江集团是江门市最大的企业之一,也是国内摩托车行业产品质量、经济效益最好的企业之一。量子高科集团将生产基地设在广东省江门市高新技术开发区,依托大长江集团多年形成的优良企业文化和严谨管理作风,有省、市政府优惠政策和多方扶持,又有国内外众多专家组成的研究中心提供高新技术背景支撑,可谓占尽天时、地利、人和。

在生产方面,公司加强了质量体系培训,全员质量意识、责任意识得到提升。通过完善质量体系建设、质量检验、过程监控等,提高了产品的质量;通过进一步加强生产环节管理、不断完善生产工艺、持续降低单耗等措施,降低了生产成本;通过改造车间和加强设备维护,提高了生产效率。

在市场开发方面,公司积极探索营销模式创新,发展和开拓新领域;通过对客户目标市场的发展趋势、目标消费者的洞察,结合公司的产品与技术创新,提供产品开发思路以及市场推广解决方案。

在管理方面,进一步优化公司管理体制,持续完善治理结构,提升公司治理水平;在内生式增长的同时,积极主动寻找增强公司核心竞争力的外延式增长机会;加强人力资源管理体系建设,大力起用新人、培养干部;从公司实际工作出发,完善培训工作,注重培训效果,通过大力培养公司内部讲师,加快开发内部培训课程,以不同维度的学习方式提升在职职工的职业水平和综合素质。

四、成功经验

在技术方面,公司自成立以来,一直以科技创新为企业立身之本。功能性低聚糖的开发依赖于酶种的选育、酶工程等生物技术,公司拥有国际领先的核心技术,是国内少有的具有自主研发能力和持续不断产业化能力的企业之一。公司通过转化工艺、提纯工艺、浓缩工艺和干燥工艺等关键环节的创新,形成具有自主知识产权的国内领先的生产工艺,并通过多年的实践摸索与积累,构建起与之相匹配的独创设备体系。公司技术工艺成熟,产品质量稳定,并且形成了持续、高效的产业化能力。

在营销与服务方面,益生元行业的生产厂家普遍采取产品导向或技术导向的服务模式,公司针对益生元行业目前仍处于逐步被认知、逐步被接受的状态,创新性地通过事业部营销模式巧妙地建立起"以技术导向和市场导向相结合"的服务模式。公司通过"提案"营销模式,针对特定的用户、特定的应用环境提供全方位解决方案,并借助自身的应用研发力量提供技术支持数据和产品开发方案,形成专门针对客户具体需求的高附加值的产品类别。"提案"营销大大减少了客户开发新产品的成本和顾虑,吸引更多下游客户参与到新产品的开发中,为公司持续切入新的领域、新的应用行业、新的应用产品创造了有利的条件。

五、结论与启示

尽管目前我国功能性食品企业数量不断增长、功能性食品产品种类不断增多,但是我国以功能性低聚糖为代表的益生元行业还处于快速成长期的初期,其市场潜力还远远没有被挖掘出来。益生元行业的发展现阶段最大的挑战在于如何让消费者认知益生元、消费益生元,而不在于同行之间的竞争。只有更多的有社会责任感的企业参与到益生元的宣传推广中来,一起来开展益生元研究、生产、宣传和市场培育、市场教育,才能共同推动益生元行业的发展,才有利于让千家万户拥有微生态健康。公司应进一步增强自主创新能力,提升核心竞争力,做全球益生元技术的领导者。

（资料来源:作者根据多方资料整理而成）

和所有的企业管理问题一样,有效的创业管理过程是提高创业成功率的重要保障。在创业管理过程中,创业者首先要对创业机会进行正确的识别和评价,并对创业管理内涵和特征具有正确的认识,然后在创业过程中培育正确的创业思维,最后在创业企业管理过程中对价值主张、市场营销、财务控制、融资管理和团队管理等方面实施正确的管理策略,为创业企业保驾护航。

2.1 创业机会的识别与评价

创业需要密切关注机会,无论是生存型创业、兴趣型创业,还是机会型创业皆如此。如果创业者没有发现并捕捉适当的创业机会,创业很难成功。对创业者而言,识别创业机会是把机会的前提,创业者要想抓住机会,并成功地利用机会,首先需要正确地识别创业机会。创业机会评价是创业过程中的一个重要问题,在相当程度上影响和决定了创业企业的成功与发展。创业者可选择的项目有许多,但从中选出一项适合自己的项目,并非易事。创业者如果能在茫茫的市场经济大潮中发现并抓住合适的创业机会,并在创业之前进行精心的机会评价,无疑能提高创业的成功率。

2.1.1 创业机会的特征与类型

创业机会是指在市场经济条件下,在社会的经济活动过程中形成和产生的一种有利于企业经营成功的因素,是一种带有偶然性并能被经营者认识和利用的契机。创业机会是一种新的"目的—手段"关系,它能为经济活动引入新产品、新服务、新原材料、新市场或新组织方式。创业机会具有三个特征:普遍性、偶然性、消逝性。首先,凡是有市场、有经营的地方,客观上就存在着创业机会。创业机会普遍存在于各种经营活动过程之中。其次,对一个企业来说,创业机会的发现和捕捉带有很大的不确定性,任何创业机会的产生都有"意外"因素。最后,创业机会存在于一定的时空范围之内。随着产生创业机会的客观条件的变化,创业机会就会相应地消逝和流失。

根据不同的标准,创业机会有不同的分类。根据创业机会的来源,创业机会可以分为问题型机会、趋势型机会、组合型机会(见表 2-1)。问题型机会指的是由现实中存在的未被解决的问题所产生的一类机会;趋势型机会就是在变化中看到未来的发展方向,预测到将来的潜力和机会;组合型机会就是将现有的两项以上的技术、产品、服务等因素组合起来,以实现新的用途和价值而获得的机会。

表 2-1　机会类型与简单示例说明

创业的来源	问题型机会	美团外卖、饿了么等
	趋势型机会	春雨医生、纳米科技与新能源开发
	组合型机会	共享单车、智能家居

根据目的与手段关系的明确程度,创业机会可以分为识别型机会、发现型机会、创造型机会(见表 2-2)。识别型机会是指市场中的目的、手段关系十分明显时,创业家可通过这种关系的连接来辨别机会;发现型机会是指目的或手段任意一方的状况未知,等待创业者去进行机会发掘;创造型机会指的是目的和手段皆不明朗,因此创业者要比他人更具先

见之明，才能创造出有价值的市场机会。

表 2-2　根据目的与手段关系明确程度的创业机会分类

手段目标	明确	不明确
明确	识别型机会	发现型机会
不明确	发现型机会	创造型机会

2.1.2 创业机会的识别

创业机会识别是创业领域的关键问题之一。从创业过程的角度来说，它是创业的起点。创业过程就是围绕着机会进行识别、开发、利用的过程。识别正确的创业机会是创业者应当具备的重要技能，在机会识别阶段，创业者需要弄清楚机会在哪里和怎样去寻找。创业机会的识别主要分为三个方面：现有的市场机会、潜在的市场机会、衍生的市场机会。

对创业者来说，在现有的市场中发现创业机会，是很自然和较经济的选择。现有的创业机会存在于：不完全竞争下的市场空隙、规模经济下的市场空间、企业集群下的市场空缺等。

潜在的创业机会来自新科技的应用和人们需求的多样化等。成功的创业者能敏锐地感知社会大众的需求变化，并能够从中捕捉市场机会。新科技的应用可能改变人们的工作和生活方式，出现新的市场机会。需求的多样化源自人的本性，人类的欲望是很难得到满足的。在细分市场里，可以发掘尚未满足的潜在市场机会。一方面，根据消费潮流的变化，捕捉可能出现的市场机会；另一方面，根据消费者的心理，通过产品和服务的创新，引导需求并满足需求，从而创造一个全新的市场。

衍生的市场机会来自经济活动的多样化和产业结构的调整等方面。首先，经济活动的多样化为创业拓展了新途径；其次，产业结构的调整与国企改革为创业提供了新契机。

成功的创业机会识别需要一定的条件，面对具有相同期望值的创业机会，并非所有潜在创业者都能把握。影响创业机会识别的因素有先前经验、认知因素、社会关系网络、创造性等，成功的创业机会识别是创业愿望、创业能力和创业环境等多因素综合作用的结果。

创业管理专栏一：

饿了么盈利模式

图片来源：www.ele.me

一、基本信息

饿了么是中国专业的餐饮 O2O 平台，由拉扎斯网络科技（上海）有限公司开发运营。公司创立于 2009 年 4 月，起源于上海交通大学闵行校区。作为 O2O 平台，饿了么的自身定位是连接"跟吃有关的一切"。除了现有的餐饮配送业务,目前饿了么已经将触角延伸至商超配送等其他领域。2016年4月13日,饿了么对外宣布与阿里巴巴及蚂蚁金服正式达成战略合作协议,获得12.5亿美元投资,其中,阿里巴巴投资9亿美元,蚂蚁金服投资3.5亿美元,再次刷新全球外卖平台单笔融资金额最高纪录。2016年,据比达咨询发布的年度餐饮外卖市场数据报告,饿了么以34.6%的市场份额位居外卖行业第一,持续领跑外卖市场,其中,在TOP30城市市场格局中,饿了么的份额更是高达39.7%。即时配送方面,饿了么蜂鸟同样以26.9%的市场份额实现行业领先。2017年1月,饿了么与Today、上蔬永辉、屈臣氏、7-Eleven等4家便利店优质品牌达成合作。作为中国餐饮业数字化领跑者,饿了么秉承"激情、极致、创新"之信仰,以建立全面完善的数字化餐饮生态系统为使命,为用户提供便捷服务的极致体验,为餐厅提供一体化运营解决方案,推进整个餐饮行业的数字化发展进程,最终成为中国餐饮行业的"淘宝网"。

二、盈利方式

饿了么早期的盈利途径来源于和线下商家分成。在饿了么网站上线之前及上线后一段时间,其主要的盈利方式来自与学校周边餐厅的分成,即根据订单收入总额按一定比例收取佣金。同时将主要受众人群定义为白领阶层,吸纳中高端餐饮加盟。抽成的优势在于资金能在短期内得到补充,缺点是线下商家缺乏投入热情。当餐厅订单收入上升时,网站的抽成也随之上升,这却令餐厅老板对营业额产生恐惧。2014年5月,在获得大众点评8000万美元投资之后,饿了么调整了盈利方式,主要有两种途径:一是商家入驻平台费用。线下外卖餐厅入驻饿了么平台,需要缴纳一定额度的入驻费用,一般分为三月期、半年期和一年期三种收费形式。这是目前网站的主要营收途径。二是竞位排名展示。这类似于百度的竞价排名,但不是按点击数收取费用,更贴切地说是有排名顺序的推荐广告位,在什么位置收取多少展示费用。

饿了么的成本支出主要表现在两个方面:一是人力成本,目前公司的自营配送队伍已超过6000余人,员工工资及各项福利是一项很大的投入成本。二是线下推广宣传的物料成本,主要表现形式是纸质宣传单。饿了么在一个市场拓展初始时期往往要散发大量宣传资料。

三、优势与短板

外卖平台的优势主要表现在:第一,用户黏性高。一旦用户的外卖习惯养成,用户更换外卖平台的可能性将很小,除非发生一些非人为不可抗的重大变故,如高校迁址、写字楼拆迁等。第二,消费频次高。尤其是上班族和学生没有时间做饭或外出用餐,外卖平台是他们选择外卖的主要途径,一旦一个外卖平台聚合了周边众多外卖餐厅,用户就不必跳出外卖平台,可以直接在线选择外卖商家。在外卖平台叫外卖在节省用户时间的同时,也容易养成用户对外卖平台的依赖,增加消费频次。第三,后期投入成本低。对外卖平台而言,前期的主要投入就是宣传推广,培养用户在线订餐的习惯。饿了么的主要推广方式是线下分发传单,由于用户群比较集中且区域属性极强,不适宜网络推广,因此分发传单更有针对性。一旦用户养成在某个外卖平台订餐的习惯,那么这个市场就基本稳定下来,后期维护就不再需要多少宣传投入,甚至零成本。

外卖平台的发展瓶颈:第一,客单价低。饿了么的市场定位是大众快餐外卖,因此客单价较低,一天即便成交数千单,但每单扣除成本后实际也没有多少收益。客单价低决定其总体收益很难短期暴涨。第二,区域属性要求苛刻。外卖对用户群所在地的区域性依赖非常高。比如饿了么,它的用户群主要集中在高校和上班族集中的办公区,因为只有这两类地区用户的外卖需求较高,离开这两类区域,即使有用户需要外卖,因为客单价低,投入也将大于产出,成本不划算。第三,物流制约外卖平台纵向深入。首先由于快餐外卖客单价较低,交易次数频繁,物流成本会因不断增长的交易次数而不断递增,使原本因客单价低的快餐外卖的利润被削得更薄,甚至亏损。因此外卖平台基本不去触碰物流。其次,物流也是线下商户入驻外卖平台的门槛,没有配送能力的餐厅是不能够入驻外卖平台的,这也导致外卖平台的合作商家是有限的。再次,没有自己的物流也就无法在时间上给用户以保障,无法最大限度地满足用户需求。

(资料来源:作者根据多方资料整理而成)

2.1.3 创业机会的评价

对创业者来说,关键在于如何能够从众多的机会中找寻出有价值的商业机会,并能在最佳的时机将好的思路付诸实践,把握住机会。有的创业者认为自己有很好的想法和点子,对创业充满信心,但并不是每个大胆的想法和新异的点子都能转化为创业机会的。有价值的创业机会具备以下四个特征:第一,能吸引顾客,有吸引力;第二,能在商业环境中行得通,有持久性;第三,及时性,能抢在竞争者之前推广到市场上;第四,依附于为买者或终端用户创造或增加价值的产品、服务或业务。

在创业机会评价方面,目前公认的四种评价方法有:标准打分矩阵、温斯汀豪斯法、泊泰申米特法、贝蒂选择因素法。

标准打分矩阵通过选择对创业机会成功有重要影响的因素,并由专家小组对每一个因素进行极好(3分)、好(2分)、一般(1分)三个等级的打分,最后求出每个因素在各个创业机会下的加权平均分,从而可以对不同的创业机会进行比较。矩阵中最重要的是要列举出影响你创业机会成功的重要指标或因素,每个创业机会都会有不同的影响因素。

下面用一个实例来分析标准打分矩阵方法(见表2-3)。表中列出了10项主要影响因素,在实际使用时可以根据具体情况选择其中部分或全部因素。

表 2-3　零售业创业机会标准打分矩阵

标准	专家评分			
	极好(3)	好(2)	一般(1)	加权平均分
可服务市场	8	2	0	2.8
服务质量	6	2	2	2.4
选址情况	7	2	1	2.6

标准	专家评分			
	极好(3)	好(2)	一般(1)	加权平均分
交通情况	5	1	4	2.1
物流能力	6	3	1	2.5
融资能力	9	1	0	2.9
投资回报	8	1	1	2.7
竞争状况	7	2	1	2.6
广告潜力	6	2	2	2.4
成长潜力	9	1	0	2.9

温斯汀豪斯法实际上是计算和比较各个创业机会的优先级,公式如下:[技术成功概率×商业成功概率×平均年销售数×(价格－成本)×投资生命周期]/总成本＝机会优先级。公式中,技术和商业成功的概率是以百分比表示(0%～100%);平均年销售数是以销售的产品数量计算;价格是指预期产品的销售价格;成本是以单位产品成本计算;投资生命周期是指可以预期的平均年销售数保持不变的年限;总成本是指预期的所有投入,包括研究、制造和营销费用。对于不同的创业机会可将具体数值代入计算。机会的优先级越高,该机会的成功概率就越大。

泊泰申米特法是指通过让创业者填写针对不同因素的不同情况预先设定好权值的选项式问卷的方式方法,来快捷地得到特定创业机会的成功潜力指标(见表2-4)。对于每个因素来说,不同选项的得分可以从－2分到＋2分,通过对所有因素得分的加总得到最后的得分,总分越高说明特定创业机会成功的潜力越大,只有那些最后得分高于15分的创业机会才值得创业者进行下一步的策划,低于15分的都应被淘汰。

表2-4　泊泰申米特法

因　　素	得分(－2分到＋2分)
对于税前投资回报水平的贡献	
预期的年销售额	
生命周期中预期的成长阶段 从创业到销售额高速增长的预期时间	
投资回收期	
占有领先者地位的潜力	
商业周期的影响	
为产品制定高价的潜力	
进入市场的容易程度	

续表

因　　素	得分(−2 分到＋2 分)
市场试验的时间范围	
销售人员的要求	

　　贝蒂选择因素法是指通过 11 个选择因素的设定来对创业机会进行判断。如果某个创业机会只符合其中 6 个或更少的因素,那么该创业机会就很可能不可取;相反,如果某个创业机会符合其中 7 个或者 7 个以上的因素,那么该创业机会就大有希望(见表2-5)。

表 2-5　贝蒂选择因素法

选择因素	是否符合
这个创业机会在现阶段是否只有你一个人发现了?	
初始产品生产成本是否可以承受?	
初始市场开发成本是否可以承受?	
产品是否具有高利润回报的潜力?	
是否可以预期产品投放市场和达到盈亏平衡点的时间?	
潜在的市场是否巨大?	
你的产品是不是一个高速成长的产品家族中的第一个成员?	
你是否拥有一些现成的初始用户?	
是否可以预期产品的开发成本和开发周期?	
是否处于一个成长中的行业?	
金融界是否能够理解你的产品和顾客对它的要求?	

创业管理专栏二:

e袋洗上门洗衣 APP

图片来源:www.edaixi.com

一、基本介绍

　　荣昌 e 袋洗是北京荣昌科技服务有限责任公司推出的一个基于移动互联网的O2O 洗衣服务产品,为用户提供高品质的 O2O 洗衣服务。需要洗衣时,仅需APP/微信下单、预约时间地点,就会有专业的上门服务人员按时上门收取衣服。经过15道专业清洗工序后,72 小时内熨烫平整的衣服会被送回。自 2013 年创建以来,e 袋洗历时 4 年已经覆盖 31 个城市,用户数量已达千万级,占据中国 O2O 洗衣 90% 的市场份额。

将洗衣服务标准化,顾客可按袋支付清洗费用,通过移动终端预约,可享上门取送等私人洗衣服务,e 袋洗解决了顾客到干洗店洗衣停车难、送洗衣物交接费时烦琐、店面营业时间不能满足顾客取送时间等系列洗衣痛点。

二、传统洗衣行业痛点

消费者痛点:洗衣店营业时间有限;没有上门取送衣物服务;衣服交接过程烦琐;洗衣质量无法保证;市场价格不透明,服务报价昂贵;洗衣全程无沟通,影响消费体验。

商家痛点:品牌宣传力度有限,不利于塑造品牌形象;营销方式过于传统,不利于拓展服务;会员体系价值未有体现,用户黏性差;产能过剩,商户成本上涨;获取订单途径单一,不利于发展。

三、O2O 转型之路——孵化 e 袋洗平台

传统洗衣行业借助移动开发技术创新传统服务模式,不仅可升级自身的服务,拓宽营销渠道,提升自身的市场竞争力,还能让用户足不出户就能享受细致的洗衣服务。

区别于传统洗衣按件计费的洗衣模式,使用 e 袋洗 APP 的顾客只需将待洗衣物装进指定洗衣袋里,预约上门取件时间,2 小时内就有专门的取送人员上门取件。取件时,取送人员当面将装好衣物的 e 袋进行铅封,现场不做衣物检查,待送回清洗中心后,在高清监控条件下去掉铅封,对衣物进行洗前检查和分类,全程视频监控。e 袋洗作为一种全新概念的洗衣方式,通过移动终端下单,按袋计费(每袋 49 元),全天候上门服务,让客户彻底省下了时间和金钱。此外,每件送洗的衣服都会经过精心的熨烫,并且会在 72 小时内送回。

在社区 O2O 的基础上,e 袋洗创新打造邻里经济,推出"小 e 管家"模式,邀请社区人员担当小 e 管家负责上门取送业务,在提高服务效率的同时,解决了服务供给不足以及上门服务的信任感问题。专业高效的洗衣,配合多样化、场景化的品牌服务,让荣昌成功转型为一个洗衣 O2O 平台。

在以通过烧钱拓展市场、培育用户的行业大环境下,O2O 因为其极高的"死亡率"一度被外界唱衰。e 袋洗逆势探索出一套盈利模式,已获得来自腾讯、经纬、SIG 的投资,成为目前中国家庭服务 O2O 领域获得最多投资的公司。其中,2014 年 7 月获荣昌和腾讯 2000 万元天使投资;同年 11 月获 Matrix 经纬和 SIG 共 2000 万美元 A 轮投资,估值过亿美元;2015 年 8 月,完成由百度领投,经纬、SIG 跟投的 B 轮 1 亿美元融资,估值超过 5 亿美元。e 袋洗的服务地区包括北京、上海、天津、广州、深圳、西安等 15 个地区。e 袋洗的商业模式不单单是为传统企业提供了转型范本,更为转型之后的企业提供了一条可持续发展的思路。在这个忠于服务的时代,人们越来越在乎品质服务带来的情感满足。未来 e 袋洗仍将坚持传承"工匠晋升",在带来品质服务的同时,为消费者创造一种新的生活方式。

(资料来源:作者根据多方资料整理而成)

2.2 创业管理的内涵与特征

由于创业管理专注于初创企业的管理方法和管理活动,因此具有显著的探索性特征。在创业管理过程中,企业需要把握住"机会、资源、团队"三项主要要素的匹配和平衡,并在这个过程中持续保持创业精神和创新活力,不断寻找创业机会,动态调整战略方向,保持战略管理柔性和竞争优势,最后通过创业机会识别、预先撰写创业计划书、确定自身现有资源及所需资源来实施有效管理。

2.2.1 创业管理的内涵

创业管理是指适用于企业创业阶段的管理方法和管理活动。与成熟企业的管理不同,创业管理需要管理者不断识别创业过程中的关键环节和机会,通过调适、平衡、整合"机会、资源、团队"这三项要素,使之保持匹配和平衡,推动创业活动不断向前发展,从而带领企业尽快求得生存并最终实现持续、稳定、健康发展。

美国著名的创业学家蒂蒙斯教授创建的创业管理模型(如图 2-1)认为,创业管理由商业机会、创业团队和创业资源三项要素组成,起点是商业机会。蒂蒙斯认为创业前期,机会的发掘与选择最为关键,创业初期的重点则在于团队的组建,然后才是对资源的组织整合。在创业过程中,机会、团队、资源三项要素随着时空的变迁会不断发生变化而产生匹配失衡的问题,而良好的创业管理就必须不断地思考、推理,排除由于机会不确定带来的困扰,整体地看问题并及时进行调整,使创业活动的要素之间达到新的匹配和平衡,从而使创业活动不断推进,一步步达成企业的远景目标。

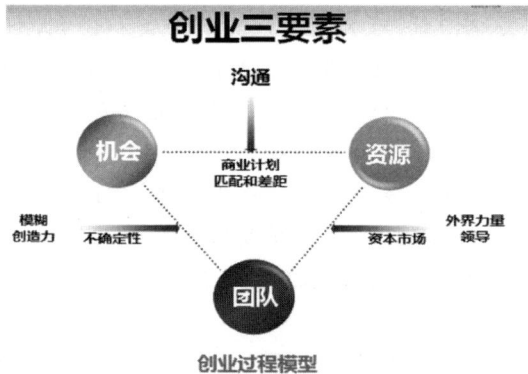

图 2-1　蒂蒙斯创业管理模型

2.2.2 创业管理的特征

创业管理不同于传统管理,它主要研究企业管理层的创业行为,研究企业管理层如何持续注入创业精神和创新活力,增强企业的战略管理柔性和竞争优势。传统的管理理论是以现有的大公司为研究对象,而创业管理理论则是以不同层次的新建事业以及新的创业活动为研究对象。

创业管理的核心问题是机会导向和动态性。机会导向是指创业是在不局限于所拥有资源的前提下,识别机会、利用机会、开发机会并产生经济成果的行为,或者将好的创意迅速变成现实。创业的动态性包括两方面:一方面即创业精神是连续的,创业行为会随着企业的成长而延续,并得以强化;另一方面即机会发现和利用是动态过程。创业管理的出发点是通过找寻机会并取得迅速的成功与成长。

创业管理是在不成熟的组织体制下,更多地依靠团队的力量,靠创新和理性冒险来实现新事业的起步与发展。创业管理的内容体系主要包括如何识别机会、开发机会和利用机会。

创业管理专栏三:

海尔的组织变革

Haier

图片来源:www.haier.net

海尔品牌是中国最具价值的品牌之一。海尔主要从事电冰箱、空调器、电冰柜、洗衣机、热水器、洗碗机、燃气灶等家电及其相关产品的生产经营,以及日日顺商业流通业务。海尔在全球建立了 29 个制造基地、8 个综合研发中心、19 个海外贸易公司,全球员工总数超过 6 万人,已发展成为大规模的跨国企业集团。海尔冰箱、海尔洗衣机的全球市场占有率在行业中均位列前茅。在智能家居集成、网络家电、数字化、大规模集成电路、新材料等技术领域,海尔也处于世界领先水平。创新是海尔的企业文化基因。海尔的创新力体现在平台化企业搭建和管理模式创新上。目前海尔已从传统制造家电产品的企业转型为面向全社会孵化创客的平台。在互联网时代,海尔致力于成为互联网企业,颠覆传统企业自成体系的封闭系统,变成网络互联中的节点,互联互通各种资源,打造共创共赢新平台,实现攸关各方的共赢增值。

一、发展战略阶段

从 1984 年创业至今,海尔经过了名牌战略发展阶段、多元化战略发展阶段、国际化战略发展阶段、全球化品牌战略发展阶段四个发展阶段。2012 年 12 月,海尔宣布进入第五个发展阶段:网络化战略发展阶段。

名牌战略发展阶段(1984—1991 年):要么不干,要干就干第一

20 世纪 80 年代,正值改革开放初期,很多企业引进国外先进的电冰箱技术和设备,包括海尔。那时,家电供不应求,很多企业努力上规模,只注重产量而不注重质量。海尔没有盲目上产量,而是严抓质量,实施全面质量管理,提出了"要么不干,要干就干第一"。当家电市场供大于求时,海尔凭借差异化的质量赢得竞争优势。

多元化战略发展阶段(1991—1998 年):海尔文化激活"休克鱼"

20 世纪 90 年代,国家政策鼓励企业兼并重组,一些企业兼并重组后无法持续下去,或认为应专业化而不应进行多元化。海尔的创新是以"海尔文化激活休克鱼"的思路先后兼并了国内 18 家企业,使企业在多元化经营与规模扩张方面,进入了一个更广阔的发展空间。海尔在国内率先推出星级服务体系,当家电企业纷纷打价格战时,海尔凭借差异化的服务赢得竞争优势。

国际化战略发展阶段(1998—2005年):走出国门,出口创牌

20世纪90年代末,中国加入WTO,很多企业响应中央号召走出去,但出去之后非常困难,又退回来继续做定牌。海尔认为走出去不只为创汇,更重要的是创中国自己的品牌。因此,海尔提出"走出去、走进去、走上去"的"三步走"战略,以"先难后易"的思路,首先进入发达国家创名牌,再以高屋建瓴之势进入发展中国家,逐渐在海外建立起设计、制造、营销的"三位一体"本土化模式。

全球化品牌战略发展阶段(2005—2012年):创造互联网时代的全球化品牌

互联网时代带来营销的碎片化,传统企业的"生产—库存—销售"模式不能满足用户个性化的需求,企业必须从"以企业为中心卖产品"转变为"以用户为中心卖服务",即用户驱动的"即需即供"模式。互联网也带来全球经济的一体化。国际化和全球化之间是逻辑递进关系,国际化是以企业自身的资源去创造国际品牌,而全球化是将全球的资源为我所用,创造本土化主流品牌,是质的不同。因此,海尔整合全球的研发、制造、营销资源,创全球化品牌。

网络化战略发展阶段(2012年至今):认识网络化的市场,做网络化的企业

网络化的市场首先表现为用户的网络化。过去的用户需求可以细分、可以主导,但是在网络化的社会,信息不对称的主动权到了用户手里,用户表达的诉求多种多样。企业成为追随用户需求的角色,需要听从用户的要求。为了适应网络化的用户和营销体系,公司必须转型。在内部,员工开始主导企业。组织不能依照正三角思路运行,领导的决策并不等于用户需求,必须依靠员工去创造性地满足用户的个性需求。

"企业平台化、员工创客化、用户个性化"三个词成为海尔2014年的战略主题。伴随着移动互联网的风口,海尔在2015年3月连续发布了包括健康、娱乐等七大智慧生态圈。海尔作为传统的制造业企业,在工业4.0概念下对内构建了互联工厂,对外打造了u+智慧生活开放平台,而定制化、模块化已成为海尔工业4.0战略的实践方式。

二、组织变革

在创业阶段,海尔的决策由高层管理者独立作出,缺乏完整的组织结构形态;在引导阶段,海尔根据电冰箱的生产需要,逐步健全了职能部门;在授权阶段,海尔建立了以产品为基础的事业部组织结构;在协调阶段,海尔成立了超事业部,并设置了职能中心辅助协调;在合作阶段,海尔建立了市场链的流程化结构。海尔进行组织变革的原因有以下几个方面:公司架构对其走向海外的步伐构成制约;单一家电产品的竞争已经让位于整体解决方案的竞争;降低成本,提高效率、效益;规模扩张,为了防止出现"大企业病",让组织更灵活。

海尔的组织流程改造的设计思路主要是把满足客户需求作为一切工作的起点,逆向组织企业的营销、生产和科研开发活动,以市场价值链创造的方式贯穿整个企业的经营活动,并以此确定相应的报酬激励制度。以流程为导向的方法创造出海尔自身的竞争优势,提高了企业的活力。

海尔致力于搭建投资驱动平台和用户付薪平台,通过人单合一双赢模式创新让员工成为开放创新平台上的创业者,在为用户创造价值的同时实现自身的价值。在这一

模式下,海尔将企业从管控型组织变成一个投资平台,员工从原来被动的命令执行者转变为平台上的自驱动创新者,而驱动员工创业的就是不断交互出的用户需求,企业与员工、合作方转为合作共赢的生态圈,原来串联的流程变成并联流程,所有各方并联在一起为市场共同创造价值。

（资料来源:作者根据多方资料整理而成）

2.2.3 创业管理的基本过程

成功的创业离不开对创业过程科学、有效的管理。创业管理机制的形成涉及组织内各要素之间的相互联系,是一个复杂、动态的系统。

创业过程是由不同环节的创业活动组成的一个整体,而不是一个简单的事件。创业者要创建新组织,通常需要经历以下几个基本环节:创业机会识别,预先撰写创业计划书,确定自身现有资源及所需资源。在这个过程中,创业者必须抓住市场机会并通过组织团队对创业机会进行评估,利用现有的资源和信息制定初步创业计划,逐步将企业发展为一个新创企业。新建立的企业组织由于资源和信息的匮乏,初期的创业计划极不完善,初期的管理和经营决策很大程度上直接决定企业能否实现长期发展。在新企业发展的各个阶段,创业者要不断对各行业之间的竞争策略进行评估和选择,对产品进行明确定位,进而使新企业能够实现对产品目标市场的占领。随着产品不断进入目标市场,创业者对创业活动的管理复杂程度是逐渐增强的,在撰写计划书时要不断借鉴相关企业风险、资源等的成功管理案例,以便能够在新企业遇到类似问题时采取合理有效的措施加以解决。

2.3 创业思维与创业教育

正确的创业思维是引领创业成功的基础,在创业过程中,创业者需具备主动性、创造性等创业思维,并在困难面前积极主动寻找解决方案。对于创业者来说,可以通过道德、同理心和商业思维等方面的培养来提升创业思维能力,并通过渗透性教育、普及性教育、重点性教育、专业性教育等方式将其渗透到自身的思维方式和行为模式中,提高创业成功概率,降低创业失败的风险。

2.3.1 创业思维

创业思维是一种工作态度、一种解决问题的观念和方法,是主动性、创造性和从一而终等组成的能力组合。与从业思维或职业思维强调模仿性、求同性、定向性、逻辑性不同,创业思维具有联想性、求异性、发散性、逆向性等特点。创业思维引导思考者关注那些被人忽视的技术和商业信息,并从不同角度创新性地对获取的信息进行加工处理,更可能因此生成创业灵感,找到创造价值的新方式和途径,发现创业机会。同时,创业思维引导思考者突破成规,以更开放的态度谋划未来,不只局限于在现有的职业和商业价值链中谋求生存和发展机会,更乐于把发现的创业机会和灵感生成创业愿景,并将实现创业规划当成个人发展的重要选项,形成强烈的创业意识。创业思维作为应对不确定性的一种态度、一种解决问题的观念和方法,它强调识别机会并尝试利用机会,引导创业者寻找独一无二的成功之路。

创业思维激发创业意识,决定创业成效。创业者创业意识不强、创业动力不足,很大程度源于创业思维缺失。经验丰富的创业者与潜在创业者或新生创业者的最大区别不在于他们拥有的创业知识或技能的多少,而在于他们的认知结构和思维方式的转变。有创业思维的人,当面对资源约束和各种难题时,他们不是牢骚满腹,而是在创业思维方式引导下主动地、创造性地寻找问题的解决方案,思考新的发展机会。创业思维能够引导创业者"在干中学",找到问题的解决办法,不断修正创业方向,直至取得创业的成功。

在移动互联网时代,能赚钱的产品首先要符合互联网思维,即产品设计以用户需求为中心,简称"用户思维"。移动互联时代的开放性消除了信息不对称,使得消费者掌握了更多的信息,使得市场竞争更为充分,市场由企业主导转变为消费者主导(即 B2C 转为C2B),让企业的商业模式进入了"用户时代",用户思维则成为管理核心。

创业管理专栏四:

超级课程表的用户思维

图片来源:www.super.cn

广州超级周末科技有限公司是一家专注于校园市场的移动互联网公司,旗下首款针对大学生开发的校园APP——超级课程表,是目前国内最大的大学生工具及社交应用平台。截至目前,该APP总用户量已超2800万,覆盖全国83.9%的在校大学生,软件月活跃700万,日活350万,高居校园类应用Top1。目前公司的主营业务有:一是广告业务,通过超级课程表这一垂直校园平台帮助品牌企业高精准高效率地进行校园市场的品牌营销推广;二是目前正在筹备开展的大学生职业教育,将为全国大学生提供多元化的职业规划及技能培训课程,帮助大学生完成由校园到职场的蜕变。超级课程表APP通过学习、社交、生活三个维度的服务构建大学生生态圈,其中囊括了大学生的学习、购物、交友、就业、信息获取等校园生活的方方面面,深受全国大学生的欢迎。

基于互联网思维,实现用户思维有三个条件,分别是得草根者得天下,兜售参与感,用户体验至上。

超级课程表面对的用户是以90后为主的大学生群体,他们缺少身份又追求认可,他们寻求"存在感"、"归属感"和"成就感",完全符合"草根"的基本属性。目前超级课程表已拥有全国三分之一的大学生用户。因此,超级课程表符合用户思维的第一个条件。

超级课程表在参与感方面主要表现为两点。第一,运营团队主要为90后,这类群体大部分是刚从大学毕业,且本身就是用户。第二,长期招聘"超级实习生",除满足大学生毕业前的工作实践需求外,还可以让其参与到产品的设计、优化、运营等关键环节中。因此,在参与感方面,超级课程表采用"团队即用户""用户即粉丝"的融合管理模式,符合用户思维的第二个条件。

对于大学生来讲,痛点需求在于"经常忘记课程表、学习笔记整理、考试备战";而痒点需求在于现在校际间较为流行的"蹭课、参加社团";最后的兴奋点需求当然在于认识异性。从产品设计来看,超级课程表的痛点对应的功能为"课程表记录、烂笔头、考试倒计时";而痒点对应的功能为"查询其他学校的课程表、超级社团";最后兴奋点对应的功能当然是异性交往——俗称"泡妞",例如"小纸条、蹭课、下课聊、大学男神"等小功能均为大学生之间建立有趣的社交模式。因此,超级课程表让用户体验超出期望,最终获得"WOW"的惊喜感知,符合用户思维的第三个条件。

(资料来源:作者根据多方资料整理而成)

2.3.2 创业思维的培养

创业活动具有风险性、探索性和创新性等特点,需要创业者创造性地运用已有的知识。每一项创业活动都有它与众不同之处,创业本身不是可以直接习得的知识,但创业活动中如何获得信息、加工信息,从而形成新信息的途径和方法,即创业思维方式是可以总结和传授的。创业教育的核心是培养创业思维,创业思维是能够教育培养的特有思维方式。

创业思维培养的核心内容包括以下几个方面。

道德的培养。为社会谋利、为人类造福才是高层次的道德。培养对人类的热爱、增强人本主义的责任心,是创业思维训练的开始。

培养与现实世界的同理心。同理心是指通过换位思考、神入、共情,进入并了解别人的内心世界,透过个人对自己的认识来认识别人。无论是客户对产品和服务的真实需要,还是更有效的生产方式、组织方式和市场渠道的发现,都需要创业者运用同理思维去识别。

培养商业价值思维。创业不是单纯的创造,而是价值的创造。创业机会计划的设计、创业资源的寻找、创业市场时机的选择都建立在商业价值判断上,创业者要尊重市场的力量,以市场价格为依据进行价值判断和价值创造值思维习惯。

2.3.3 创业教育

创业教育是培养人的创业意识、创业思维、创业技能等各种创业综合素质,并最终使被教育者具有一定的创业能力的教育。创业教育的宗旨在于培养学生的创业技能与开拓精神,以适应全球化、知识经济时代的挑战,并将创业作为未来职业的一种选择,转变就业观念。它不仅传授关于创业的知识与能力,更重要的是,要让学生学会像企业家一样去思考。其次,创业需要创业教育提供基础,即要经过严格的学术训练和知识准备,使未来创业者具备战略眼光以及良好的沟通协调能力、营销能力和决策能力,并具备较好的情商。一项调查显示,美国表现最优秀的上市公司与高新技术企业老板有86%接受过创业教育。

创业教育的类型一般分为四种形式:渗透性教育、普及性教育、重点性教育、专业性教育。如表2-6所示。

表 2-6   创业教育的类型

创业教育的类型	渗透性教育	创业的校园文化,创业理念在各学科、各专业教育活动中的渗透与介入
	普及性教育	创业精神、创业知识与创业实务普及性、讲座性的教育方式
	重点性教育	在各专业中开设"创业经济学""创业管理"课程
	专业性教育	创建创业学专业,开设包括创业精神学、创业知识论、创业实践论三大板块,体系化的创业学课程

创业教育的模式有聚集模式、磁铁模式、辐射模式。聚集模式是传统的创业教育模式。在这种模式中,学生经过严格筛选,课程内容呈现出高度系统化和专业化的特征,创业教育所需的师资、经费、课程等都由商学院和管理学院负责,学生严格限定在商学院和管理学院。这种纯粹性决定了聚集模式创业教育能够系统地进行创业方面的教学,其毕业生真正进行创业的可能性及比例非常高。哈佛大学商学院是采取聚集模式创业教育的典型。

磁铁模式在保证其开放性的同时,也保证了运行的便利性。所有创业教育和活动由统一的创业教育中心负责协调和规划,师资和经费也由创业教育中心统一调配管理。这样的运行模式整合了有限的资源,有利于打造优质的创业教育项目,有利于吸引新教师的参与,也有利于校友募捐的顺利进行。麻省理工学院主要采取这种模式。其创业教育中心的使命就是:"激发、训练以及指导来自麻省理工学院所有不同部门的新一代创业者。"这种模式的创业教育往往先在商学院和管理学院成立创业教育中心,通过整合所有资源和技术吸引来自全校范围内的、有着不同专业背景的学生。

辐射模式也是一种全校性的创业教育模式,它的发展基于这样的一种理念:不仅要创设良好的氛围为非商学专业学生提供创业教育,还应该鼓励不同学院的教师积极参与创业教育过程。它的实施涉及管理体制、师资、经费筹集等各方面的改革。在管理体制上,学校层面成立了创业教育委员会,负责协调和指导全校范围创业教育的开展;所有参与学院负责实质性的创业教育和活动,根据专业特征筹备资金、师资、课程等。康奈尔大学是采取辐射模式创业教育的典型。

创业教育的主要内容包括创业精神学、创业知识论、创业实践论。实践表明,创业教育是培养大学生创业意识、创业思维和创业能力的有效途径。随着社会的发展,开展创业教育不是就业压力所迫,而是社会经济发展对人才培养的客观要求。创业教育不应等同于创建企业的教育,而应该是渗透到人们生活中的一种思维方式和行为模式,以提高创业者成功的概率,降低创业失败的风险。

2.4 创业企业管理

据调查,每 100 家国内创业企业中,只有 20～30 家可以熬过 1 年,而能熬过 3 年的只占这其中的 30%,大学生创业的失败率更是高达 99%。但每年仍然有数以万计的人走在创业的道路上,资金、经验、人脉、平台等成为每个创业者梦寐以求的元素。创业过程中,创业者首先在企业生存规律方面要有基本的认识,在此基础上以企业的价值主张为起点,在市场营销、财务控制、融资和团队等方面进行有效管理。

2.4.1 创业企业的基本问题

企业生命周期是企业发展与成长的动态轨迹,包括发展、成长、成熟、衰退几个阶段。企业生命周期变化规律是以 12 年为周期的长程循环,它由 4 个不同阶段的小周期组成,每个小周期为 3 年。虽然不同企业的寿命有长有短,但各个企业在生命周期的不同阶段所表现出来的特征却具有某些共性。了解这些共性,便于企业了解自己所处的生命周期阶段,从而修正自己的状态,尽可能地延长自己的寿命。企业生命周期阶段性的发展如图2-2 所示,只有在管理思路与方法上采取相应的权变策略,才能使企业立于不败之地。

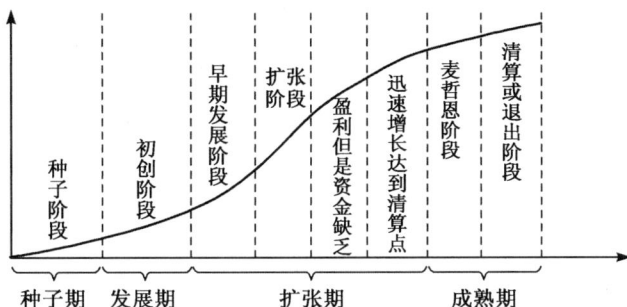

图 2-2 企业生命周期阶段性的发展

创业本身就是一项高风险的工作,创业企业的失败或遭遇严重的困难是一种常态。创业企业的基本问题包括以下几个方面:第一,资金短缺。创业者低估了财务上的需要,财务预算有缺失,同时在运营或生产上也无法有效运用资金,因此难以创造盈余,同时无法获得新融资和投资者支持。第二,没有分析需求就贸然开发产品,产品缺乏竞争力。创始人执着于执行自己的创意,却没有弄清楚创意是否符合市场需求。第三,管理不当。创业者管理经验不足,团队不行。第四,定价或成本出现问题。对于创业公司而言,产品定价不能过高,也不能过低,公司难以找到最适合的定价。第五,销售渠道和营销方式不完善,缺乏稳定的商业模式。

每个企业在成长过程中通常要经历若干个阶段,每个阶段都以演进期开始,经过持续、稳定的发展,然后以剧变期结束。企业在每个剧变期是否能有效解决问题,将决定企业能否顺利进入下一个成长阶段。

创业管理专栏五:

TCL 集团发展历程

TCL
创意感动生活
The Creative Life

图片来源:www.tcl.com

TCL 集团股份有限公司是中国最大的、全球性规模经营的消费类电子企业集团之一。公司已形成多媒体、通讯、华星光电和 TCL 家电、通力电子五大产业集团,以及产品业务领域、服务业务领域和创投及投资业务领域三大业务领域。公司位于中国百强品牌第六位,连续9年蝉联中国彩电业第一品牌。为了适应移动互联网的高速发展和跨界竞争的需要,公司于2014年初提出"智能＋互联网"和"产品＋服务"的"双＋"战略转型,并将产业结构调整为七大产品业务领域、三大服务业务领域以及创投和投资业务领域,共11个业务板块。新的"7＋3＋1"结构,将为公司价值增长打开新局面。

公司的发展阶段分别是规模积累、高速成长、国际并购失败、重生、创全球领先企业等阶段。在改革开放的30余年来,TCL在一穷二白的情况下在仓库里起步创业,在前10年(1981—1991年)中实现最初始状态的规模积累。摸着石头过河,TCL用自己勇于实践的历程诠释了什么是改革。在1992年到1998年期间,TCL靠自己按照市场规律摸索向前,高速发展伴随着曲折的改革,完成了中国制造具有代表性的改制,率先成为现代企业制度规范下的具有竞争力的中国制造企业,实现了企业的高速成长。创全球领先企业,TCL在1999年之后的时期里,抓住机遇走出去,大胆突破,经过国际并购、遭遇挫折、绝地重生,为布局全球架构和提升竞争力开了先河,为中国企业走出去积累了宝贵经验。

TCL的发展步伐迅速而稳健,特别是进入20世纪90年代以来,连续12年以年均50%的速度增长,是中国增长最快的工业制造企业之一。但2004年两次重大国际并购均告失败,给TCL带来了非常大的压力和挑战,并连续两年出现亏损。因为缺乏经验公司在国际化进程中付出了惨痛的代价。TCL收购失败的原因主要有四个方面:第一,TCL与其并购的公司在组织文化方面存在差异;第二,高估收购带来的经济效益;第三,收购代价太大;第四,没有在收购前谨慎选择收购对象。

未来10年,应该是属于战略驱动的10年。正是由于中国经济处在新产业快速成长、传统产业升级的转折点,未来的10年将是战略制胜的关键时刻。为此,TCL完善了立体战略价值模型和目标,以提升自身的工业能力、技术能力、全球化运营能力。工业能力是企业赖以生存的基础,技术能力是企业可持续发展的关键,全球化运营能力则是企业重要的核心竞争力。

(资料来源:作者根据多方资料整理而成)

2.4.2 创业企业的价值主张

从狭义上说,价值主张是公司通过其产品和服务所能向消费者提供的价值。从广义上说,这个价值又不能是简单的实用价值或利益,还包括了品牌对社会、对人等的态度和观点,包括了品牌所要传递的精神内涵和追求。价值主张确认公司对消费者的实用意义。企业要将自己的核心认同和价值观有效地传达给消费者,需要确立一个价值主张,企业的一切传播和营销活动必须围绕价值主张来进行。价值主张挖掘鱼骨图如图2-3所示。价值主张是客户转向一个公司而非另一个公司的原因,它解决了客户困扰或者满足了客户需求。每个价值主张都包含可选系列产品或服务,以迎合特定客户细分群体的需求。

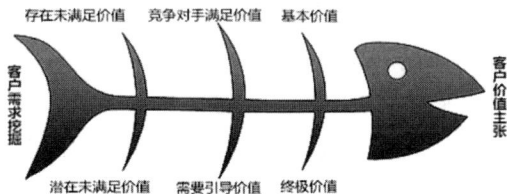

图 2-3   价值主张挖掘鱼骨图

　　企业要根据以下三个原则确立价值主张。第一,所提出的主张必须是真实的、可信的。第二,所提出的主张必须是其他产品没有的。第三,所提出的主张必须是具有销售力的。企业只有有效地将自己的价值主张传递给消费者,才能在消费者心里建立起自己的品牌形象。产品只能满足消费者的实用需求,而品牌则满足了消费者的心理和精神需求。创业企业有四种基本的价值主张:"最低价格"价值主张、"独特的优势"价值主张、"让事情变得容易"价值主张、"客户结果"价值主张。在产品同质化日趋严重的今天,确立品牌主张的关键在于寻找不同于甚至优越于同类产品的利益点。

2.4.3 创业企业运营管理

　　运营管理就是对运营过程的计划、组织、实施和控制,是与产品生产和服务创造密切相关的各项管理工作的总称。从另一个角度来讲,运营管理也可以指对生产和提供公司主要产品和服务的系统进行设计、运行、评价和改进。企业运营管理按职能分工,其中最基本也是最主要的职能是财务会计、技术、生产运营、市场营销和人力资源管理。这五项职能既是独立的又是相互依赖的,正是这种相互依赖和配合才能实现企业的经营目标。

　　运营管理的对象是运营过程和运营系统。运营过程是一个投入、转换、产出的过程,是一个劳动过程或价值增值的过程,它是运营管理的第一大对象,运营管理必须考虑如何对这样的生产运营活动进行计划、组织和控制。运营系统是指上述变换过程得以实现的手段。它的构成与变换过程中的物质转换过程和管理过程相对应,包括一个物质系统和一个管理系统。

创业管理专栏六:

名创优品实体零售的运营之道

图片来源:www.miniso.cn

　　2013 年 MINISO 名创优品开始正式全面入驻中国,首探最有活力的广东生活消费市场,开始全面入驻中国时尚休闲百货市场。2014 年 9 月,MINISO 名创优品在华门店总数达到 232 家,开店速度居国际时尚休闲品牌之首。截至 2016 年,MINISO 名创优品在全球门店数量已接近 2000 家,且每月仍保持 80～100 家的速度快速增长。

MINISO 名创优品用实力证明自己,取得近百亿元的营业额,让业界刮目相看,预计 2020 年将在全球开店 6000 家,营收突破 600 亿元。作为生活优品消费领域的开创者,MINISO 名创优品一经开业便吸引了数千人进店消费,并成为人们茶余饭后谈论的热点和关注的焦点,"逛名创优品"成为各地一种全新的生活休闲方式。

短短不到三年时间,MINISO 名创优品在全球遍地开花,先后与美国、加拿大、澳大利亚、俄罗斯、泰国、新加坡等 40 多个国家和地区达成战略合作,店铺已覆盖阿联酋迪拜,美国洛杉矶、纽约、旧金山,意大利佛罗伦萨,西班牙、新加坡和中国香港、上海、北京等全球 200 多个国家和地区,门店数量高达 1400 多家,并以每月 80～100 家的速度全面扩张。2015 年,MINISO 名创优品凭借其超高性价比实现了销售额 50 亿元,2016 年预计销售额达 100 亿元,成为全球零售市场 30 年来难得一见的"零售奇迹"。MINISO 名创优品以黑马之势在全球迅速扩张,成长速度远远超出同类品牌,甚至被屈臣氏、优衣库等知名零售企业称为"最可怕的竞争对手"。

MINISO 名创优品朝着"新零售"的方向不断转型。MINISO 名创优品能够实现如此成功的发展,离不开其创新的运营管理模式"名创模式"。首先,MINISO 名创优品设有专门的市场调研人员去研究消费者需要什么、喜欢什么,然后再由设计团队综合消费者对实用性与审美性的需求设计产品。此后,为了保证产品质量,MINISO 名创优品还在世界范围内严选顶尖供应商,如莹特丽、奇华顿等老牌工厂,而它们也同时服务香奈儿、阿玛尼、兰蔻等品牌。一方面,MINISO 名创优品商品中心的买手以年轻女性为主,基本为一线消费者,更容易从消费者的角度开发商品。这属于定性分析。另一方面,基于互联网技术的大数据平台为定量分析消费者需求创造了可能。哪一家门店销量多少、什么样的产品卖得好,第二天马上就有数据反馈,最起码开始用科学手段去剖析消费者需求。更精准的商品开发,意味着更少的偏差、更少的投资失误,以及更高效的盈利水平。除了好的产品,MINISO 名创优品同样追求好的价格。为了进一步压低产品价格,将最终的实惠带给消费者,MINISO 名创优品摒弃了传统零售的代理代销制,而是在中国和世界主要的交通枢纽地区建立中央仓库,保证产品快速、直接地到达每一家门店。有了如此高效的流通体系,MINISO 名创优品便能做到店内产品每 3 天上新、21 天全店流转,不断给消费者带来新鲜感。

由于互联网等新技术的发展,零售行业遭到史无前例的冲击,实体零售变得萎靡不振。MINISO 名创优品积极开拓新的发展模式、创新的供应链,以独特的产品设计、优质低价的产品俘获众多消费者。在传统实体零售步入寒冬期的大环境下,MINISO 名创优品却发展得如火如荼,为萧条的实体零售添上一抹鲜亮的春色。

(资料来源:作者根据多方资料整理而成)

2.4.4 创业企业市场营销

市场营销是在创造、沟通、传播和交换产品中,为顾客、客户、合作伙伴以及整个社会带来价值的活动、过程和体系,主要是指营销人员针对市场开展经营活动、销售行为的过程。

市场细分是决定创业企业营销成败的一个关键性问题。开展市场细分是创业企业营销必需的第一步。一方面,企业在市场细分的基础上针对目标市场的特点制定战略和策略,做到"知己知彼";另一方面,企业只是面对一个或几个细分市场,可及时捕捉信息,按需求变化调整发展策略。为有效地实现目标市场营销,创业企业必须相应地采取三个重要的步骤:市场细分,选择目标市场,市场定位。创业企业可以开展的三种目标市场营销战略是无选择性市场营销、选择性市场营销和集中性市场营销。

随着互联网的飞速发展和自媒体个人终端市场的广泛应用,消费者的消费观念和消费行为也发生了变化,"手指经济"对实体经营产生了巨大冲击,消费者对市场、企业和产品有了更多的期待,突出表现在选择性增大、个性化多样化需求增多、健康意识和维权意识增强等,使得创业企业不得不做出营销战略调整,以主动适应市场经济的新规律和新特点。

创业管理专栏七:

OPPO 广告营销策略

图片来源:www.miniso.cn

OPPO 作为一家全球注册的大型公司,其产品广布美国、欧洲、日本、韩国、东南亚等国家和地区。为了更好地将 OPPO 手机引入海外市场,构建覆盖全球的产品销售模式,OPPO 不仅在产品研发和产品创新上投入了大量的人力物力资源,还在品牌打造和广告植入上投入了大量的资金。OPPO 通过技术战和广告战进行猛攻,终于将 OPPO 手机打造成国内一线电子产品品牌,深得广大消费者的喜爱。

OPPO 是众多年轻人选择的拍照手机品牌。十年来,OPPO 专注于手机拍照领域的技术创新,开创了手机自拍美颜时代,先后首发了前置 500 万像素和 1600 万像素的拍照手机,创造性地推出了全球首个电动旋转摄像头和超清画质等拍照技术,为全球 20 多个国家和地区的年轻人提供了出色的手机拍照体验。据权威数据机构 IDC 统计,OPPO 已成为 2016 年中国手机市场出货量第一品牌。如今,全球有超过 1 亿名年轻人正在使用 OPPO 拍照手机。

一、目标产品定位精准

在买方市场逐渐向卖方市场完成过渡的当下,OPPO 手机的畅销与人群的划分和品牌的定位有着直接的关系,也为其后期的广告宣传打下了坚实的基础。比如,2008 年和 2009 年分别推出的 Real 系列和 Ulike 系列两款手机,有着共同的目标受众,即年轻女性。Real 系列手机覆盖的人群是年龄较小、喜欢鲜艳明亮颜色的校园女性,而 Ulike 系列覆盖的是喜欢成熟设计感的职场女性。因此在年轻女性所规划的群体定位中,OPPO 产品实现了全覆盖。

二、广告投放模式新颖

随着通信技术和互联网技术的发展以及 4G 时代的到来,OPPO 紧跟时代的列车,在智能手机上不断进行研发和创新。OPPO 手机的 Find 系列应势而生,并将目标受众指向了年轻男性,由此不难总结出 OPPO 广告的推行特点是利用广泛的信息传播途径,以多元化的渠道,在激烈的市场竞争中迅速让观众看到你、记住你。第一,通过大量铺放广告、播放高品质广告,将 OPPO 的品牌形象植入人心。在激烈的市场竞争背景下,OPPO 在广告宣传投资上可以称为是大手笔。其广告主要投放在浙江卫视、湖南卫视、央视等主流频道的黄金时段播出。第二,OPPO 手机大量冠名国内较火的王牌娱乐节目。比如,湖南卫视的压轴节目《快乐大本营》,江苏卫视的《非诚勿扰》,浙江卫视的《奔跑吧兄弟》等,都有大量植入 OPPO 手机广告。因此,在以年轻人为核心收视群体的娱乐节目中大量冠名,从而形成强大的传播态势,为 OPPO 手机的品牌形象和形象定位打下坚实的市场基础。

三、广告制作精美

OPPO 手机的广告制作和拍摄更注重于对意境的渲染,通过独特的意境来感染受众。OPPO 手机的广告片质量可以与好莱坞大片相媲美。因此,OPPO 手机在对广告片拍摄的质量上进行层层把关,在广告的制作过程中不仅求"量"也求"质"。OPPO 品牌在国内迅速被消费者所认同,是凭借其"充电 5 分钟通话 2 小时"的闪充特点。OPPO 在闪冲特点上不断进行延伸,并延伸出了"这一刻,更清晰"的高清拍照功能。以爱情为主线,将广告的意境美推向了高潮,同时也实现了对 OPPO 手机由闪充特点到拍照功能提升的完美转身。

(资料来源:作者根据多方资料整理而成)

2.4.5 创业企业的财务控制

财务控制是指对企业的资金投入及收益过程和结果进行衡量与校正,目的是确保企业目标以及为达到此目标所制定的财务计划得以实现。创业企业的财务控制应当从建立严密的财务控制制度、现金流量预算、应收账款、实物资产、成本和财务风险的控制等方面入手。创业企业由于经营规模较小,资本和技术构成较低,发展时间一般不长,受自身体制和外部环境影响大等因素,财务控制方面存在一些薄弱环节,如财务控制制度不健全、现金管理不当、实物资产控制薄弱、成本管理粗放、会计人员素质不高。创业企业财务控制中存在的问题是由宏观经济环境和自身因素造成的,针对这些问题,必须结合创业企业的特点,从多方面入手搞好财务控制。创业企业要搞好财务控制,必须建立严密的财务控制制度。

内控是检验一个企业管理效率的有效手段之一,创业者创业之初肯定在管理和控制方面存在诸多不足,但有些控制一定要尽早建立,使之发挥作用。比如银行账户的管理:企业一般应设立一个基本账户、一个一般账户、若干个特殊用途账户,不同账户的性质用途不同能够让管理者更好地掌握企业的资金流动;现金的管理:现金的保管和记账一定要两个人分别负责,同时现金的提取和使用应该由财务负责人审核批准,金额较大的甚至要公司负责人批准,现金要在每日下班前进行盘点;费用报销控的制:费用报销申请应由相关部门负责人批准,财务人员将报销申请交至复核人员复核,金额较大的由财务负责人或公司负责人审批;存货和资产的控制:存货和资产的采购申请、审批、资金发放、验收入库及库存管理应由不同部门的人员分别负责和监控,存货库房由专人看管并记录相关产品出入库情况。良好的控制能够为企业构建一面防火墙,能使创业者的努力不被内部的机制缺陷所葬送。

2.4.6 创业融资

创业者一旦抓住了商机并确定创业,就必须按照运营需求和资本需求筹集创业资金,这就必然涉及创业融资。创业融资是创业者根据其创业计划,通过不同的融资渠道,并运用一定的融资方式,经济有效地筹集所需资金的财务活动。创业融资既包括创业者为了创建企业进行的融资,也包括企业持续经营和成长过程中的融资,这两个方面的融资对企业的成立和发展至关重要。一方面,创业者要创建企业并能够走向正常经营,必须要融通到足够的资金,否则企业不能成立;另一方面,要使创业企业获得成长,也需要持续的资金注入,如为了购买设备、引进技术、开发新技术和新产品等。

创业融资是创业过程中最大的难题。创业融资的困境是相对于既有企业的融资而言的。新创企业与成熟企业存在较大差别,融资相对较难。第一,创业企业缺少可以抵押的资产。第二,创业企业没有可参考的经营情况。创业企业既缺少资产,也没有以往的经营业绩,所能提供的资料不过是一份商业计划书,未来的营业情况具有更大的不确定性。第三,创业企业的融资规模相对较小。对中小企业贷款的管理成本比为大型企业贷款的成本更高,这也加剧了创业企业融资的难度。

对创业者而言,所有可以获得资金的途径都成为创业资金的来源,创业者需要开动脑筋,广泛搜集信息,挖掘一切可能的融资渠道。创业者主要可以通过以下融资渠道获取创业资金,如私人借贷、银行贷款、天使投资、政府扶持、风险投资、商业信用融资、补偿贸易融资、代理权融资、租赁融资、典当等。为保证创业融资的顺利实现,在融资过程中要遵循效益性、合理性、及时性、合法性原则。

2.4.7 创业团队

创业团队是指由两个或两个以上具有一定利益关系的、彼此间通过分享认知和合作行动以共同承担创建企业责任的、处在新创企业高层主管位置的人共同组建形成的有效工作群体。狭义的创业团队是指有着共同目的、共享创业收益、共担创业风险的一群创建企业的人;广义的创业团队则不仅包括狭义的创业团队,还包括与创业过程有关的各种利益相关者,如风险投资家、专家顾问等。创业团队对创业成功起着举足轻重的作用,是新创企业通向成功的桥梁。创业团队组建程序如图 2-4 所示。

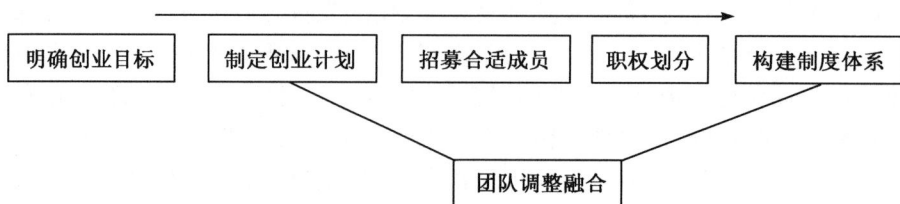

图 2-4　创业团队组建程序

　　成功的创业团队都有令人神往的创业远见并能坚持信念、付诸行动、力求成功,最后梦想成真。一般而言,创业团队需具备两个重要的组成要素:一是创业团队有一个既定的共同目标、有凝聚力,二是团队成员分工明确、角色互补。建立优势互补的创业团队是保持创业团队稳定的关键。在创建一个创业团队时,不仅要考虑成员之间的关系,更重要的是考虑成员之间的能力或技术的互补性。成员选择要坚持在知识、技能和经验方面主要关注互补性,而在个人特性和动机方面则考虑相似性。

　　创业团队形成的原因是多方面的,主要是环境的不确定性、共同的兴趣和目标、核心创业者、外部资源的需要、机会成本五个方面,其组建是一个相当复杂的过程,大致的组建程序包括明确创业目标、制定创业计划、招募合适成员、职权划分和构建制度体系。创业团队的管理要突出四个重点:核心创业者的领导才能、核心成员所有权分配机制、团队内部的冲突管理、实现创业团队企业家精神的传承。

章 末 案 例

雷曼光电二次创业

ledman

雷曼光电

图片来源:www.ledman.cn

一、公司介绍

　　深圳雷曼光电科技股份有限公司成立于 2004 年,是 2010 年国家火炬项目承担单位、国家认定的高新技术企业,是中国 LED 光电产业界的标杆企业。目前公司以高科技 LED 产业及体育产业为双主业进行布局发展,在继续夯实 LED 主业的同时,并行发展体育产业,是中国领先的 LED 产品服务商及体育资源运营商。

　　在高科技 LED 领域,公司始终致力于高品级的发光二极管(LED)及应用产品的研发、制造、应用和服务,产品涵盖高端 LED 显示屏、LED 照明、LED 封装器件三大领域,在全球的销售已扩展至近 100 个国家和地区。目前公司的 LED 主营业务涵盖 LED

显示、LED 照明、LED 封装、LED 节能、LED 传媒等五大领域。雷曼 LED 战略布局图如图 2-5 所示。

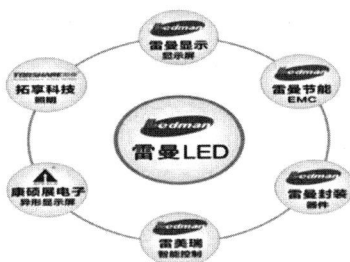

图 2-5   雷曼 LED 战略布局图

在体育行业,公司与中国足球各级赛事乃至国际赛事进行了深度合作,在足球体育赛事 LED 产品及服务领域建立了较高品牌信誉和准入门槛,并拥有丰富的中国足球商务资源。公司通过独家冠名成为葡萄牙足球甲级联赛的官方合作伙伴和赞助商,成为中国第一家冠名欧洲足球联赛的高科技企业,并获得了一系列的商务合作权益,大大提升了公司的品牌影响力和企业形象。同时公司通过参股盈方集团,有利于推动公司体育产业国际化,提升公司在体育行业的国际地位和市场规模。

公司作为一个充满生机和蓬勃发展的企业,成功由单一高科技 LED 主业发展跨界向高科技及体育双主业发展。未来公司将凭借在高科技 LED 产业的积淀及在体育产业的先发优势,充分利用资本市场优势,成为一个资本输出、管理输出、品牌输出的具有高度社会责任感的上市企业。

二、公司体育与户外广告业务

公司积极响应国家做大做强体育产业的战略思想,实施高科技 LED 与体育产业双主业发展战略,其中体育业务目前处于重要布局及快速发展阶段。雷曼体育战略布局图如图 2-6 所示。公司深耕足球生态产业链,广泛布局足球业务,业务涵盖中超中

图 2-6   雷曼体育战略布局图

甲葡甲的赛事资源运营、球员经纪、足球青训、校园足球、体育传媒等足球细分领域。同时与公司实际控制人控股的深圳人人足球俱乐部、澳洲纽卡斯尔喷气机足球俱乐部,球迷服务平台"第12人"APP等体育投资布局相互协同,构建多方位、多层次、立体化的足球产业链。一方面全面布局职业足球联赛,运营开发稀缺商务资源;另一方面增强体育传媒营销力度,寻求跨协同界成长机会。

2011年,公司以高科技LED球场显示屏产品联姻中国足球,成为2011—2016年中超足球联赛官方赞助商和2011—2016年中国足协战略合作伙伴,同时也是中甲足球联赛俱乐部官方赞助商,现已成为中国足球超级联赛和中国足球甲级联赛商务运营商,还为足协杯、中国之队、国际冠军杯等国内外顶级赛事提供LED广告及商务服务。公司以卓越品质、优质服务持续赢得中国足协、中超公司以及各俱乐部的高度肯定,通过创新商务模式,积极参与足球联赛商务开发与运营,促进中国足球竞技水平和商务水平的提升。公司已完成由产品供应商到产品服务商再到资源运营商的升级,并将积极参与足球生态产业链的布局与开发,助力中国体育产业的长远发展。

体育营销方面,公司主要通过广泛覆盖中国足球赛场的高科技LED球场广告电子显示屏及广告编辑和赛事现场等相关服务,置换国内中超中甲足球职业联赛的广告权益,通过向品牌客户销售体育赛事赞助权益、广告传播权益及提供后续服务获取盈利。2016年1月,公司与葡萄牙职业足球联盟达成战略合作,独家冠名葡甲联赛,成为首家冠名欧洲足球联赛的中国公司,获得了一系列商务合作权益,同时启动中国球员留洋计划,带动中国足球与国际足球接轨,助力公司抢占上游体育资源。

户外广告业务方面,为进一步推动公司的体育产业发展战略,公司2016年完成对华视新文化股权49%股权的收购,开启地铁电视传媒业务,华视新文化目前已在全国的19个城市运营地铁电视媒体广告业务。华视新文化是国内少数可在全国范围向广告主提供广告播放业务的服务提供商,主要从事地铁电视媒体广告业务,具备丰富的广告传媒行业运作经验,已实现良好的人员储备,在行业处于领先地位并具备较强的盈利能力。公司利用华视新文化现有的业务渠道、广告媒体业务经验及人才等优势,依托地铁电视媒体有效延伸体育媒体资源,深化公司体育主业的发展。

三、大客户服务

公司根据市场及公司实际情况持续优化业务和组织结构,加强产供销管理;同时积极加强市场拓展、推广力度,灵活布局销售策略,注重品质服务。原材料采购方面,公司主要原材料来自国内外知名企业,质量可靠。为了保证采购原材料品质稳定,公司制定了严格的供货资格认证及供应商管理制度。生产方面,公司在广东惠州仲恺高新开发区拥有大型产业制造基地。因不同客户对于所需LED产品的性能指标往往有不同的要求,公司LED显示屏产品主要生产模式为"以销定产",即接受客户订单以后,按照客户确定的产品规格、供货时间、质量和数量组织生产,LED封装及LED照明产品为批量生产。

公司非常重视产品质量的提升及生产制造人员的管理。通过加强生产过程控制,强化供应商管理和价格管理,严格保证产品质量,增强公司的产能利用率和产品研发效率,为公司扩产增收夯实基础。同时大胆进行工艺革新,简化工艺流程,降低成本,提升生产效率,并导入简便实时的制程监控手段,有效防范人为差错。人员方面,公司推动落实一人多能多岗培训,对骨干员工进行专项培养,保证了管理人员与车间人员的稳定性和梯度建设。同时品质、技术部门积极配合销售人员走向客户端,了解客户真实诉求,积极响应、快速处理,有效提升生产效率和生产能力柔性。

四、高附加值产品

公司坚持自主创新,在注重产品质量的基础上持续加大研发投入力度,密切跟踪行业的技术发展方向与趋势,持续开展新产品、新工艺的研究开发工作,进一步满足市场对产品功能的需求。公司全资子公司拓享科技陆续开发出一些大功率类、具有市场竞争力的新品。控股子公司康硕展新推出 LED 椭圆球形屏,是康硕展又一创意曲面显示产品力作,该产品可全方位立体环绕展示画面,使观看者切身感受 360 度无死角视觉动态,具有独特创意外观及高科技专利技术。

球员经纪及足球青训方面,公司通过独家冠名葡萄牙甲级足球联赛,获得了每年输送 10 名左右球员以及 3 名左右教练员进入葡甲球队踢球、执教等相关权益,该留洋计划与公司的国内联赛资源、公司实际控制人投资的澳洲纽卡斯尔喷气机足球俱乐部及深圳人人足球俱乐部将进行资源整合、共享、联动,打造欧洲、澳洲、国内球员经纪和青训互通的渠道,是公司在球员经纪和足球青训业务的重要布局,也是公司未来体育产业重要的收入来源。公司立足中国足球的长远发展及海外合作,向各细分领域渗透,力求快速抢占市场资源,体育布局日益成熟,与实际控制人的体育投资布局相互协同,形成了"体育营销资源+体育传媒+球员经纪+足球俱乐部+移动互联网"的有机联动、多层次多渠道的国际化体育版图,布局纵横中国、欧洲和澳洲。

五、结论与启示

雷公司之所以能够在同行中脱颖而出,获得社会的认可并顺利上市,与企业经营的规范性以及发展战略的前瞻性不无关系。公司的行业定位是做 LED 产业链的中下游,即封装及应用;产品定位是中高端,其中的一个定位就是替代进口。公司将继续坚持高科技 LED 产业与体育产业双主业发展战略,在巩固与优化 LED 业务的基础上,立足中国足球的长远发展及海外合作,全面布局足球产业链。凭借和依托公司高科技 LED 品牌优势及体育产业的先发优势,充分利用资本市场优势,持续优化商业模式和产品内容,加大足球领域的商务权益开发,提升赛事核心价值,完善精细化运营能力,进一步提高公司竞争力与行业影响力,实现公司持续稳定发展。

LED 行业正从快速发展进入到行业成熟的过渡阶段,LED 封装和应用细分行业的整合不断加快,资源呈现集中趋势,行业格局逐步完善,行业进一步回归理性。目前很多 LED 企业纷纷调整市场策略,发力细分市场以寻找更多的发展空间,从而在竞争日趋激烈的 LED 市场中找准自身定位。跨界转型,实施双主业乃至多主业的战略成为企业积极拓展新利润增长点的方式之一。

体育产业作为第三产业中的"朝阳产业",其产业链涵盖范围较广,包括赛事运营、场馆运营、体育媒体、体育营销、体育经纪、体育培训、体育用品和体育彩票等。国家政策对体育产业不断倾斜,地方政府不断落实跟进,促成了体育产业良好的发展前景。从其发展规模和结构来看,随着社会生产力的提高和科学技术的发展,体育产业在未来能够成为我国国民经济新的增长点。

足球作为目前世界第一大体育运动,具有规模宏大、效益丰厚、覆盖面全、影响力大的产业特点。发展足球产业是做大做强体育产业的重要组成部分,国家最高领导也对以足球为代表的竞技体育产业寄予了极高的期望。随着国内足球相关政策的改革推进,中国足球职业联赛的价值还有很大的挖掘空间,其庞大的产值和成长空间将带动足球相关产业整体商业化进入加速发展期。

(资料来源:作者根据多方资料整理而成)

本章小结

在中国新一轮消费升级和供给侧改革大潮中,创业是中国转型的新动能、新引擎,全民创业时代已经到来。人们并不单纯研究个体的创业行为,而是将创业拓展到已经存在的公司甚至是大公司,拓展到非营利组织和整个社会,创业成为动态复杂环境下管理者的思维模式和行为准则。创业管理作为一门新兴的交叉学科已经受到广泛关注,创业管理理论的提出是对传统管理理论的重构和再造。传统管理理论从职能和绩效角度实现企业的正常运行。但在创业活动越来越多,特别是大公司创业实践越来越频繁的前提下,传统管理理论已经明显存在不足,需要创新。在动态复杂的环境下,创业管理从企业的变革和重构角度,研究如何实现企业的持续成长和竞争优势的增强,因此对管理理论具有创新价值。通过分析创业机会的识别和评价、创业管理的内涵和特征、创业思维与创业教育等创业管理理论,并以国内企业的创业管理作为主要案例进行系统的案例分析,从创业企业的价值主张、运营管理、市场营销、财务控制等方面出发,为企业创业管理的发展提供参考。

问题思考

1.个体的创业行为与公司的再创业在创业管理方面有何差异?

2.对创业企业来说,创业管理中的哪个环节最难?难在哪里?

3.通过案例的分析给创业企业的后续发展带来哪些启示?

4.在全民创业时代,企业要如何结合创业管理理论来有效指导实践?

3.商业模式

本 章 要 点

☆ 了解商业模式理论的发展进程；
☆ 理解商业模式的内涵；
☆ 了解商业模式的设计与选择；
☆ 掌握商业模式的分类；
☆ 了解商业模式的创新。

开 章 案 例

尚品宅配智能制造模式

图片来源：www.homekoo.com

一、公司介绍

尚品宅配是一家主营全屋板式家具的定制生产及销售,并以向家居行业企业提供设计软件及信息化整体解决方案的企业。尚品宅配成立于2004年,由最初的广州圆方软件公司跨界转型而来。尚品宅配以圆方软件的信息化技术、云计算、大数据应用为驱动,依托"新居网"的O2O互联网营销服务平台,以及佛山维尚大规模定制的柔性化生产工艺,创造了全屋板式家具个性化定制、规模化生产的"C2B+O2O"商业模式。截至2015年,它已在全国400多个城市拥有近1000家加盟店,在广州、北京、上海、南京、武汉、佛山有超过50家直营店。尚品宅配在世界金融危机笼罩整个行业、大量家具企业负增长的形势下,成功实现了连续多年的逆势增长。它成功化解了个性化定制与大规模生产的天然矛盾,被《哈佛商业评论》中文版誉为"C2B模式的中国样本"。

二、商业模式转型四个阶段

尚品宅配基于"互联网＋"的商业模式转型分为四个阶段:转型前身、定制化起步阶段、定制化拓展阶段和深度定制化阶段。

尚品宅配前身(1994—2004年):1994年,尚品宅配的前身——圆方软件成立。圆方软件从事装修和家具设计软件的研发。经过10年的发展,圆方软件在国内装修软件市场的占有率高达90%。但即便如此,圆方软件2004年的销售额也仅为3000万元。

当时家具企业对利用设计软件进行营销的理念尚未成熟,市场教育成本较高。由此,虽然圆方软件的产品很实用,但很多家具企业并不认可软件的价值。于是,公司的创建者决定利用软件技术,通过定制化方式,进入家具制造行业。

定制化起步阶段(2004—2007年):2004年,尚品宅配成立。公司成立之初,就推出家具制品的个性化定制业务,并率先推出前期免费服务,即免费上门量尺、通过设计软件为消费者提供免费的设计方案,再利用软件平台向消费者销售个性化定制家具。2006年初,尚品宅配决定自己建厂,通过对传统生产线进行信息化改造,实现定制产品的大规模生产。2007年开始,尚品宅配广泛收集了数千个楼盘、数万种房型的数据建立"房型库"。之后,又从单一的"房型库"拓展到"产品库"和"空间解决方案"。依托大数据资源,尚品宅配能够给用户提供更多的个性化选择。

定制化拓展阶段(2007—2011年):2007年到2011年是尚品宅配的第一个快速增长期,实现了从单一产品定制向综合解决方案定制的转变。2008年,尚品宅配开发了能满足全屋家具需求的第一套"元产品"系统。该系统可以形成不同产品,进而形成产品组合和解决方案。2009年,尚品宅配将圆方软件、尚品宅配和新居网完全打通,将线下的连锁店与网上商城联动起来,开始运行O2O业务。

深度定制化阶段(2011年至今):2011年以来,尚品宅配开始步入品牌大营销的时代,并开启了服务、产品和品牌的全面升级。如今,尚品宅配针对消费者的个性化定制已更具深度,即最大限度地满足消费者的个性化需求。

三、商业模式转型过程

尚品宅配将互联网、大数据、云计算与企业的设计、生产、销售等环节不断融合。

第一,尚品宅配的前身为圆方软件,其价值提供主要为家具和装修设计。虽然市场占有率很高,但软件本身的价值并没有得到充分的认可。正是基于这样一种现实,企业的创建者决定从软件业"跨界"到家具制造业。在"跨界"过程中,企业在软件技术方面的优势起到了很大的助推作用。

第二,2004年,尚品宅配开启了家具产品的定制化商业模式转型。相较于其前身,这是典型的颠覆性商业模式创新,即从过去的软件销售变为家具生产与销售的C2B商业模式。为了促成个性化定制商业模式的成功,公司一方面采用信息技术对传统生产线进行了改造,并成立了维尚家具制造公司,以期解决规模化生产和定制化模式的矛盾;另一方面,公司从 2007 年开始,不断完善数据库资源,并逐渐累积形成了大数据资源库。由此,尚品宅配初步形成了以信息技术为支撑、以大数据资源为驱动的定制化商业模式。

第三,2007 年之后,尚品宅配进入到快速发展期。基于自主研发的"元产品"系统,公司实现了整体家居解决方案的定制化。2009 年,尚品宅配在 C2B 模式的基础上,利用互联网和信息技术,打通了线上和线下环节,拓展了 O2O 模式。

第四,2011 年至今,尚品宅配的个性化定制不断深化。基于互联网和大数据的 C2B+O2O 商业模式,为公司创造了可持续的竞争优势。

四、商业模式构成

尚品宅配将信息化和工业化进行深度融合,实现了数据驱动的个性化需求分析、数据驱动的前端设计和数据驱动的后端运营,这完全符合"互联网+"背景下商业模式的特征。

从尚品宅配商业模式的构成要素来看,基于房型、产品解决方案和用户个性需求信息而构成的大数据资源,是其商业模式的核心。尚品宅配的客户已经从群体变为个体,即以用户的个性化需求为公司商业战略和运营管理活动的导向,而其价值主张则是满足用户个性化需求的家居定制化解决方案。在尚品宅配的发展过程中,形成了相对封闭的价值网络,分别是提供个性化定制技术的圆方软件,打通 O2O 模式的互联网平台新居网,开拓个性化市场营销的尚品宅配和维意,以及实现规模化生产的唯尚制造。在尚品宅配的创收逻辑中,一方面,公司通过销售定制化的家具及配套产品获得收入;另一方面,数据驱动的运营流程提高了生产效率,彻底消除了库存,从而极大地降低了生产及运营成本。

五、商业模式转型关键因素

尚品宅配的大规模定制化商业模式能够成功的关键因素,一方面是大数据及相关技术,另一方面是信息化。

第一,大数据资源及云设计能力。尚品宅配商业模式转型成功的关键之一,在于其拥有的大数据资源。经过多年的积累,尚品宅配已经建立了三大数据库,分别是"房型库"、"产品库"和"解决方案库"。其"房型库"可以覆盖全国 80% 的房型,"解决方案库"达到了百万级别。同时,在公司生产和营销过程中所产生的关于生产运营和用户个性化需求的大量数据资源,仍在源源不断地充实着数据库。依托庞大的数据资源,结合强大的软件技术,尚品宅配解决了家具个性化定制中非标准化产品的标准化设计问题,具备了基于大数据的云设计能力,从而形成了核心竞争力。

第二,柔性生产系统背后的信息化。尚品宅配解决了定制化前端的个性化设计问题,而后端的大规模生产环节,则需要柔性生产系统解决。尚品宅配应用信息技术及自主设计的软件,对传统的生产流程进行了改造,实现了由信息指令指导生产。通过柔性生产系统,尚品宅配的日生产能力提高了 10 倍,材料利用率提升到了 90% 以上,出错率下降到 1% 以下,交货周期缩短到 10 天左右,从而解决了个性化定制与大规模生产之间的屏障。

六、转型启示

第一，"互联网＋"商业模式的逻辑范式发生了变化。尚品宅配商业模式的核心价值，在于探索出了传统制造业与互联网和信息技术深度融合的商业模式新范式，这包含着工业生产的互联网思维、全程数据化驱动的生产流程、顾客和制造商直接联结的运营模式等，使得个性化需求和工业化的大规模生产得以兼容。

第二，"互联网＋"商业模式转型的关键因素是大数据与信息化。尚品宅配从过去的软件销售模式，跨界进入到家具制造业，并构建满足用户个性化需求的大规模定制化商业模式。其大数据资源的形成及云计算能力，以及基于信息技术构建的柔性生产系统，成了企业转型的关键。由此，大数据和信息化是"互联网＋"时代商业模式转型的两个关键支柱。

第三，"互联网＋"商业模式的转型是企业持续创新的结果。企业将大数据和互联网融入商业模式中，是一个持续变革的结果。一方面，企业大数据资源的积累及分析是一个长期的过程；另一方面，企业生产运营过程的重构，也是其将信息技术与生产系统不断融合的过程。

（资料来源：作者根据多方资料整理而成）

随着互联网技术的发展和电子商务的崛起，企业仅仅依靠传统的产品改进、技术变革或者完善产业链等方式实现企业创新和转型变得越来越困难，企业亟须寻求一种创新方式实现利润的增长和竞争优势的长存，商业模式受到企业界的高度关注。比如，苹果、小米等利用自身独特的商业模式在短短几年时间内就取得了巨大的发展，产生了突出的示范效应，它们获取利润的方式完全颠覆了传统企业的商业模式。实际上，传统企业的商业模式早已存在。据统计，美国有 60％的企业通过商业模式创新取得成功；经济学人智库（EIU）的调查结果表明，54％的 CEO 认为商业模式创新是比产品和服务创新更为重要的创新方式。

在这样一个快速变迁、技术进步、机会均等的年代，企业必须拥有创新理念，选择创新性商业模式，才有可能在大浪淘沙中胜出。

3.1 商业模式的概念

创业企业初创时期，面临复杂的竞争环境以及内部组织管理和成长发展问题，关键要解决活下去和可持续发展问题，其中，企业如何活下去是其成长的前提，这就要求企业能够发现和捕获商业机会，围绕商业机会配置企业内外资源、设计业务流程、构建伙伴关系，设计盈利模式，提升企业经营业绩和实现企业价值，构建自己的商业模式。

3.1.1 商业模式的概念

著名管理学家德鲁克认为：成功的企业有着相同的基因，即合理的商业模式。商业模式是用于明确如何创立公司和获取收益的商业价值运行系统。自商业模式概念出现以来，商业模式概念的界定经历了经济、运营、战略、整合四个阶段的演进过程（如图 3-1 所示）。

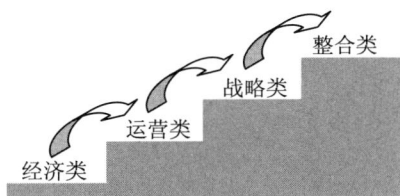

图 3-1　商业模式演进过程

经济类的商业模式概念主要侧重于描述企业的经济模式,即企业获取利润的逻辑。这种表述将盈利当作企业的主要追求,很容易让人将商业模式与盈利模式的概念混用。经济类的商业模式概念强调财务目标,对于环境、市场、客户等外部因素,战略、组织结构、业务流程等内部活动考虑不多。

运营类的商业模式概念主要描述企业的运营方式与结构,将企业围绕价值创造进行的内部流程和组织管理看作是商业模式的内涵,强调产品(服务)交付方式、组织结构、业务流程、管理制度等方面的设计。该类定义主要包括企业与商业伙伴及客户之间的价值流、收入流和物流的特殊组合,与商业模式相关的利益相关者也扩展到企业、供应商、替补者和客户组成的价值网络。运营类商业模式概念突出企业内部组织管理对于商业模式的作用,将企业与商业伙伴及客户的关系当作业务流程、组织架构与管理制度等企业运营方式和策略选择的目标及依据,由此构建企业的商业运营逻辑。

战略类的商业模式概念侧重于企业战略方向的总体考察,关注企业的市场机会、组织行为、企业成长、竞争优势、可持续性等方面,将利益相关者、价值创造、差异化、愿景、价值、网络、联盟等战略要素纳入商业模式概念。战略类商业模式概念将视野更多地投向了企业外部,相比经济、运营两类概念,更加注重商业模式与外部环境及利益相关者的互动关联,强调价值创造要基于企业在社会网络中的定位和关系。

近年来,商业模式概念的定义认为商业模式是对企业经济模式、运营结构和战略选择以及由此而形成的商业运行系统的本质进行清晰和完整的描述。成功的商业模式是独一无二、无法模仿的。商业模式定义不仅仅是对企业经济模式和运营结构的概括,而是要整合孤立和片面的表述,从整体上说明商业模式的本质和内涵,商业模式是说明企业经济模式、运营结构和战略选择等方面一系列具有内部关联性的要素进行定位和整合。商业模式定义为建立在许多构成要素及其关系之上的用来说明企业通过创造顾客价值、建立内部结构、形成伙伴网络关系来开拓市场、传递价值、创造价值的概念性工具。

商业模式专栏之一

红星美凯龙商业模式分析

图片来源:www.chinaredstar.com

红星美凯龙家居集团股份有限公司(以下简称"红星美凯龙")起步于2000年开设首个商场,然后一路开疆拓土,从一家地方家具专营店到开创红星美凯龙模式家居Mall时代的家居行业第一流通品牌。截至2016年,据同花顺财经网报道,红星美凯龙2016年一季报净利润为105252.00万元,营业额217876.80万元,每股现金流0.10元。2016年,红星美凯龙登陆港交所。

一、公司概述

红星美凯龙创始人车建新最初是一位木工,并通过借资于1988年创办了第一个家具门市部,这也可被视为他创建红星美凯龙的基础。2016年9月6日至10日在北京隆重举行的第十一届亚洲品牌盛典上,红星美凯龙董事长车建新荣获"2016全国五一品牌建设奖创新人物",红星美凯龙还荣获了"2016全国五一品牌建设奖创新力企业"。

二、克服传统家具流通业的弊病,创造新时代

第一,深化红星ERP和O2O平台建设,横向连缀家居产业全链条的工厂、物流商、流通平台和消费者,提供集成化、高效的信息化服务平台。

第二,以统一物流配送、正品防伪追溯和信用体系建设为核心,依托支付、标准化、消费金融等创新应用,全面提升家居流通供应链的整体效率。

第三,以线上线下一体化为核心,全面提升消费者购物体验,引导激活消费升级。由此一来,将实现家居流通业的供应链升级,进一步提升品牌工厂、经销商以及物流承运商的整体效率,降低成本。打造出消费升级的整体生态圈,提供更具个性化、便捷化、绿色的商品与服务,进而衍生出F2C和C2B的经营模式,进一步推动产业升级。

三、别具一格的商业模式

第一,产品快速迭代,不断创新。红星美凯龙致力于营建现代化的高水平家居市场。作为典型的红星美凯龙商场,平均经营面积68000平方米,多年来商场设计已经升级8次,目前是第九代商场,在第九代商场中运用了蜂巢元素,以此代表对家的渴望。商场内部由通道连接的4个独立小商场组成,各通道均有浪漫主题,如花卉、冬天及夜间。正是这种在别的企业难得一见的模式创造了红星美凯龙优越的不同之处。

第二,营业方式采用一、二线城市自营,聚焦品牌塑造;三、四线城市聚焦委托管理。红星美凯龙在商业模式上抓住产业的痛点,并且深解中国国情,帮助合作伙伴开疆拓土。

第三,具备核心竞争力。红星美凯龙拥有15000名专业人才,负责土地收购、规划设计、施工、招商、运营管理等各个阶段流程。仅招商部门,红星美凯龙就披露有431位员工,从拥有的18000家品牌库里选择300~700家品牌,为不同的项目服务。

第四,具备垂直细分平台公司模式。作为一个家居垂直领域的头牌公司,红星美凯龙具备互联网金融化、大数据导向、构建物流体系等潜力。

四、重新定义"新零售",开启家居零售新模式

经过多年的高速发展,现在家居业不管是卖场还是线下门店都已严重饱和,流量被高度打散。家居业与互联网的结合在不断地被尝试,新零售概念的重新定义就是一次新探索。

2017 年 3 月 28 日上午,红星美凯龙在哈尔滨举办家居行业战略合作沟通会,集结众多顶尖家居品牌,一起探讨新零售概念的新定义。有着大量线下资源的红星美凯龙带来新零售的新玩法:线上海量信息和便捷沟通,线下有温度的体验和专业服务,线下线上相互赋能;以点带面,共建家居新零售格局。

无论是线上还是线下的消费者,只要关注了这个品牌,红星美凯龙都可为其进行引流。通过线上线下的结合,可提高用户体验,从而增强用户的品牌认知度。不管是网上购物还是线下体验购买,一店可链接全国所有门店,让消费者能最近距离得到最好的服务。除此之外,共享的商品信息、开放的内容平台、全国性营销联动、统一的渠道管理等等,也都是传统的互联网平台无法提供的。

作为全球数量最多、规模最大的大型商业 MALL 运营商,红星美凯龙应用互联网技术与工具,让更多的商户得到更有力量的支持,助力中国人的消费升级。对于红星美凯龙今后的发展,人们拭目以待。

(资料来源:作者根据多方资料整理而成)

3.1.2 商业模式的特征

第一,商业模式是一个整体的、系统的概念,而不仅仅是一个单一的组成因素。如收入模式、向客户提供的价值,组织架构等,这些都是商业模式的重要组成部分,但并非全部。商业模式的组成部分之间必须有内在联系,这个内在联系把各组成部分有机地关联起来,使它们互相支持、共同作用,形成一个良性的循环。

第二,商业模式需有独特的、持久的盈利模式。商业模式最为关注的是企业实现营收与利润,因而盈利模式是成功商业模式的核心要素。同时,一个盈利模式必须有一定的价值主张及运营机制的导向和支撑,因而是成功商业模式的集中体现。成功的商业模式必须具备一定的独特性与持久性。所谓"独特性",就是能构成企业的竞争优势,且在同一行业中难以被竞争对手所模仿或采用;所谓"持久性"是指能够支持企业持续盈利。

第三,商业模式具有一定的原创性或较强的创新性。创新是一种商业模式形成的逻辑起点与原动力,也是一种商业模式区别于另一种商业模式的决定性因素。因而创新性成为成功商业模式的灵魂与价值所在。现阶段,我国企业商业模式的形成有多种路径。从经济发展阶段来看,成功商业模式不必苛求完全原创但也不能完全模仿,需要将中国人的特定思维或特质与特殊的市场经济发展环境相结合,形成经世致用的商业模式。

3.1.3 商业模式的逻辑

商业模式思考的逻辑就是"定义增长、定义客户、定义价值、定义价格、定义渠道、定义能力"(如图 3-2 所示)。商业模式首要的是要回答增长机会是什么,没有赚钱的增长机会,一切商业模式都无从谈起;其次,要在此基础上进一步思考清楚客户定位、需求(痛点)、决策方式,痛点决定了产品的价值主张,决策方式决定了渠道策略,这是回答为客户创造什么样的价值和如何让客户知道、信任产品或服务价值;再次,一定要对成本结构、收入来源、价格/价值心中有数,即钱如何回来,这是回答如何赢得利润和现金流;最后,基于和竞争对手相比的独特性价值主张和壁垒,明确应该突出的能力和业务活动,如组织模式、供应链、设计等等,这是回答如何为客户创造价值以及客户为什么不选择竞争对手。

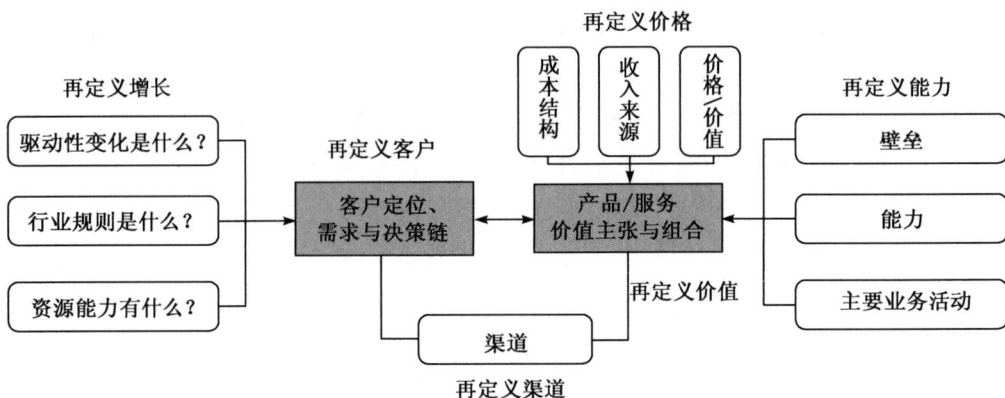

图 3-2　商业模式的逻辑

(1)定义增长

战略分析的目的不是为了定义机会与威胁、优势与劣势,而是为了定义增长机会。商业模式首先要回答的是增长机会是什么,没有赚钱的增长机会,一切商业模式都无从谈起。增长机会的来源一般有未来的核心趋势、行业规则、自身的资源和能力三个方面。

产品轴线方面,增长机会包括相同的产品是否有其他领域拓展,产品是否有互补品或进行模组化延伸,在设计、采购、生产、物流、渠道、促销、品牌等产品价值链环节是否可以独立形成新的商业模式,以及是否可以形成产业链或产业生态圈的商业模式四个方面。

客户轴线包括针对相同的客户是否可以提供其他的产品和服务,是否可以形成价值客户和利润客户的组合进行商业模式创新,在决策、购买、使用、维修、报废等客户价值链环节是否可以独立形成新的商业模式,以及是否有为客户提供整体解决方案的商业模式创新机会四个方面。

(2)定义客户和定义价值

在增长机会清晰之后,必须定义客户和产品的价值主张。许多战略不能成功,核心是客户和产品的价值主张没有正确定义。如果准确定义了客户和产品的价值主张,战略就完成了二分之一。

(3)定义价格

定义清楚客户需求和产品的价值主张后,进一步需要思考的是收入、成本和价格/价值。企业需要详细测算产品与服务的价格和成本,并计算企业盈利的平衡点。

(4)定义渠道和定义能力

渠道在一个企业的市场突破中具有重中之重的作用。很多价值明显的创新企业迟迟不能突破,一个重要的原因就是"渠道"问题,包括推广渠道、分销渠道。企业通过分销渠道来说服客户购买企业产品。

3.2 商业模式的构成要素

商业模式概念研究的推进,使商业模式成为一种包含多个相关要素,用以阐明特定组织商业逻辑的概念性工具。它描述的是企业提供客户价值过程中所形成的企业内部组织结构和业务流程,以及外部利益相关者关系网络等借以实现(主张、传递、获取)价值的构成要素及其关系结构。但是,关于商业模式构成要素的研究目前尚未达成共识,不同研究者对其有各自的理解和解释,现有研究成果可以概括为内部过程、外部交易、系统整合 3 个视角。

从内部过程视角,研究者主要强调企业内部活动和资源要素的整合。比如,蒂默尔斯在 1998 年认为商业模式是产品、服务和信息所构成的有机系统的要素组合,商业模式代表了一个能使企业创造价值的架构,是企业内部程序和架构的设计。在内部过程视角下的研究,重点强调与商业模式的价值提供相关的企业内部资源配置及其关联活动,关注的是价值导向下以产品为核心的生产、营销等业务流程要素。

外部交易视角关注的是从企业与外部利益相关者的关系建构相关的商业模式构成要素。商业模式是对消费者、客户、同盟以及供应商角色与企业关系的描述,比如,魏巧和朱武祥将利益相关者的交易结构看作商业模式的本质。

系统整合视角把商业模式的所有构成要素看成是一个完整的系统,各要素之间需要相互匹配。商业模式是客户界面、内部结构以及伙伴界面 3 个层面的有意义的组合。价值提供、盈利方式、客户关系、关系网络、内部结构、目标市场等是商业模式构成要素中的高频词。商业模式是通过企业、供应商、渠道和顾客的网络协作来创造并分享价值的,是超越了企业本身、拓展了企业边界的相互依赖的要素所组成的系统。

不管是从内部过程、外部交易还是系统整合视角,研究者都强调商业模式是由多种要素构成的,这些要素之间的协调与匹配,构成了完整的商业模式。

商业模式专栏之二:

中国好声音商业模式分析

图片来源: baike.baidu.com

《中国好声音——The Voice of China》,于 2012 年 7 月 13 日在浙江卫视开播。自开播以来,就以首播收视率 1.5 的佳绩吸引了国内大众,第二期时该节目的收视率最高达到 2.8,之后不断飙升,直至总决赛时其收视率最高达到 6.1,其中插播广告的价格也是一路飙升,总决赛时广告的最高价格甚至达到 116 万元每 15 秒,创造了中国电视广告单价的最高纪录。

2016 年 7 月,原本应当延续的《中国好声音》第五季改头换面,最终定名《中国新歌声》。《中国新歌声》是由浙江卫视联合星空传媒旗下灿星制作打造的大型原创专业音乐节目。自 2016 年起,系列节目不再引进国外版权,而是采用原创模式。

《中国新歌声》于 2016 年 7 月 15 日起每周五 21:10 在浙江卫视播出,于 2016 年 10 月 7 日播出总决赛。节目网络播出权由优酷视频和腾讯视频获得。节目歌曲在酷狗音乐、酷我音乐、QQ 音乐等同步上线。节目由法兰琳卡独家冠名播出,由 OPPO 手机特别支持,由唯品会、微鲸电视、中国人寿特别赞助。2016 年 12 月,在 V 地标(2016)中国电视媒体综合实力大型调研榜单中,《中国好声音》被评为年度上星频道最具创新影响力节目。

一、商业定位创新

目标顾客是商业模式的基础要素。《中国好声音》的目标顾客不仅仅是喜欢音乐的年轻人,还有喜欢刘欢、那英、杨坤、哈林这些超级导师的粉丝群,目标顾客从年轻人扩大到了中老年人。目标群体的规模是影响收视率高低的重要因素。同时,《中国好声音》在环节设置上紧紧抓住观众心理,严格把握各个细节,上台学员都经过精心初选,上台前说词和上台后表演都经过精心策划。于是,要么实力打动人,让观众把节目当成聆听一场音乐会,充分享受专业的歌唱表演,虽然学员可能来自草根;要么故事打动人,观众为学员奋发、执着、坚持不懈、努力实现心中梦想的拼搏过程而感动,与大多数人所推崇的通过个人努力追求成功的精神相共鸣,激发一种向上的情怀;要么为比赛本身屏气凝神,看到女友、家人、亲人对学员的渴望,自己也禁不住参与其中,努力去试图评价表演的质量、去感受学员的心情、去争取导师的认同,因为每个人心中都有一种希望被人认同的需求。《中国好声音》清晰的定位满足了当下人们的需要。

二、独特的价值主张

价值主张是商业模式的核心要素,《中国好声音》的独特价值主张是"让中国最优秀的巨星导师选拔出最优秀的歌声"。节目完全体现了选秀的竞争性,真实性、高水准、新奇性、趣味性、大众性的基本特征。

三、关键业务

第一,基本节目模式。与其他娱乐节目相比,《中国好声音》采用五阶段模式实现整体业务流程。第一阶段,导师精选歌手使歌手遍布全国,名副其实;第二阶段导师盲选学员,实现导师比拼、双向选择;第三阶段导师优选学员,实现内部 PK,导师挥泪割爱;第四阶段导师间的对战,实现外部 PK,考验导师;第五阶段,年度总决赛决胜出最好声音、最好导师。

第二,回归音乐本身是唯一的评选标准。盲选,意味着导师对学员的认可是不受其他因素干扰的,使节目增加了只闻其声、不见其人的悬念。当两位或两位以上的导师同时选中一位学员时,选择权便横空直转,变为学员挑选导师,由此便会出现导师之间"你争我夺""互相调侃""善意拆台"等有趣看点。而且无论是业内人士还是广大观众,都认为盲选的方式更加公平、更加吸引人。因而说,《中国好声音》无疑以"只用耳朵听"回归到了纯粹的音乐本质。

第三,优良的制作团队、巨大的投资以及高品质保证。节目组投入了较大的资金,从乐队质量、舞台音响、现场录制等方面都保证了节目的制作质量,节目的背景音乐是由专门给中国一线歌星伴奏的乐队现场演奏,同时现场采取了 34 个音轨来记录,并有多达 29 个机位,全方位无死角拍摄,总共录像1000 多分钟,最后剪辑成90 分钟播出带播出。技术上严格把关,保证节目高质量水准。节目录制需要的音控设备、录音设备、巨大的 LED 均为顶级设备,费用高昂。据了解,一套音响设备就高达 2000 万元,甚至超过各电视台的跨年演唱会经费,此套音响设备的高配置不仅在选秀节目里属首例,在各类综艺节目里也屈指可数。

第四,新的客户关系模式。《中国好声音》的制播采取了一种新的合作模式,由灿星制作进行节目的制作,而由浙江卫视播出,并且双方约定:当节目收视率达不到一定点时,由灿星制作独自承担广告商的损失;当收视率达到一定点时,浙江卫视与灿星制作按照一定的比例共享收益。这种合作模式,降低了电视台的购买风险,同时又督促制作方以较大的投入来保证节目质量。

第五,收入模式。灿星制作力求打造一条《中国好声音》产业价值链。其收入模式包括节目冠名费、广告、演唱会、铃声下载、歌手出唱片、舞台剧等。那英、刘欢、庚澄庆、杨坤四位导师的收入模式是技术入股、彩铃分红。它不同于以往请嘉宾过来按场报价,来一场算一场的劳务报酬模式。而是把整个导师团队跟节目后期的市场开发捆绑在一起,导师在节目当中的参与和投入作为投资。制作方与中国移动有很好的合作,尝试把音乐类的后期开发以及所有学员的现场演唱制作成彩铃,提供给全国的手机用户下载。学员的收入也将来自彩铃下载,学员通过彩铃下载得到认可之后,还可以从中分红,形成良性循环,共赢互利。

(资料来源:作者根据多方资料整理而成)

3.2.1 商业模式九大要素

亚历山大·奥斯特瓦德和伊夫·皮尼厄认为商业模式包含九种必备要素:

(1)价值主张,即公司通过其产品和服务能向消费者提供何种价值。表现为:标准化/个性化的产品/服务/解决方案,宽/窄的产品范围。

(2)客户细分,即公司经过市场划分后所瞄准的消费者群体。表现为:本地区/全国/国际,政府/企业/个体消费者,一般大众/多部门/细分市场。

(3)分销渠道,描绘公司用来接触、将价值传递给目标客户的各种途径。表现为:直接/间接,单一/多渠道。

(4)客户关系,阐明公司与其客户之间所建立的联系,主要是信息沟通反馈。表现为:交易型/关系型,直接关系/间接关系。

(5)收入来源(收益方式),描述公司通过各种收入流来创造财务的途径。表现为:固定/灵活的价格,高/中/低利润率,高/中/低销售量,单一/多个/灵活渠道。

(6)核心资源及能力,概述公司实施其商业模式所需要的资源和能力。表现为:技术/专利,品牌,成本/质量优势。

(7)关键业务(企业内部价值链),描述业务流程的安排和资源的配置。表现为:标准化/柔性生产系统,强/弱研发部门,高/低效供应链管理。

(8)重要伙伴,即公司与其他公司为有效提供价值而形成的合作关系网络。表现为:上下游伙伴,竞争/互补关系,联盟/非联盟。

(9)成本结构,即运用某一商业模式的货币描述。表现为:固定/流动成本比例,高/低经营杠杆。

有效的商业模式不是九种要素的简单罗列,各要素之间存在着有机的联系。根据九大要素间的逻辑关系,商业模式的设计可以分四步进行:(1)价值创造收入:提出价值主张、寻找客户细分、打通渠道通路、建立客户关系。(2)价值创造需要基础设施:衡量核心资源及能力、设计关键业务、寻找重要伙伴。(3)基础设施引发成本:确定成本结构。(4)差额即利润:根据成本结构调整收益方式。如图 3-3 所示。

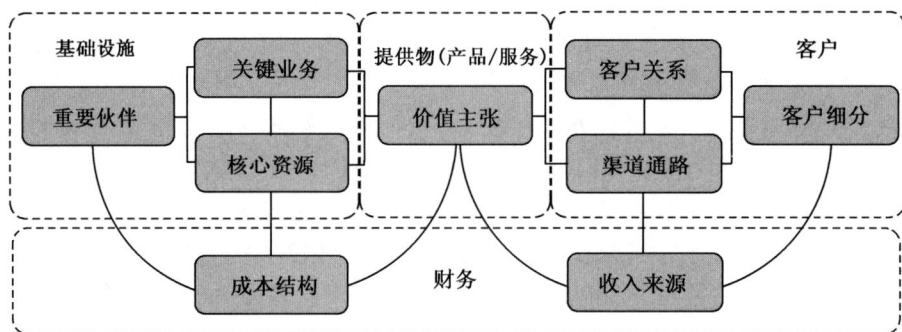

图 3-3　九要素商业模式框架图

3.2.2 克里斯坦森商业模式构成要素

2008 年 12 月,哈佛商学院教授克里斯坦森在《哈佛商业评论》上发表了《如何重塑商业模式》,这是对商业模式一次新的定义,包克里斯坦森认为,商业模式含四方面的构成要素:客户价值主张、盈利模式、关键资源、关键流程,如图 3-4 所示。

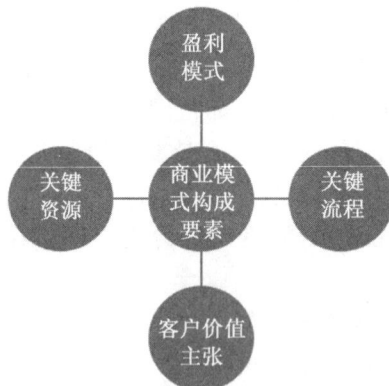

图 3-4　克里斯坦森商业模式组成要素关系

关键资源是指向目标客户群传递价值主张所需要的人员、技术、产品、房厂、设备和品牌等资源;关键流程是指企业都有一系列的运营流程和管理流程,以确保其价值传递方式具备可重复性和扩展性。关键资源是企业在创造价值流程中的基础,关键流程则贯穿于企业利用这些关键资源中,这两个方面相配合旨在为客户提供价值即满足客户价值主张。客户价值主张是指某种为客户创造价值的方法,这也是企业实现利润的直接方式。这一整套活动都是在企业能够盈利的基础上进行的,也就是在这一系列活动中形成了企业自身的盈利模式。

3.2.3 魏朱商业模式六要素

朱武祥、魏炜合著的《发现商业模式》指出,商业模式本质上就是利益相关者的交易结构。利益相关者包括外部利益相关者和内部利益相关者,外部利益相关者指企业的顾客、供应商和其他各种合作伙伴等;内部利益相关者指企业的股东、企业家以及员工等。商业模式要解决的是企业战略制定前的战略问题,同时也是连接客户价值和企业价值的桥梁。商业模式体系包括企业定位、业务系统、关键资源能力、盈利模式、自由资金流结构和企业价值六个方面,因此被称为"魏朱商业模式模型",如图3-5所示。

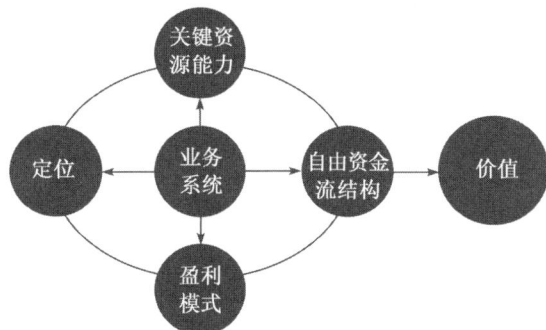

图 3-5　魏朱商业六要素模式模型

(1)企业定位。一个企业要想在市场中赢得胜利,首先必须明确自身的定位。定位就是企业应该做什么,它决定了企业应该提供什么特征的产品和服务来实现客户的价值。企业对于自身的定位直接影响到企业需要构筑何种"物种"的商业模式。定位是企业战略选择的结果,也是商业模式体系中其他有机部分的起点。

(2)业务系统。业务系统是指企业达成定位所需要的业务环节、各合作伙伴扮演的角色以及利益相关者合作与交易的方式和内容,可以从行业价值链和企业内部价值链以及合作伙伴的角色两个层面来理解业务系统的构造。业务系统是商业模式的核心之一。高效运营的业务系统不仅仅是赢得企业竞争优势的必要条件,同时也有可能成为企业竞争优势本身。

(3)关键资源能力。业务系统决定了企业所要进行的活动,而要完成这些活动,企业需要掌握和使用一整套复杂的有形和无形资产、技术和能力,这就是关键资源和能力。关键资源和能力是让业务系统运转所需要的重要的资源和能力。任何一种商业模式构建的重点之一就是明确企业商业模式有效运作所需的资源和能力,如何才能获取和建立这些资源和能力。

(4)盈利模式。盈利模式是指企业如何获得收入、分配成本、赚取利润。良好的盈利模式不仅能够为企业带来收益,更能为企业编制一张稳定共赢的价值网。

（5）自由资金流结构。自由资金流结构是企业经营过程中产生的现金收入扣除现金投资后的状况，其贴现值反映了采用该商业模式的企业的投资价值。不同的自由资金流结构反映企业在定位、业务系统、关键资源能力、盈利模式等方面的差异，体现企业商业模式的不同特征。

（6）企业价值。企业价值就是投资价值，是企业预期未来可以产生的自由资金流的贴现值。如果说企业定位是商业模式的起点，那么企业的投资价值就是商业模式的归宿，这是评判商业模式优劣的标准。企业的投资价值由其成长空间、成长能力、成长效率和成长速度决定。好的商业模式可以做到事半功倍，即投入产出效率高、效果好，包括投资少、运营成本低、收入的持续成长能力强。

3.2.4 余来文商业模式五要素

余来文在《企业商业模式理论与实务》中指出，企业商业模式可归结为五大要素：企业定位、盈利模式、资源整合、平台战略、价值创造。正是由于这五大要素的有机组合，从而构建出了企业商业模式的理论模型，如图3-6所示。

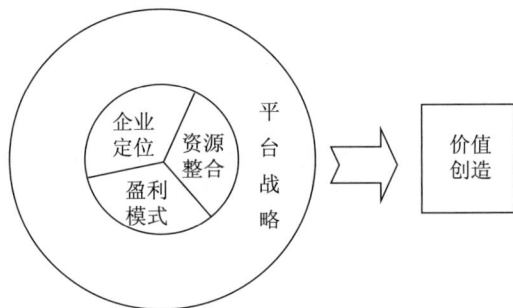

图3-6　企业商业模式理论模型

（1）企业定位。企业定位是指企业通过其产品及品牌，基于顾客需求，将其企业独特的个性、文化和良好形象，塑造于消费者心目中，并占据一定位置。企业定位对于绝大多数的生产型企业还是一个模糊的概念，没有充分将其利用起来。从产品定位、品牌定位、企业定位三者的关系层次上来看，一般企业定位要经历的过程是：从产品定位、品牌定位、企业定位三者一体化到三者分离，后者相对于前者越来越概括和抽象，越来越多地用以表现理念。

（2）盈利模式。盈利是企业的运营的目标之一。盈利模式是指按照利益相关者划分的企业的收入结构、成本结构以及相应的目标利润。

（3）资源整合。资源整合是企业战略调整的手段，也是企业经营管理的日常工作。整合就是要优化资源配置，就是要有进有退、有取有舍，就是要获得整体的最优。

（4）平台战略。平台战略的精髓在于打造一个完善的、成长潜能强大的"生态圈"。它拥有独树一帜的精密规范和机制系统，能有效激励多方群体之间的互动，达成平台企业的愿景。纵观全球许多重新定义产业架构的企业，我们往往会发现它们成功的关键——建立起良好的"平台生态圈"，连接两个以上群体，弯曲、打碎了既有的产业链。

（5）价值创造。价值创造是指企业生产、供应满足目标客户需要的产品或服务的一系列业务活动及其成本结构。通过企业定位、盈利模式、资源整合形成了平台战略，而平台战略的目标就是价值创造。对企业来说，价值创造主要体现在三个方面：经济效益提高、经营风险降低、发展潜力增强；而对客户来说，价值创造就是消费体验提升、消费者满意度增强。

商业模式专栏之三：

今日头条的创业逻辑

头条 头条号

图片来源：www.toutiao.com

2012 年 8 月上线的"今日头条"是一款基于数据挖掘的推荐引擎产品，公司团队是一支拥有丰富创业及成熟公司运营经验的靠谱团队，聚集了来自一流学校和一流公司的顶尖人才，在推荐引擎、机器学习等技术领域拥有与世界级公司接轨的能力。截至 2016 年 9 月底，今日头条已经有 5.8 亿用户，日活用户超过 6300 万，单用户日均使用时长超过 76 分钟，也就是说现在用户每天在今日头条上会停留 45 亿分钟。这 45 亿分钟都可以转化成广告商业价值。根据数据服务商 QuestMobile 的数据，移动应用中人均月度使用时长的前 2 名，一个是微信，另一个就是今日头条。今日头条作为一个成立 5 年的互联网公司，推动其快速发展的主要竞争力是什么呢？

一、算法能力

今日头条是一个阅读平台，更是一个技术平台，它基于技术来驱动整个平台的个性化，基于推荐算法和 AI 技术的不断优化提升，实现更好的阅读体验、更精准的阅读质量。今日头条基于技术驱动，解决人们的阅读推荐精准问题，是 AI 以及机器学习、数据分析等未来技术的典型应用。在今日头条技术实现层面，重点包含两个环节：网络爬虫和算法推荐。今日头条在实现个性化推荐上，重点引入了几个机制：算法排序＋人工运营，A/B test＋投票机制。同时，今日头条还允许用户使用微博、QQ 等社交帐号登录。这个过程实际上是授权今日头条挖掘个人社交网络的基本信息，因而便于获取用户的个性化信息，比如用户的兴趣、用户属性。越用越懂用户，从而进行精准的阅读内容推荐。

二、商业化能力

今日头条精准的需求广告推荐依靠的是个性化推荐算法。传统的资讯阅读平台为每个用户呈现相同的主页，但其实每个人都是独立的个体，都有不同的阅读喜好，所以每个人的今日头条主页都不一样，它可以做到千人千面。今日头条根据用户特征、环境特征、文章特征等数据，进行组合推荐。这背后是数据挖掘、神经网络、自然语言理解、机器学习等人工智能技术的支持。当整个内容行业从编辑分发拐入机器智能分发时，去中心化模式让广告的分发模式也随之发生改变。今日头条在广告信息化的生产、分发和消费方面形成了自己的模式。

第一，从广告的生产方面来说，现在需要像做内容一样去做广告。在智能分发时代，广告信息化是一个趋势。因为个性化推荐推荐的是信息，而广告也是信息的一部分，它是有商业价值的信息。现在，强行插入的干扰阅读的广告不再是好的模式。当年门户网站的广告就是挂两边，甚至在网页旁边飘，挡住用户的视线，非常影响阅读体验。而今日头条商业化的目标是让广告成为一条有用的资讯。广告必须具备可读性，之后它就能直接产生价值。比如一则新品上市信息或一项试驾活动，这种既具备商业价值又具有可读性和可服务性的广告,被当作正常的内容推荐给用户。

第二,广告分发自动化,技术性运用让投放更高效。未来广告势必是走向个性化的,不同的人看到不同的广告,这在以前你是不能想象的。广告分发会更灵活,像普通内容一样,个性化地展现在每个用户面前,这样你的目标用户才能看到你的广告,使广告投放更加精准。今日头条现在可以根据大数据给同一个广告做几十版素材,真正做到不同的人给不同的需求。比如今日头条知道你喜欢数码产品,那么它给你推荐手表产品广告的时候,会推荐苹果手表,而不是奢侈名表。

第三,广告消费正在趋向视频化。随着 4G 和 WiFi 技术的普及,加上制作门槛低、用户需求旺,短视频消费迎来了加速爆发期,视频广告的形式也顺势成为新主流。就今日头条的视频数据来说,每天有 10 亿次播放,每天播放时长达到 2800 万小时。在今日头条平台上,用户观看短视频量呈现快速增长,视频流量在不到 1 年的时间内就赶超了图文流量,信息开始走向视频化。在信息视频化趋势下,短视频广告消费无疑将成为移动营销下一站的风口。

(资料来源:作者根据多方资料整理而成)

3.3 商业模式的设计与选择

有关创业管理的多项实证研究成果表明,新创企业的失败率很高。有统计数据显示,我国小微企业平均寿命远低于欧洲、美国、日本等国家。由此可见,新创企业首先要面对的问题是"如何活下去",具有生存能力的企业才会有成长的可能性。企业在初创阶段重点关注的是市场上出现的并且能够把握的商机,企业组织管理活动基本围绕"发现和把握商机"来展开,生产经营内容和组织管理决策具有清晰的目标指向性,但也具有随机性和弹性。创业企业在商业模式的设计与选择方面需要细致分析和决策。

3.3.1 商业模式类型

依据企业初创期、成长期、成熟期的经营业务和组织特征,归纳了企业成长 3 个阶段商业模式的演进,并将 3 种商业模式分别命名为价值链化商业模式、价值网络化商业模式和生态化商业模式。

(1)价值链化商业模式

波特定义的价值链是互不相同但又相互关联的生产经营活动,包括了企业从产品的设计开发到原材料采购、中间品投入、营销体系、对终端客户服务等价值创造的过程以及基础设施、人力资源管理等支持性活动,最终实现企业的利润目标和竞争优势,其构建的价值链模型重点在于说明企业价值创造的内部流程和基本构造设计。价值链是以企业内部生产经营业务流程及相关活动为基本逻辑,商业模式与企业内部有关的构成要素的阐释可以借鉴价值链理论模型。

初创期企业的生产经营和组织管理活动是基于商业机会的发现和把握,这个环节决定了创业成功与否,以及企业初创期的时间长度,企业的产品定位与开发、组织设计、管理制度、人力资源配置,都是以把握商业机会为中心。初创期的小微文化企业商业模式具有价值链特征,要素组合的逻辑起点即商业对象是商业机会,商业绩效有关的要素是价值获取的结果,商业过程是围绕产品定位与开发所展开的企业内部的组织管理活动,是一种价值链化商业模式,如图 3-7 所示。

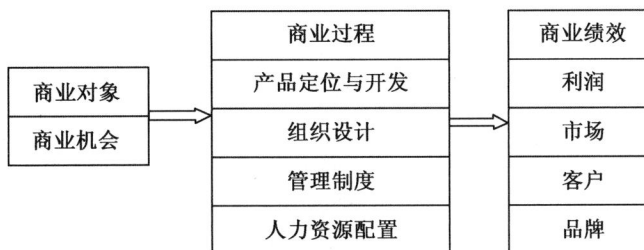

图 3-7　价值链化商业模式

(2)价值网络化商业模式

小微企业初创期所获得的商业绩效包括市场、客户、品牌要素,企业进入成长期之后的注意力逐渐由发现商业机会转向满足客户需求。企业将更加注重通过外部资源的整合以及与外部利益相关者的关系建构和维护,并积极寻求与战略伙伴的合作来拓展企业成长空间。企业外部利益相关者主要包括:客户、联盟者、投资人、互补者、竞争者、规制者,以及其他与企业商业活动相关的行动者。在这一成长阶段,企业价值获取方式与价值目标更加多元化,除了初创期的商业绩效目标之外,社会价值成为企业追求的重要目标,企业也更加注重营销渠道的扩展。

由于客户需求的增加和市场空间的拓展,企业与外部的互动联系更加频繁,价值链因此而转变为价值网络。网络关系为企业提供了获取机会和资源的渠道和途径,开放的网络有助于企业获取更多的商业机会,网络结构增加了企业对互补性资源的选择和配置,增强了企业的资源配置能力,使价值创造系统的整合更加灵活。建构价值网络,是企业获取更加有效的资源,产生竞争优势,保障企业持续成长的一个重要过程。

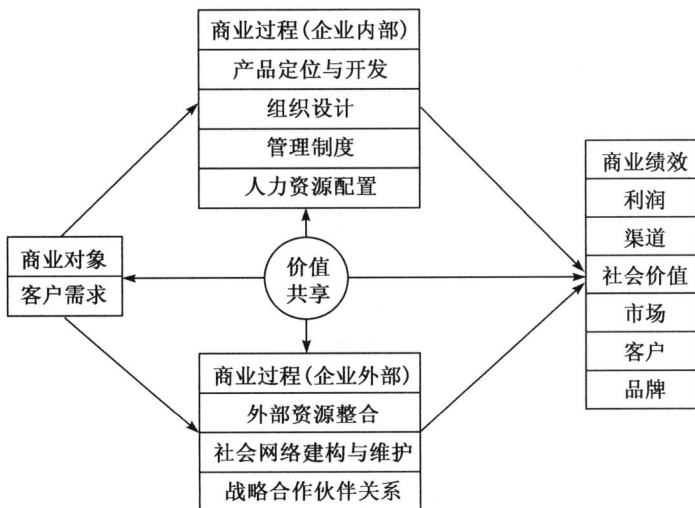

图 3-8　价值网络化商业模式

（3）生态化商业模式

价值网络描述的是焦点企业与外部利益相关者进行价值创造和价值分享的网络形式，价值是由焦点企业扩展到多个利益相关者。在生态化商业模式中，企业与竞争者、供应商、经销商、消费者、投资者、政府等外部利益相关者建构的是商业生态系统，市场竞争不同于达尔文生物进化论中适者生存、强者驱逐弱者的自然选择，而可以实现"共同进化"。在商业生态系统中，每个企业都占有一定的资源，并且服务于一定的目标市场，企业成长应当避免自己的生存空间与其他企业有过高的重叠，企业需要关注与商业生态系统中其他主体的协同发展。商业生态系统将企业与外部利益相关者的价值网络关系提升到生态关系的层面，企业可以通过竞争将原本不相关的贡献者联合起来，创造一种崭新的商业模式。

进入成熟期的小微企业，不仅关注价值创造和价值共享，也更加注重企业与内外部利益相关者的共同成长。这种商业模式是以客户体验为起点，以生产和消费的结合为特征，以企业与利益相关者的共存共生为目标，符合生态逻辑下的思维特点，其所构建的生态系统具有自洽稳定的动态协同演化性质，是一种生态化商业模式。

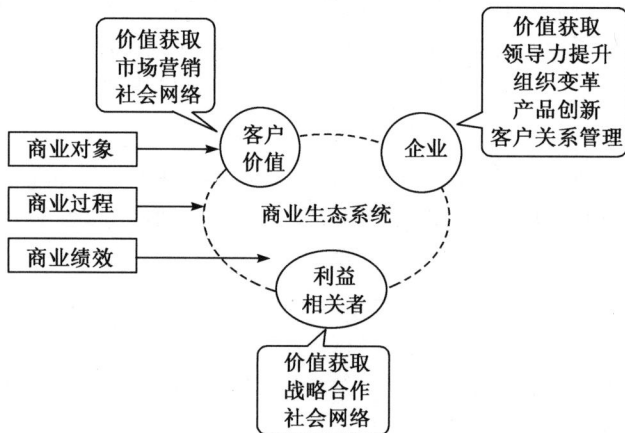

图 3-9　生态化商业模式

商业模式专栏之四：

喜马拉雅 FM 的商业模式设计

图片来源：www.ximalaya.com

在移动互联网时代，互联网对"眼球"资源的掠夺与占用已经发挥到了极致。被誉为"互联网女皇"的 KPCB 风投合伙人 Mary Meeker 在 2016 年 6 月 1 日发布的 2016 年《互联网趋势》报告指出，语音正在被重塑，成为人机交互的新范式。

一、喜马拉雅 FM 概况

2012 年 8 月成立的喜马拉雅 FM,致力于成为音频领域的 YouTube,提供在线音频分享服务。移动客户端"喜马拉雅 APP"于 2013 年 3 月上线,2014 年 5 月 22 日喜马拉雅 FM 获得 1150 万美元的 A 轮风险投资。2016 年 7 月,喜马拉雅 FM 平台拥有 2.8 亿手机用户,活跃用户的日均收听时长达到 108 分钟。喜马拉雅 FM 在 2016 年的 Top Digital Awards 中成为最大赢家之一,其与杜蕾斯合作打造的"杜杜电台"案例荣获创新奖金奖,与必胜客合作的粉丝答谢活动创新营销案例夺得创新奖银奖,同时代表音频行业与芒果 TV、洋码头一同拿下最重量级的年度大奖。易观智库发布《中国移动电台市场年度综合报告 2016》,报告显示,在用户渗透率、启动频次、使用时长等方面,喜马拉雅 FM 的日活用户渗透率高达 74.3%,"马太效应"日益凸显。

二、喜马拉雅 FM 音频生态圈

短短 4 年时间,喜马拉雅 FM 已初步打造形成软、硬件共同发力的"耳朵生态"完整产业闭环:基于"UGC＋PGC＋独家版权"模式的内容生产与主播孵化机制,基于"内容审核＋主播认证＋大数据算法"的运营方式,基于"2.8 亿手机用户＋宝马、福特、凯迪拉克等 52 个汽车品牌＋阿里、华为、小米等超过 300 个智能硬件品牌"的多渠道分发能力,形成了喜马拉雅 FM 音频生态圈。

首先,在内容建设方面,喜马拉雅 FM 采用"独家版权＋明星主播＋粉丝经济"模式,公司拥有 400 万名草根主播,8 万认证主播,新浪、三联、澎湃等 200 多家媒体,马东等 8000 余位自媒体大咖,1000 多万册小说的有声改编权,阅文集团等 9 家图书公司的排他性版权合作,这些核心内容一同构筑起了公司的内容优势。比如,2016 年 6 月 6 日,马东与《奇葩说》明星辩手们一同打造的付费音频课程《好好说话》上线平台,截至 2016 年 6 月 16 日,课程销售额超过 1000 万元。2016 年 7 月 5 日,吴晓波个人音频节目《每天听见吴晓波》上线平台。在内容建设的过程中,平台利用音频内容的人格化特征形成粉丝经济。此外,平台还构建了基于粉丝经济的网络效应激发机制,提高平台消费者的黏性和忠诚度。比如,平台为主播们提供了包括打赏系列在内的商业化服务。在 2016 年 5 月推出的"1 块钱疯 1 天"打赏排名活动中,排名榜首的主播在 24 小时内获得 2.4 万名粉丝打赏,有力地提高了平台的活跃度。

其次,在智能硬件开放平台方面,喜马拉雅 FM 先后推出车载智能硬件"随车听"、智能儿童故事机、3D 降噪耳机等多个有声硬件产品。此外,喜马拉雅 FM 与音频产业上下游共同构建产业生态圈。比如,与科大讯飞联合推出"喜马拉雅 inside"语音开放平台;与硬件厂商合作共同拓展硬件入口,如海尔的云厨吸油烟机、浴室智能镜子、商业冷柜等智能产品,美的接入双屏智能冰箱以及创维、海信等品牌的智能家居都接入"喜马拉雅 inside"语音开放平台,打开了移动音频的市场空间。

第三,在广告收费方面,因为音频广告的独占性特质,具有闭屏收听、伴随性等优点,音频广告能更有效地让品牌信息触达用户,特别是通过对音频收听行为的分析,可以监测投放效果,进而基于平台大数据技术对受众人群精准定向,并通过内容植入、品牌入驻、主播互动等多种形式实现广告的创新性呈现效果。目前,杜蕾斯、欧莱雅、天猫、必胜客等著名平台都成为喜马拉雅 FM 的广告投放商。

第四，在多场景应用方面，喜马拉雅FM继续深耕"车声活""家声活""随身声活"等场景。其中，在"车声活"方面，宝马、福特、比亚迪等汽车品牌或车载智能系统等主流车厂已全线接入喜马拉雅FM。在"家声活"方面，喜马拉雅FM已与海尔、三星、阿里、小米、华为、亚马逊等一大批国内外公司在硬件产品上实现内容深度合作。在"随身声活"方面，喜马拉雅FM一方面通过收购国内顶尖音箱厂商海趣科技，自主研发并生产3D降噪耳机等产品；另一方面将内容植入哈曼、漫步者、Misfit等一系列智能产品中。

第五，在大数据技术应用方面，因为音频只有试听一段时间后才知晓是否感兴趣，使用成本高。精准、高效的内容匹配是降低使用成本的重要途径。此外，音频需实现不同场景的精准推荐。因此，基于"海量内容积累，分发无限细分"的大数据红利是"耳朵经济"的重要环节。2015年第三季度，喜马拉雅FM上线"猜你喜欢"功能，基于用户的每一次点击和搜索及其他各种行为的数据，以及基于年龄、性别、地域、职业等维度建立的用户兴趣图谱，用户真正实现"听你想听"的定制服务。喜马拉雅FM基于用户兴趣图谱实现个性化内容推荐、广告投放、商品推送等服务，同时从用户数据中判定主播及运营团队节目内容质量，实现对数量庞大的主播的优劣筛选目的，从而实现平台的用户过滤机制，保持平台的健康度。

（资料来源：作者根据多方资料整理而成）

3.3.2 商业模式的设计

（1）打破行业原有竞争规则

商业模式创新的第一步，是对原有市场规则的深刻调研和洞察，找出原有市场的竞争规则和市场规则，并设计商业模式突破原有市场的弊端。一个成功的商业模式，不一定是在技术上的突破，而有可能是在某个环节的改进，或是对原有模式的重组、创新，更重要的，则是对整个游戏规则的颠覆。而且，这个游戏规则的颠覆贯穿于企业经营的整个过程，包括企业资源开发、研发模式、制造方式、营销体系、市场流通等各个环节。也就是说，在企业经营的每一个环节上，都可能打破规则，重建商业模式。

（2）构建价值发现系统，制定客户价值主张

从消费需求结构的变化角度入手，去发现市场价值、开发出独特的价值主张并将企业整个商业系统定位在那里的过程。这个过程主要从追踪客户需求结构、高利润区的改变两个方面进行。

战略定位是要确定企业的客户价值主张。首先必须弄清楚行业利润定律，即行业最高利润区。行业的利润区或者说价值是不断转移的，企业的战略定位需要跟进，然后选择最有潜力提供长期利润增长的目标客户，发现他们需求结构的改变，从而真正找到新价值所在、高利润区所在；之后，为了把握住这些利润区，也为了真正能够解决这些目标顾客的某个重要问题或重要需求，企业需要发展和提供一系列不同的、独特的价值主张，即解决问题或满足需求的一种产品或服务，它的内涵不仅包含销售的内容，同时包括销售的方式。

3. 商业模式 ◀ 079

有了独特的客户价值主张，企业需要为他们提供量身定做的一整套创造、维护和传递价值的系统，即为这个战略定位去整体配置资源和重新构建企业的商业系统。一个完整的战略定位包括四个层面的定位：一是客户需求结构定位，二是产业定位，三是市场定位，四是产品或服务定位。

凡是成功的公司都能够找到某种为客户创造价值的方法，即帮助客户解决某些需要解决的根本问题。客户需要解决的问题重要性越高，同时客户对行业原有的解决方案满意度越低，解决方案比其他对手的更好，那么客户价值主张就越卓越。

（3）打造价值创造与维护系统

在发现和确定客户价值主张的基础上，企业还必须根据这种价值定位，依靠一套内外部系统去把这种价值真正地创造出来，并在创造价值的基础上，为这些价值建立一套维护的壁垒系统。价值的创造系统分为五个部分，即业务范围、整合产业链、构建协作网络、打造赢利模式和打造关键运营系统。

要创造价值，企业首先必须要给自己的业务范围划定界限，确定哪些由自己做、哪些由别人做，以求能用最少的资源产生最大的价值回报。同时，企业要明白，仅仅依靠企业自身往往不能更有效地创造价值，所以企业有必要从产业链上游与下游、纵向与横向去整合产业链，并在整合产业链的基础上，构建起一个由企业主导的价值创造网络，并在这个网络中，实现多方共赢。当然，在这个过程中，企业赢利模式的设计，也是一个事关如何赢利以及能否多点赢利的关键问题。最后，企业还要在内部建立起一套内部运营系统，以有效地将各项工作顺利地开展起来。

企业创造出价值之后，如何保护这些价值不流失，就变得非常重要了。建立战略控制手段，建立企业的核心竞争能力，都是维护价值不流失的有效壁垒。

（4）打造价值传递系统

有了好的价值，如果没有好的价值传递系统，就等于身着锦衣而夜行、怀揣珠宝而乞讨，客户一旦不能接触、了解并接受、购买价值，所有的价值就等于零。价值传递系统是企业把产品和服务传递给目标客户的分销、服务、传播和客户关系管理活动，目的是便于目标客户方便地了解和购买公司的产品或服务，并形成客户忠诚。

价值传递系统是一系列与传递价值有关的经营活动，它从客户接触价值开始到客户接受并使用相应的产品与服务，一直到最终对产品与服务表示满意为止。这个过程包括表达与传播价值（品牌模式）、交付价值（渠道模式）、价值增值（服务模式）、维持客户满意（客户关系管理）、价值的后台支持（供应链模式）等多个系统。

商业模式的价值传递系统，第一个步骤是传播和沟通客户需求；第二个步骤是交付客户价值；第三个步骤是将价值的沟通或交付转换成为与客户之间的持久关系，从而让客户能够一次又一次地从本企业进行购买，成为忠诚顾客；第四个步骤是向客户提供服务和增值服务。

（5）客户关系管理，创造顾客忠诚度

客户关系管理是一个不断加强与顾客交流，不断了解顾客需求，并不断对产品及服务进行改进和提高以满足顾客需求的连续的过程。客户关系管理注重的是与客户的交流，企业的经营是以客户为中心，而不是传统的以产品或市场为中心。为方便与客户沟通，客户关系管理可以为客户提供多种交流的渠道。客户关系管理一般分五步进行：第一步，建立客户营销数据库；第二步，分析客户；第三步，选择目标客户；第四步，进行大客户分级管理；第五步，根据以上系统展开有针对性的销售工作。

（6）供应链管理，高效协同传递价值

当前企业都面临更严峻的挑战，它们必须在提高服务水平的同时降低成本，必须在提高市场反应速度的同时给客户更多的选择。供应链管理就能达到以上目标，既能提高服务水平又降低成本，既能提高反应速度又给客户更多选择。

商业模式专栏之五：

途家的平台战略

图片来源：www.tujia.com

2011 年至 2012 年，途家、游天下、住百家、爱日租等多家效仿海外 HomeAway 和 Airbnb 的在线非标短租公司先后成立。然而，最先于 2011 年 6 月成立的爱日租因资金链断裂于 2013 年 7 月宣布倒闭后，10 余家厂商陆续退出非标短租市场。2014 年下半年，非标短租市场逐渐回温，途家、小猪分别获得投资。2015 年下半年，途家、小猪等分别获新一轮融资，人们对房屋车辆分享消费模式接受度大大提高。

当前我国旅游住宿市场具有以下特点：首先，从资源供给来看，中国有全球最大的不动产存量；从度假需求来看，中国正成为全球最爱旅游的国家，旅游住宿市场潜力巨大。其次，在资源供给端，好的和有特色的房源不多；在需求端，很多人住宿强调服务，出行喜欢住酒店，但目前中国的酒店市场中，三星级和五星级连锁酒店发展较为成熟，四星级酒店市场相对是个空档。因此，途家以填补四星级酒店的空白为目标，定位在中高端市场。

途家平台战略中的合作对象主要包括三种类型：类京东的自营 B2C 模式和开发商合作模式。一种是开发商在设计之初就与途家合作，途家参与设计并保障出租，解决去库存化问题，另一种是开发商将尾盘委托给途家经营。类淘宝的 C2C 模式，途家根据交通、游客量、商务频率测算需要的房子数量，选取房源相对集中的小区进行合作。类天猫的小 B2C 模式，与已有的经营方合作，让其房源放在途家平台上，途家给它带来订单。

在搭建合作方的基础上，途家在服务、流量、共享合作和信任体系构建方面下功夫，力图真正实现其战略定位。

第一，完善线下服务。由于途家定位在填补四星级酒店的空白，提供四星级酒店服务水平是其中的关键，为此，途家选择与美国斯维登酒店管理体系合作，推行五星级酒店式的服务管理,从而将存量房的住宿服务提升至高档酒店级别。与此同时,通过对客户的反馈评价分析,进一步对服务质量进行监督和完善。有数据显示,途家有93%的用户推荐率,用户满意度平均为4.6分(满分5分),超过部分五星级酒店。

第二,引流。在房源端质量和服务水平的基础上,通过合作平台引流和口碑传播实现用户群扩大的目的。在平台合作方面,2014年,途家选择和携程合作,建立携程途家频道,通过该频道,包括途家自营公寓、平台商户、海外房源在内的途家网所有在线房源都展示在携程上,携程用户在选择途家产品完成支付的阶段会被提示跳转到途家,通过这种方式,携程为途家带来了几千万的会员资源。在口碑传播方面,采取KOL(关键意见领袖)等营销方式在信任的基础上做口碑,每个季度都会组织至少4场相应的KOL体验营销,广泛地选取网络意见领袖、旅游达人、自媒体人等人群围绕亲子、度假、商务游等主题展开KOL体验营销,实现目标群体引流。

第三,共享合作。一方面与房地产商合作。比如2015年11月,途家与首开集团签订了合作协议,在房源的"管家+托管"、项目营销、社区C2C等业务上全方位合作。2016年1月,途家与鲁能集团合作建立鲁能泰山度假俱乐部,向业主提供房屋管家、托管、交换服务,保证房屋保值、升值,同时向消费者提供优质的、高性价比的房屋租赁服务,实现鲁能集团业主及旅游度假人群的对接。截至2016年3月,途家已和80%的百强房企达成合作。另一方面与地方政府合作。2014年3月,途家与福建省旅游局合作,围绕福建省的山、泉、海和土楼资源,打造以武夷山为代表的"山"景特色公寓,以温泉为主题的"泉"景度假公寓,以福建沿海特别是厦门、泉州一带为主题的"海"景公寓,以及以福建的特色土楼资源为主题的"土楼"特色公寓。在解决地方政府地方财政税收、当地人员就业问题的同时,繁荣地方旅游市场,促进旅游地的房产销售。截至2016年3月,途家已与200多个地方政府达成合作。

第四,信任体系构建。中国的诚信制度滞后是影响中国短租市场快速发展的瓶颈。一方面,房主不信任第三方,不放心将房子交给第三方管理;另一方面,经营者不诚信或系统不完善,入住的房子与图片不一样,导致房客体验不好,进而不再信任短租平台。针对这些问题,途家利用移动互联网技术,初步建立了基于信息对称的信任体系。具体来说,这一体系包括以下几方面:一是通过"钩稽关系",搭建信用体系;二是通过信息对称加后期服务,取得顾客信任;三是凭借即时更新的大数据分享平台,实现信息对称。

可以说,途家的平台战略是典型的基于共享经济的平台战略,在途家平台上,房地产开发商、地方政府、中小商家以及个人将过剩或者没有被开发的资源通过途家平台提供给各种类型的旅行消费者,实现了剩余资源的利用和挖掘,也改变了传统房源的利用方式,为资源供应方创造了经济价值,同时也为消费者带来了新颖的旅途体验价值和经济价值。

(资料来源:作者根据多方资料整理而成)

3.3.3 商业模式的选择

2016 年进入资本投资的寒潮期,创业进入理性选择期,大量创业者在拿到天使投资后进入融资瓶颈期。对于创业者来说,要真正走向成功必须考虑好创业项目选择什么样的商业模式,创业团队有什么资源、需要获取什么资源,创业者的团队构成和治理分工三个问题。选择项目和商业模式要建立在今天中国的经济、互联网和技术的基础上,分析选择行业价值链和用户上下游的需求,对比国内外的类似互联网模式的特性,分析国内的政策与市场红利,结合自身的团队资源进行商业模式设计。

(1)商业模式要选准行业和时机。选择创业项目要选择好细分行业,并准确把握行业生命周期发展阶段的痛点。在中国,不同的行业处于不同的发展阶段,比如汽车行业已经进入到了整车销售后的汽车后服务市场,在这个阶段,行业的重点价值是如何服务好车主,围绕车主提供个性化定制、维修、金融等后服务;再比如,中国的生鲜和农业发展处于初级阶段,渠道流通、信息不对称、产品品牌、生产品质等方面都存在巨大的机会,对于创业者来说,可以选择多种进入可能。而对于服装等相对成熟的产业,由于产业从生产、渠道到品牌都趋于成熟,则创业的焦点应聚焦于如何提供个性化的消费者服务、如何数字化改造线下门店、如何优化产业上游流通效率等要点。总体来说,创业者需要选择和把握好产业的关键要点。

(2)商业模式要实现价值创造。价值创造是商业模式设计的核心要点。比如,中国的大宗物资流通随着中国经济增速放缓、产能过剩,无法依靠原有的流通方式销售给需求市场,为流通效率和物流、配套服务和金融创新创造了新的市场机会,出现了交易撮合、SAAS 系统服务、金融服务等平台企业,解决产业的痛点,优化产业的效率。创业者在创业的选择项目过程中,要找到价值洼地。

(3)商业模式的独特性与差异化。商业模式的差异化可以从商业模式画布的九大要素设计入手:客户细分,找出你的目标用户;价值定位,你所提供的产品或服务;用户获取渠道,分销路径及商铺;客户关系,你想与目标用户建立怎样的关系;利润资金流;核心资源,资金、人才;催生价值的核心活动,市场推广、软件编程;寻找重要合伙人;定义成本架构。中国现有的任何创业都建立在原有的实体产业基础上,这意味着商业模式须改良和颠覆原有产业的要素组合。所以,商业模式的独特性与差异化在于商业模式要素的集中创新。

(4)商业模式与资源匹配度。不同商业模式的生意增长对于资源投入的要求是不同的。制造经济时代,核心的投入是设备、人工和生产要素;而互联网时代的平台企业,则需要持续投入在系统、数据和流量的增长上。同一种商业模式,不同的运营模式,其资源投入的方向也有本质不同。比如,同样是电商平台企业,京东和淘宝的业务资源有着本质的不同,京东依靠物流扩展和服务商家,淘宝依靠开放的商家和流量服务;京东投资基础设施,淘宝投资数据系统和流量。创业者需要考虑清楚,商业模式增长的关键资源投入到底是什么,这样才能在融资的过程中,有效说服投资人。

(5)设立进入壁垒。商业模式的设计要考虑后续竞争的核心壁垒,在互联网时代,我们都强调多维竞争,意味着不能仅仅从单维设计商业模式,不论技术、金融、合作伙伴还是用户服务,创业团队都要构建起自己的护城河。当然,进入壁垒在创业早期不是一蹴而就的,要在动态竞争中快速迭代和演绎。在不同环境资源变化的情况下,商业模式的壁垒要有持续性,创业团队需要构建不同的壁垒,包括规模壁垒、资源壁垒、技术壁垒等,形成组合拳。

(6)融合产业与互联网。今天的创业项目都在考虑如何应用互联网的思维和方法去颠覆传统产业。实际上,在互联网和产业的竞争中,产业与互联网最终将走向融合。传统产业需要学会互联网思维,互联网团队要产业化,交互相长。在这个过程中,创业者要立足产业的规则和规律,但要有互联网的思维和精神,在符合商业逻辑的基础上,把产业和互联网结合起来。

商业模式专栏之六:

宝宝树商业模式

图片来源: www.babytree.com

宝宝树是国内专业的育儿社区平台,通过为备孕、孕期及0~6岁婴幼儿父母提供高质量、多类型线上线下服务,搭建全方位平台,先后开发了宝宝树孕育、宝宝树小时光及宝宝树美囤妈妈三款手机应用,让父母们进行有价值的经验分享及育儿学习,以满足多层次、全方位、适应时代进步的育儿需求。2016年11月,宝宝树获得由复星集团领投的逾30亿元人民币的国内母婴行业最大融资额,预计2017年全年净利润将超亿元规模。

宝宝树最初定位于母婴社区网站,覆盖中国互联网超过80%的孕期及0~6岁婴幼儿的父母,其用户月度访问量于2013年就已经超越美国母婴网站babycenter成为全球第一,从内容运营上看,可说是早已成功。内容的成功使广告也顺其自然地成为拉动宝宝树营收增长的主要力量。除此之外,之后多年宝宝树一直在寻找深度挖掘流量价值、实现更多变现的路径,其陆续在社区论坛、早教产品、生活记录、专家问答等多处领域开花,近两年在电商方面又有进一步突破。

第一,信任度的建立。宝宝树信任度的建立,在于它以母婴社会化电商盘活了多年苦心经营的年轻妈妈社区所积累的人气、品牌、流量以及社交关系。数据显示,目前宝宝树的月访问人数已经达到2亿,不仅仅是妈妈,很多爸爸也都成了用户,并且间接影响到了中国9亿人口的生活。

宝宝树是在苦心经营年轻妈妈社区8年之后才涉足母婴电商,这是宝宝树电商成功的最关键因素。社区多年的运营为宝宝树相对于同行积累下两大竞争优势,其一是流量优势。其他没有社区的电商在流量获取上要付出很大的成本,而宝宝树可以将社区端以及工具端的流量导入到电商平台上,这些流量基本上是免费的。其二是来自多年耕耘的品牌优势及积累的用户信任度。

第二,大数据的精准分析。来自多年耕耘的品牌优势及积累的用户信任度和的大数据,让宝宝树可以根据用户的行为习惯做精准推荐,避免盲目向用户推送商品。

要知道，身陷"烧钱买流量、打价格战、巨额亏损、高频次融资"的怪圈，资金流断裂是迟早的事。相反，一个有持续造血能力的电商，往往锁定"母婴人群专属服务和需求多样化"特点，围绕用户"安全""信任"需求做好品质管理和服务，为此宝宝树摸索出了一个"知识、记录、分享、购买"的商业闭环，直戳母婴人群痛点。可以说，宝宝树拓宽了母婴电商的概念，把流量与社交的价值发挥到最大。

在宝宝树创始人王怀南看来，宝宝树电商的未来有三个追求：第一个追求是最基本、最狭窄的电商，宝宝树的用户可以得到非常优秀和精准的推荐类商品，这个地方产品不多，但是推荐精准，每件产品都是可信赖的，所有售后服务都不用担心。第二个追求是在满足一些基本的母婴需求的基础上，向着更丰富的满足女性需求的电商角度走，也就是说在满足妈妈和孩子的需求后，进而对家庭有帮助。宝宝树要做成中国最优秀的、一流的女性电商，或者叫家庭电商。第三个追求是从卖产品转变为卖服务，母婴市场的很多东西是服务类的，一个家庭有了孩子之后会考虑理财、早教、旅游等。

第三，精品产品线路。大小之辨：选品＋C2M，好产品自己会说话。宝宝树电商在未来战略上是要做大的，但在具体的战术上却又要避免过于贪大。事实上，母婴垂直电商之所以一片低迷，其中一个关键因素就在于很多网站一味地贪求大而全，为了丰富 SKU 而忽视了选品的重要性以及对用户细分化、个性化、潜在需求的洞察与满足。换言之，产品定生死，没有用户想要的、戳中用户痛点的商品，其他一切皆枉然。

以宝宝树电商为例，其成功除了宝宝树社区导流的流量优势和品牌影响力外，还在于其注重选品，有一套科学高效的严选之道。具体来说，相比同类电商多而杂的粗暴选品，宝宝树电商坚持精简的严选模式。王怀南要求团队选择商品时要像在博物馆为参观者选择他们应该看到的优秀画作或者展品一样。要先了解清楚他需要什么，然后在世界范围内甄选，把最优秀最合适的引入到平台上来。正如王怀南所言，"我们将挑战的是当今中国主流的电商模式，与此同时性价比依然是我们所尊崇的，但关键是能不能在世界范围内找到合适用户的那款产品，这可能是这时代用户所更需要的也是我更看重的。"

为了推进母婴电商的可持续发展，同时也是为了消化过去近 10 年社区积累下的母婴需求大数据，宝宝树在母婴行业率先启动了对 C2M 电商模式的探索——在宝宝树平台通过大数据深度挖掘用户洞察，再根据用户的洞察研发完全满足用户需求的产品，以形成产品、平台、消费者三方共赢的局面。未来，宝宝树将在诸如保险、金融等方面为母婴用户提供更多具象和细分的服务，一个"宝宝树社区＋宝宝树电商＋大健康服务"三位一体的规划正在走向现实，这也让宝宝树的未来更加可期。

（资料来源：作者根据多方资料整理而成）

3.4 商业模式创新

每个创业者都希望自己的初创公司能颠覆传统行业，为用户提供独一无二的服务体验。Uber、苹果和亚马逊更是业界最令人嫉妒的创业公司，他们的商业模式不仅极具颠覆性,更引领着其他创业者不断创新、优化自己的业务。众所周知,在小米公司创业之初,雷军就提出了小米的核心就是商业模式的创新,他提出了"铁人三项"的商业模式概念。在当时,"铁人三项"的具体解读就是"软件+硬件+互联网服务",他认为"铁人三项"的商业模式成就了小米。创业企业在发展过程中,需要选择有效的商业模式创新使创业能够赢得先机。

3.4.1 商业模式创新概念

商业模式创新是企业的一种潜在的持续战略导向(而不是一次性的创新项目),可以通过打破规则、改变竞争本质等方式重构现有市场,以达到最大限度地提高顾客价值和企业高速增长的目的。一般来说,商业模式创新的定义包括两个角度。

(1)从顾客价值的角度出发定义商业模式创新,认为商业模式创新是以前所未有的方式为顾客提供系统的解决方案。通过颠覆现有行业模式,从而为顾客创造全新价值,使竞争对手手忙脚乱,并为利益相关者创造财富。商业模式创新是与破坏性技术创新相对应的,企业应以发现非顾客消费群体为目的,从为顾客创造价值的角度出发,找出阻碍顾客消费的原因,通过争夺非顾客消费群体来参与竞争。商业模式创新是一种外向的、极具创意的探索过程,首先是要发展强有力的顾客价值主张,其次是建构利润公式,为公司创造价值,同时比较新旧商业模式,确立关键资源和流程。

(2)从商业模式的构成要素来定义商业模式创新,强调单一要素的改变并不能被称为商业模式创新。商业模式创新为企业现有商业模式中运营活动的重构,这种重构对于企业所参与竞争的产品或服务市场是全新的。商业模式创新是以改良现有运营系统或者设计新的运营系统为目的的,是对企业现有资源和合作伙伴的重组。这种创新是通过商业模式内部不同要素之间的互动,从而引发企业新的选择,促使企业提出全新的价值主张、创造新的资源组合,或者驱动组织系统的演变,最终使得其中一环发生重要改变,继而影响其他要素及其构成维度。商业模式创新是企业整体层次上的一种战略变革,它同以往的技术创新、产品创新等传统创新方式截然不同,是一种极具颠覆性的激进式的全新创新。它主要涉及价值主张、价值创造、价值传递和价值俘获四个环节,并以价值主张作为其他环节的基础。

商业模式专栏之七:

猎聘网的商业模式

图片来源:www.liepin.com

猎聘网(www.liepin.com),属万仕道(北京)管理咨询股份有限公司旗下,于2011年正式上线。作为实现企业、猎头和职业经理人三方互动的平台,猎聘网始终专注于打造以经理人个人用户体验为核心的职业发展平台,全面颠覆传统网络招聘以企业为核心的广告发布平台。截至2016年6月,猎聘网拥有超过3000万名注册会员,已服务超过50万家优质企业。目前,有超过25万名猎头在猎聘网上寻找核心岗位的候选人。

猎聘网的业务遍及中国北京、上海、广州、深圳、天津、大连、杭州、南京、武汉、厦门、成都、青岛、重庆、郑州等十余个城市。

猎聘网作为专业的中高端人才职业发展平台，为企业和求职者之间架起沟通的桥梁，加速企业招聘进程，为职场精英推荐高薪职位、规划职业发展。同时，猎聘网采取16项隐私保护措施规避求职者求职风险，保障经理人求职安全。此外，还有数百万高端精英会员库，助力企业核心人才招聘，提升企业核心竞争力。

第一，构建人才、猎头和用人单位的多重互动机制。在以往的招聘网站上，某个人只有在想找工作时才会和某个领域的猎头进行互动。但对于中高端人才来说，很多人并不是马上就要换工作，而是在看机会。这个时候如果跟猎头保持好联系，他一有机会就可以第一时间告诉你。成为猎聘网的会员后，会员可以在这里进行职业发展生涯规划，而不是像一般的招聘网站那样，用户找到工作之后就再也不关注网站了。在这种模式之下，公司希望通过建立人际脉络，建立客户的利益链、关系网，把客户沉淀下来。公司用了3年半时间去了解猎头招聘领域，对"企业需要什么，猎头们需要什么，职业经理人需要什么"几乎了然于胸。而这三者的需求，正是支撑今天猎聘网发展的基石。

第二，区别化盈利。在传统招聘网站的商业模式中，作为招聘方的企业一直是网站服务的重点。在某种程度上，很多招聘网站做的就是贩卖用户简历信息给企业并获得广告的生意，在这样的模式下，用户的信息更像是招聘网站的数据库资源，而怎么能够在企业端赚到更多的钱是传统招聘网站最为关心的事情。猎聘网尝试将自己的服务重心转向求职者，方便职业经理人从职业发展的角度寻找机会。而这种尝试，已经成了猎聘网运营的核心：从求职者的角度去想他们需要什么，能够怎样给他们更好的体验，从而提供相应的服务。当有越来越多的职业经理人加入之后，企业自然会慕名而来。

第三，首创猎头等级制。之前在猎聘网上，对猎头并没有相关的筛选机制，因此常常出现年薪50万元的求职者收到年薪15万元的岗位邀请，或是猎头给IT行业求职者发送房地产销售或肉类加工的岗位信息。猎头的专业性备受求职者诟病。猎聘网实行猎头等级制度，通过猎头等级制度能让用户初步判断猎头的专业程度及可信度，提升站内的猎头层次，减少低等级猎头对用户造成的骚扰；同时赋予不同等级的猎头用户不同的特色功能，从而结束"大锅饭"模式，允许正常竞争的存在，促进行业的专业化发展。

从市场来看，目前国内招聘网站在技术创新速度上已无法满足企业更加个性化的需求，再加上招聘网站的盈利模式同质化严重，使相关企业呈现出高投入、高增长，低投入、低增长的恶性循环现象，如何在此时做出创新，保障用户权益，是招聘网站发展的关键。

（资料来源：作者根据多方资料整理而成）

3.4.2 商业模式创新的特征

基于以上商业模式创新的概念，我们可以总结出与其他形式的传统创新相比，商业模式创新具有外向性、系统性、颠覆性和双边性或多边性四方面明显的特征。

（1）外向性

外向性是商业模式创新的本质特征。商业模式创新是从根本上重新设计和思考企业的经营活动，注重从顾客和市场的角度出发，视角更为开放和外向。企业在进行商业模式创新时，将会努力挣脱现实的产权边界和业务边界的束缚，秉承无边界拓展原则，追求以企业自身为核心的商业生态系统的建立。因此，与传统的组织创新、技术创新、产品创新和流程创新等创新行为相比，商业模式创新并不是基于企业内部的资源，从而在市场中寻找相应的顾客群体予以匹配，而是用外向的视角从顾客及利益相关者出发，挖掘他们的潜在需求，从而在多个商业模式关键环节进行系统性创新，实现企业的快速增长。

（2）系统性

商业模式创新更多的是系统和根本，涉及企业内外方方面面，如技术、产品、工艺、组织等多方面的创新。商业模式创新常常不是单一要素的变化，而可能涉及多个要素同时发生重大改变，常需要组织结构的较大战略调整。此时要求各要素都能发挥作用，相互间产生关系，并在一定的动力运行机制下进行。总的来说，商业模式可以被看成是由"要素、联系、动态性"所构成的系统。而商业模式创新是一种系统的集成创新。

（3）颠覆性

商业模式创新强调的是开发并创建前所未有的、极具创意的创新理念。企业在商业模式创新过程中通过对外部环境进行解构，运用顾客价值分析方法，找到整个环境的薄弱点，在整合外部资源的情况下，通过重新建构商业生态，逐步塑造企业的能力和资源，推动和影响新的系统形成，最终打破行业现存的"价值—成本"互替定律，构建新的最优行为规则。因此，商业模式创新具有明显的非线性、不连续等颠覆性特征，它不局限于抢占现有市场，还包括开辟新的市场，颠覆性同时说明了商业模式创新的程度。

（4）双边性或多边性

商业模式创新往往要求企业同时面对两类或更多类截然不同的顾客，通过双边或多边市场来对他们的不同需求进行匹配，从而在网络效应的作用下使需求匹配的过程遵循规模递增和赢家通吃的规则。双边市场的战略着眼点是组合一边市场成员的资源及能力为另一边市场的顾客提供价值。双边市场的新理念关乎激发及满足其中一边顾客的需求及欲望，这往往需要超越顾客现有的需求并建立新的生态系统才能实现，而这个生态系统要求至少有两条价值链互动，从而形成网络效应，所以双边性成为商业模式创新的重要特征，这也是为什么在提到商业模式创新时学者们更为强调企业生态系统的建立。

商业模式专栏之八：

阅文集团商业模式分析

图片来源：yuewen.book.qq.com

阅文集团于2015年3月16日，由腾讯文学和盛大文学联合成立。阅文集团统一管理和运营原本属于盛大文学和腾讯文学旗下的起点中文网、创世中文网、小说阅读网、潇湘书院、红袖添香、云起书院、榕树下、QQ阅读、中智博文、华文天下等网文品牌。它是目前全球最大的正版中文电子图书馆、国内最大的IP输出源头。

在网络文学飞速发展的当下，虽然仍有不少人钟情于传统文学阅读模式，但不可否认，网络文学的数字阅读模式是时代发展的主流趋势。网络文学正享受着快速发展的红利，无论是以BAT为首的企业加大资本投入，还是IP深度开发带来的对内容的激烈争抢，都意味着长期以来价值被忽视的内容产业，终于开始发力。而现今已经成为中国数字阅读领军企业的阅文，仍在实验着新的模式。阅文正开始酝酿一场不动声色的革命。

第一，移动和PC是两大强项。移动浪潮的袭来，被视为网络文学第二次发展契机。根据速途研究院报告显示，网络文学移动端用户增长速度已经高于整个网络文学用户增长速度，预计2015年底可达到2.75亿人。毫无疑问，网络文学正上演着一场用户从桌面向移动端的大迁徙。适应移动互联网的APP化，让阅读客户端成为整个行业的兵家必争之地。

事实也是如此。阅文集团在移动端的杀器是QQ阅读。目前QQ阅读已进入5.0版本，该版本基于独有的信息流推送方式和大数据模式，尝试性地向用户更多地推荐他所感兴趣的同类型图书，逐步逼近用户的喜好。同时，阅文集团还跟手Q、腾讯浏览器及其他部门合作，包括跟业内很多知名公司合作把阅文集团的内容预装进去，让用户方便接触。

此外，值得注意的是，PC端仍是内容的主要生产源。调查显示，作为碎片化时间的阅读类客户端，网络文学APP的日均使用时长，仍是1小时以下的轻度用户占90%，这意味着对网络文学的重度用户而言，PC端仍是不可忽视的主力。

阅文集团的发展轨迹与其PC端网络文学平台息息相关。它通过旗下包括起点中文网、创世中文网、红袖添香、潇湘书院、小说阅读网等在内的一系列知名原创文学网站，来占据市场80%～90%的作家和内容。在文化创意行业里，掌握内容才是商业模式的基础。

第二，内容为王，IP的多元化发展。市场对IP的需求，得益于娱乐方式的多元化，使AGC和影视、文学能通过IP来实现转化，形成较为完整的生态系统。而阅文集团一直是业界最大的IP输出源头。《步步惊心》《致青春》《鬼吹灯》《盗墓笔记》《花千骨》《琅琊榜》……这些拥有巨大粉丝群并被搬上大荧幕的IP从阅文的平台源源不断地流出。去年的现象级产品《花千骨》，借助网络小说《花千骨》的改编，实现了影视、游戏的转化，出品方也获得近2亿元的收益；在阅文的自主开发案例中，IP《择天记》也被经常提及，这部明星IP在正式连载一年半之内便以燎原之势，实现了出版、动画、舞台剧、周边衍生品、电影、电视剧等全产业链开花，成绩耀眼。不久前由鹿晗担任主角的《择天记》电视剧正式播出，使该IP再次成为热点。

根据2015年第二季度中国网络人气小说TOP50覆盖率排名情况可知，阅文集团的成绩遥遥领先，旗下的起点中文网、创世中文网共有36部作品上榜，占据72%的份额，位居行业第一。而身为 BAT 的百度旗下文学网站纵横中文网仅有 6 部作品上榜。

对优质内容的需求,使阅文凭借作品的全面性和数量级成为市场的第一选择,其中包括读者和下游厂商。易观通过对 TOP50 榜单中的品类进行分析,认为阅文旗下起点中文网作品类别覆盖最为全面,包括了玄幻、仙侠、都市、架空历史、科幻、推理悬疑等多个领域。目前,网络文学作品类别已经扩展至全领域,受众也由男性占绝对主导地位发展为女性读者比例逐渐增多。在此背景下,起点中文网的上榜作品完整涵盖男生向与女生向的热门类型。

除了对阅读用户的高黏度外,优秀的内容作品、完整的品类还意味着 IP 的开发有良好的基础。阅文集团 CEO 吴文辉认为,在网络文学全新的运作模式下,一个跨越出版、游戏、影视、周边等在内的新兴文创业态正在形成。而在阅文的 IP 全种类开发逻辑下,它以自身优质 IP 为导向打通文化创意产业与网络原创文学价值交互的全新通路。IP 不再是简单粗暴地被贩卖,而是由集团深度介入 IP 开发制作过程,以保证 IP 价值在各产业领域的充分开发、优质开发。

阅文集团的融合,在用户、平台、模式上有巨大的优势。目前,阅文不仅在移动端如 QQ 阅读上大力推进正版出版内容,还推动国内公版图书精校,此外还即将推出自己的电子书阅读器。在创作上,一方面,阅文旗下的起点中文网等大型平台已经出现了题材多样化、重视内容质量等好的趋势;另一方面,网络文学企业也不断引导多样化的题材作品,弱化字数要求。

(资料来源:作者根据多方资料整理而成)

3.4.3 商业模式创新的分类

为了更加深入地理解商业模式创新的本质和特征,探索商业模式创新的内在规律和条件,接下来我们对商业模式创新的分类进行总结。目前,理论界对商业模式创新的分类标准及类别划分还没有达成统一共识,学者们依据不同的标准对其进行了不同的分类,具有代表性的研究包括:

(1)Under 等在 2000 年根据企业固有商业模式改变的程度,将商业模式创新分为四种类型:①实现模式,是指以不改变企业自身商业模式本质为前提,以实现利润最大化为目的,努力发掘现有商业模式潜力的一种新尝试。②更新模式,主要是通过技术基础、成本结构、产品或服务平台以及品牌来调整企业的核心技能。③扩张模式,是将企业独有的商业逻辑扩展到新领域的一种模式。④旅行模式,指通过采用全新的商业模式来帮助企业引入全新商业逻辑,该模式与扩张模式的区别在于不是对企业原有商业模式的补充,而是替代。

(2)Giesen 等根据 2006 年 IBM 全球 CEO 研究(以 35 个成功实践案例为样本的研究)报告,提出了商业模式创新的三种类型:①产业模式创新,即通过进入新的产业、重新定义已有产业、创造全新产业或者识别及利用独特的资产等方法在产业价值链上进行创新的模式。②收入模式创新,即对产生收入的方式进行创新,例如通过对"产品—服务"价值组合进行重新配置或者采用新的定价模式。③企业模式创新,即改变企业在价值链中的角色,通常包括企业边界的扩展及对供应商、员工、顾客和其他利益相关者所在网络的改变,也包括能力或资产的重新配置。该研究进一步指出与其他类型的创新相比,商业模式创新与企业毛利增长的相关性最高。企业模式创新被认为是在所有商业模式创新类型中对企业成功最为重要的,而其他两类之间没有显著的绩效差异。

(3)波士顿咨询公司将商业模式创新主要分为三类,分别是价值主张、运营模式和商业系统结构,每一种商业模式创新内部会有很多变化。他们进一步指出,一个商业模式本体中至少有两个及以上要素发生了较大变化,才能被视为商业模式创新。

(4)Osterwalder 和 Pigneur 根据创新集中点的不同将商业模式创新分为四种类型:①资源驱动型创新,该创新起源于一个组织现有的基础设施,抑或合作关系拓展,抑或转变现有商业模式。②产品或服务型创新,它是以建立新的价值主张的方式来影响其他商业模式构造块。③顾客驱动型创新,这种类型的创新以顾客需求、降低获取成本和提供便利性为基础,它就像所有从单一集中点所引发的创新一样,影响商业模式的各个结构要素。④财务驱动型创新,它是通过创新盈利模式来影响整个商业模式的构造块,从而引发企业的商业模式创新,具体的驱动要素是企业的定价机制、收入来源和成本结构。

3.5 初创企业典型商业模式

制造商、品牌商、经销商、终端商,都有自己比较独特的商业模式。这里主要针对快速消费品与耐用消费品制造企业,因此,所说的商业模式主要为制造商(含品牌商)商业模式。目前,制造商商业模式主要有如下六种形式。

(1)直供商业模式

直供商业模式主要应用在一些市场半径比较小、产品价格比较低或者流程比较清晰、资本实力雄厚的国际性大公司。直供商业模式需要制造商具有强大的执行力,现金流状况良好,市场基础平台稳固,具备市场产品流动速度很快的特点。由于中国市场战略纵深很大,市场特点迥异,渠道系统复杂,市场规范化程度比较低,在全国市场范围内选择直供商业模式是难以想象的,因此,即使强大如可口可乐、康师傅等跨国企业也开始放弃直供商业模式。但是,利润比较丰厚的一些行业与产业还是会选择直供商业模式,如白酒行业很多公司就选择了直供商业模式。

(2)总代理制商业模式

总代理制商业模式为中国广大中小企业所广泛使用。由于中国广大中小企业在发展过程中面临着两个核心的困难,其一是团队执行力比较差,他们很难在短时间内构建一个庞大的执行团队,而选择经销商做总代理可以省去很多当地市场执行面的困难;其二是资金实力困难,中国中小企业资金实力普遍比较薄弱,选择总代理制商业模式,他们可以在一定程度上占有总代理商的一部分资金,更有甚者,可以通过这种方式完成原始资金的积累,实现企业快速发展。

（3）联销体商业模式

随着大量中小企业选择采取总代理制商业模式,市场上好的经销商成为一种稀缺的战略性资源,很多经销商对于鱼目混珠的招商产生了严重的戒备心理。在这样的市场状况下,很多比较有实力的经销商为了降低商业风险,选择了与企业进行捆绑式合作,即制造商与经销商分别出资,成立联销体机构,这种联销体既可以控制经销商的市场风险,也可以保证制造商始终有一个很好的销售平台。联销体商业模式受到了很多有理想、有长期发展企图的制造商欢迎。如食品行业的龙头企业娃哈哈就采取了联销体商业模式;空调行业巨头格力空调也选择了与区域性代理商合资成立公司共同运营市场,取得了不错的市场业绩。

（4）仓储式商业模式

仓储式商业模式是很多消费品企业选择的商业模式。很多强势品牌基于渠道分级成本很好、制造商竞争能力大幅度下降的现实,选择了仓储式商业模式,通过价格策略打造企业核心竞争力。比如20世纪90年代,四川长虹电视在中国大陆市场如日中天,为降低渠道系统成本,提高企业在市场上的价格竞争能力,长虹集团选择了仓储式商业模式,直接将产品配送到消费者手里。

仓储式商业模式与直供商业模式最大的不同是,直供商业模式是企业不拥有直接的店铺,通过第三方平台完成产品销售,企业将货源直接供应给第三方销售平台。而仓储式商业模式是企业拥有自己的销售平台,通过自己的销售平台完成市场配货功能。

（5）专卖式商业模式

随着中国市场渠道终端资源越来越稀缺,越来越多的中国消费品企业选择专卖形式的商业模式。选择专卖式商业模式需要具备三种特征中的任何一种或者三种均具备。其一是品牌。选择专卖式商业模式的企业基本上具备很好的品牌基础,消费者自愿消费比较多,而且市场认知也比较成熟。其二是产品线比较全。要维系一个专卖店具有稳定的利润,专卖店产品结构就应该比较合理,因此,选择专卖渠道的企业必须具备比较丰富的产品线。其三是消费者行为习惯。专卖式商业模式与仓储式商业模式完全不同,仓储式商业模式是以价格策略为商业模式核心,而专卖式商业模式则是以形象与高端为核心。

（6）复合式商业模式

复合式商业模式是基于企业发展阶段而做出的策略性选择。但是,要特别注意的是,一般情况下,无论多么复杂的企业与多么复杂的市场,都应该有主流的商业模式,而不能将商业模式复杂化作为朝令夕改的借口,使得营销系统在商业模式上出现重大的摇摆。而且,我们应该了解,一旦选择了一种商业模式,往往需要在组织建构、人力资源配备、物流系统、营销策略等方面做出相应的调整,否则,我们就不能认为这个企业已经建立起了成熟的商业模式。

章末案例

美图公司的商业模式

图片来源：*xiuxiu.meitu.com*

一、美图基本概况

美图公司创立于 2008 年 10 月，是中国领先的移动互联网平台公司，围绕着"美"创造了一系列软硬件产品，如美图秀秀、美颜相机、视频与直播社区美拍及美图拍照手机，改变了用户创造与分享美的方式。

美图拥有良好的管理团队和投资团队，其中，董事长蔡文胜是知名天使投资人，先后投资了中国数十家互联网公司，其中包括 58 同城、暴风影音、美图秀秀、快车、飞鱼科技、优化大师和易名中国等知名项目，也先后参与创办站长之家、265 导航、4399 小游戏等公司。CEO 吴欣鸿出生于 1981 年，高中学历，和蔡文胜、姚劲波均为国内最早的域名投资者，2007 年曾写出火星文应用，在短短半年里，累计拥有 1000 多万名用户。美图的投资团队包括创新工场、IDG、启明创投、老虎基金、策源创投、华夏基金、H Capital 等。众多国内外大牌基金公司的加盟投资，不仅为美图发展补充了充足财力，而且为公司带来了国际化的管理理念与经营思路。

截至 2017 年 1 月，美图的应用已覆盖全球超过 11 亿台独立设备，全部应用月活跃用户达 5.20 亿。其影响力更远至国外，拥有超过 5 亿海外总用户，在印度新德里、巴西圣保罗、美国帕洛阿尔托、新加坡和日本东京等地设立了当地团队，并推出本地化应用。根据 App Annie 数据统计，美图在 2014 年 6 月至 2017 年 1 月间屡次与国际互联网巨头跻身全球前八位 iOS 非游戏应用开发商之列。截至 2016 年 10 月 31 日，美图的移动应用矩阵已在全球 11 亿台独立设备上激活，月活跃用户达 4.56 亿。根据艾瑞咨询的报告，同期在中国主流社会网络上传的照片中约 53.5% 出自美图。

二、美图旗下产业链

美图产品线。美图已经拥有包括美图秀秀、美拍、美颜相机、美图看看、表情工厂、海报工厂、美图贴贴、美图 gif、美陌、美图拍拍、美图控、美图化妆秀、美图多多等在内的十几款产品，拥有接近 9291 万人次的日活跃用户、近 8.5 亿的启动次数。2015 年 4 月 8 日，像众多手机公司一样，美图在北京举办了盛大的发布会，发布新品"美图 M4"智能手机和美妆相机 APP,同时亮相的还有 MEIOS2、美图游戏盒、美图遥控器、美图自拍补光灯等软硬件新品。

图 3-10 美图核心应用

其中,六款核心应用美图秀秀、美拍、美颜相机、BeautyPlus(美颜相机海外版)、潮自拍和美妆相机,月活跃用户占美图公司总数的 97.1% 以上。根据美图招股书上的说明,这几款应用的总月活跃数目前一共是 4.46 亿。

三、公司发展路径:从工具型产品向"刚需"性产品演进

随着社交网络的兴起,社会大众自我炫耀的原始冲动终于有了释放的出口。2008年 PC 版美图秀秀率先用"美白"、"瘦脸"和"祛痘"选项取代"白平衡"、"正片负冲"和"高 ISO 降噪"等专业名词的做法降低了用户处理照片的门槛,简化了 PS 软件操作模式。2011 年美图秀秀移动版延续了轻量化操作的思路,推出了具备放大眼睛、缩小鼻子、瘦脸等等效果于一体的"一键美颜"功能。这些技术包含人脸识别、人脸关键点检测,可以准确找到照片中五官、头发、皮肤、身体的位置并重建人脸 3D 模型,同时可进行画质修复,光线、噪点或者被压缩,都可以一键恢复。

人脸识别技术、深度学习算法和庞大的用户数据反馈共同形成了一个正向循环。自 2011 年推出美图秀秀应用以来,美图发布了超过 130 个更新版本,每个版本均迎合了用户最新的审美及修图偏好。2013 年 1 月,美颜相机的诞生就是纯粹源于数据的推动。大数据分析发现"一键美颜"是美图秀秀用户使用频次最高的功能模块,由此美图立即推出美颜相机应用。用户在拍照的同时可以完成自动美颜,并且美颜效果被量化为 7 档,使用起来就像调节音量一样简单。美图软件将变美的过程用夸张的效果呈现出来,试图克服用户"变美"的愧疚感。久而久之,用户习惯发生了变化,反馈数据发现很多用户都把"自动保存原图"关闭了,人们更愿意相信美颜相机呈现的那个更美的自己才是真实的自己。直击用户痛点的产品根本无需靠广告推广,口碑相传建立起的品牌反而是更有生命力的商业模式。美颜相机火速红遍社交圈,一张美颜后的自拍照成为自我认知、自我炫耀和群体归属的基础,社交方式被重构。一切没有美颜的照片都是不"礼貌"的,这种"刚性"需求使得美颜相机甚至超越美图秀秀成为公司旗下 No.1产品。现在,美颜相机每天产生 1 亿张自拍照,散布在各个社交平台上,男性所占用户比例达到了 18%。同时根据艾瑞咨询的报告,在 2016 年前 10 个月中,美颜相机和

美图秀秀以合计 66% 的渗透率雄踞影像应用月活跃用户榜首。作为一款大获成功的工具型软件,美图已占得先机,其他的同质性软件如果没有在核心功能上进行突破,很难得到用户的转向支持。

四、美图优势

第一,已建立强大用户量。美图最新官方数据显示,美图移动端产品全球覆盖设备数已经超过 11 亿台,用户数过百万的国家和地区达到 18 个。截至 2015 年 10 月,美图的移动端产品月活跃用户 2.7 亿,日活跃用户 5200 万;美图秀秀移动端总用户数超过 5 亿、美拍总用户数超过 1.7 亿。2016 年 6 月,美图全部应用的月活跃用户总数约为 4.46 亿人,同比增长 81.0%。而根据 App Annie 提供的最新数据,在"全球十大移动应用开发商排名"中,以影像美化和社交为核心产品的美图排名全球第八。该强大的用户量是其上市的强大砝码之一,为日后的发展提供了坚实的基础。

第二,美图起步早、功能强大,已经成为 P 图的代名词。首先是聚焦颜值。吴欣鸿开发这款软件就是为了帮助非主流女孩们"美容",于是在普遍的图形处理功能之外,他将"人像美容"单独作为一个功能选项列了出来。其次是简单易用。当时很多用户使用 PS 是为了让自己的照片更好看,比如使用"液化"功能,可以让人的脸变瘦、腰腿变细,"图章"功能可以用于"磨皮",让皮肤看起来更白更光滑。但普通用户很难理解"液化"和"图章"是什么意思,更难搞定 PS 的图层操作,而美图秀秀将相关功能取名为"瘦脸瘦身"和"磨皮美白",一目了然,并可以一键操作。最后是免费有趣。阿多比公司在中国长年坚持付费策略,美图秀秀则继承了国产软件的优良传统——免费;同时美图还会高频地听取用户试用反馈,工程师们和产品人员一起泡高校,在早期几乎每周美图都会进行版本升级,增加各种有趣的新功能,比如染发、唇彩、消灭黑眼圈……统统一键搞定。

第三,精准的定位。美图有更加精准的定位,除了用户聚焦、易于推广之外,更重要的是,"让你更漂亮"的品牌印象在经营使女性"变美"的相关产品时,能成为打动"女神们"的利器。美图手机便是美图这样的一个尝试,美图相机已经积累近 100 万的销量,贡献了美图超过 9 成收入。虽然与小米、华为等产商相比销量不值一提,但是美图的逻辑不在于大量出货,而是向用户提供更多价值,因此美图手机能得益于品牌带来的议价,获得更高的毛利率,成为周鸿祎口中"小而美"手机的范例。不止于手机,美图还能够在智能硬件领域走得更远,比如自拍杆、自拍美颜补光灯等一系列"变得更美"的硬件。与"美"相关的美图有着更广阔的时尚市场,它可以将用户引向时尚杂志、潮流资讯等产品,形成一个"变得更美"的资讯平台,可以向美妆课堂、服装搭配、美甲服务等领域发展,成为一个"变得更美"的服务平台,甚至直接开发时尚配饰、潮流女装等产品,成为一个"变得更美"的消费品牌,开发"美"与"时尚"的广阔市场。

第四,构建大数据算法壁垒。在美图产品的演进过程中,理解用户、人工智能技术、庞大的用户数据反馈共同形成了一个正循环,也成了美图在未来的行业竞争中得以继续保持领先的壁垒。一方面,美图积累了全球最大的人像数据库。美图围绕"美"的产品矩阵已涵盖 11 亿台设备,从而收集了亿级的人像数据。

其次,美图拥有全球领先的图像处理技术。美图的研发投入从2013年起分别占当年收入的19.19%、10.28%和16.12%,并且2016年和2017年的研发开支仍保持在2.1亿元及3.15亿元之上。截至2016年6月30日,美图拥有的1001名全职雇员中,研发人员占了649名。两年前美图就已经成立内部实验室M-LAB专门研究人工智能层面的技术,现在美图影像实验室有大约60多位研究员,位于美图总部的厦门实验室主要提供人脸技术、美颜技术、3D技术和性能优化;北京实验室更偏向计算机视觉,包括视频技术及深度学习;深圳实验室则提供与智能硬件相关的影像算法。

此外,为了紧跟用户的审美升级,美图专设效果研究团队去研究市场上的美容趋势和图片以保持其先发优势,比如近期美图就推出了"十里桃花"的滤镜并标示为HOT。MT-Beauty极智美颜综合技术则结合了审美潮流和先进算法,为每一个用户定制肤色、五官、比例。而随着云计算技术的成熟,现在单机情况下通过内置程序实现的一键式美颜功能在未来可以通过云端MTLAB技术做更多精细的处理。美图也正在利用深度学习算法探索影像分类技术等领域,研究将人像、建筑、食物、表演、技术、景色、动物和艺术等影像自动归类。未来美图的产品矩阵有望覆盖更多的应用领域。

五、盈利模式分析

第一,硬件收入。和其他互联网公司不同,美图最主要的收入来源是手机硬件。在美颜相机推出的同一年,美图推出了主打自拍的硬件手机。公司希望使用庞大的用户基础促进额外的手机销售。然而,该手机面市4年累计过百万的销量相对美图4.56亿MAU(2016年10月数据)而言,转化率不足1%。美图计划继续主打拍照和照片优化,并在2017年上半年和下半年推出至少一款智能手机,还将于2017年内推出内置照片和视频编辑及分享功能的单反镜头或数码相机。

第二,流量变现。美图当下的商业化探索就是抓住工具产品流量去构建社交平台以放大商业化的想象力。短视频平台美拍是美图在社区化上的尝试,最初是一款供用户制作及分享短视频的应用,以女性用户为主。2014年5月上线仅一年,美拍用户就突破1.4亿,日活跃用户数达到1431万。但到了2016年8月,美拍的视频平均播放量相比上年同期下降了54%。竞争对手快手则凭借4亿用户、4000万日活跃用户量,占据短视频社交第一宝座。

第三,广告变现。2013年至2015年美图的广告收入从3450万元增长到7260万元人民币,占总收入不到一成。目前美图正通过升级广告平台、放置原生广告等方式以求增加广告投放。例如,美拍上可以放置原创视频广告吸引广告主,美妆相机也可以让用户虚拟试用化妆品品牌的产品,从而达到产品推广的目的。同时美图亦披露正在开发推荐算法,根据用户行为大数据进行精准广告投放,减少对用户体验的影响。

第四,电商平台。美图计划在庞大用户基础及影像应用矩阵上挖掘电商商机。比如,基于美图秀秀所处理的相片定制衬衫、旅行箱、杯子等衍生品。公司计划2017年正式上线电子商务平台。然而,在淘宝、京东、唯品会等电商平台已经非常成熟的情况下,美图能否突破重围,发挥精准流量和定制化产品优势还需拭目以待。

第五,游戏运营。游戏无疑为美图庞大的女性用户流量提供了一种变现的思路,并且美图投资的 Faceu 也验证了美图流量的价值。搞怪视频工具 Faceu 上线之初反响平平,而美拍开始为其导流之后,仅仅用时 4 天便占据 Apple Store 榜首位置。在同质化产品层出不穷和用户喜新厌旧的这个时代,美图一方面无疑要尽快在正确的赛道上从工具型产品往社交型产品转型,加速商业化之路;一方面,为保障其产品矩阵能够牢牢抓住年轻一代的流量,在产品体验上必须继续保持领先。

六、总结

美图虽然在用户和应用方面搭建了巨大的平台,但目前依然面临三个难以回避的问题:首先,美图处于巨额亏损中,据公开资料显示,从 2013 年到今年 6 月底,美图累计亏损超过 62 亿元人民币;其次,整体营收中,智能硬件收入占比高达 95.1%;最后,美图需要从其不断扩张的关于"美"的生态圈中找出更有说服力的盈利模式。我们希望美图能够像当年的腾讯一样,寻找到自己的商业模式变现之路。

（资料来源:作者根据多方资料整理而成）

本章小结

企业在市场竞争中,逐步发现企业的产品、技术或服务只能使企业维持短暂的优势,而只有卓越的商业模式才能使其在竞争中保持持续优势。商业模式及其价值逻辑,逐渐成为企业之间的主要竞争方式。企业对于商业模式的关注度不断提高,且积极尝试构建适合自己的商业模式,这就是商业模式价值的集中体现。本章首先阐述了企业商业模式的基本理论,包括商业模式的定义、特征、作用及理论发展趋势;其次,对典型学者商业模式的构成要素进行分析;再次,分析了商业模式的设计与选择;最后,介绍了商业模式创新的概念以及初创企业典型的商业模式。

问题思考

1.什么是商业模式?商业模式的特征和作用有哪些?

2.分别简述各学者的商业模式构成要素。

3.简要分析商业模式与管理模式的关系。

4.企业常见的商业模式有哪些?其各自有哪些特点?

5.简述商业模式创新的内容。

4.企业定位

☆ 了解企业定位的内涵;

☆ 知晓企业精准定位的重要性;

☆ 懂得分析企业处于怎样的发展阶段;

☆ 思考企业该如何正确定位。

当升科技新定位

北京当升材料科技股份有限公司
BEIJING EASPRING MATERIAL TECHNOLOGY CO.,LTD.

图片来源:www.easpring.com

一、公司介绍

北京当升材料科技股份有限公司(以下简称"当升科技",股票代码:300073),成立于2001年,起源于国务院国资委管理的国家首批创新型中央企业——北京矿冶研究总院。

当升科技是一家以新能源材料研发和生产为主的集团化公司,现有员工750余人。公司自进入锂电正极材料行业以来,一直保持着良好的发展势头,率先成为国内出口锂电正极材料的供应商,与全球前六大锂电巨头建立了稳定的合作关系,是国内锂电正极材料的龙头企业之一。经过多年的努力,公司于2010年4月成功登陆创业板,成为国内唯一一家锂电正极材料上市公司。近年来,公司积极拓展业务领域,形成集团化发展模式。其中,2011年投资湖南星城石墨科技股份有限公司,正式进军负极材料领域;2012年成立江苏当升材料科技有限公司,着力发展新型高端动力锂电新能源材料,成为国内最前沿的动力锂电正极材料供应商;2015年4月成功并购北京中鼎高科自动化技术有限公司,将公司的业务领域拓展至智能装备领域。

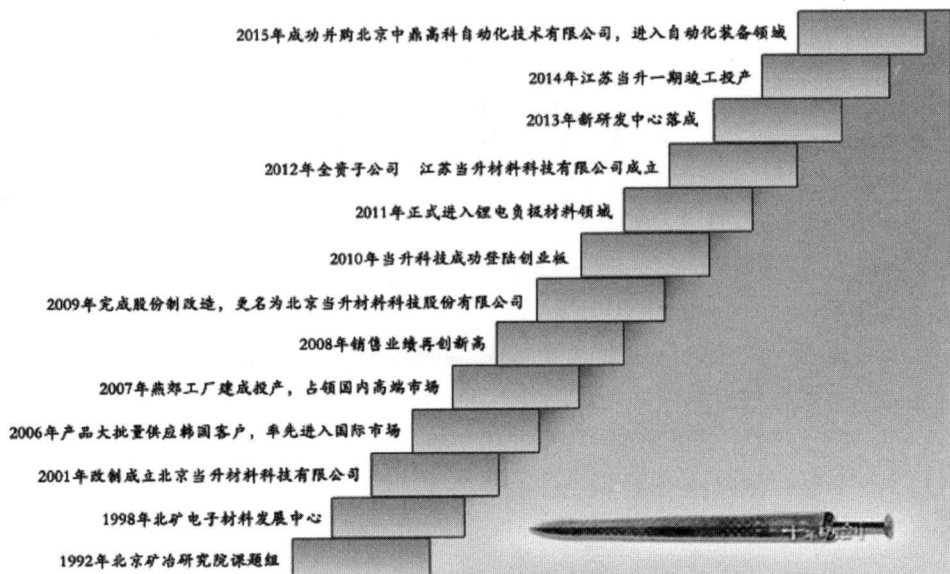

图 4-1 当升科技大事记

当升科技一直将技术创新和新产品开发作为公司发展战略的核心,先后被评为"北京市企业技术中心"、"北京市锂电正极材料工程技术中心""国家技术创新示范企业"。公司多项产品技术达到国内领先、国际先进水平,荣获"国家重点新产品"称号,并陆续申请了 90 余项专利,拥有多项专有技术,2011 年被评为"北京市专利示范单位"。2012 年,公司"三体系"——环境管理体系、职业健康安全管理体系和质量管理体系取得认证,并历年来持续有效运行。

二、原有产业发展

当升科技自 2001 年进入锂电正极材料行业以来,一直保持着良好的发展势头,迅速成长为国内锂电正极材料行业的龙头企业,是国内率先实现产品出口的锂电正极材料供应商。2008 年,公司成功研制多元材料和锰酸锂新产品,并开始进军动力锂电市场,销售业绩再创新高;2009 年成功开发日本高端锂电客户,进入日本市场,同期多元材料和锰酸锂获得比克、比亚迪、日本客户的批量订单;同年,公司顺利完成股份制改造,更名为北京当升材料科技股份有限公司;2011 年,当升科技与深圳创新投资集团携手增资湖南长沙星城微晶石墨有限公司,正式进军负极材料领域;2013 年新研发中心落成;2015 年成功并购北京中鼎高科自动化技术有限公司,进入自动化装备领域。

当升科技原有经营范围包括:生产锂离子电池正极材料、电子粉体材料和新型金属材料、非金属材料及其他新材料;研究开发、销售锂离子电池正极材料、电子粉体材料和新型金属材料、非金属材料及其他新材料,并提供相关的技术咨询、技术服务;货物进出口(涉及配额许可证、国营贸易、专项规定管理的商品按照国家有关规定办理)。

三、新选择

2015年是当升科技发展历程中具有里程碑意义的一年。这一年,全球经济复苏艰难曲折,国内经济下行压力持续加大,股票市场大幅波动,供给侧改革形势严峻,多重困难与挑战相互交织。当升科技坚持围绕"整合研发资源、抢抓产品升级,立足国际水准、实现品质跃升,充分释放产能、深化成本革新,加速产业并购、实现业务拓展"的年度经营方针,牢牢把握新能源汽车市场发展的历史机遇,将公司主要业务聚焦在汽车锂电池生产研发上,投资新能源材料业务。同年,当升科技成功并购北京中鼎高科自动化技术有限公司,发展智能装备业务,进入自动化装备领域。自此,当升科技形成锂电材料业务与智能装备业务协同发展的业务模式。

第一,新能源材料业务。当升科技专业从事锂电正极材料研发、生产与销售,主要产品包括多元材料、钴酸锂、锰酸锂等锂电正极材料,以及四氧化三钴、多元材料前驱体等前驱体材料,产品应用领域涵盖小型锂电、动力锂电以及储能领域。当升科技经过多年的运行,目前已成长为具备先进锂电正极材料研发技术与产业化经验、拥有一流客户资源、生产能力及综合实力属国内领先地位的高科技企业。面对锂电正极材料行业竞争加剧的情况,当升科技积极推动自身产品结构转型,不断加大动力锂电客户的开拓力度,努力提升公司的市场竞争地位。当升科技率先在国内开发出了车用高镍动力多元材料,并实现了向国际客户的批量销售,成为全球少数具备批量生产车用高镍多元材料能力的正极材料企业之一,填补了国内市场在车用高镍多元材料领域的空白。

第二,智能装备业务。当升科技全资子公司中鼎高科主营精密模切设备,产品包括各类型圆刀模切机、激光模切机等,广泛应用于消费类电子、物联网RFID标签以及医疗卫生等领域。中鼎高科自成立以来不断加快新产品研发,加强国内国际市场开拓,已拥有一批日本、韩国、美国、欧洲的高端客户。中鼎高科加快国内外业务拓展,设立了越南办事处,并完成了韩国业务团队的筹建工作,产品已成功销往越南、韩国等地。由于下游企业产品加工日趋复杂,对大工位设备技术要求更高,中鼎高科紧随市场需求,率先完成了16工位模切设备新产品的研发和测试,并实现销售。

四、未来

当升科技一直将技术创新和新产品开发作为公司发展战略的核心,坚持以客户为导向、以自主研发为驱动、以先进的质量管理为基础,建立销售渠道和品牌优势,搭建高效可靠的上游原材料供应链,实现与上、下游合作伙伴的共赢。随着公司集团化战略规划的实施,当升科技将加快产业并购的步伐,深入推进产业链整合,实现公司在锂电产业链领域的多元化发展,不断提高企业创新能力及综合竞争能力,占领新能源材料产业链的最高端,并将始终致力于向世界奉献更先进的绿色新能源材料。

五、转型启示

企业战略布局需紧紧围绕市场需求,审时度势,结合自身技术创新实现良性发展。

正如当升科技极具眼光的经营,伴随着新能源汽车的产销两热,产业链中的相关原材料供应商也搭上了新能源汽车产业发展良好的"东风",当升科技审时度势,运用技术创新,率先在国内开发出车用高镍多元材料,完成大客户认证并实现批量供货,成功进入高端品牌汽车供应链。当升科技紧抓新能源汽车市场的发展机遇,布局动力市场,从而实现产品销量同比大幅增长。

(资料来源:作者根据多方资料整理而成)

4.1 产业选择

在企业的创业时期,应该结合当前环境、产业发展阶段、行业竞争情况、技术发展趋势,进行产业结构的布局和业务结构的设置,以确保最佳的业务结构和产业结构。一般来说,创业企业的产业选择需要进行宏观环境分析、行业趋势判断以及把握产业发展规律。创业企业可采用 PEST 分析模型、SWOT 分析模型,波特五力模型等工具进行决策分析,选择合适的产业布局。

4.1.1 宏观环境分析

一般来说,宏观环境分析包括政治法律环境、经济环境、社会文化和自然环境、科学技术环境四个方面的分析。

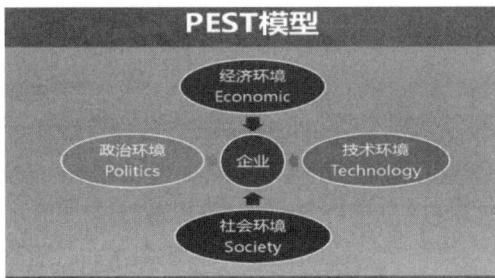

图 4-2　PEST 分析模型

(1)政治法律环境分析(P—Politics)

政治法律环境是指一个国家或地区的政治制度、体制、方针政策、法律法规等方面。这些因素常常制约、影响企业的经营行为,尤其是影响企业较长期的投资行为。

①政治环境分析的主要因素

政治环境主要分析国内的政治环境和国际的政治环境。国内的政治环境包括政治制度、党和国家的方针政策等;国际政治环境主要包括国际政治局势、国际关系、目标国的国内政治环境等。

②法律环境分析的主要因素

法律环境包括:A.法律规范,特别是与企业经营密切相关的经济法律法规,如《公司法》《合同法》《专利法》《商标法》《税法》《企业破产法》等。B.国家司法执法机关。在我国主要有法院、检察院、公安机关以及各种行政执法机关。与企业关系较为密切的行政执法机关有工商行政管理机关、税务机关、物价机关、计量管理机关、技术质量管理机关、专利机关等。C.企业的法律意识。企业的法律意识是法律观、法律感和法律思想的总称,是企业对法律制度的认识和评价。企业的法律意识,最终都会物化为一定性质的法律行为,并造成一定的行为后果,从而构成每个企业不得不面对的法律环境。D.国际法所规定的国际法律环境和目标国的国内法律环境。

（2）经济环境分析（E—Economy）

经济环境是指构成企业生存和发展的社会经济状况和国家经济政策。社会经济状况包括经济要素的性质、水平、结构、变动趋势等多方面内容,涉及国家、社会、市场及自然等多个领域。企业的经济环境主要由社会经济结构、经济发展水平、经济体制和宏观经济政策等四个要素构成。

①社会经济结构。社会经济结构是指国民经济中不同的经济成分、不同的产业部门以及社会再生产各个方面在组成国民经济整体时相互的适应性、量的比例及排列关联的状况。社会经济结构主要包括五方面内容,即产业结构、分配结构、交换结构、消费结构、技术结构,其中最重要的是产业结构。

②经济发展水平。经济发展水平是指一个国家经济发展的规模、速度和所达到的水准。反映一个国家经济发展水平的常用指标有国民生产总值、国民收入、人均国民收入、经济发展速度、经济增长速度。

③经济体制。经济体制是指国家经济组织的形式。经济体制规定了国家与企业、企业与企业、企业与各经济部门的关系,并通过一定的管理手段和方法,调控或影响社会经济流动的范围、内容和方式等。

④宏观经济政策。宏观经济政策是指国家和党制定的一定时期国家经济发展目标实现的战略与策略,它包括综合性的全国经济发展战略和产业政策、国民收入分配政策、价格政策、物资流通政策、金融货币政策、劳动工资政策、对外贸易政策等。

企业的经济环境分析就是要对以上的各个要素进行分析,运用各种指标,以准确地分析宏观经济环境对企业的影响,从而制定出正确的企业经营战略。

（3）社会文化及自然环境分析（S—Society）

社会文化环境包括一个国家或地区的社会性质、人们共享的价值观、人口状况、教育程度、风俗习惯、宗教信仰等各个方面。自然环境包括地区或市场的地理、气候、资源、生态等因素。

①人口因素。人口因素对企业战略的制定有重大影响。例如,人口总数直接影响着社会生产总规模;人口的地理分布影响着企业的厂址选择;人口的性别比例和年龄结构在一定程度上决定了社会需求结构,进而影响社会供给结构和企业生产;人口的教育文化水平直接影响着企业的人力资源状况;家庭户数及其结构的变化与耐用消费品的需求和变化趋势密切相关,因而影响到耐用消费品的生产规模等。对人口因素的分析可以使用以下一些变量:离婚率,出生和死亡率,人口的平均寿命,人口的年龄和地区分布,人口在民族和性别上的比例变化,人口和地区在教育水平和生活方式上的差异等。

②文化环境。文化环境对企业的影响是间接的、潜在的和持久的。文化的基本要素包括哲学、宗教、语言与文字、文学艺术等,它们共同构筑成文化系统,对企业文化有重大的影响。

企业对文化环境的分析是企业文化建设的一个重要步骤。企业对文化环境分析的目的是把社会文化内化为企业的内部文化,使企业的一切生产经营活动都符合环境文化的价值检验。另外,企业对文化环境的分析与关注最终要落实到对人的关注上,从而有效地激励员工,有效地为顾客服务。

③自然环境。自然环境是企业赖以生存的基本环境。自然环境的优劣不仅影响到企业的生产经营活动,而且影响一个国家的经济结构和发展水平,使经济环境和人口环境等均受到连动影响。

(4)技术环境分析(T—Technology)

技术环境指的是企业所处的社会环境中的科技要素及与该要素直接相关的各种社会现象的集合,大体包括四个基本要素:社会科技水平、社会科技力量、国家科技体制、国家科技政策和科技立法。

①社会科技水平。社会科技水平是构成技术环境的首要因素,它包括科技研究领域、科技研究成果门类分布和先进程度以及科技成果推广和应用三个方面。

②社会科技力量。社会科技力量是指一个国家或地区的科技研究与开发的实力。

③国家科技体制。科技体制是一个国家社会科技系统的结构、运行方式及其与国民经济其他部门的关系状态的总称,主要包括科技事业与科技人员的社会地位、科技机构的设置原则与运行方式、科技管理制度、科技推广渠道等。

④国家科技政策和科技立法。国家的科技政策与科技立法指的是国家凭借行政权力与立法权力,对科技事业履行管理、指导职能的途径。

企业定位专栏之一:

湘鄂情的转型之路

图片来源:www.xeq.com

一、公司概况

北京湘鄂情集团股份有限公司(以下简称"湘鄂情")成立于2007年10月,注册于北京市海淀区,注册资本20000万元,目前主营业务已经涵盖中式餐饮、中式快餐及团膳。2009年11月,湘鄂情在深交所挂牌上市(证券代码:002306),成为我国第一家在A股上市的私营餐饮企业。湘鄂情一直定位为中高档餐饮品牌,店内人均消费700元以上的高端消费占其总量的近30%。此外,湘鄂情优质店面的选址多与政府机关相连。在2011年,湘鄂情开在北京国家部委相对集中地区的4家门店的营业利润就占全国23家门店总利润的65%以上。2012年底,中央"八项规定"一纸令下,"三公"消费被严格控制,湘鄂情业绩直线下滑。餐饮业务巨亏之后,湘鄂情尝试转型,其转型方向在环保、影视、科技等多领域。2014年7月,湘鄂情又借更名"中科云网科技集团股份有限公司"(简称"中科云网")宣布进军网络新媒体、云服务和大数据领域。这意味着昔日的"餐饮第一股"彻底脱离餐饮业。

二、中央"八项规定"下的湘鄂情

高端餐饮服务业曾因公务招待费用管理不严格而繁荣一时,在公款消费的强力刺激下,高端餐饮企业效益可观。然而自 2012 年底以来,中央出台"八项规定"等规定,提出要"厉行勤俭节约、反对铺张浪费",整个餐饮行业尤其是高端餐饮业开始面临一场巨大的困局。湘鄂情 2013 年第一季度业绩预告显示,当期预计亏损达 5500 万元～7000 万元,同比下滑 8000 万元,降幅超过 218%。而去年同期,湘鄂情净利润为 4623.23 万元。业绩亏损较为严重的湘鄂情不得不停止了部分持续亏损且扭亏前景不明的门店运营,并在酒楼业务方面积极寻找转型突破口,推出更多平价菜品。

由于酒楼业务的严重亏损,湘鄂情原先的餐饮业务无法达到业绩增长的要求,它开始在新型产业领域进行投资。2013 年,湘鄂情开始在环保产业投资运营。而就在外界断定湘鄂情将转型环保行业时,2014 年 3 月,湘鄂情又收购了两家影视公司——北京中视精彩影视文化公司和笛女影视传媒有限公司各 51% 的股权。2014 年 5 月,湘鄂情公布非公开发行 A 股股票预案。非公开发行股票募集的资金总额预计不超过 36 亿元,扣除发行费用后,其中 2 亿元拟用于偿还银行贷款,4.8 亿元拟用于备付公司债券回售,剩余 29.2 亿元拟用于补充流动资金。上述发行完成后,湘鄂情主营业务将转变为新媒体、大数据、环保的主业结构,逐步将餐饮业剥离。至此,湘鄂情战略转型方向落定。2014 年 7 月,湘鄂情更名"中科云网科技集团股份有限公司"正式进军网络新媒体、云服务和大数据领域。

2015 年 4 月,中科云网发布公告,宣布"ST 湘鄂债"的本息支付仍有 2.4 亿多元的缺口,无法按时、足额筹集资金,构成实质违约。湘鄂情也从昔日的"餐饮第一股"变成了"首例公司债本金违约"的转型失败教案。

(资料来源:作者根据多方资料整理而成)

4.1.2 行业趋势判断

产业发展是指产业的产生、成长和进化过程,既包括单个产业的进化过程,又包括产业总体即整个国民经济的进化过程。而进化过程既包括某一产业中企业数量、产品或者服务产量等数量上的变化,也包括产业结构的调整、变化、更替和产业主导位置等质量上的变化,而且主要以结构变化为核心,以产业结构优化为发展方向。因此,产业发展包括量的增加和质的飞跃,包括绝对的增长和相对的增长。

产业发展会经历四个阶段,即产业形成期、产业成长期、产业成熟期和产业衰退期。

(1)产业形成期:产业的形成期指由于新技术、新业务的出现,而导致具有某种同类属性的新企业出现,继而逐渐具备产业的基本特点的过程。

(2)产业成长期:产业的成长期指产业形成后,随着生产实践的发展,产业技术水平不断完善、不断提高生产力水平,企业数量不断增加的阶段。产业的成长期是产业发展过程中非常重要的一个环节,此时产业已经渡过了幼年时的危险期,但能否进入成熟期是该时期产业发展面临的主要问题。

(3)产业成熟期:产业的成熟期指产业在成长期生产能力扩张到一定阶段后,进入的一个稳定发展的时期,此时生产规模、技术水平、市场供求都很稳定。

(4)产业衰退期:产业的衰退期是产业从繁荣走向不景气进而衰退的过程。处于衰退期的产业也被称为"夕阳产业"。产业的衰退期较长,可能比前三个阶段的总和还要长很多,大量的产业会衰而不亡。

企业定位专栏之二:

小米进入智能家居市场"PEST"分析

图片来源:www.xiaomi.com

一、公司概况

小米公司成立于 2010 年 4 月,是一家专注于高端智能手机、互联网电视以及智能家居生态链建设的创新型科技企业。"让每个人都能享受科技的乐趣"是小米公司的愿景。小米公司运用了互联网开发模式开发产品,用极客精神做产品,用互联网模式干掉中间环节,致力于让全球每个人都能享用来自中国的优质科技产品。小米公司自创办以来,保持了令世界惊讶的增长速度,其在 2015 年全年的手机销量超过 7000 万台,小米已经成为一个全球性品牌。

二、小米进入智能家居市场"PEST"分析

如今,手机行业已经变成了一片红海,华为、VIVO、OPPO、乐视、魅族、联想、360等厂商的介入,使得手机的价格一再下调,行业的利润已经变得越来越少。小米再靠以往的粉丝经济经营模式已然生存不下去。2014 年 4 月 24 日,华润置地北京万橡府小米智能家庭体验中心正式开放。作为双方试水合作的项目,小米智能家居的首批产品在万橡府的样板间中首次亮相,随后不断开发新产品,包括小米路由器 MINI、小米盒子、小米智能插座、小米空气净化器等等。小米以"开放、不排他、不独家"为原则发展生态链,构筑智能家居产品矩阵。

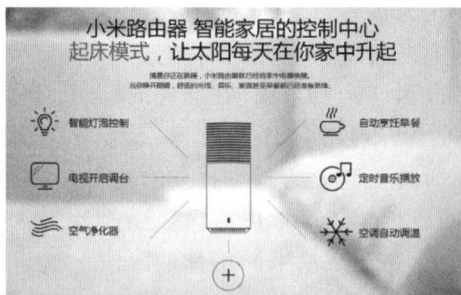

图 4-3 小米智能家居控制中心——小米路由器

小米智能家居是围绕小米手机、小米电视、小米路由器三大核心产品,由小米生态链企业的智能硬件产品组成的一套完整的闭环体验,目前已构成智能家居网络中心小米路由器、家庭安防中心小蚁智能摄像机、影视娱乐中心小米盒子等产品矩阵,轻松实现智能设备互联,提供智能家居真实落地、简单操作、无限互联的应用体验。同时,极具竞争力的价格也将小米智能家居塑造为"大众买得起的第一个智能家居"。

第一,人口环境。中国是世界人口第一大国,智能家居产品的需求与人口的数量成正比,市场潜力巨大。随着我国经济发展的突飞猛进,人们已经不再满足于温饱,而开始更多地关注生活品质,智能家居产品也越来越受到人们的喜爱,尤其是互联网技术的迅猛发展,为智能家居市场的膨胀创造了有利条件。

第二,政治法律环境。在第十二届全国人民代表大会第四次会议上,李克强总理在政府工作报告中特别提到物联网与智能家居,政策推动物联网智能家居行业的导向十分明显。随着物联网、大数据、智慧城市等技术和项目的开展,传统家电厂家也开始向智能家电厂家过渡,更多的智能设备将会占据市场主流。在两会中,不少身处科技领域的人大代表也提出了物联网、大数据、智能家居等相关的提案。随着相关政策法规的出台,政治法律环境保证了智能家居产业稳定、可持续发展。

第三,经济环境。改革开放以来,我国经济迅猛发展,虽然这几年发展势头有所减缓,但GDP每年仍然保持着7%以上的增长率。政府更加注重民生项目,智能城市项目开展得如火如荼,各个大中城市都大力推进信息化、智能化的发展。政府越来越注重打造智能城市、信息化城市的举措,体现了积极主动的工作导向,向市场、向社会传递了信心,有利于稳定预期、坚定信心,也扩大了可以接受的经济增速弹性范围,而且与我们国家的经济增长潜力是相吻合的。不少专家都对我国经济潜在的增长率做过测算,也是跟这些测算吻合的,所以它有利于整个目标的实现。根据相关机构预测,到2018年我国智能家居潜在市场规模约为5.8万亿元,市场潜力巨大。

第四,社会文化环境。新中国成立以来,国家重视人民的教育民生,九年义务教育的实施让绝大部分人民摆脱了文盲行列,近些年又大力发展高等教育和高职高专教育,使更多的中国青年接受高等教育,人民的知识水平越来越高。中国青年是我国消费的主力军,互联网已经成为人们工作生活不可缺少的一部分,智能手机普及率也越来越高。移动互联网时代的开启,使中国年轻人更热衷于高科技产品,对于智能家居产品的需求变得更加迫切。

第五,技术环境。智能家居行业信奉"得标准者得天下",而未来这种情况将得以改变。通信标准是解决智能家居"碎片化"的一项重要措施,对多类设备的串联有重要作用,但随着科技不断趋于成熟,各类通信标准之间的竞争将逐步缓和。在各类技术中,有线技术更安全、更稳定,无线技术更便捷、易扩展,ZigBee技术相对可靠,WiFi、蓝牙、Z-Wave也各有优势和特色,消费者更为看重的是产品而非技术。在2016年的两会提案中,小米的创始人雷军建议,我国应该推进智能家居行业标准化,使众多智能终端有更好的兼容性,促进智能家居行业的健康发展。

小米智能家居正逐步实现海量用户覆盖、资金资源注入、通用技术接入、大数据存储计算、服务方案提供、渠道扩展触达、用户互动服务等全方位多维度的解决方案,携手更多硬件设备提供商,推动智能家居产业链发展,构建相融合的核心技术,完善行业规范建立,共同打造智能硬件生态体系。

(资料来源:作者根据多方资料整理而成)

4.1.3 把握产业发展

企业要想把握自身发展态势,首先必须了解自身所处的动态环境,而后根据环境变化采取动态策略。本节主要选取 SWOT 与波特五力模型作为企业环境的分析工具,以便企业能够应变环境,采取动态战略措施,从而谋求长远发展。

(1)SWOT 分析

S(strengths)是优势、W(weaknesses)是劣势、O(opportunities)是机会、T(threats)是威胁,SWOT 分析法是用来确定企业自身的竞争优势、竞争劣势、机会和威胁,从而将企业的战略与企业内部资源、外部环境有机地结合起来的一种科学的分析方法。优势(strengths),是组织机构的内部因素,具体包括:有利的竞争态势、充足的财政来源;良好的企业形象、技术力量、规模经济、产品质量、市场份额、成本优势、广告攻势等。劣势(weaknesses),是组织机构的内部因素,具体包括:设备老化、管理混乱、缺少关键技术、研究开发落后、资金短缺、经营不善、产品积压、竞争力差等。机会(opportunities),是组织机构的外部因素,具体包括:新产品、新市场、新需求、外国市场壁垒解除、竞争对手失误等。威胁(threats),是组织机构的外部因素,具体包括:新的竞争对手、替代产品增多、市场紧缩、行业政策变化、经济衰退、客户偏好改变、突发事件等。

SWOT 分析法的优点在于考虑问题全面,是一种系统思维,而且可以把对问题的"诊断"和"开处方"紧密结合在一起,条理清楚,便于检验。

根据 SWOT 分析法,有四种不同类型的战略组合:优势—机会(SO)组合、劣势—机会(WO)组合、优势—威胁(ST)组合和劣势—威胁(WT)组合。

内部分析 ╲ 外部分析	优势 S 1. 2. 列出优势 3.	劣势 W 1. 2. 列出劣势 3.
机会 O 1. 2. 列出机会 3.	SO 战略 1. 2. 发出优势 利用机会 3.	WO 战略 1. 2. 克服劣势 利用机会 3.
威胁 T 1. 2. 列出威胁 3.	ST 战略 1. 2. 利用优势 回避威胁 3.	WT 战略 1. 2. 减少劣势 回避威胁 3.

图 4-4　SWOT 分析模型

①优势—机会(SO)战略是一种发展企业内部优势与利用外部机会的战略,是一种理想的战略模式。当企业具有特定方面的优势,而外部环境又为发挥这种优势提供有利机会时,可以采取该战略。例如,良好的产品市场前景、供应商规模扩大和竞争对手有财务危机等外部条件,配以企业市场份额提高等内在优势,可成为企业收购竞争对手、扩大生产规模的有利条件。

②劣势—机会(WO)战略是利用外部机会来弥补企业内部弱点,使企业改变劣势而获取优势的战略。存在外部机会,但由于企业存在一些内部弱点而妨碍其利用机会,可采取措施先克服这些弱点。例如,若企业弱点是原材料供应不足和生产能力不够,从成本角度看,前者会导致开工不足、生产能力闲置、单位成本上升,而加班加点会导致一些附加费用。在产品市场前景看好的前提下,企业可利用供应商扩大规模、新技术设备降价、竞争对手财务危机等机会,实现纵向整合战略,重构企业价值链,以保证原材料供应,同时可考虑购置生产线来克服生产能力不足及设备老化等缺点。通过克服这些弱点,企业可能进一步利用各种外部机会,降低成本,取得成本优势,最终赢得竞争优势。

③优势—威胁(ST)战略是指企业利用自身优势,回避或减轻外部威胁所造成的影响。如竞争对手利用新技术大幅度降低成本,给企业很大的成本压力;同时材料供应紧张,其价格可能上涨;消费者要求大幅度提高产品质量;企业还要支付高额环保成本等等,这些都会导致企业成本状况进一步恶化,使之在竞争中处于非常不利的地位,但若企业拥有充足的现金、熟练的技术工人和较强的产品开发能力,便可利用这些优势开发新工艺,简化生产工艺过程,提高原材料利用率,从而降低材料消耗和生产成本。另外,开发新技术产品也是企业可选择的战略。新技术、新材料和新工艺的开发与应用是最具潜力的成本降低措施,同时它可提高产品质量,从而回避外部威胁的影响。

④劣势—威胁(WT)战略是一种旨在减少企业内部弱点、回避外部环境威胁的防御性技术。当企业存在内忧外患时,往往面临生存危机,降低成本也许成为改变劣势的主要措施。当企业成本状况恶化,原材料供应不足,生产能力不够,无法实现规模效益,且设备老化,使企业在成本方面难以有大作为,这时将迫使企业采取目标聚集战略或差异化战略,以回避成本方面的劣势,并回避成本原因带来的威胁。

(2)五力模型

五力模型是迈克尔·波特于20世纪80年代初提出的,它认为行业中存在着决定竞争规模和程度的五种力量,这五种力量综合起来影响着产业的吸引力以及现有企业的竞争战略决策。五种力量分别为同行业内现有竞争者的竞争能力、潜在竞争者进入的能力、替代品的替代能力、供应商的讨价还价能力、购买者的讨价还价能力。任何产业,无论是国内的或是国际的,无论是生产产品的或是提供服务的,竞争规律都将体现在这五种竞争的作用力上。因此,五力模型是企业制定竞争战略时经常利用的战略分析工具。

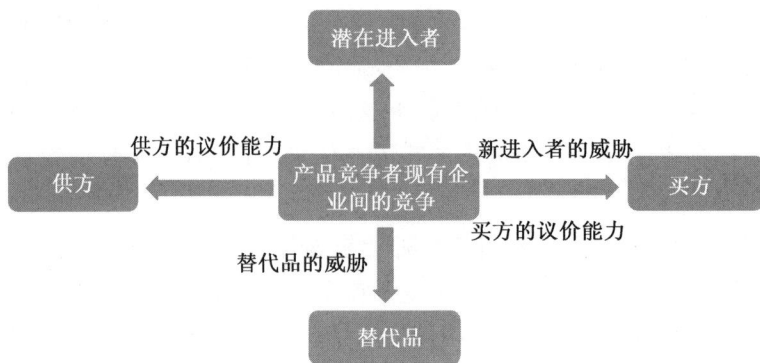

图 4-5　五力模型

①供应商的议价能力

供方主要通过其提高投入要素价格与降低单位价值质量的能力,来影响行业中现有企业的盈利能力与产品竞争力。供方力量的强弱主要取决于他们所提供给买主的是什么投入要素,当供方所提供的投入要素价值构成了买主产品总成本的较大比例、对买主产品生产过程非常重要或者严重影响买主产品的质量时,供方对于买主的潜在讨价还价能力就大大增强。

②购买者的议价能力

购买者主要通过其压价与要求提供较高的产品或服务质量的能力,来影响行业中现有企业的盈利能力。影响购买者议价能力的主要因素有:

A.购买者的总数较少,而每个购买者的购买量较大,占了卖方销售量的很大比例。

B.卖方行业由大量相对来说规模较小的企业组成。

C.购买者所购买的基本上是一种标准化产品,同时向多个卖主购买产品在经济上也完全可行。

③新进入者的威胁

新进入者在给行业带来新生产能力、新资源的同时,将希望在已被现有企业瓜分完毕的市场中赢得一席之地,这就有可能会与现有企业发生原材料与市场份额的竞争,最终导致行业中现有企业盈利水平降低,严重的话还有可能危及这些企业的生存。新进入者威胁的严重程度取决于两方面的因素,这就是进入新领域的障碍大小与预期现有企业对进入者的反应情况。

进入障碍主要包括规模经济、产品差异、资本需要、转换成本、销售渠道开拓、政府行为与政策、不受规模支配的成本劣势、自然资源、地理环境等方面,这其中有些障碍是很难借助复制或仿造的方式来突破的。预期现有企业对进入者的反应情况,主要是预期现有企业采取报复行动的可能性大小,这取决于有关厂商的财力情况、报复记录、固定资产规模、行业增长速度等。总之,新企业进入一个行业的可能性大小,取决于进入者主观估计进入所能带来的潜在利益、所需花费的代价与所要承担的风险这三者的相对大小情况。

④替代品的威胁

两个处于同行业或不同行业中的企业,可能会由于所生产的产品是互为替代品,从而在它们之间产生相互竞争行为,这种源自于替代品的竞争会以各种形式影响行业中现有企业的竞争战略。替代品价格越低、质量越好、用户转换成本越低,其所能产生的竞争压力就越强。而这种来自替代品生产者的竞争压力的强度,可以具体通过考察替代品销售增长率、替代品厂家生产能力与盈利扩张情况来加以描述。

⑤同业竞争者的竞争程度

大部分行业中的企业相互之间的利益都是紧密联系在一起的。作为企业整体战略一部分的各企业竞争战略,其目标都在于使得自己的企业获得相对于竞争对手的优势,所以在实施中就必然会产生冲突与对抗现象,这些冲突与对抗就构成了现有企业之间的竞争。现有企业之间的竞争常常表现在价格、广告、产品介绍、售后服务等方面,其竞争强度与许多因素有关。

从一定意义上来说,五力模型隶属于外部环境分析方法中的微观分析。该模型用于竞争战略的分析,可以有效地分析客户的竞争环境。波特的五力分析法是对一个产业盈利能力和吸引力的静态断面扫描,说明的是该产业中的企业平均具有的盈利空间,所以这是一个产业形势的衡量指标,而非企业能力的衡量指标。通常,这种分析法也可用于创业能力分析,以揭示本企业在本产业或行业中具有何种盈利空间。

企业定位专栏之三:

果乐乐的异军突起

图片来源:www.guolele.com

一、公司概况

北京果乐乐科技有限公司(以下简称"果乐乐")是一家成立于 2014 年的高科技电子商务平台企业,注册资金 2000 万元,是一家以鲜果批发为主的 B2B 生鲜电商,它将电子商务与传统商贸对接,在水果等农产品领域,通过电子商务在更大范围、更高效率上配置实体经济的订单流、资金流、信息流、商务流和物流,从而推动农业产业转型升级、实现产业创新驱动发展。果乐乐致力于打通水果从种植、生产加工到消费的链条,助力农业产业优化,让认真勤劳的种植者收益更有保障,让消费者有更方便平价的选择。它的产品覆盖全品类水果,已在全国主要水果产区建立了产地直采体系,并提供仓储、物流、加工等配套服务。果乐乐的运营全面基于移动互联网、贯通全产业流程,建立了快速高效的水果供应链体系,基本实现零库存运行。

二、异军突起

BCG 消费者洞察智库(CCI)方面称,从 2012 年到 2016 年,生鲜电商市场从 40 亿元人民币猛增至 950 亿元人民币。目前 7% 的城镇生鲜消费已经发生在线上,预计线上生鲜消费将会继续保持增长动能,并在 2020 年占城镇生鲜总消费的 15%～25%。这种增长势头意味着新兴生鲜电商及传统的线下生鲜零售商都必须思考如何抓住这一发展机遇。

果乐乐 CEO 陈功伟认为,中国生鲜网购渗透率仍不足 2%,且因为生鲜品设计上游的产地和区域相对多元化,农业上游相对分散化,这个市场不可能出现相对垄断的巨头,发展潜力巨大。

图 4-6　果乐乐业务流程

果乐乐的业务流程是水果店(微商、B2C 电商)每天向果乐乐旗下在线商城"第 9 鲜"发出订单,果乐乐整合所有订单,集中向上游调货,供应商根据订单响应后把货送到分拣中心,最后果乐乐按照指定的时间配送给客户。零库存、高走货量、渐成规模,果乐乐认清生鲜的非标性之后,以供应链上游为切入点,最后进入零售,将供应链能力放大盈利。果乐乐的优势在于:

第一,零库存。批发市场是一个天然的仓库,供应商、货源齐全,而且半夜交易,果乐乐可以在商户下订单后进行采购作业,然后将采购到的产品直接配送到终端店,节约库存成本。

第二,降损耗。果乐乐的业务流程可减少拆箱、减少搬运,并根据订单集中采购、整车搬送,而传统方法是根据个人经验进货。

第三,成本低。规模大可以议价,从而降低采购成本,且集中配送效率肯定高于水果店自己进货。

第四,水果店共赢。水果店商家不用起早贪黑去亲自采购。卖家比消费者更关注交易量,更积极、更踊跃、更专业。

正是由于这些显著优势以及数据化的业务流程,经过 3 年多在生鲜市场的蛰伏,果乐乐异军突起,在 2016 年实现了近 3 亿元的销售额。

(资料来源:作者根据多方资料整理而成)

4.2 企业定位

企业通过其产品及品牌,基于顾客需求,将企业独特的个性、文化和良好形象,塑造于消费者心目中,并占据一定位置。从产品定位、品牌定位、企业定位三者的关系层次上来看,一般企业定位要经历的过程是:从产品定位、品牌定位、企业定位三者一体化到三者分离,后者相对于前者越来越概括和抽象,越来越多地用以表现理念。

4.2.1 企业定位判断前提

企业定位就是从企业特色入手,建立优良的企业形象和巩固企业的优势地位,为企业在市场竞争中赢得优势与发展。影响企业定位的因素有企业环境、企业领导、企业文化等,企业定位必须以这些因素为依据。

(1)企业环境。企业环境即企业营销环境,它分为宏观环境和微观环境。宏观环境包括政治与法律、人口与经济、社会文化与自然、科学技术等因素,微观环境包括消费者需求、竞争者、中间商、供应商等因素。企业与环境是相辅相成、相互制约的,企业的一切营销活动都要受到以上因素的影响。营销环境的变化既能给企业带来威胁,又能给企业带来机遇。企业定位应以企业适应营销环境的变化为指导思想,从而促进企业的良性发展。

(2)企业领导。企业领导是一个企业发展的指挥者和操控者。一个企业能否取得成功很大程度上依赖于这个企业的领导者。张瑞敏缔造了海尔,柳传志创造了联想,这些都是我们耳熟能详的企业经营经典案例。企业领导在企业成立之初就会为企业制定一个发展战略,内容包括从企业产品到企业文化、从产品定位和市场定位到企业定位等等。从某种程度上说,企业领导的经营思路与方法决定了企业的定位思想。

(3)企业文化。企业文化是在一个企业的发展过程中所形成的独具特色的企业经营思想的总和,它一般包括企业全体员工的精神面貌、企业经营宗旨、企业产品特色等。企业文化是企业实施可持续发展的基础,特别是在文化管理概念兴起的今天。企业文化作为社会文化的组成部分,优秀的企业文化不仅为企业在消费者心目中留下了良好的形象,而且还能够推动社会文化的发展。企业文化能否被社会及公众所接受和认可是企业定位战略是否有效的重要标志。

企业定位专栏之四:

百度糯米市场环境分析

图片来源:www.nuomi.com

一、公司概况

糯米网是人人网在 2010 年上线的一家团购网站,一直努力打造成为用户的精品生活指南和商家的精准营销平台。百度公司在 2014 年收购了糯米网,并且成了糯米网的全资股东,也将糯米网变为百度公司旗下的一家团购网站,随后糯米网被改名为百度糯米,成了百度公司开启团购市场的一块基石,也是百度公司未来 O2O 战略发展的重要组成部分。百度糯米整合了糯米网的资源,为零起步的百度公司提供了丰富的团购经验。百度公司一直致力于将百度糯米打造成为一款移动端的团购 APP,更是将餐饮、电影等一系列本地生活服务集合到移动团购 APP 中,以此为用户提供更加优惠和便捷的服务。

二、百度糯米波特五力分析

（1）供应商的议价能力

现在入驻百度糯米的主要是知名度小的商家，通过百度糯米大平台组织团购，可以为这些商家带来较大的人气和销量，商家对平台的依赖性较强，所以商家的议价能力相对较弱。因此，百度糯米的议价能力相对较强。

（2）购买者的议价能力

团购网站的用户大多是分散的个人和群体，单个人享受到的优惠是有限的，所以议价能力较低，但是当团购人数达到一定后，消费者就可以享受到更低的价格或者更低的折扣。如果还有更低的折扣优惠，消费者可以转去其他的团购平台。总的来说，购买者的议价能力还是较强的。

（3）新进入者的威胁

团购市场早期的门槛很低，基本上没有技术、规模、人员等门槛，所以中国团购市场在兴起阶段就有上千家团购网站，但是随着行业利润不断的压缩、品牌效应的出现，用户体验和价值创新成了团购网站竞争的焦点。没有完善的服务体系，没有创新的盈利手段，没有资本的进入，团购行业就很难进入。所以，后团购时代，新进入者的威胁相对较小。

（4）替代品的威胁

团购网站与现今成熟的知名电商网站相比，还不够成熟，这些早期兴起并发展到现在的知名电商网站就是团购网站的替代品。在团购网站上可以搜索到的产品，在其他的电商网站上也基本可以搜索到，加上供应商供货渠道多样，团购网站如果不能实现差异化服务，就很难保证自己的优势。所以，替代品的威胁较大。

（5）现存竞争者的竞争

百度糯米作为第二大团购网站，市场份额却只有20%左右，团购市场的巨头还是"新美大"，其他团购网站构成的威胁相对不大，但其与第一大团购网站差距很大。据此可以看出，现存竞争者之间的竞争相当激烈。

三、SWOT 分析

（1）优势

搜索引擎，百度糯米有百度公司搜索引擎提供的超大流量，最大地提升站内的流量，使百度糯米在短时间内获得较大的曝光度；百度地图与百度糯米相互结合，百度公司关于 O2O 的部署中，百度地图作为 O2O 的接入口，通过自身超大的流量数据，为用户提供全方位的信息，从而针对有关方面的需求顺势推广百度糯米，为用户出行消费提供更优惠的团购；"会员＋"O2O 生态战略，2015 年百度公司宣布未来三年内将对百度糯米投入 200 亿元打造"会员＋"O2O 生态战略。在传统的团购模式下，消费者对价格敏感、对商家的忠诚度低，这样容易导致商家和用户之间越来越远，同时由于团购导致商家在利润方面收益很低，商家往往会歧视团购用户，使团购的消费者在消费体验上受到极大的损失。"会员＋"机制则可以为商家培养一批忠实用户，与商家共享用户信息，为商家带来极大的好处，这样商家自然愿意去推广"会员＋"机制，而用户的体验也会随之提升,实现三方共赢的局面。

(2)劣势

总体市场份额不敌美团和大众点评,尽美团和大众点评合并对百度糯米来说,并不是好事,美团和大众点评合并之后形成的"新美大"牢牢地占据着80%左右的市场份额,加上合并会让原来的两家公司得到更好的资源整合,对于百度糯米来说,这是很不利的。起步太晚,与美团相比,百度糯米和百度公司在电商领域的起步太晚。在团购经验方面,虽然百度糯米是整合了糯米网的资源而成立的,但是与团购起步早的美团相比,要差很多。同时团购行业的门槛很低,基本上没有商业壁垒,团购网站大多相似,替代性很强。

(3)机会

在后团购时代,团购网站要维持稳定发展就离不开资本的投入,2015年百度公司向百度糯米投入200亿元,正是百度糯米未来发展的推动力,可保证百度糯米未来的稳定发展。至2016年,团购行业逐渐向O2O模式转型,慢慢出现去团购化。所谓去团购化并不是完全抛弃团购业务,而是团购模式逐渐退位为本地生活服务消费模式之一,把原有业务升级为综合的O2O服务提供商。在餐饮、电影等细分行业,就衍生出百度糯米影业和百度外卖,这些业务的加入,使得百度糯米更加多元化发展。

(4)威胁

腾讯、阿里投资美团和大众点评。腾讯自身的用户流量巨大,在投资大众点评后,肯定会引入大量的流量。而阿里和高德地图的强强联合,也实现了"LBS+O2O"闭环,以高德地图的入口优势,加上美团和大众点评的线下资源,形成完整的"LBS+O2O"闭环,实现线上和线下的整合。百度糯米现在面对的"新美大"在很多资源上与自己旗鼓相当,而且还在不断发展,这样无形之中就压缩了百度糯米的生存空间。

(资料来源:作者根据多方资料整理而成)

4.2.2 企业定位判断标准

企业定位是指企业通过其产品及品牌,基于顾客需求,将企业独特的个性、文化和良好形象,塑造于消费者心目中,并占据一定位置。企业定位包括产品定位、战略定位、品牌定位、营销定位等。企业成功定位的判断标准可以分为以下几类:

(1)根据产品定位

产品定位就是针对消费者或用户对某种产品某种属性的重视程度,塑造产品或企业的鲜明个性或特色,树立产品在市场上一定的形象,从而使目标市场上的顾客了解和认识本企业的产品。产品特色,有的可以从产品实体上表现出来,如形态、成分、结构、性能、商标、产地等;有的可以从消费者心理上反映出来,如豪华、朴素、时髦、典雅等;有的体现在价格上;有的体现在质量上。企业在进行定位时一方面要了解竞争对手的产品具有何种特色,即竞争者在市场上的位置;另一方面要研究顾客对该产品各种属性的重视程度,包括产品特色需求和心理上的要求,然后分析确定本企业的产品特色和形象。

（2）根据企业战略定位

战略定位就是企业的发展方向，表现为一定的扩张路径取舍。它是在对企业所处的外部竞争环境进行正确评估、对自身的资源配置及核心能力进行客观判断的基础上，确定企业的产业边界、商业形态和竞争地位，并确定战略管理的必要基础。企业战略定位包括多元化战略定位与专业化战略定位。

①多元化战略定位

多元化战略定位是指企业在现有业务基础上开展新业务而形成的战略。多元化经营按其内容可分为相关多元化经营与非相关多元化经营。通常情况下，一个大中型企业的战略发展规律为：从单项业务战略到主导业务战略到多元化经营战略。

多元化战略的目标：一是战略性转移。当企业从事的现有行业处在衰退期时，为了趋利避害，就必须进行多元化经营，实施战略性行业转移，即进入新的行业。二是范围效益。企业同时经营多个行业时，会比单一行业经营产生更多的经济效益，原因是行为共享和传递核心竞争力。三是提高或获取核心能力。核心能力是企业整体拥有，能为企业创造基本利益和价值，决定企业持久竞争优势的能力。四是分散风险。当企业所从事行业由于市场环境变化而风险加大时，企业通常采取多元化经营来分散风险。

②专业化战略定位

专业化战略定位是指企业致力于发展一个行业或领域，或者提供一类产品或服务的战略。

专业化战略的目标：一是资源集中。企业能把全部的资源和能力集中于核心业务，资金使用效率较高，同时比较容易提高企业声誉，获取更高利润。二是定位清晰。通过专业化经营，企业更容易在消费者的脑海里形成清晰的定位。三是获得持续竞争优势。专业化经营使企业长期致力于某一领域，在该行业已经积累了成熟的经验，取得了规模经济和范围经济效应，有利于培育顾客忠诚度，获得持续发展动力。

（3）根据企业品牌定位

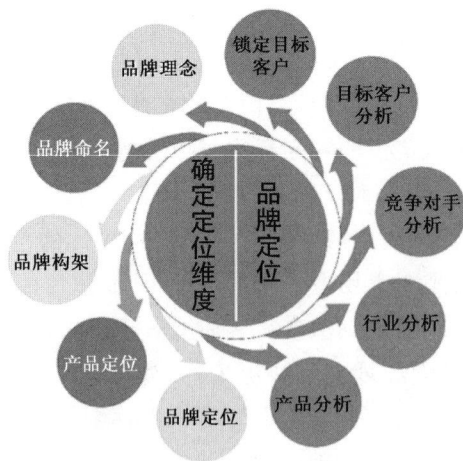

图 4-7　企业定位之品牌定位

①品牌定位的内涵

品牌定位是指企业在市场定位和产品定位的基础上,对特定的品牌在文化取向及个性差异上的商业性决策,是建立一个与目标市场有关的品牌形象的过程和结果。换言之,即指为某个特定品牌确定一个适当的市场位置,使商品在消费者的心中占领一个特殊的位置。阿尔·里斯和杰·特劳特强调,品牌定位是一种攻心战略,不是去创造某种神奇的、与众不同的东西,而是去操作已存在于受众心中的东西,以受众心智为出发点,即以消费者为导向,寻求一种独特的定位。这不像传统的逻辑那样从产品中寻找,而是从消费者的角度寻找,更具体而言是从消费者的意向性心智中寻找。

②意向性心智与品牌定位

意向性是心智指向事物本身的能力。像思维、信念、愿望、希望(或其他)等心智状态在它们总是关于或指向某物的意义上显示意向性:如果你希望、相信或渴望,你就必定希望、相信或渴望某物。希望、相信、渴望和任何其他指向某物的心智状态是被作为意向性状态而为人所知的。"意向性"并不是"意向",它包含了意向,但绝不仅仅是意向。意向性是一类心理状态、心理现象的抽象表达,并且只有当心智指向、关涉或表征事物的时候,心智才处于意向性状态之中,这就是说并不是所有的心智现象都具有意向性特征。品牌定位的核心是对消费者意向性心智的研究,应带给消费者情感利益和心理满足。缺乏对消费者意向性心智的研究会抓不住品牌定位和消费者意向性心智的契合点,品牌定位就不会打破消费者原有认知结构的保守性、顽固性或是消费者心中已有的有序网络。

③基于消费者意向性心智的品牌定位步骤

确定什么样的品牌定位迎合消费者心理,使消费者产生意向性;什么样的品牌定位能够有效地作用于消费者的认知,并和消费者形成一种互动,是品牌定位者进行品牌定位的首要环节。品牌定位者应就品牌定位的核心理念和消费者进行对话,充分考虑扮演隐性决定者角色的消费者对品牌定位的认知情况,并且综合企业新产品的特点和优势,寻找消费者心理需求中尚未被其他品牌满足的市场空隙,根据产品自身的优势选定一个适合的空隙市场,满足目标消费群体的心理需求,使消费者产生意向性。品牌定位者在和消费者进行充分的对话和互动的过程中应着重做好以下两点:

第一,做好品牌定位前的准备工作。品牌定位者应充分了解消费者对品牌定位的心理认知过程,并据此制定初步的品牌定位,这样才能更好地和消费者进行对话。品牌定位最重要的就是在消费者对品牌定位进行认知的阶段,如何让品牌定位的理念从消费者认知的形成阶段到认知的发展阶段都能有一个连续的、良好的贯穿。在认知的形成阶段(包括感觉和知觉),品牌定位必须要有良好的感受性(感觉器官对刺激物的主观感受能力,它是消费者对产品、广告、价格等有无感觉以及感觉强弱的重要标志)。在认知的发展阶段(即注意、记忆、联想、思维和想象),先前被感知的定位会被消费者有选择地注意和记忆,致使消费者产生联想、思维和想象,并与其他品牌相比较,若能满足消费者心理需要,消费者就会对此品牌产生偏好进而购买。而认知发展阶段的连贯过程又是由消费者的选择性注意引起的,这就要求品牌定位能够引起消费者的注意力。要获得消费者的注意力,把品牌定位植入消费者心中,企业品牌定位的信息必须集中而简单,使品牌定位信息的传播有很强的针对性,这样才能让特定的信息进入特定消费者的大脑。

第二,找寻品牌定位的市场空隙。在对话过程中,品牌定位者应明确品牌定位在消费者心中的心理位序,并将消费者对品牌定位的认知和最初品牌定位的核心理念相比较,找出一致和不同,以对最初的品牌定位进行再定位。若消费者对品牌定位的认知不处于"空隙",则品牌定位者应当在充分考虑消费者对之前品牌定位认知结果的基础之上,结合各个因素对产品及消费者做进一步的分析,找出品牌定位的"空隙"。一是了解消费者如何看待品牌的价值诉求。品牌定位者应在关注消费者价值诉求的基础上进行品牌定位,把消费者看待品牌价值诉求的实际状况和企业所希望的诉求与定位进行比较,实现品牌诉求点向消费者的意向性心智和消费特征的转变。二是对影响购买决策的各种因素进行评价,从中找出哪些是本品牌最大的竞争优势,同时对目标消费者也是非常重要的因素,如果能把这些因素有效地传达给目标消费者(实际上就是告诉消费者他们真正需要什么),那么品牌定位就很有可能会获得成功。

综上所述,品牌定位不是企业单方面的行为,除了考虑产品的自身因素,还要让消费者参与品牌定位,即保持与消费者的互动。品牌定位者应当深入研究每一种可能的互动关系,在对话中综合运用这些互动关系,找到品牌定位的核心理念和消费者意向性心智的契合点,并在充分了解消费者对品牌定位认知的情况下,同时结合产品的特点和优势,进行能够打破消费者原有的品牌心理位序、重塑消费者原有认知的品牌定位。

(4)营销定位

营销定位是企业进行营销的关键,是企业能够生存的关键,准确的营销定位对于企业做大做强具有至关重要的作用。营销定位是一个过程,包括选择目标市场的过程、产品定位的过程和进行营销定位的过程。其中,目标市场的选择过程为:确定细分市场的标准,对整体市场进行细分,对细分后的市场进行评估,最终确定所选择的目标市场,进而对目标市场进行细分找出差异化的定位点,最后利用营销组合来固化或突出这一定位点。在这一过程中,必须把握这样一个基本态势:假如不存在产品差异化的定位点,那么就需要找到营销差异化的定位点。

企业定位专栏之五:

华为的"狼性文化"

图片来源:www.huawei.com

一、公司概况

华为技术有限公司(以下简称"华为")是一家生产销售通信设备的民营通信科技公司,于1987年正式注册成立,总部位于中国深圳市龙岗区坂田华为基地。华为是全球领先的信息与通信技术(ICT)解决方案供应商,专注于ICT领域,坚持稳健经营、持续创新、开放合作,在电信运营商、企业、终端和云计算等领域构筑了端到端的解决方案优势,为运营商客户、企业客户和消费者提供有竞争力的ICT解决方案、产品和服务,并致力于使能未来信息社会、构建更美好的全连接世界。2013年，华为首超全球第一大电信设备商爱立信，排名《财富》世界500强第315位。截至2016年底，华为有17万多名员工，其产品和解决方案已经应用于全球170多个国家，服务全球运营商50强中的45家及全球1/3的人口。2016年8月，全国工商联发布"2016中国民营企业500强"榜单，华为以3950.09亿元的年营业收入成为500强榜首。同年8月，华为在"2016中国企业500强"中排名第27位。

二、独特的企业文化——"狼性文化"

华为是中国企业狼性文化的"始作俑者"，其总裁任正非说："企业发展就是要培养一批狼。狼有三大特征：敏锐的嗅觉，善抓机会；不屈不挠、奋不顾身的进攻精神；群体奋斗的意识。"华为从创办至今，一直都是像狼一样思考、像狼一样行动，"狼性"已渗透到公司的管理理念中。"狼性文化"是华为快速成长、打败国内外竞争对手之谜的答案。

华为的"狼性文化"主要体现在：第一，面对外部竞争，一般是利用凶狠的价格战，这正是华为"狼性"的特性表现。比如，面对国内中兴通讯公司的竞争，华为往往利用优势产品的利润补贴其他劣势产品，与竞争对手大打价格战，不惜一切手段排挤对手、抢占市场；而面对国际巨头如爱立信，华为往往利用国内廉价的劳动力成本，首先取得价格优势，在保障产品同等质量的前提下，赢得消费者的青睐，从而抢占国际市场。第二，在内部管理方面，"床垫文化""加班文化"是华为"狼性文化"的生动体现。在华为，表现"狼性"最为鲜活的一面就是销售策略和研发策略。华为的销售策略是，以狼群一样的整体力量向外主动出击，为实现目标不惜一切代价，采用各种手段抢占市场。华为的研发策略是研发人员面对困难、面对技术创新，不屈不挠、奋勇拼搏，使产品和技术总能在市场上保持领先地位，这是科技产品抢占市场的利器，所有这些都充分体现了研发人员的"狼性"精神。"狼性文化"是华为最具特色的企业文化，公司和任正非居安思危的思考方式，堪称中国企业和企业家的典范。华为的"危机文化"，让华为人能够防患于未然，时刻保持清醒的头脑，在危机中寻找生存的机会，在可能出现的恶劣环境中寻求发展。此外，还有华为对主打产业——电信网络供应商的持之以恒，以及"狼群战术"等等。可以说，正是华为施行的"狼性文化"才带领着华为走向今天的辉煌。

（资料来源：作者根据多方资料整理而成）

4.2.3 企业定位选择的原则

(1)客户群的选择，要解决的是"我希望对哪些客户提供服务？"其中内容包括：我能够为哪些客户提供价值？哪些客户可以让我赚钱？我希望放弃哪些客户？

(2)价值的获取，即如何得到回报，要解决的是"我将如何获得盈利？"其中内容包括：如何为客户创造价值，从而获得其中的一部分作为我的利润？我采用什么盈利模式？

(3)战略控制，要解决的是"我将如何保护利润流？"其中内容包括：为什么我选择的客户要向我购买？我的价值判断与竞争对手有何不同？特点何在？哪些战略控制方式能够抵消客户或竞争对手的力量？

(4)业务范围,即公司从事的经营活动、提供的产品和服务,要解决的是"我将从事何种经营活动?"其中内容包括:我希望向客户提供何种产品、服务和解决方案? 我希望从事何种经营? 这种经营起到何种作用? 我打算将哪些业务进行分包、外购或者与其他公司协作生产?

4.2.4 确定企业定位

企业准确定位对企业有现实的、持久的指导意义,它涉及企业不同的运营活动,实质是选择一个以企业战略定位为中心的运营活动体系,从而在行业或整个经济系统中构成一种战略性互补或分工。企业定位前首先要做到以下几点:

(1)确定产业边界

产业边界是指企业提供的产品或服务所覆盖产业范畴的宽度,或者涉足产业链环节的跨度。确立产业边界一般有三大要点:第一,对产业的理解不能从企业自身专业或技术特性出发,而必须站在所服务的客户角度。第二,通吃整个产业链的比较少见,大产业中的一个领域或环节往往也能成就大企业,确认并掌控产业链的关键环节方为成功法宝。第三,产业边界是动态的。创业期、成长期的企业一定要高度专注,跻身行业第一阵营后,则必须重视打通产业链、整合资源,并及时拓宽产业边界或启动产业升级。

(2)把握商业形态

商业形态是指企业在相关产业中的组织类型和在产业链上的存在形态。商业形态一般包括加工商、制造商、提供商、运营商、零售商和分销商等。需要指出的是,商业形态与商业模式有着本质不同。后者是指企业在满足客户利益最大化基础上的盈利模式,其必要基础正是商业形态。

(3)分析自身竞争地位

竞争地位是指企业在所处行业中的相对地位或位置,一般可分为控制(制定规则)、主导(决定价格)、领先(引领趋势)、优势(左右格局)、维持(影响竞争烈度)和挣扎(构成产业生态)等六大类。处于优势、维持等跟随地位的企业,低成本、聚焦几乎是必选的竞争策略。对处于领先地位的企业而言,控制产业链关键环节、谋求战略联盟才是优势所在。

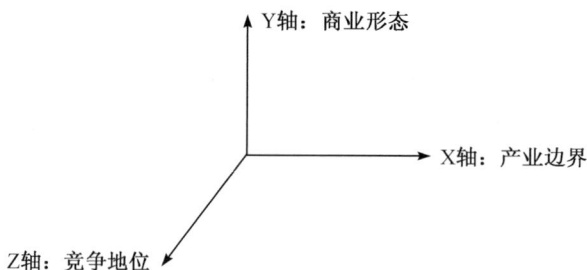

图 4-8　战略定位"三部曲"

总之,战略定位的"三部曲"就是确立产业边界、商业形态和竞争地位。其中,产业边界决定扩张路径与资源配置,商业形态决定盈利模式和组织平台,竞争地位决定竞争策略及盈利水平。

4.2.5 企业定位过程

本节将分别介绍企业在传统经济环境和共享经济、互联网经济环境下的定位过程。

(1)传统经济环境下,企业定位主要有三个步骤,即识别潜在的竞争优势、选择竞争优势和显示竞争优势。

①识别潜在的竞争优势

企业的竞争优势包括两个方面:成本优势和产品差别化优势。成本优势是企业能以比竞争者低廉的价格销售相同使用价值的能力。产品差别化优势也称为产品适销性优势,是企业能向市场提供的在质量、功能、品种规格、外观造型等方面比竞争者更能满足顾客需要的能力。

图 4-9 竞争优势式样图

②选择竞争优势

通过识别竞争优势这一步骤所发现的各种潜在优势,并非都有开发的价值,必须进行筛选。首先应剔除那些开发成本太高、属于得不偿失的潜在优势,或者与企业的宗旨、目标、形象不相称的潜在优势,然后在留下的少数几个有开发前途的优势中,做进一步的选择,从中选出最佳的竞争优势,选择时主要考虑重要性、所需投资、所获效益以及竞争者是否也可能进行该项改进等问题。

③显示竞争优势

选定的竞争优势并不会自动地在市场上显示出来,企业必须采取一系列精心设计的具体措施、一言一行的实际行动和相应的广告宣传,才能在顾客心目中保留与企业的市场定位相一致的形象。在显示竞争优势时应防止三种失误:第一,定位过低,即顾客对企业的竞争优势印象模糊,分辨不出该企业有什么与众不同之处;第二,定位过高,使一般顾客认为该企业只经营高档精品,是为高收入者服务的,自己并非该企业的服务对象;第三,定位混乱,即企业在顾客心目中的形象混乱不清,如有些顾客认为该企业的产品优质优价,有些顾客却认为质劣价高,有的认为服务良好,有的却认为服务很差,如此都不可能明确地显示企业的竞争优势。

(2)共享经济背景下的企业定位

共享经济作为互联网时代一种全新的经济形态,其本质上是一种整合闲置资源(物品或服务),使之以较低价格提供产品或服务,从而换取经济收益的方式。近几年,共享经济呈爆发增长态势,对消费者传统消费模式,企业传统经营理念、传统管理模式与业务流程、传统服务模式形成了冲击。因此,在新环境下,企业要及时准确定位以适应发展潮流。

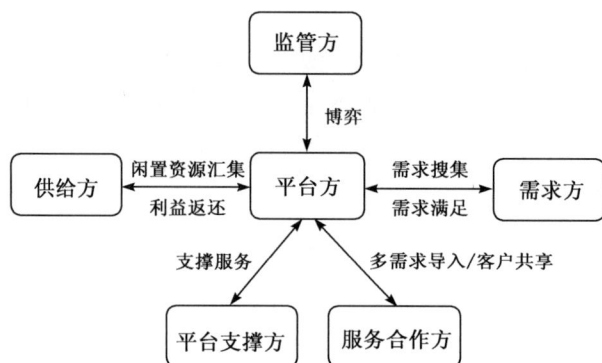

图 4-10 共享经济产业链

乌马尔·哈克在《新资本主义宣言》中指出,如果传统消费减少 10%,而共享消费增加 10%,那么传统企业的利润率将受到显著影响。因此,如果传统企业不能与时俱进,很可能会面临淘汰的局面。共享经济正在悄悄地改变人们的生活方式,网络技术、社交软件以及消费者不断变化的生活习惯都在促进这项革新。因此,在共享经济背景下,企业更需要重新定位,实现发展。

①找到共享经济连接点,构建共享经济模式。"互联网+"的本质,是重构一切资源,使供需双方以最低成本找到对方,最大限度地减少社会经济体的摩擦力,甚至使人与人、行业与行业之间,基于海量的数据分析,创造全新的连接点,利用几何级数释放出各种资源的最大效用。

②了解共享经济方式,提供共享场所。充分了解客户需求,根据客户所需转变营销模式。传统企业应对共享经济的另一种方法是承认并支持其客户转售产品,使用户转售掉旧物,为购买新的产品腾出空间,以此变相增加销售量。以宜家集团为例,2010 年在雅典推出了一个在线平台,允许客户出售自己使用的宜家物品。在瑞典,该公司制定了忠诚度计划,宜家家庭的成员能够免费发布和出售他们的商品。宜家推出的二手家具市场的再分配举措支持其环保精神,诱使顾客更加认可其产品。更重要的是,宜家提供了一个转售旧物的免费市场,从而使宜家用户为新的宜家产品腾出了空间,不仅没有降低销售量,反而刺激了新消费。

③学习共享经济模式,切掉中间环节。共享经济,去中介化是核心内容。只有面对面的交易才能做到真正的零成本,这也是传统企业一直要攻克的难关。例如,零售电商可以让直接相关的企业和消费者发生关系,减少层层代理所稀释的利润。零售电商要真正做到"砍掉所有中间环节"的"承诺",直接建立零售商与消费者的关系。

④掌握共享经济运作,灵活交叉结合。共享经济即企业经济活动通过数字化的方式连接到一起,信息与资源以最快的速度得到共享和利用,这是一种全新的决策、运营和管理模式。除了作为销售渠道,传统企业还可以利用共享经济企业作为新的服务资源,或者与其他企业合作共享平台。这样不仅仅可以增加服务人员、拓展服务范围,还能够给予企

业更多的灵活选择。

⑤看到共享经济弱点,增强信用安全服务。共享经济所依赖的核心是在"信用"的前提下完成的。排除了法律与政府的监管,如何相信一个陌生的个体经营者,也是共享经济平台面临的最大问题,所以传统行业要提升自身核心价值。传统企业应该明确自己的核心优势,进一步加强巩固自身长处,从而防御来自新进入者的威胁。

⑥赶超共享经济发展,创造新型业务。对于有些拥有强大品牌和庞大客户群的公司,它们具备足够的创新实力和风险对抗能力,那么这些企业就可以利用共享经济思维直接创建出新的业务。例如,汽车巨头戴姆勒集团利用其闲置库存的汽车,创建了与既有业务模式全然不同的共享租车服务 Car2go,并且获得了很大的成功。

4.3 生态圈

这是一个企业边界显著变化的时代。许多企业的规模发生了或正在发生着重大的变化。有的通过兼并、收购和合并,正在逐渐扩大规模,延展边界;有的则将部分业务剥离,而缩小规模,收缩边界。观察企业组织结构的变化,不难发现,在一些企业中,实体企业正在变小,而虚拟企业或者企业联合体在不断变大。这主要是由以下三个方面的情况发展而成的:模块化的生产方式导致模块化的组织结构、战略联盟的产生以及价值链的纵向非一体化。

无论是模块化的企业集群、战略联盟的出现还是价值链的纵向分解,其结果都是增加了交易环节,除非单位交易活动的交易费用不高或显著下降,否则可能出现交易的不经济。而建设行业生态圈是解决这一问题的主要途径。

4.3.1 建设生态圈

2003 年 8 月,蒙牛在中国乳业年会上首次提出"企业生态圈"理论。描述企业的存续状态,"价值链"稍显单薄,"价值星系"略嫌机械,借用"生态圈"的概念可以赋予它活的灵魂,还原它"混沌"的本性。未来的竞争,已经不是一个企业与另一个企业的竞争,而是一个生态圈与另一个生态圈的竞争。

企业定位专栏之六:
从产业链到生态圈,论鸿辉公司的业务升级之路

图片来源:www.hhgoat.com

一、公司概况

建水县鸿辉种养殖产业有限公司,简称鸿辉公司,总部位于云南省红河州建水县,2009 年由西南地区山羊养殖业领军人物普光辉创建,长期专注于山羊养殖,现有标准化养殖场 72 个,山羊 9 万余只。伴随着互联网和移动互联网在县乡镇的全面普及,伴随着"互联网+"理念的深入人心,鸿辉公司现已由单纯的山羊养殖转型为以蔬果种植和山羊饲养为基础、以山羊乳制品加工为核心、以线上直销为渠道的种、养、加、售一体

化的山羊全产业链经济。

二、构建生态圈

山羊养殖、乳制品生产、线上销售,分别对应着第一、第二和第三产业,以养殖业为起点、以线上直销为终点,把它们都连接起来。如果鸿辉公司的业务模式仅仅如此,那并没有什么新奇,因为严格说来,产业链经济是一种围绕核心企业的霸权体系,核心企业通过掌握整个产业链,形成进入壁垒,拥有垄断利润,是典型的卖方市场。而互联网时代,需要按需设计、按需生产,是围绕着客户,但这里的客户并不单纯是指制成品的最终购买者,而是一种去中心化的扁平结构,这里的运作方式是合作与共赢,与生物圈中每一个生物的生存成长都需要其他生物的价值贡献,从而建立起一种动态平衡系统一样。鸿辉公司要建立的模式可以被定义为商业生态圈,在这里面,没有重要或次要的元素,每一个参与的元素都是重要的,他们共同建立一个价值平台,使这一系统能够创造价值,并从中分享利益,形成彼此间的联动性、共赢性和整体发展的持续性。在鸿辉公司线上联合养殖平台养羊啦(养殖端),来自全国各地的客户通过投入联合养殖资金、提交特色养殖需求,再参与到鸿辉公司的线下联合养殖活动中。作为参与线下联合养殖活动的回报,客户可以得到鸿辉公司售卖山羊的增值部分,也可以选择特色养殖,从养殖环节就会根据客户的需要对专属于客户的山羊制定相应的食谱,客户购买的由特色食谱喂养而成的山羊产奶后,鸿辉公司的乳制品厂会对生鲜乳进行加工,再将加工好的液态奶和奶粉通过养羊啦生活平台(销售端)卖给该平台用户,是典型的C2B定制服务。鸿辉公司的生态圈需要线上与线下联动,线上就是养羊啦和养羊啦生活,线下就是养殖场和乳制品加工厂。客户、养殖场、乳制品加工厂、养羊啦、养羊啦生活,每一个要素就代表着一个节点,这种商业生态圈等于P2P(点对点)+O2O,最能证明这种模式的就是养羊啦平台的众筹买羊活动。

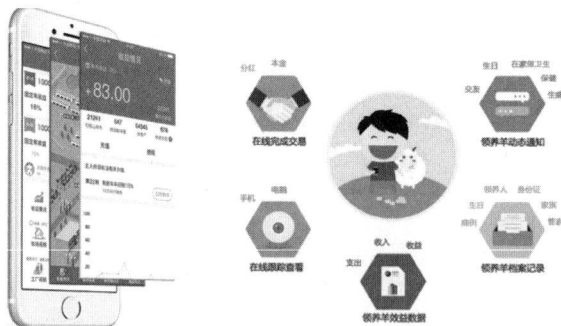

图 4-11　养羊啦 APP 页面内容

生态圈是一种文化,是一种沉淀,是一种比产业链更高级的模式,是一个文化系统,生态圈建立在产业链之上。从专攻养殖业到布局产业链,对于鸿辉公司来说是一次业务拓展;从布局产业链到打造商业生态圈,对于鸿辉公司来说则意味着整个商业模式的升级,在这一过程中,鸿辉公司的品牌价值会通过深刻而独特的文化内涵及新颖的游戏规则得以体现。

(资料来源:作者根据多方资料整理而成)

4.3.2 生态圈管理

本节主要讲述生态圈的特性;生态圈三层次及其对应的管理措施;大数据时代下,电子商务生态圈如何构成;传统企业在生态圈中如何正确定位。

(1)生态圈的三个特性

①异质性

生态学中有一种"生物多样性导致生态系统功能优化"的学说。同样,一个健康的商业生态圈也需要有异质性的参与者。异质性不是盲目增加不同类型的合作伙伴,而是有目的地完善和丰富生态系统的功能。早期的 Windows-Intel 联盟分别专注于操作系统和芯片的研发,吸引了众多硬件、软件和渠道商等异质性伙伴的参与;淘宝网在早期引入实时通信工具和支付功能,之后又在物流、广告联盟、运费保险和金融服务等异质性领域不断进行合作,使生态圈功能日趋完善。丰富的功能相互辉映,就形成一个"共生"的系统。

②嵌入性

嵌入度可以理解为一种事物内生或根植于其他事物的现象,是事物间的联系和催生信任的结构。在商业生态圈中,较高的嵌入度意味着成员之间紧密的联动关系:高频率的互动、高水平的投入以及高度的忠诚。生态圈参与者的意义不在于"存在与否",而是建立起彼此嵌入的关系。小米强调的"参与感",阿里尝试的电商"社交化",都是在加强生态圈要素间的互赖性,以提高嵌入度。而这也就是生态圈"互生"的基础。

③互惠性

互惠机制保证的是生态圈的平衡与稳定性。企业不仅仅参与创造价值的过程,也应该有合理的价值分配机制,在理想状况下达到多方共赢的结果。亚马逊创造的价值分配规则是:一边补贴出版商,一边以 9.99 美元的低价向消费者提供电子书。这样,出版商获得了与出售印刷版图书同样的收入;消费者以更低的价格获得了图书内容;亚马逊虽然短期内牺牲了利润,但是从长期来看成了电子书革命的领导者。这是一个多赢的局面。

(2)生态圈三层次的管理

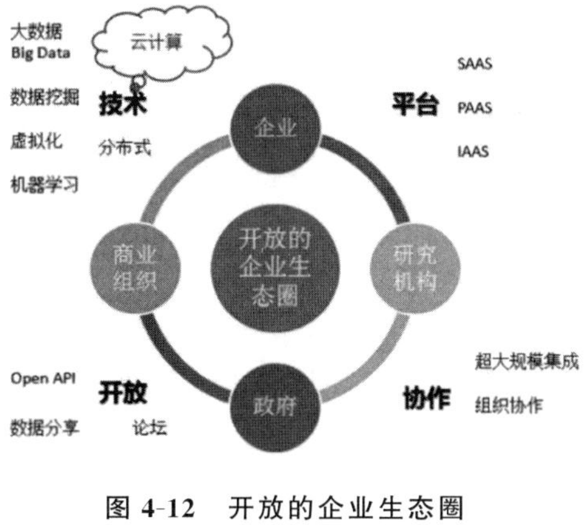

图 4-12 开放的企业生态圈

生态圈作为商业关系构建上的一次革命,能够实现共生、互生和重生三个层次的作用。共生和互生描述系统内成员间的关系,不但能够通过各成员的不断投入共同创造价值,而且能够通过生态圈内的价值分享保持系统的健康发展。而重生则能够推动生态圈的不断进化,适应不断变化的竞争环境需求。

①共生层次的管理

商业生态圈的第一个层次是共生:各成员分工协作,为共同的目标有机地联合成一个整体,协同为用户创造价值,实现生态圈的整体价值最大化。共生的核心,是创造一个价值平台,这个平台可供生态圈中各商业伙伴共同利用和分享,从而使价值创造活动得以系统化地组织。

在共生这一环节中,参与者可以将精力集中在某一个市场中,而利用平台其他合作伙伴的力量解决其他方面的问题,从而大大提升了经营绩效。这一环节的核心在于建立和维护价值平台,参与者可以通过实物资本、智力资本或金融资本建立一个平台。通过这样一个平台,各成员可以共同投入,使复杂的价值创造活动简化,以提高生产率,并提供更多可能的价值创造点。

②互生层次的管理

在共生之上,生态圈成员还呈现一种相互依赖关系,每个成员的利益都与其他成员以及生态圈整体的健康发展相联系。成员所创造的价值会在整个生态圈中进行分享。如果缺乏这种分享,生态圈的健康水平就会受到威胁,成员可能会出现衰退或转向其他生态圈。这一环节的核心在于系统中分享价值的成本必须足够低,生态圈必须建立一种可低成本分享价值的管理结构。

在整个生态圈中,每个关键业务领域都必须是健康的,任何一个环节的脆弱都可能损害整体的绩效水平。因此,成员的眼光必须从企业内部转向企业外部,避免企业获取的利益超过生态圈所能够创造的利益,从而导致生态圈的崩溃。

③再生层次的管理

任何产业都有其发展边界,当外部环境变化或产业进入成熟期之后,可能会发生整个产业的衰退。再生是指通过重新关注最适合的市场和微观经济环境的产业区域,将一些资源转移到新的生态圈,建立更好的合作框架和更健全的经济秩序,从而成功地穿越未来更宽广的市场范围。

(3)大数据时代电子商务生态圈管理

电子商务生态圈是指以电子商务业务为核心,由各个支撑服务和衍生服务业务所构成的动态有机结构系统。在大数据时代,大数据成为影响企业边界和企业价值的关键因素。大数据时代,电子商务生态圈管理需注重以下四个方面:

第一,注重社会媒体和用户创意。社会化的电子商务生态圈成为新的趋势。社会媒体和用户成为大数据的重要来源,成为企业构建竞争优势的重要途径。社会化的电子商务是一种新兴的商业模式,将关注、分享和讨论等社会化元素融入电子商务中。

第二,注重外部利益相关者,注重与他们的合作。大数据时代,共创成为重要的商业模式,企业通过与其他供应商、客户或政府等的合作,实现价值增值。生态圈可以分为两个:一个是各个子公司之间形成的相互依靠和支撑的生态系统;另一个是与外部广泛的第三方形成的共融生态圈。如阿里集团的"三个代表"由"客户、员工、股东"变成了"客户、合作伙伴、员工、股东",足见其对外部利益相关者的重视程度。

第三,注重与大数据相关的业务模块的建设,包括对大数据的收集、整理以及利用大数据进行大数据产业链外的扩展。电子商务生态圈其实是大数据生态圈的一部分,把电子商务生态圈业务数据化,进行大数据产业链的业务扩张,就能构成基于电子商务生态圈的大数据生态圈。

第四,注重生态圈的安全建设,这不仅要注重企业信息数据的安全,也要注重消费者个人隐私保护。对企业而言,保证订单和客户数据的安全性,以及企业资金流动的安全性至关重要。与此同时,在大数据时代,消费者越来越注重个人隐私,企业在利用大数据的同时,也要区分公共数据和隐私数据。

(4)传统企业在生态圈中如何正确定位

①生态圈选择

各种成本压力让不少传统企业举步维艰,以电商为代表的互联网冲击再度夹击。传统企业将何去何从?当下互联网经济风生水起,但并不意味着要去跟风抛弃传统产业,因为企业一定是在熟悉的领域才更容易成功。对于大多数传统企业来说,仍然需要坚守实业,只是在坚守的同时要更加关注新经济的动向。互联网冲击来了,对这样的新事物不能"看不见、看不起、看不懂,最后来不及"。未来企业有两种选择,但都离不开生态圈。一种是有实力的企业打造一个生态圈,并在其中当"盟主";另一种是选择有生命力的生态圈,并在其中找到自己的定位。

②引入互联网思维

为将互联网思维融入实业中,要求企业骨干转换观念,并主导在组织架构中引入互联网思维,将资源平台化、经营平台化,激活员工的积极性、创造力。对于互联网时代成长起来的年轻员工,不能再按以往的方式去要求他们。和过去的老员工相比,他们更任性,不喜欢听命于某种指令,物质奖惩效果不再。这样的员工,会投入到捣鼓自己的爱好中,实现他们的自我价值。既然如此,何不让企业成为一个激发他们活力的大平台?在某种意义上,此时的员工不再是雇员,而是成了合伙人。

③消除信息不对称

当下互联网对传统产业的冲击中,消费体验类的冲击最大,比如电商对线下实体企业的冲击,BAT的崛起就已说明了这一点。互联网无法拒绝,要主动拥抱。互联网经济的本质是消除信息不对称,因而人们可以在线上以尽可能低的价格找到所需要的商品。而传统经济曾经利用信息不对称,造就自身比较优势。在产业互联网时代,传统经济的这种优势不再,而要研究信息完全对称后如何找到盈利模式。

④走"批量化+个性化"道路

在后工业化时代,大规模、标准化生产已过时,互联网时代让个性化定制成为当下主流。在这样的工业4.0时代,需要将大批量生产与个性化定制相结合。过去以为这两者不相融,其实不然。新技术的进步正在改变这两者的关系,譬如制造行业的刚性生产线现在正慢慢被柔性生产线所代替,即按客户需要定制。总体来看,两化融合、生产过程追踪、用大数据预测订单、3D打印、工业机器人等都带来了创新条件。在产业互联网时代,要大量运用这些技术条件,从而适应后工业化时代,适应智能生产的需要。

企业定位专栏之七：

一亩田联手京东发展农业电商

图片来源：www.ymt.com

一、公司概况

一亩田成立于 2011 年，是国内领先的农产品诚信交易平台，拥有国内最全面的农产品交易大数据，主要产品包括一亩田网站、一亩田手机 APP、三位一体的网店（PC端、移动端、WAP）以及与百度合作的一亩田直达号，服务对象是全国农产品生产、流通、批发、经销的从业者，帮助买卖双方完成农产品产销对接。一亩田是目前国内最大的农产品诚信交易平台，主要为农产品经营双方提供全面的信息服务（供求信息、价格行情、匹配撮合）、流程服务（交易双方在线管理自己的业务流程和商务关系），以及基于大数据的衍生金融等增值服务。目前，一亩田涉及农产品品种近 1.2 万种，产品来源达 1972 个县，线下服务可达 910 个县域。

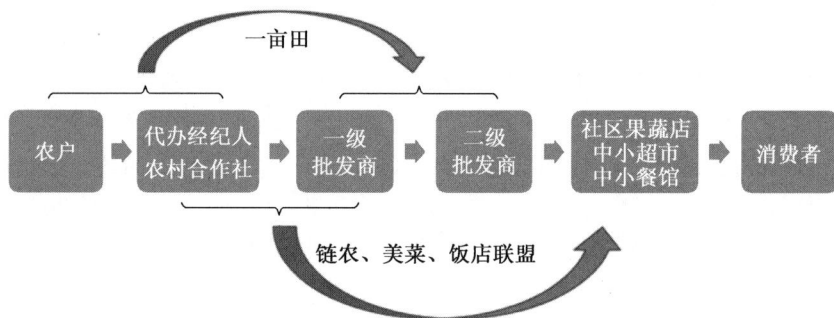

图 4-13　一亩田商业模式

二、联手京东，发力农业电商

2016 年 9 月 1 日，一亩田与京东集团签署战略合作协议。双方将围绕拓宽农资销售、农业金融、线下服务等多方面展开深度合作。

作为中国领先的自营电商企业，京东主动发力农业电商。2015 年京东农资频道上线，在线销售农药、农具、化肥等农资产品。据了解，未来，京东将打通农资行业信息流，整合农资行业各个环节，从农资源头——种子开始，逐步拓展至农药、化肥、农机农具、农技服务、农村金融等领域的交易与服务。京东农资频道作为中国首个采取自营农资方式的综合电商平台，致力于为全国亿万农民朋友提供优质、正品保障的种子、农药、化肥、农具等农资产品电商服务。借助京东庞大的供应链优势，携手众多农资企业共同推进农业生产由传统粗放式向标准化、产业化的精细集约模式发展，助力中国农业电商市场的发展、前进。京东率先践行"互联网＋三农"和"互联网＋扶贫"工作，目前京东的农村电商生态中心和服务中心已在全国超过 1500 个县落地，包括电商、物流、全融在内的各项服务已覆盖全国超过42万个行政村。

一亩田是全国领先的农产品B2B垂直性移动电子商务平台,成立5年来,始终专注"农产品进城",推动以农产品为"交易标的"的电商发展;专注移动化,充分结合农产品买卖的用户场景,发展B2B业态,推动农产品的规模化交易。目前,一亩田用户规模已达到230万,是目前为止农产品电商中注册用户数量最多的电商平台。该平台涉及农产品1.2万种,产品来源涉及全国2100个县。一亩田专注于农产品上行,在形成有影响力的用户规模后,致力在推行农产品的市场交易标准、集中农产品流通环节服务、助推农业电商生态发展上产生更多的平台效应,从而为中国现代农业发展贡献一份力量。与京东的合作,无疑会加快这一进程。

一亩田此次与京东的战略合作,通过资源共享和优势互补,使双方在农业电商道路上获得彼此强有力的支撑,同时也将推进农业供给侧改革、改变农村面貌、实现产业精准扶贫、促进农民增收。合作双方将进一步开拓打通产地资源、拓展渠道与创新销售模式,进一步推进农村电商"上行"和"下行"的平衡发展,进一步促进"互联网+农业"的转型与升级,从而推动农村电商可持续发展生态圈的构建。新形势下,电商巨头和垂直电商的战略合作模式,也为推动现代化农业的发展提供了经验展示和智力支持。

(资料来源:作者根据多方资料整理而成)

4.4 客户体验

从传统商业模式转型到体验经济的商业模式,企业首先要了解以下三个体验经济的关键因素:

(1)向消费者开放价值创造过程。传统上,企业是价值的创造者,而消费者只是价值的接受者。而在体验经济中,消费者需要参与到价值链的各个环节,与企业共同创造价值。在宜家的展厅中,不同标准化家具的组合为消费者提供了接近实际生活的各种体验环境。而消费者可以根据自己的实际情况对设计进行调整。购买之后,消费者可以选择自己进行运输和组装。在这个例子中,宜家提供了标准化产品(家具)和体验空间(不同设计的隔间),而消费者实际承担了设计、生产(部分)和物流等工作。在宜家提供的不同设计方案之中进行自由组合,则是消费者创造属于自身的独特体验的过程。

(2)超越预期。消费者对于交易过程所能够得到的价值通常会有一个判断,而当从实际消费中得到的体验超过了期望值时,所形成的溢价就会带来喜悦,并提升重复体验的可能性。可以想象一下,顾客(患者)对于医院的医学影像中心的期望是什么。多数医院提供的服务无非是准确的诊疗、干净的环境、和善的医护人员。而佛罗里达医院的医学影像中心则将这一过程变得像去海滩玩耍一样轻松自在。走入中心,你会听见海浪拍击海滩的声音,闻见阵阵椰子清香。大堂的地面看上去就像海边的木板路。领完病号服后,病人走进一间间单独的海滨小屋去换衣服——一条冲浪短裤、一件上衣和一件浴袍。中心还为特别容易紧张的孩子专门开辟了一个区域,在那里,一只芭迪熊向孩子解说做影像的过程。而巨大的影像设备的外形则被改装成一个大沙滩城堡。诊治过程中,你不过是在"海滩"上休息,耳边是起伏的海浪声,空气中弥漫着大海的味道。这种服务不但缩短了过去30～40分钟的安抚时间,提高了效率,而且大大提升了病人的满意度和医院的收益。

(3)延伸价值链。在传统经济中,企业的价值创造过程随着交易完成,商品或服务转移给消费者而终止。但在体验经济中,交易完成可能意味着更多共同体验的开始。如在耐克公司的 Nike＋系列产品中,如果价值创造过程以交易为终结,那么消费者只是得到了一双跑鞋。只有当消费者使用其内置传感器跟踪自己的运动行为,甚至是在论坛中与其他朋友就这些运动数据进行交流时,更多的价值才被创造出来。因此,在体验经济中,企业需要克服以交易完成为任务终结的看法,挖掘交易完成后价值创造的可能性,并为这种体验投入资源、创造环境。

4.4.1 用户成为主导者

运用互联网思维的企业,无不奉行用户至上、以客户为中心的理念,并切实落实到企业经营管理全过程中。它们想尽一切办法,利用新媒体与拉近与客户的距离,挖掘客户的潜在需求和消费行为特征,并且让用户参与产品的设计、商业模式的策划,用户真正成为企业运营管理的核心。在互联网时代,用户在供求关系中成为主导者。成功运用互联网思维的企业,无不是为客户提供超过客户期望的产品或服务,无不是为客户提供完美的体验,客户体验成为企业在市场中制胜的决定性因素。

企业定位专栏之八:

海底捞的客户关系管理

图片来源:www.haidilao.com

一、公司介绍

四川海底捞餐饮股份有限公司(以下简称"海底捞")成立于 1994 年 3 月 20 日,是一家以经营川味火锅为主、融汇各地火锅特色于一体的大型直营连锁企业。公司始终秉承"服务至上、顾客至上"的理念,以创新为核心,改变传统的标准化、单一化服务,提倡个性化的特色服务,致力于为顾客提供愉悦的用餐体验;在管理上,倡导"双手改变命运"的价值观,为员工创建公平公正的工作环境,实施人性化和亲情化的管理模式,提升员工价值。海底捞曾先后在四川、陕西、河南等省荣获"先进企业""消费者满意单位""名优火锅"等十几项称号和荣誉,并以创新的特色服务赢得了"五星级火锅店"的美名。2008 年至 2012 年连续 5 年荣获大众点评网"最受欢迎 10 佳火锅店",2008 年至 2015 年连续 8 年获"中国餐饮百强企业"荣誉称号。2011 年 5 月 27 日,"海底捞"商标荣获"中国驰名商标"称号。海底捞发展至今,已成为备受海内外瞩目的品牌企业。中央电视台二套《财富故事会》和《商道》曾两次对海底捞进行专题报道;湖南卫视、北京卫视、上海东方卫视、深圳卫视等电视媒体多次进行报道;美国、英国、日本、韩国、德国、西班牙等多国主流媒体亦有相关报道。20 多年来历经市场和顾客的检验,海底捞成功打造出信誉度高、颇具四川火锅特色、融会巴蜀餐饮文化、"蜀地蜀风"浓郁的优质火锅品牌。

二、优质的客户关系管理

(一)海底捞就餐前后的服务过程

用餐前,每一家海底捞门店都有专门的泊车服务生,主动代客泊车,车辆停放妥当后将钥匙交给客人,等到客人结账时立即提车到店门前,客人只需要在店前稍作等待。此外,还有免费的擦车服务。在任何一家海底捞门店的等候区都可以看到如下景象:大屏幕上不断打出最新的座位信息,几十位排号的顾客坐在那儿悠闲地吃着免费水果,喝着免费饮料,享受店内提供的免费上网、擦皮鞋和美甲服务。

点餐时,海底捞不像其他火锅店为了多挣钱尽可能让客人增加点菜量,如果客人点的量已经超过了可食用量,服务员会及时提醒客人。可想而知,这样善意的提醒会在客人的内心形成一道暖流。此外,服务员还会主动提醒客人,各式食材都可以点半份,这样同样的价钱就可以享受平常两倍的菜色。

就餐时,女服务员会为长发的女士扎起头发,并提供小发夹夹住前面的刘海,防止头发垂到食物里;戴眼镜的朋友可以得到擦镜布;放在桌上的手机会被小塑料袋装起来以防油腻;每隔15分钟,就会有服务员主动更换你面前的热毛巾;如果你带了小孩子,服务员还会帮你喂孩子吃饭,陪他在儿童天地做游戏,使你能轻松快乐地享受美食。

就餐后,服务员会马上送上口香糖,一路遇到的所有服务员都会向你微笑道别。

(二)客户忠诚度管理的几大举措

建立良好的服务顾客档案。海底捞的员工会记录自己招待的顾客的生日、顾客家庭人口数、他们孩子的生日以及他们的结婚纪念日和其他顾客信息等。接着,根据以上建立的顾客档案与顾客保持不断联络,让顾客记住自己,并与顾客成为朋友。他们的目的只有一个:让客户永远记住我们,当他们想吃火锅的时候,第一个想到的就是我们!而最高境界就是:让顾客习惯我们的服务!

呼叫中心成为焦点。海底捞区别于其他同类或者类似餐厅的是,它租用了自己的专属呼叫中心,并且很有特色。"火锅外卖"这种新鲜的服务被很多媒体关注,这种"特色服务"因极大地挑战了人们的想象力而迅速成为热点话题。海底捞是国内首家推出这种服务的,他们称之为"HI捞送"。有别于普通外卖的"HI捞送",消费者只需要拨打一个电话到海底捞的呼叫中心,将需求告知接线员,呼叫中心系统会快速地记录、存储、生成订单统一派发,菜品、炊具、餐具就会全部送到消费者家里,并且整个订单派发过程还能够实时跟单,帮助海底捞轻松实现了传统餐饮向电子商务的转型。应用于海底捞的呼叫中心系统,完全采用租用模式。对于需要随时增减座席、增加业务功能、前期不想占用太多资金在呼叫中心上的企业来说,租用型呼叫中心系统无疑是最好的选择,免去了软硬件的资金投入和维护的人员精力投入,企业可以把更多的资金和精力放在经营自身的业务上,让呼叫中心成为企业经营的助推器而不是负担。

聚客效应。海底捞的忠诚客户能够给企业带来聚客效应。自古以来,人气就是商家发达的生意经。一般来说,人们的从众心理都是非常强的,常常追捧那些最热门的企业和品牌,因此,是否已经拥有大量的客户将会成为人们聚焦的重要考虑因素之一。

比如,我们外出就餐或者购物的时候,经常发现排队的客人越多,越有人去排队,而那些空荡荡的地方本来就没什么人,那么就更不会引起顾客的兴趣,就越没人去了。也就是说,已经拥有较多客户的企业将更容易吸引新客户的进入,从而使企业的客户规模形成良性循环。逐渐被顾客熟知的海底捞,就是在众多顾客和媒体的追捧下成了更多消费者的选择。

海底捞的成功虽然包含了多方面的因素,但是注重客户体验、优质的客户关系管理无疑是必不可少的。

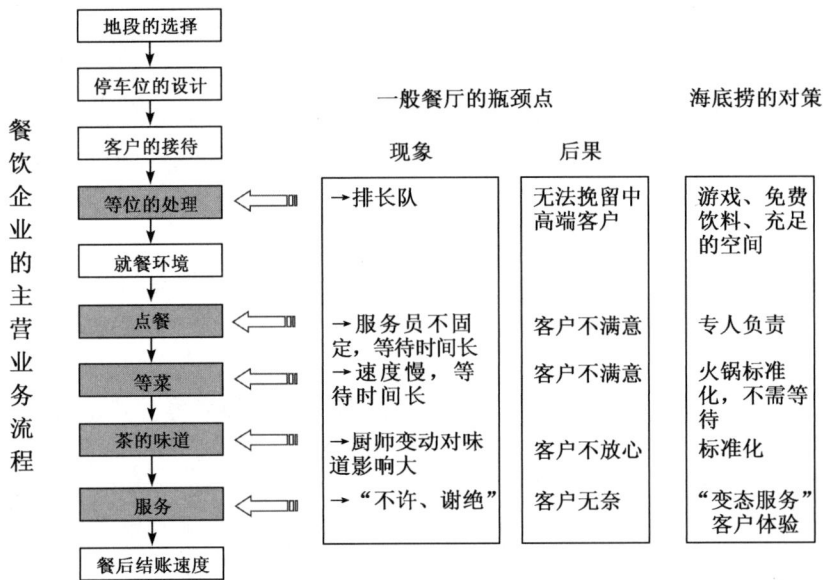

图 4-14 海底捞的"与众不同"

(资料来源:作者根据多方资料整理而成)

4.4.2 与客户零距离沟通

互联网使用户扭转了在以往购买行为中的信息不对称劣势,拥有了决定企业生死的大权,企业必须要赶得上用户点鼠标的速度。"与用户零距离"是互联网的本质所在,也是人单合一的终极愿景。如果说这个时代只有一种核心能力的话,那一定是与用户交互、让用户与用户交互的能力。企业必须加强与用户的联系,时刻关注用户的需求,从用户的角度设计产品。

4.4.3 客户认可

客户认可,一般可理解为客户对企业产品或提供的服务认可程度高。得到客户认可,是企业永远追求的目标。随着中国市场竞争的日趋白热化,企业间的较量已开始从基于产品的竞争转向基于客户资源的竞争,因此,获得客户认可的重要性不言而喻。

一般而言,客户认可的形成需经过客户满意、客户信任和客户忠诚三个阶段。当企业产品或提供的服务达到客户预期,满足客户要求,此时客户满意形成;经过若干次的交易后,企业注重与客户的沟通,并且客户满意不断持续,此时客户信任产生,并不断强化;最后,企业继续注重客户关系管理,依据客户需求进行产品的开发,并能够保证产品或服务质量,而客户对企业产品或服务表现出高度的依赖和认可,坚持长期购买和使用该企业产品或服务,并表现出在思想和情感上的高度信任和忠诚,随着双方合作深化,客户忠诚形成。

章 末 案 例

智云股份智能制造

图片来源:www.zhiyun-cn.com

一、公司介绍

智云公司成立于 1992 年 11 月 29 日,前身为大连智云机床辅助设备开发公司,1999 年更名为大连智云机床辅机有限公司,2008 年改股份制为大连智云自动化装备股份有限公司,2010 年 7 月 28 日在深交所创业板上市。经过 20 多年的发展,智云公司从小到大、从弱到强,现已成为拥有一个省级研发中心、三个大型制造基地、掌握五大类核心技术的省级高新技术企业,建立了以大连智云自动化装备股份有限公司为龙头,大连捷云自动化有限公司、大连戈尔清洁化工程技术有限公司为两翼的自动化装备产业集群。

二、公司的经营与运作

第一,经营业务。智云公司主要经营自动化制造工艺系统研发及系统集成;自动化装配生产线的设计、制造及销售;自动化装备的研发、设计、制造、技术咨询及技术服务;国内一般贸易、货物、技术进出口、代理进出口业务。智云公司是国内领先的成套自动化装备方案解决商,为客户提供自动化制造工艺系统研发及系统集成服务,现技术和产品覆盖国内 95% 以上的发动机厂商。过硬的质量和优质的服务使智云公司得到了客户的青睐和认可,其主导产品自动检测气密侧漏设备市场占有率全国第一,自动装配设备市场占有率全国第三。

第二,运作方式。智云公司掌握着自动化设计的自动在线检测、自动装配、清洗过滤、物流搬运、多工位专用加工等五大关键技术环节,拥有一支超过 120 人的研发和设计团队,拥有完全知识产权的核心技术 7 项、授权专利 52 项,是辽宁省省级企业技术中心。智云公司以人才为基础，以创新为动力，以技术为核心，以市场为依托，以质量为生命，拼搏进取、诚信务实，用卓越领先的技术，实现制造过程的智能化、绿色化，致力于成为国际一流的智能化装备系统方案解决商，有效扩大对我国高端零部件自动化装配线等智能装备的供应，充分满足市场需求，有利于推动相关行业的发展。

三、智能制造的转型

智云公司密切关注工业发展趋势，站在行业前沿，于 2008 年 5 月 6 日将大连智云机床辅机有限公司更名为大连智云自动化装备股份有限公司，吹响转型智能制造的冲锋号。随着智云股份在深圳证券交易所创业板成功上市，智云股份将高端智能装备的开发列为公司发展规划，重点发展高端自动化装配线。目前，公司拥有大规模的自动化成套生产线，为产品生产提供充实保障。这仅仅是智云向智能制造转型的良好开端，未来智云将更深入探索智能制造，抓住中国制造业转型升级和智能制造发展的良机，进一步加快公司的业务布局和技术研发，推进公司的快速发展。

智能制造的本质，是通过信息技术与制造技术深度融合实现自感知、自诊断、自优化、自决策、自执行的高度柔性生产方式。或者说，智能制造是从独立设备的机器智能到制造过程系统智能演进发展的生产方式，具有动态感知、实时分析、自主决策和精准执行四个典型特征。中国产业调研网发布的《2017 年中国智能制造装备市场现状调查与未来发展趋势报告》认为，作为我国高端装备制造领域重点发展的五大行业之一，智能制造装备产业是目前唯一未被国内资本市场所充分挖掘的"金矿"，其前景被一致看好。智能制造装备是具有感知、分析、推理、决策和控制功能的制造装备的统称，它是先进制造技术、信息技术和智能技术在装备产品上的集成和融合，体现了制造业的智能化、数字化和网络化的发展要求。智能制造装备的水平已成为当今衡量一个国家工业化水平的重要标志。

自 2009 年《装备制造业调整和振兴规划》出台以来，国家对智能装备制造业尤其是高端智能装备制造业研发和生产的政策支持力度不断加大。2015 年 5 月，国务院出台《中国制造 2025》，围绕创新驱动、智能转型、绿色发展等关键环节，提出了加快制造业转型升级、提质增效，实现由制造大国向制造强国转变的重大战略任务和重大政策举措。《中国制造 2025》将智能制造定位为中国制造业实现由大变强的主攻方向，及工业化与信息化深度融合的主攻方向。智能制造的这一战略定位，本质上与德国工业4.0、美国工业互联网、日本全球智能制造合作计划的定位是一致的。

未来，国家仍将不断对智能制造装备行业加大研发及生产的力度，行业规模仍将持续扩大。与此同时，为加快智能制造装备行业生产及研发的速度，国家也进一步加大了对行业的财政扶持力度。未来，随着相关财税融资政策的不断完善，智能装备制造业将有机会吸引更多的资金进入，包括航空航天、卫星、轨道交通等在内的智能装备制造行业，将会迎来新一轮的飞跃发展。作为高端装备制造业的重点发展方向和信息化与工业化深度融合的重要体现，大力培育和发展智能制造装备产业对于加快制造业转型升级，提升生产效率、技术水平和产品质量，降低能源资源消耗，实现制造过程的智能化和绿色化发展具有重要意义。智能制造装备的基础作用不仅体现在对海洋工程、高铁、大飞机、卫星等高端装备的支撑,也体现在对其他制造装备通过融入测量控制系统、自动化成套生产线、机器人等技术实现产业的提升。

四、结论与启示

从公司的智能制造可以得出,智云公司审时度势,主动出击,抓住工业制造行业转向智能制造的风向,实现企业良好运作,为企业的发展注入持久动力。

企业间的市场竞争变得愈发激烈,客户需要新的、高质量的产品,这就要求企业以更快的速度交付根据客户要求而定制的产品,此外还必须不断提高生产力水平。只有那些能以更少的能源和资源完成产品生产的企业,才能够应对不断增长的成本压力。而这些困难都是可以克服的,出路便是转型智能制造,它是未来工业制造行业的时代趋势,同时也是"工业4.0时代"与我国"智能制造2025"的共同特征。因此,制造企业转型智能制造必将得到国家政策的大力支持以及社会资金团体的密切关注,无疑对于企业的发展意义非凡。但是对于中小制造企业来说,智能制造固然重要,也不应只关注制造流程、制造能力,更要试着学会规划整体流程,要把信息作为企业重要的资产,同时在满足客户需求的一些方面提升相关能力。未来制造企业将不仅仅进行硬件的销售,而是通过提供售后服务和其他后续服务,来获取更多的附加价值,这就是软性制造。而带有"信息"功能的系统成为硬件产品新的核心,意味着个性化、批量定制将成为潮流。制造业的企业家们要在制造过程中尽可能多增加产品的附加价值,拓展更多、更丰富的服务,提出更好、更完善的解决方案,满足消费者的个性化需求,走"软性制造＋个性化定制"道路。

(资料来源:作者根据多方资料整理而成)

本章小结

在"互联网＋"和"工业4.0"时代背景下,信息高度共享、透明,企业之间的产品竞争、客户资源竞争愈演愈烈,知己知彼显得尤为重要,企业了解自身是制定发展战略的基础。

这就要求企业根据所处环境、管理人员素质、企业文化等因素,从企业特色入手,建立优良的企业形象和巩固企业的优势地位。首先要识别潜在的竞争优势,包括成本优势、产品差别化优势,而后选择竞争优势,最后显示出自身的优势,可采取一系列精心设计的具体措施,如广告宣传、公益活动等,在顾客心目中保留与企业的市场定位一致的形象,为企业在市场竞争中赢得优势与发展。

问题思考

1.影响企业定位的因素有哪些?

2.处于"互联网＋"时代背景下,传统制造行业如何转型智能制造?

3.如何对企业不同的发展阶段进行相应的定位?

5.创业团队

本 章 要 点

☆ 掌握成功创业者的个性特征、能力及商业智慧;

☆ 熟悉创业团队的定义、组建程序及原则;

☆ 了解创业精神的内涵、概念和构成要素;

☆ 熟悉创业团队的组建和管理过程;

☆ 了解创业团队的领导行为和创业企业激励。

开 章 案 例

汇川技术团队管理

图片来源:www.inovance.cn

一、公司介绍

深圳市汇川技术股份有限公司(以下简称"汇川")是由原深圳市汇川技术有限公司于 2008 年 6 月 6 日整体变更成立的股份公司,注册资本为 8100 万元。公司专注于工业自动化控制产品的研发、生产和销售,定位服务于中高端设备制造商,以拥有自主知识产权的工业自动化控制技术为基础,以快速为客户提供个性化的解决方案为主要经营模式,实现企业价值与客户价值共同成长。

经过 10 多年的发展,汇川已经从单一的变频器供应商发展成电气综合产品及解决方案供应商。公司主要产品包括:服务于智能装备和工业机器人领域的工业自动化产品,包括各种变频器、伺服系统、控制系统、工业视觉系统、传感器等核心部件及电气解决方案;服务于新能源汽车领域的动力总成核心部件,包括各种电机控制器、辅助动力系统等;服务于轨道交通领域的牵引与控制系统,包括牵引变流器、辅助变流器、高压箱、牵引电机和 TCMS 等;服务于设备后服务市场的工业互联网解决方案,包括智能硬件、信息化管理平台等。公司产品广泛应用于新能源汽车、电梯、空压机、机器人或机械手、3C 制造、锂电设备、起重、机床、金属制品、电线电缆、塑胶、印刷包装、纺织化纤、建材、冶金、煤矿、市政、轨道交通、光伏等行业。在工业自动化产品方面,公司已经成为国内最大的中低压变频器与伺服系统供应商;在电梯行业,公司已经成为行业领先的电梯一体化控制器供应商;在新能源汽车领域,公司已经成为我国新能源汽车电机控制器的领军企业。截至 2016 年 12 月 31 日,公司拥有已获证书的专利 630 项,其中发明专利 182 项,实用新型专利 367 项,外观专利 81 项。公司 2016 年新增发明专利 80 项,新增实用新型专利 51 项,新增外观专利 21 项。2016 年公司的销售收入达 36.6 亿元,归属于上市公司股东的净利润为 9.32 亿元。截至 2016 年 12 月 31 日,公司有员工 4522 人,其中专门从事研究开发的人员有 1290 人,占员工总数的 28.53%。

二、创业初心

2003 年,汇川创始人朱兴明及其团队发现中国变频器市场每年以超过 20% 的增速高速发展,而市场却被国外品牌独占。这一年,中国已被世界公认为制造业大国,制造业产值、产量、出口均大幅增长。也正是在这一年,美国高盛公司发表了一份题为"与 BRICS 一起梦想"的全球经济报告,将投资中国推向新的高潮。在这个背景下,朱兴明及其团队成立了今天的深圳市汇川技术股份有限公司。

为了更好地服务市场,汇川提出"应用为本、产品为相,需求为体、技术为用"的产品理念,将自动化理解为人机对话、控制、驱动(包含运动控制)与信息化,而不是停留在 HMI、PLC、变频器、伺服与网络通信的某个单一产品上。汇川寻找到属于自己的自动化"基因"。在解决方案方面,汇川站在机电(液)一体化的高度认知自动化,摒弃控制策略只能基于主控器的传统思路,将传统的基于控制器平台的功能移植至伺服系统,通过伺服子系统实现注塑机抓取机械手自动保护,既提高了系统响应速度,又解决了设备安全问题。在应用技术上,针对规模性行业、代表性企业,结合其生产工艺需求,形成"专机"。继电梯一体机之后,汇川的起重、注塑、拉丝机等一体化控制器、驱动器也已相继获得成功;而对于分散行业,汇川的标准产品也已集成行业,带有行业解决方案,大大降低了客户的二次开发成本。

在用户服务方面,汇川致力于提供的是客户的本质需求,汇川与客户之间形成关系价值。这种价值,形成于商业,但同时超越商业,上升为企业成长。

三、公司价值观

在公司文化方面,汇川认为资源是可以枯竭的,唯有文化才能生生不息。文化虽不可视,但客观存在。汇川从创立之初就确立了自己的企业文化。成就客户价值是汇川以客户为中心的文化核心内涵。汇川对企业文化的解读,分为三个层面:一为企业使命感。这种使命感首先是创业者的梦想和信仰,然后成为企业领导团队共同的认知,最终成为企业的使命。二为企业价值观。使命感可以少数人为载体,但价值观则是企业全体员工共同的道德标准,对内是一个群体的行为准则,对外则体现为企业的社会价值。以奋斗者为本是汇川文化的根本,而汇川对奋斗者的定义则是认真负责且管理有效的员工。三为制度文化。通过制度固化企业价值观,成为企业基本的行为规范。"所谓企业使命感,就是回答企业为什么存在。汇川的使命就是帮助中国制造业实现由大变强。"创业可以靠激情,过程则需要坚持。十年,可以发生很多事,经营困境、收购邀约、上市后巨大的财富诱惑,但汇川一直走在坚持梦想的道路上,未敢动摇。

四、打造三驾马车

第一,打造团队凝聚力。任何企业的发展壮大都离不开优秀的团队。优秀的团队文化最核心的是领导人文化,领导哲学一定要符合现代企业管理方式。十几年来,汇川的团队一直"站在一起"。

第二,找准企业的驱动力。"我们是一个什么样的公司?我们应该给客户提供什么样的服务?"也就是:定义好客户、定义好产品、定义好自己。企业发展的第一阶段通常是技术驱动型,很多企业也一直徘徊在这一阶段:我有这个技术,我就做这个产品,卖给我的客户,至于客户需不需要这个东西,我不是很清楚。还有一部分同行已经转入到市场驱动型,但一转入市场驱动就忘记了技术驱动,只看主线忽略了其他的推动因素。优秀的企业,应当做到互相兼顾。大体而言,在工控行业规模一亿以下的企业多为技术驱动型,2亿~5亿左右是以市场驱动为主、技术驱动为辅。朱兴明认为,要突破5亿、10亿规模,就必须要战略驱动。

第三,掌握企业发展和行业秩序的平衡。"行业领头羊决定了行业的秩序,如果我们过于追求成长速度,而破坏了行业的秩序,其实未来损失最大的还是领头羊。"朱兴明承诺,汇川一定会重视行业规则规范,合理地在客户、供应商及企业本身之间进行利益平衡,形成合理的产业利润分配。维护行业秩序,是行业领先企业的职责所在,也是令行业得以健康发展的根本。

一家优秀企业的基本标志是经营管理模式要符合、超越甚至牵引市场和行业的发展。在进口品牌占据中高端市场而国产品牌充斥中低端市场的大环境下,汇川不但在业务结构、盈利模式和利润规模上实现了良性高速发展,更形成了一整套成熟的管理、经营体系。朱兴明认为,今天的汇川做到了一家优秀的企业,而10年后,他们要成长为一家杰出的企业。

(资料来源:作者根据多方资料整理而成)

5.1 创业者

创业的道路布满荆棘,创业者是创业过程的灵魂人物。什么是创业者,创业者具备什么特征和能力,创业者与职业经理人有什么异同点,对这些问题的解答能够对创业者进行初步的评判和提供创业能力的培养路径,有利于提高创业者创业成功的概率。

5.1.1 创业者的特征

1.创业者的概念

早在 1755 年,法国经济学家理查德·坎蒂隆就认为创业者的本质特征是"承担风险",是敢于冒险开创一项新事业并勇于承担责任的人。美国学者约瑟夫·熊彼特在1943 年指出,创业者是创新者、经济变革者和发展的行动者,他在市场中通过提供新组合来改变现状。近年来,人们认为创业者的作用是整合性的,创业者是识别机会、整合必要资源、创立公司并最终对组织绩效负责和享受利益回报的个人或团队。创业者是拥有一定的特质并利用它们进行公司创建和运营的任何人。

2.创业者的特质

创业对就业问题的解决有着倍数效应,一个人创业可以提供三个就业岗位。但同时创业成功的概率并不高,仅有 18% 的创业者表示自己创立的公司"状况不错,前景看好",创业企业关闭率也是居高不下,成功的创业只占总数的小部分。

创业者的素质是影响创业成功的重要条件,一般来说,成功创业者需要具备的条件包括个性特征、个人能力以及商业智慧。其中个性特征是创业成功的内驱力,而个人能力和商业智慧是创业成功的外延保障,三者缺一不可,互相影响,如图 5-1 所示。

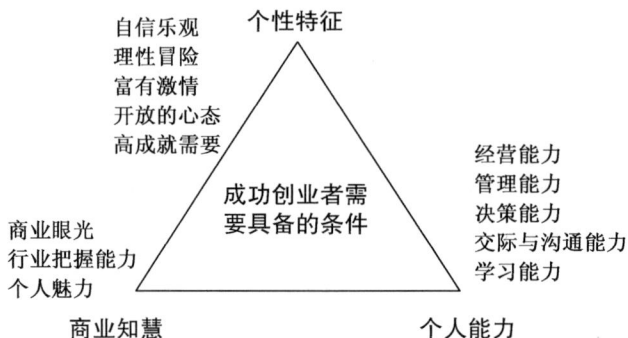

图 5-1 成功创业者需要具备的条件

(1)个性特征

个性特征是个体所具备的某种或某些特定潜在的素质,这些素质与个体的知识和能力无关,但却是深层次的、持久性的,是决定个体能否在特定的领域取得突出成绩的关键特点。成功的创业者需要具备的个性特征包括:

第一,自信乐观。创业活动最大的特点就是存在较大的不确定性,创业者走的是其他人不敢走或者没有走过的路,只有自信才能顶住压力,坚持自己的目标,最终取得创业的成功。他们不相信会有外界事物能够阻碍他们追求并获得事业的成功,他们充满自信,相信自己的经验和能力,相信自己的所作所为可以改变一切,确信自己能够把握命运。自信与乐观使他们在困难面前发挥主观能动性,激发潜能,争取事业的转机。即使创业失败,他们也能乐观地将失败看成一次考验与历练,在失败中慢慢成熟,靠自己的毅力成就一番事业,只要精神还在,完全可以再爬起来。失败是成功之母,成功是失败之父。

第二,理性冒险。理性与冒险看似是一对矛盾的组合,但对于创业者来说,它们并不冲突。冒险不等同于冒进,而需要理性地分析冒险的成本与收益,做到心中有数、在能力范围内进行冒险,而不是一味地激进。创业者在创业前都需要进行细致的市场调查与分析,做出周密的商业计划。伟大的创业者与平庸的创业者之间的差别就在于捕捉机会和规避风险的能力。创业者不是要万无一失地去做事情,而是要尽量地规避风险获得高回报。

第三,富有激情。满腔热情,能够将不可能变为可能。它是创业者坚忍不拔、永远充满勇气的动力源泉。它能使人在逆境中依然保持高昂的战斗力、在面对困难的时候不轻言放弃、在穷途末路时突发灵感、在短暂的失败面前依然感觉到乐趣与价值的存在、在繁重的工作中依然保持充沛的精力。激情源于强烈的个人兴趣,当人做自己喜欢做的事时,激情就会出现。对于创业者来说,做自己热爱的事业肯定更有干劲。如果一个人觉得自己的工作没有意义、不值得去做,往往会保持冷嘲热讽、敷衍了事的态度。这不仅使得成功的概率很小,而且就算成功,他也不会觉得有多大的成就感。

第四,开放的心态。著名管理学家罗宾斯在人格五大模型中将经验的开放性描述成个体在新奇方面的兴趣和热衷程度的一个维度。开放性非常高的人富有创造性、凡事好奇、具有艺术的敏感性;处于开放性维度另一个极端的人很保守,对熟悉的事物感到舒适和满足。开放性程度高代表较容易接受新鲜事物,存在强烈的满足内在需求的欲望,具有创新动力。创业者的创新活动源于其内在的强烈希望得到满足的需要,这会驱使创业者探索未知领域,促进创新的实现。拥有开放心态的人能够更好地处理组织变革,更容易适应变化的环境,因而也更容易在创业中取得成功。

第五,高成就需要。成就需要是指争取成功、追求优越感,希望做得最好的需要。这在马斯洛需求理论中是居于最高层次的需求——自我实现的需求,也即体现自我价值的需求。高成就需要者通常会为自己设定有挑战性的目标,然后通过自身的努力去实现,并希望在短时间内得到结果反馈以证明自己的成功。他们渴望将事情做得更为完美,提高工作效率,获得更大的成功。他们追求的是在争取成功的过程中克服困难、解决难题、努力奋斗的乐趣,以及成功之后的个人的成就感,并不看重成功所带来的物质奖励。

(2)个人能力

具备以上个性特征的创业者仅仅具备了一定的内驱力,个人能力和商业智慧作为外延保障可以有效促进创业的成功实现。创业者在创业过程中需要具备经营、管理、决策、交际沟通、学习、组建与管理团队的能力。

第一,经营能力。经营是对外的,强调从企业外部获取资源和建立影响,追求的是效益,是扩张性的,关键要积极进取、抓住机会。经营活动是将创业计划变成现实的手段,创业的成功在于把创新思路及计划付诸实践,最后转化为现实,经营能力是创业者实现创业梦想的手段。经营能力包括市场调查能力、市场分析能力等。

第二,管理能力。管理是对内的,强调对内部资源的整合和建立秩序,追求的是效率,是收敛性的,关键要谨慎稳妥、评估和控制风险。管理能力主要包括战略管理能力、营销管理能力、财务管理能力和资源整合能力等。

第三,决策能力。"决策"的含义是决定对策,决定对策的目的是寻找出最佳方案实现最佳利益。决策在创业过程中可谓无处不在,它贯穿于创业的全过程。最初选择是否创业需要权衡创业的风险,选择在哪个行业中创业需要考虑哪个行业对自己更为有利,选择在何时何地创业能获得最佳效益,选择何种融资方式等都是决策的过程。决策在管理中扮演的角色也是极其重要的。越是生死攸关的决策越是无章可循的,需要依靠决策者的魄力与经验判断,即对创业者特别重要的决策能力。有时一个错误的决策会导致满盘皆输,所以决策能力尤为重要。

第四,交际与沟通能力。创业要实现利益,必然要与外部利益相关者进行交流以获得支持,如供应商、顾客、政府、投资者等。创业者需要与供应商沟通供货的时间与数量,需要与顾客沟通以实现销售,需要与政府沟通以获得政策支持、了解行业信息,需要与投资者沟通以获得投资,需要与员工沟通以完成日常公司事务,沟通是最为普遍的一种交际方式。掌握沟通的技巧能够使沟通信息被信息接收者接收得更完整、理解得更正确,避免发生误解,确保沟通的有效性。因此,创业者必须要具备一定的交际与沟通能力。交际能力运用到创业过程中,可以表现为激励能力、沟通能力、谈判能力以及演讲能力。一番慷慨激昂的讲话能够作为一种激励方式,激励员工面对公司困难时仍然可以齐心协力、斗志昂扬,不计较个人得失地为组织付出,这或许可以拯救一个企业于死亡的边缘。在公司正常运作过程中,也需要与员工加强交流,唤起他们工作的热情,让他们看到工作的意义与目标,使他们全身心投入到工作中。

第五,学习能力。学习能力是指以快捷、简便、有效的方式获取准确知识、信息,并将其转化为自身能力的本事。在工作中,学习能力表现为积极地获取与工作有关的信息和知识,并对获取的信息和知识进行加工和理解,从而不断地更新自己的知识结构、提高自己的工作技能。每个人的学习能力不同,要想在创业中赶超别人获得成功就得有很强的学习能力。创业过程中很讲究悟性与学习,因为创业不是一个有老路可走的过程,而是需要从其他的事物中总结经验,领悟其中的奥秘并举一反三,能否做到这些取决于创业者的学习能力。此外,创业者还要具备自我反省的能力。创业既然是一个不断摸索的过程,创业者就难免在此过程中不断地犯错误。反省,正是认识错误、改正错误的前提。对创业者来说,反省的过程就是学习的过程。有没有自我反省的能力、具不具备自我反省的精神,决定了创业者能不能认识到自己所犯的错误,能不能改正所犯的错误,是否能够不断地学到新东西。作为一个创业者,遭遇挫折、碰上低潮都是常有的事,在这种时候,自我反省能力和自我反省精神能够很好地帮助你渡过难关。曾子说:"吾日三省吾身。"对创业者来说,问题不是一日三省吾身、四省吾身,而是应该时时刻刻警醒、反省自己,唯有如此,才能时刻保持清醒。

第六,团队组建及管理能力。创业需要整体的综合能力,单个创业者的个人能力是有限的,因而需要组建一支优势互补的团队,发挥集体的智慧,避免个人主观臆断造成损失。在团队创业中,创业团队的质量是影响创业成败的关键因素。为了提高创业成功的概率,需要特别关注组建与管理创业团队的方法。

创业团队的组建工作为创业搭建平台,是一项复杂而慎重的工程。一支好的创业团队能够达到1+1＞2的效果;反之,团队成员不能形成合力,就会影响到创业的成效,甚至导致创业项目的破产。组建团队前,创业者要确定招募人员的标准,包括硬件标准与软件标准(硬件标准＝创业所需资源－已有资源－外部资源支持;软件标准＝兴趣爱好＋价值观＋生活背景），在确定标准之后有针对性地寻找出潜在的合作伙伴，提供一定的诱因诱使其加入创业团队。

已组建的团队是一个动态组织，团队成员的流动性、工作态度以及成员间的冲突直接影响创业绩效，最好的办法是激励与管理成员，保持团队的合力与团队成员的士气，发挥他们的最大效用。掌握激励技巧的关键点是依据成员的需求选择激励的方式，两者的对应关系如图 5-2 所示。团队管理的关键点是要正确辨认团队内部冲突的性质并区别对待，构造自由的环境鼓励认知性冲突、加强沟通避免情感性冲突、设立科学程序调解情感性冲突、采取措施避免认知性冲突转化为情感性冲突。团队管理的另一个关键点是合理运用制度及组织的力量将团队成员规范地组合在一起，使团队有规范而不乱。

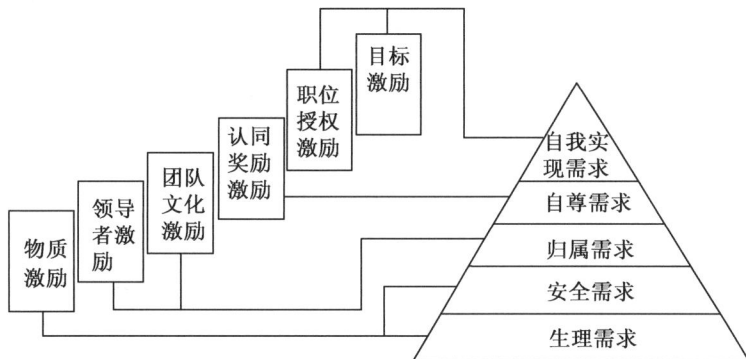

图 5-2　创业团队的激励方式与需求的关系

（3）商业智慧

企业定向及经营运作中的决策易受创业者个体的影响，多依据创业者的商业眼光、对行业的把握能力以及人格魅力而定，有时候甚至由创业者本身在某一时段的状态、价值观所左右，因此创业成败与否又增加了很多偶然因素，这就是创业的魅力所在。

第一，商业眼光。商业眼光是运用已有的经验和知识，对问题从总体上直接加以认识和把握，以一种高度简练、浓缩的方式洞察问题的实质，并迅速解决问题或对问题作出某种猜测的思维形式。商业眼光在寻求商机和科学发现等创新行为中具有极为重要的作用。商业眼光是一种内在本能，但本能不是天生的，而是来自于经验的积累。通过以往的工作经历，善于总结各种经验，对宏观和微观经济形势以及各种商业运营的态势做到心中有数，善于把握做生意的基本技术和技巧。这样，对商机和市场的判断，创业者就可以在很大程度上靠自己丰富的想象力、直觉和灵感，且应是正确的时候多于错误的时候。因为，所谓的商业眼光其实就是经验和水平的一种厚积薄发的表现。

第二，行业把握能力。每个行业都有其自身的经营之道，创业者首选自己比较熟悉的行业会有一定的优势，因为行业知识的积累是一个比较漫长的过程，同时也是潜在进入者的进入壁垒，一定程度上可以起到保护作用。很多创业者一辈子工作在同一个行业中，因为他们在这个行业积累了丰富的经验，对行业的把握能力比较强，熟悉行业的规则。

第三，个人魅力。创业者的个人魅力是指道德风范、知识修养、心理素质、仪表等方面的综合体现，是一种权力、职位之外的对他人的影响力、感染力和号召力的总和，它是领导者与员工建立良好关系的基础。人格魅力一旦形成和塑造起来,就能够让下属及团队信服和敬仰,在创业者实践中会产生多方面的积极效应,为创业者建立良好的人缘奠定坚实的基础。

总之,创业者是企业的灵魂,创业者的条件关乎企业的生死命脉,条件未成熟前切忌贸然行动。每个创业者都应提前审视自己,正确做出自我定位、找出差距并努力提升自己直至具备必需的创业条件。创业者需要的是综合素质,每一项素质都很重要,不可偏废。缺少哪一项素质,将来都必然影响事业的发展。有些素质是天生的,但大多数可以通过后天的努力改善。如果你能够从现在做起,时时惕厉,培养自己的素质,创业成功一定指日可待。

创业团队专栏之一:

"汽车之家"团队分析

汽车之家
autohome.com.cn

图片来源:www.autohome.com.cn

一、公司概述

汽车之家成立于 2005 年,是中国领先的汽车互联网平台,为汽车消费者提供选车、买车、用车、换车等所有环节的全面、准确、快捷的一站式服务。2013 年 12 月,汽车之家于美国纽交所上市。

汽车之家以用户为核心,以车主的声音为基础,致力打造全国最大的专业汽车交流平台。它通过"人、车、生活"三位一体的经营理念,帮助用户完成从"选择汽车"到"享受生活"的理想过程。汽车之家设置有资讯服务平台、数据服务平台、互动服务平台、营销服务平台等,拥有逾万家在册 4S 店,致力于为消费者提供最及时、最全面、最准确的价格信息。汽车之家通过对易用性的不断改进,使得在线商家和线上交易额逐步攀升,力争打造成中国最大的网上 4S 店。

二、创始人简介

汽车之家创始人李想在 2005 年带领团队从 IT 产品向汽车业扩张,创建汽车之家网站,汽车之家现已成长为全球访问量最大的汽车网站。2012 年 8 月底,汽车之家与盛拓传媒正式拆分,原盛拓传媒将汽车和 IT 两条业务线进行拆分,变身两家独立公司。汽车领域的汽车之家、二手车之家组建为一个公司,用"汽车之家"命名。2012 年底,汽车之家实现了月度覆盖用户 8000 万。用户在线浏览汽车信息时,其中 49% 的时间花费在汽车之家。2013 年 12 月 11 日,李想带领汽车之家在美国纽约证券交易所成功上市。2015 年 6 月,李想卸任总裁,继续担任董事股东。

三、团队成员

如果说,汽车之家这个网站是李想的作品,那么汽车之家这个公司则是秦致的手笔。用秦致的话说,如果李想是汽车之家的亲妈,那他则是个奶妈。

秦致,毕业于清华大学,后赴美留学,先后获爱荷华大学计算机硕士和哈佛商学院工商管理硕士。他此前曾在国外多家知名公司工作,回国后加入265上网导航任首席运营官,并促成了其与Google的并购。2007年7月,秦致加入汽车之家,担任总裁,2008年担任公司董事,2009年起担任公司首席执行官。在他的领导下,汽车之家成为用户访问量最大的汽车类垂直网站。秦致和李想有着不同的性格,李想负责内容,另一个创始人樊铮负责产品,而秦致负责营销推广,他们相互补充,共同造就了一个"汽车之家"。此外,原汽车之家首席财务官钟弈祺拥有新加坡国立大学经济学、统计学和商学学士学位。1991年至2001年期间,他就职于新加坡和中国宝洁,2001年就职于戴尔中国,2009年至2012年期间担任李宁董事兼首席财务官。2013年起,他担任汽车中国联合首席财务官,2014年成为公司首席财务官。

也就是这么一批人,带领着汽车之家这么一个团队项目逐渐发展壮大,甚至成功上市。汽车之家之所以成功,不仅因为其经营策略与模式的正确,更因为他们内部形成的企业文化促使大家齐心协力地往同一个方向走。但随着时间推移,汽车之家大批老员工出现"大换血"。汽车之家董事会先后罢免了汽车之家CEO秦致与CFO钟弈祺的职位。此后,汽车之家宣布包括韩松、李欣、王友华在内的多名VP以上高管离职。自2016年6月25日平安信托入主汽车之家后,仅3个月的时间,平安集团已完成对汽车之家高层的"大换血"。2016年10月4日,汽车之家正式宣布任命康雁和王俊朗为公司新董事,李想、秦致已辞去所在董事会职务。至此,平安系与汽车之家早期团队的斗争正式宣告结束,以原汽车之家CEO秦致为代表的早期团队已完全出局。

虽然之前的汽车之家团队几乎不复存在,但是回过头来看,这无疑是一个成功的创业案例、一支优秀的创业团队。要成为一支优秀团队的领导人之一,李想认为要具备五个条件:具有学习能力、自信;能够搞清楚战略方向,坚持并且懂得分享利益,既不能让团队饿着,也不能让团队撑死,这其中包括期望值的管理。

四、总结

诚然,一个人不可能十全十美,每个人都有自己擅长的一面,因此就需要我们在团队之中相互补充、相互帮助、共同进步。正如秦致和李想一般,一个具有创业构思,另一个具有优秀的管理能力,才能使一个企业团队和谐健康地发展。

(资料来源:作者根据多方资料整理而成)

5.1.2 创业者与职业经理人

在初创阶段,创业企业没有成熟的组织结构分工,员工数量少、结构简单,企业负责人可能有效控制企业内部运作,决定了企业的业务发展及内部管理工作,对企业影响较大,个人主观判断程度高;而随着企业的日益发展,创业者无法有效监控企业的一切,企业内部管理问题日益凸显,此时企业往往会通过引入职业经理人来负责企业日常经营事务。

创业者和职业经理人是互相需要、共生依存的关系——企业需要人才,人才也需要一个能实现自己价值的平台。在这个基础上,双方一定可以实现深层次的沟通,最终走向双赢。创业者和职业经理人都是为了企业利益这个共同的目标走到一起的,然而他们却仍然在各个方面存在很多矛盾分歧。许多企业就是因为没处理好职业经理人与创业者的关系,导致职业经理人黯然出局,或者最初的创业者元气大伤,甚至双方闹上法庭,争得不可开交,彼此都受到了严重的伤害。

(1)创业者对企业从创始之初到现在的强权控制问题。大多数创业企业基本上都是从作坊式的小企业发展而来的,而创业者也习惯了事无巨细,事事亲力亲为、亲自拍板过问,但是随着企业规模扩大,可能会从形式上改变某些做法,但其独断专行的个性还是难以改变的。许多职业经理人无法忍受事事都要向创业者请示,这种毫无个人发展空间、个人能力被束缚的状态是导致职业经理人对家族企业望而却步的原因。

(2)职业经理人的利益趋向问题。职业经理人主要是对自己的职位负责,而不是对某个人负责。在遇到问题时,创业者首先考虑的通常是资本的利益。而作为职业经理人,社会属性决定他思考问题既要照顾到创业者的利益,又要照顾到员工的利益,同时也要考虑到合作商户和顾客以及整个社会的利益。企业在经营上有时会陷入一些灰色区域,甚至走向犯罪的道路,这时候,职业经理人应该怎么办就成了一个难题。是该遵循职业操守还是坚守社会良知?是不是该挺身而出,承受"叛徒"的压力?这一切,都是职业经理人们面对的问题。

(3)职业经理人的控制权问题。很多企业家都谈到,他们创办企业不是单纯为了赚钱,而是把它当作一种事业、一种生存方式。对于那些充满浓浓的个人英雄主义情结的创业者来说,企业就是他们的王国,因此事无巨细,处处都想要干涉。当发现职业经理人处理某些问题的方法与自己想法不同时,就忍不住要亲自出手,有时甚至直接越过职业经理人去指挥各个部门。

创业团队专栏之二:

步步高创业团队的持续创业

图片来源:WWW.OPPO.COM;WWW.VIVO.COM.CN

1995年,34岁的段永平创立了自己的公司——步步高,并先后成为复读机、电话机、VCD、学习机的中国市场第一。1997年,步步高多媒体学生电脑被中国保护消费者基金会推荐为"消费者信得过产品",1997年10月被国家科委列入"1997年度国家重点新产品计划"。1999年,段永平将步步高分拆成股权和人事相互独立、互无从属关系的三家公司。2001年,段永平注册OPPO。2004年,OPPO公司成立。至2016年,步步高旗下的OPPO和VIVO,一年狂卖2000多亿元,净利润超过200亿元,两个手机品牌累计销量达到1.5亿部,成为全球手机行业的又一巨头。2016年8月,步步高投资集团在"2016中国企业500强"中排名第407位。

步步高团队的成员主要包括段永平、陈明永、沈炜等。其中，董事长段永平出生于江西泰和，从浙江大学无线电系毕业后被分配到北京电子管厂，后攻读中国人民大学经济系计量经济学专业取得硕士学位，现任步步高集团董事长，也是步步高集团的创始人。1995年9月，段永平在东莞成立了广东步步高电子工业有限公司。之后，有很多"小霸王"的员工也来到了步步高。段永平很快就将"小霸王"的成功模式复制到步步高上。另一个就是陈明永，生于四川万源市，中国著名企业家，OPPO创始人，现任OPPO的CEO。陈明永毕业于浙江大学信息与电子工程系，早年就职于小霸王公司，担任总经理助理等职。1995年，段永平离开"小霸王"创业，他在生产和开发体系最早带走了6个人，陈明永是其中之一。沈炜，负责步步高手机业务，也就是现在市场上的VIVO智能手机。

在公司的发展过程中，步步高的员工们都有严格要求：保持平常心，坚持做正确的事，并力求把事情做正确，规范与人合作的态度——我不赚人便宜；要有当出现问题时，首先求责于己的态度。步步高是一家学习型公司，"持续学习"永远是对公司与员工的鞭策。它要求高管和员工积极主动地学习、借鉴和引进世界一流企业已经进行或正在进行的最佳实践，改进和优化自身的管理和运营系统。同时，要保持头脑清醒、永不自满，保持开放的思维，以实现步步高的愿景——成为更健康、更长久的企业。而步步高的使命是：对消费者，提供品质优良的产品和服务；对员工，营造和谐、相互尊重的工作氛围；对商业伙伴，提供公平、合理、对等互利的工作平台；对股东，使其投入的股本有高于社会平均收益的回报。所以有良好的领导力才有正确的营业理念，营业方式才会有一个积极上进、有凝聚力的出色的团队才会有更强的实力去面对竞争，迎难而上坚持不懈，登上时代潮流的顶尖位置。

（资料来源：作者根据多方资料整理而成）

5.2 创业精神

创业是一个探求未知、寻求新知的过程，其中充满艰难困苦。机遇的背后蛰伏着风险，隐藏着失败。只有意志坚定，不惧怕困难，正确对待失败，始终不渝地坚持如一，才有可能最终走向成功。因此，创业不仅仅要有过人的聪明才智、创业的技能和资源，更重要的是要有坚韧不拔、不折不挠的创业精神。

5.2.1 创业精神的内涵

无论在中国还是西方，"精神"都是难以定义的词。西方所说的"精神"至少包括4个方面的含义：一是与物质存在的客观性、自然性相对的人的主观性、社会性存在；二是与身体相对的人的灵魂或思想；三是与手工操作相对的心智的、大脑的一种活动方式；四是指人当下的某种意向、愿望或打算。精神是体现个体生存信念的一种心理状态，是对生命的意义和价值的主观理解、感受、向往和追求。

精神体现出人自我发现和自我超越的能力。精神是有价值的，一定的精神总是体现出国家和社会倡导的方向以及个人努力追求的境。

创业是极具挑战性的社会活动。创业的本质体现的是一种人生价值的实现方式和世界观的价值取向,即创业主体在实现个人价值的同时更要实现社会价值,体现了一种强烈的创业理想和持久稳定的创业信念。实现创业成功的前提是创业者要具备坚强的创业精神和良好的创业素质,特别是大学生创业者,更需要首先培养和塑造创业精神。

5.2.2 创业精神的概念

创业精神也称为企业家精神,主要是指创业者通过创新的手段,将资源更有效地利用,为市场创造新的价值的过程。创业精神可以区分为"个体的创业精神"和"组织的创业精神"两个不同的层面。"个体的创业精神"是以个人的力量,在个人意愿的引导下从事创新活动,进而创造一项新事业;而"组织的创业精神"则是指在组织内部,以群体力量追求共同愿景,从事组织创新活动。

创业精神既是一种思维方式,也是一种实践行为,其实质是创新。最先提出"创新"概念的熊彼得认为,创业精神是一股"创造性的破坏力量",创业者采用的"新组合"使旧产业遭到淘汰,原有的经营方式被新的、更好的方式所摧毁。管理学大师彼得·德鲁克也在《创新与企业家精神》一书中强调,通常企业家们本身并不带来变革,但企业家在寻求变革,并把变革作为机会予以利用,这就是企业家与企业家精神的定义。从经济学的视角研究创业精神,主要分为三个维度:创新性、冒险性、主动性。

从管理学的角度看,创业精神归结为若干个胜任力维度,并与创业绩效建立关联,以此来有效区分创业者与一般工作者。创业胜任力可分为个体和组织层面,分别代表了企业家所具有的创业胜任特征和组织内的多种有利于提高创业绩效的因素。

总之,创业精神是指能够对创业者起到引导、推动、规范作用的理想信念、观念意识、个性品质、行为取向及职业操守等。创业精神体现了创业者对创业价值的认识、判断,引导着创业者选择创业活动的方向、态度,规范着创业者的职业操守,激励着创业者实现创业的目标和理想。创业精神是创业教育的动力系统和基本内核,是大学生创业的精神支柱,是创业成功的关键因素。

5.2.3 创业精神的构成要素

创业精神包括具有超前意识、善于以战略思维驾驭市场、能够承担经营风险的开拓精神,也包括以企业发展为终生追求,勤于学习,与时俱进,守法、守信、守则,具有强烈社会责任感等的价值观和心理品质。

从构成要素来看,创业精神包括创业理想、创业意向、创业心理品质和创业规范意识。在创业精神的构成要素中,创业理想是创业精神的导向系统,体现了创业者的价值观和目标追求;创业意向是创业活动的动力系统,促使和激发创业行为的产生;创业心理品质是创业过程的情意调节系统,维护创业过程的稳定性和可持续性;创业规范意识是创业实践的保障系统,帮助创业者规避风险,降低创业成本。四者之间相互依存、相互影响,共同构成了创业精神的完整体系。

(1)创业理想

所谓"理想",是人的一种美好的愿望或抱负、一种宏伟的目标或状态,是行动的先导和指南。创业理想是指人们在创业实践中持有的一种奋斗目标、价值观念、人生追求,是人们对创业这一现象和过程所持有的根本看法和态度。

创业理想对从事创业实践活动具有重要作用。在理想的激励和鼓舞下,创业者的创业行为会充满朝气和活力。创业理想会让创业者自觉抵制与理想目标相悖的行为冲动,保持创业行为的强度和持久性,也能帮助创业者克服困难和挫折,向着既定的目标前进。创业理想以对创业实践的认识为基础,是创业者从事创业实践活动的精神支柱。创业理想的清晰与否决定了创业者对社会的认识是否正确深刻,是否能够对创业者的思想方式和行为方式进行有效的引导和调节。

创业理想又分为创业价值观、创业使命感和创业奉献精神三个组成部分。其中创业价值观是指创业者对创业活动的价值认识和评价标准。创业价值观能够引导创业者积极学习创业知识和技能,克服创业过程中的困难,调动主观能动性去实现创业的梦想。创业价值观具有相对的稳定性和持久性,一旦形成,将会在较长时间内得以保持,成为创业实践的动力。创业使命感是指创业者对自我人生意义的寻找与实现。作为确定的人、现实的人,就有责任、有使命、有任务。

(2)创业意向

创业意向是人们对创业活动的倾向性反应,包括创业兴趣、创业需要、创业动机等内容,它体现出人们对待创业的态度和行为取向。创业兴趣是指个体或群体对从事创业实践活动的积极情绪和态度指向性,是创业活动的最初诱因。当创业者不断通过创业体验,对创业活动产生积极情绪和态度认可时,会激发出更多的创业需要和动机,而且也能促进创业技能的发展,达到提高创业绩效的目的。长久稳定的创业兴趣对实现创业目标十分有利,而短暂模糊的创业兴趣则注定使人一事无成。兴趣是创业的原始动力,是创业精神培养的切入点。

创业需要是指人们对现有存在与发展条件不满足,进而产生改变现状的要求和愿望。创业需要明确指向生存和发展的社会性条件,如生活状况、社会地位、阶级和阶层、社会交往和人际关系、工作和事业等。没有创业需要,就很难出现创业行为,也不可能有更高层次的创业理想。

创业动机是指推动个体或群体从事创业实践活动的内部动因,是调动主体创业积极性的一种内驱力。创业动机对创业的行动来说,能够起到驱动或停止、增强或减弱的作用。创业动机主要是一种成就动机,即在完成创业任务时竭力追求获得最佳效果的心理动力。创业动机是当创业需要有了满足的可行性时产生的一种内部冲动,是实现创业成功的内在力量。对大学生而言,创业动机是多元性的,既包含解决经济和就业问题等低层次的需要,也包含实现人生价值及造福社会的高层次的需要。

在创业意向的形成过程中,创业效能感起着至关重要的作用。创业效能感是自我评价系统中的一部分,在个体心理机能和潜能发挥中起关键的作用。我们可以将提升创业效能感作为激发大学生创业意向的重要策略和手段。

(3)创业心理品质

创业心理品质是指在创业实践过程中对人的心理和行为起着调节作用的个性品质特征。创业心理品质反映了创业者的意志和情感,良好的创业心理品质是创业成功的前提和条件。创业心理品质虽然受到创业者人格特质的影响,但也能够通过教育和训练获得或提升。创业需要具备的心理品质主要包括 8 种,分别是独立性、敢为性、坚韧性、克制性、适应性、合作性、缜密性和外向性。意志和情感决定了创业心理品质的总体特征,其中独立性、敢为性、坚韧性和合作性是最核心的创业心理品质。独立性是指能够不依赖他人独立思考,善于独立地处理问题的能力。具有独立性的人总是充满自信,努力开辟新途径、开拓新局面,具有创新和创造的进步意识。对创业者来说,独立性是一种重要的品质,有助于塑造领袖精神,凝聚员工力量,成为初创企业生存和发展的核心力量。

敢为性是一种不畏惧任何艰难困苦,敢于行动,敢冒风险,敢于拼搏,敢于承担行为后果,不屈服于命运摆布的心理状态。敢为性不等同于冲动鲁莽和无知冒进,它是建立在对主客观条件进行科学分析基础上的锐意进取。坚韧性是一种面对困难和挫折时产生的巨大心理承受力,是创业者必须具备的可贵心理品质。坚韧性有助于创业者在经历不断的失败和打击之后,还能忍受寂寞、冷遇,用积极乐观的态度看待压力,并能进行良性自我调节,冷静分析原因并找出有效对策,将不利变为有利,将被动变为主动,将压力变为动力。合作性是指出色的创业者不仅要拥有独立的人格,还要积极主动地与人合作和互助,善于交往,取人之长、补己之短,建立和谐友好的人际关系,从而实现资源和技能的有机整合,共同发展、共同进步。在当今提倡双赢的时代,合作是创业成功的捷径。

(4)创业规范意识

行为规范,是社会群体或个人在参与社会活动中所遵循的规则、准则的总称,是社会认可和人们普遍接受的具有一般约束力的行为标准。由于行为规范是建立在维护社会秩序理念基础之上的,因此对全体成员具有引导、规范和约束的作用,同时也是社会和谐重要的组成部分,是社会价值观的具体体现和延伸。创业规范意识是指在创业过程中所遵循的职业道德、行为规则和工作操守,包括诚信意识、法律意识、责任意识等。创业规范意识的养成使创业者在个体利益与社会利益发生激烈冲突时,自觉维护社会公德、遵守职业操守、接受法律约束,自觉抵制个人欲望的过度膨胀,做到合法经营、文明经商。

诚信意识是处理个人与社会、个人与个人之间相互关系的基本道德与规范,是培养社会主义事业建设者和接班人的基本素质要求,是发展社会主义市场经济的基础行为规范。创业者在创业实践中必须以诚信创业为思想道德标准,树立正确的职业道德观。商品经济既是市场经济也是法制经济,所以诚实守信是创业者必备的创业品质。在创业过程中,创业者要把信用放在第一位,依靠诚实劳动、诚信经营来赢得客户的信赖,遵守契约、公平公正,努力维护良好的市场秩序,只有这样才能使自己创办的企业得到可持续发展。法律意识是指创业者必须具备较高的法律修养、完备的法律知识,正确处理好集体和个人之间合作与竞争的关系。在任何情况下,权利和义务都是对等的,只有坚持权利与义务的对等性,才能促成和谐发展,妥善地化解矛盾。具备良好的法律意识能保证创业者运用法律知识防范、抵御并化解各种风险。责任意识是指创业者自觉承担社会义务、遵守社会要求、履行社会责任的自觉性。责任是使命的召唤、是能力的体现、是制度的执行,我国自古以来就重视责任意识的培养。"天下兴亡,匹夫有责",强调的就是作为个体应承担热爱祖国的责任。社会的和谐运转、持续发展依赖于每个人都认真地承担起自己应该承担的责任,只有勇于承担责任的人才能够成为真正成功的人。

创业团队专栏之三：

西少爷肉夹馍创业团队

图片来源:www.xishaoye.com

　　西少爷肉夹馍是中国互联网餐饮第一品牌。西少爷第一家店于2014年4月8日在五道口开业,随后此10平方米的小店创下了100天卖20万个肉夹馍的记录。2014年6月,西少爷创造了全球最高坪效。2014年8月,随着第一家分店成功入驻购物中心,西少爷开始了连锁之路。2014年9月,西少爷第二家分店顺利入驻中关村购物中心。2014年11月,西少爷第100万个肉夹馍售出。2015年,历经整整一年,西少爷升级第一家店面,将10平方米扩大至200余平方米,用以打造西少爷肉夹馍旗舰店。2015年5月27日,西少爷望京SOHO店轰动开业,潘石屹亲自为其站台,第一天即送出7600个肉夹馍,成功掀起office商圈美食新浪潮。其主营品类是:西少爷肉夹馍、牛馍王、健康蔬菜夹馍、秘辣蔬菜夹馍、孜然肉夹馍等,还配有岐山擀面皮、西食堂小豆花、手打牛丸胡辣汤、长安醇豆浆、老西安酸梅汤、冰峰汽水等。这些都源于西安经典小吃,但又独具匠心,在此基础上进行一定程度的创新,给顾客不一样的味蕾体验。

　　西少爷由孟兵、宋鑫、罗高景三人创立,他们三人在2012年底的西安交通大学北京校友会上认识,此时他们都从事IT行业,有的在百度工作,有的在腾讯工作,而此时已在投资机构工作三年的宋鑫,有了出来创业的想法,于是通过校友会认识了有技术能力的孟兵等人,三人一拍即合,于2013年4月成立了名为"奇点兄弟"的科技公司。由于孟兵承担了主要的产品研发工作,因此孟兵、宋鑫、罗高景的股份分别为40%、30%、30%。之后袁泽陆加入成为西少爷的一位创始人。成立之后,西少爷分工明确,健谈、有亲和力的孟兵担任总经理,主抓全面业务;拥有计算机专业背景的罗高景负责内部业务流程管理;宋鑫投资管理方面的工作经验,负责寻找合作和融资;袁泽陆则负责对外营销和媒体接待。但随着西少爷的不断发展,其创始人却因股权架构和孟兵提出三倍投票权有了矛盾,最后自己离开"西少爷"创办"新西少"肉夹馍品牌。

　　在创业过程中,为了学到肉夹馍的核心制作技术,西少爷创业团队回到西安拜师学艺,从零开始学习做正宗的陕西肉夹馍,经过半年的研发,用掉5000斤面粉和2000斤肉料研制出了西少爷肉夹馍特有的配方和制作流程,为了追求品质,更是采用透气性强且不渗油的材料定做了馍的包装袋。此外,西少爷还首次提出将互联网引入传统餐饮,从核心产品到细微服务,每一个环节都追求互联网式的体验,采用"用户体验至上"的模式。如:公司的白领中午吃了馍要回公司上班,可以从店里索取口香糖;排队时间长会有遮阳伞;渴了有免费矿泉水;万一排队玩手机时没电了,还可借用店里准备的充电宝;凡是持有网易、搜狐、谷歌、百度、腾讯、阿里工卡的顾客,均可享受一份肉夹馍免单等等。另外,西少爷有自己的品牌理念,他们专注、追求完美,把每一个产品当作作品而非产品。为此,西少爷还专门成立一个"评审部",负责给产品打分,打分部门会根据面饼的颜色、尺寸、口感、形状、馅料的温度、重量及是否均匀等细节去考核各个门店,很好地保证了产品的品质。同时,西少爷建立了自家的"点评系统",能够及时收到顾客的反馈,促使产品质量不断提高,使公司不断发展、提升。

(资料来源:作者根据多方资料整理而成)

5.3 创业团队管理

在早期的创业过程中,一个人创业并设立公司,而后在公司的发展过程中逐步引入其他核心团队成员的情况仍是比较普遍的。但是随着创业竞争的加剧、创业节奏的加快、人才争夺的白热化,多位创始人联合创业的现象已成为近期的趋势,而且联合创业的成功率远高于个人创业。如何在有限的时间内组建和管理创业团队成为创业能否成功的关键环节。

5.3.1 团队与群体

(1)群体的含义和特征

群体是人们通过某种社会关系联结起来,进行共同活动和感情交流的集体。它既与社会和个人相区别,又介于社会和个人之间,并且是联结二者的中介。它是指两个以上相互作用又相互依赖的个体,为了实现某些特定目标而结合在一起。群体成员共享信息、作出决策,帮助每个成员更好地担负起自己的责任。

群体是相对于个体而言的,但不是任何几个人就能构成群体。群体是指两个或两个以上的人,为了达到共同的目标,以一定的方式联系在一起进行活动的人群。群体大致有以下特征:

第一,有一定数量的社会成员。群体成员至少有两个人,这是构成群体的主体基础。在较大的群体中,还有一定的组织结构和一定的分工协作,并且有权威人物的存在。

第二,有一定的为群体成员所接受的目标。群体目标是群体功能的具体体现,也是组织的灵魂。没有目标的群体是不可能存在的。

第三,有明确的成员关系,并形成归属感。群体成员之间互相依赖,在心理和行为上互相影响,围绕群体目标开展活动,具有相对独特的互动方式。

第四,有一定的行为准则。群体规范有些是明文规定的,有些则是约定俗成的,它保证群体有秩序地、协调地开展活动。

第五,时间上具有一定的持续性。任何群体都是现实的社会实体,它不仅占有一定的空间位置,而且在时间上也具有一定的持续性。

(2)团队的定义和特点

所谓团队,是指一些才能互补、团结和谐并为负有共同责任的统一目标和标准而奉献的一群人。团队不仅强调个人的工作成果,更强调团队的整体业绩。团队所依赖的不仅是集体讨论和决策以及信息共享和标准强化,它强调通过成员的共同贡献,能够得到实实在在的集体成果,这个集体成果超过成员个人业绩的总和,即团队大于各部分之和。团队的核心是共同奉献。这种共同奉献需要一个成员能够为之信服的目标。只有切实可行而又具有挑战意义的目标,才能激发团队的工作动力和奉献精神,为工作注入无穷无尽的能量。

团队的精髓是共同承诺,共同承诺就是共同承担集体责任。没有这一承诺,团队如同一盘散沙;作出这一承诺,团队就会齐心协力,成为一个强有力的集体。高效出色的团队具有如下特点:

第一,目标一致。这一共同的目标是一种意境。团队成员应花费充分的时间、精力来讨论、制定他们共同的目标,并在这一过程中使每个团队成员都能够深刻地理解团队的目标。以后不论遇到任何困难,这一共同目标都会为团队成员指明方向。

第二,具体目标。团队成员要将团队共同的目标分解为具体的、可衡量的行动目标。这些行动目标既能使个人不断开拓自己,又能促进整个团队的发展。具体的目标使得团队成员间的沟通更畅通,并能督促团队始终为实现最终目标而努力。

第三,承担责任。团队要建立一种环境,使每位团队成员在这种环境中都感到自己应对团队的绩效负责,为团队的共同目标、具体目标和团队行为勇于承担各自的责任。

第四,关系融洽。团队成员之间应该互相支持、善于沟通、坦诚相待、相互信任,并勇于表达自我。

第五,齐心协力。团队成员应为实现团队目标作出共同的承诺,为了共同的目标而努力工作,并在工作中相互协调配合。

第六,和谐的领导艺术。团队的领导者要做到使对任务的需求、团队的凝聚力以及个人需求达到平衡、和谐。

第七,短小精悍。团队的规模不宜过大,应短小精悍,其规模一般不超过10人。

第八,技能互补。出色的团队应具有如下技能:拥有技术专家型人员,拥有善于解决问题和果断决策的人员,拥有善于人际交往的人员。各项技能的正确组合是团队成功的关键。

第九,行动统一。团队成员必须平等地分担工作任务,并就各自的工作内容取得一致。此外,团队需要在如何制定工作进度、如何开发工作技能、如何解决矛盾冲突,以及如何作出或修改决策等方面,达成共识。

第十,反应迅速。团队应该着眼于未来,视变革为发展的契机,把握机遇,相机而动。

(3)团队和群体的区别

团队也是群体,其成员间紧密合作以实现一个特定的、共同的目标。所有的团队都是群体,但群体并不一定是团队。

团队区别于群体的特征是:成员间的紧密合作和特定的、至高无上的团队目标。由于团队成员间需要紧密合作,所以,团队的形成有时是非常困难的,团队成员学会相互间的有效合作也是需要时间的。群体和团队对组织取得竞争优势是非常有利的,他们有助于组织取得优良的业绩、加快对客户的响应、促进创新、增加成员的激励和满意度。

群体跟团队是不同的,群体当中是管理者直接命令下属:我安排你来做什么,你就去做什么。而团队当中更多的是领导者和追随者之间的关系,他们之间是高度互动的关系。

团队和群体经常容易被混为一谈,但它们之间有根本性的区别,总结起来有以下六点:

第一,在领导方面。群体应该有明确的领导人,团队可能就不一样,尤其团队发展到成熟阶段,成员共享决策权。

第二,目标方面。群体成员的目标必须跟组织保持一致,但团队成员除要符合这点外,还可以产生自己的目标。

第三,协作方面。协作性是群体和团队最根本的差异,群体的协作性可能是中等程度的,有时成员还有些消极,甚至会产生对立,但团队中是一种齐心协力的气氛。

第四,责任方面。群体的领导者要负很大责任,而团队中除了领导者要负责之外,每一个团队的成员也要负责,甚至要一起相互作用、共同负责。

第五,技能方面。群体成员的技能可能是不同的,也可能是相同的,而团队成员的技能是相互补充的。组建团队就是把拥有不同知识、技能和经验的人综合在一起,形成角色互补,从而达到整个团队的有效组合。

第六,结果方面。群体的绩效是每一个个体的绩效相加之和,团队的结果或绩效是由大家共同合作完成的产品。

创业团队专栏之四:

凡客团队的坚守

图片来源:www.vancl.com

　　2007 年 10 月 18 日,陈年、雷军创办凡客诚品;2008 年 7 月,软银赛富、启明创投、IDGVC 和联创策源共同投资凡客诚品 3000 万美元;2009 年,凡客诚品从数万家企业中脱颖而出,与支付宝、天宇朗通、汉庭酒店等一同被推选为"2009 最具成长性的新兴企业";2009 年 12 月,凡客诚品获得"2009 德勤高科技、高成长亚太区 500 强"第一名,2010 年 10 月获"清科 2010 年中国最具投资价值企业 50 强"企业;2010 年 2 月 16 日,凡客诚品从 13 个主流业态的数千家候选企业中脱颖而出,荣膺"2010 年度北京十大商业品牌"称号,也是唯一获选的零售电子商务品牌。凡客诚品拥有超过 1.3 万名员工、30 多条产品线,产品涉及服装、家电、数码、百货等全领域,2010 年卖出了 3000 多万件服装,营收突破 20 亿元,同比增长 300%。到了 2011 年末,凡客诚品库存达到 14.45 亿元,总亏损近 6 亿元,当年仅完成了 30 多亿元的销售,是目标的三分之一。两年后,凡客诚品背负了高达十几亿元的债务和近 20 亿元的库存。2016 年凡客团队仅仅还有 180 人左右,其中策划团队仅 3 人。2016 年 4 月 7 日,沉寂了两年的陈年发微博说:凡客十几亿元的债务和近 20 亿元的库存问题都已解决。

当凡客诚品走上专注和极致路线后,剥洋葱的痛苦过程才算是真正结束。曾经凡客光是衬衫部门就有200多人,现在负责衬衫的团队只有7人。正是这支具有少数成员的高绩效团队带给凡客诚品一个共同专注的理念。

在选择专注于做白衬衫后,凡客团队选择了新疆优质长绒棉作为面料,但接下来,整个团队都陷入了痛苦的白衬衫设计难题中,他们发现不管怎么做,哪怕是抄,也复制不出大牌白衬衫的气质。

团队的人集体绝望了,有人想过放弃,但最终的决定是坚守。在经历了前往越南南定拜访日本衬衫大师吉国武之后,团队明确了凡客诚品未来要怎样发展,同时也让外界对他们的发展有了更高的期待。

(资料来源:作者根据多方资料整理而成)

5.3.2 创业团队的特征

一般来说,创业团队的特征包括五个要素,简称"5P",即目标(purpose)、定位(place)、权限(power)、计划(plan)和人员(people)。

(1)目标(purpose)

对于一个企业来说,自从打算开始在组织内部建设团队开始,就必须树立明确的目标,直至该团队建设完成使命消亡为止。建设团队的原因是什么?希望建设的团队能够为企业解决什么样的问题,完成什么样的任务?这些都是在建设团队之初就应该明确的。团队的目标还有更广泛和深远的意义。共同、远大的目标可以令成员振奋精神,与企业的政策与行动协调和配合,充分发挥生命的潜能。

归根到底,人是社会的动物,有着一种自然的归属感,不仅团队,人类任何一种组织的诞生都是基于人类彼此存在共同的需求。在人类群体活动中,很少有像共同的愿景这样能激发出强大力量的东西。在这样的一个群体中,只有共同的愿景才能够使团队的成员知道自己明确的角色和任务,从而真正组成一个高效的群体,把工作上相互联系、相互依存的人团结起来,使之能够产生$1+1>2$的合力,更有效地达成个人、部门和组织的目标。

当然,团队的目标也不是一成不变的。例如,在新产品开发出来以后,团队工作的重点毫无疑问应该转移到增强它的竞争力上去;如果团队目标是提高客户对产品的满意度,那么团队的第一步就是如何提高产品质量等等。

(2)定位(place)

在迈克·波特的《竞争战略》中,定位是一个非常重要的方法。在企业定位时,有必要首先回答一些重要的问题,例如:

• 团队是什么类型的?建议还是参与团队?生产还是服务团队?计划还是发展团队?行动还是磋商团队?

• 团队面临的首要任务是什么?

• 团队对谁负责?

• 依据什么原则决定团队建设的成员和团队的各种规范?

明确团队的定位是非常重要的,因为不同类型的团队有着极大的差异,它们在工作周期、一体化程度、工作方式、授权大小、决策方式上都有很大的不同。例如,一个服务团队可能需要持久的工作,它的一体化程度是非常高的,它的成员的差别化不是很严重;可是一个研发团队的工作周期可能很短,但是它的成员的差别化要求会很高。

在团队的定位明确以后,接下来就可以制定一些规范,规定团队任务,确定团队应如何融入你的组织结构中。同时,也可以借此传递公司的价值观和团队预期等重要信息。当然,这不仅仅是一个改造组织结构的问题,而是要改造公司思维,使其成为一个更具有合作性的工作场所,让来自组织不同部分的人们能够真正成为团队伙伴。这将打破传统的组织结构模式,需要深入研究传统的组织结构模式,使我们重新审视组织自身的结构问题,给企业团队进行准确的定位。

(3)权限(power)

所谓权限,是指团队负有的职责和相应享有的权利大小。对团队权限进行界定的过程中,需要回答以下几个问题:

- 团队的工作范围是什么?
- 团队能够处理可能影响整个组织的事务吗?
- 团队的工作重心集中在某一特定领域吗?
- 不同团队的界限是什么?
- 团队在多大程度上可以自主决策?

团队工作成效很大程度上取决于团队的积极性和主动性。在企业中,影响人们工作积极性的主要因素就是权责利的合理配置问题。团队的权限范围必须与它的定位、工作能力和所赋予的资源相一致。调动团队的积极性,需要适当的、合理的和艺术的授权。

(4)计划(plan)

团队应如何分配和行使组织赋予的职责和权限?团队应如何高效解决面临的各种各样的问题?换句话说,就是团队成员应该分别做哪些工作?如何做?这就是团队工作计划。一份团队工作计划常常能够回答以下问题:

- 每个团队有多少成员才合适?
- 团队需要什么样的领导?
- 团队领导职位是常设的还是由成员轮流担任?
- 领导者的权限和职责分别是什么?
- 应该赋予其他团队成员特定职责和权限吗?
- 团队应定期开会吗?
- 会议期间要完成哪些工作任务?
- 预期每位团队成员花多少时间投入团队工作?
- 如何界定团队任务的完成?
- 如何评价和激励团队成员?

然而,我们不可能对以上某些问题给出具体的解答,其具体的答案应根据组织本身的特点和实际需要进行合理选择。需要强调的一点是:有些规模或结构相对简单的组织应当考虑人员问题而不是优先考虑职权和计划问题。这样可以避免在决定团队如何发挥作用前因选定团队成员而导致的一系列问题。

（5）人员（people）

团队的最后一个要素是人员。确定团队目标、定位权限和计划,都只是为团队取得成功奠定基础,最终能否获得成功取决于人。

在人员选择方面,企业的自主性很大,但选择成员还是要根据团队的目标和定位。一旦明确了团队需要进行哪些工作,下一步要做的事情就是制定有关团队成员职位的明确计划。无论谁负责这项工作,都应该尽可能多地去了解候选者,比如他们每个人都有哪些技能、学识、经验和才华。更重要的是,这些资源在多大程度上符合团队的目标、定位权限和计划的要求。这都是在选择和决定团队成员时必须认真了解的。充分了解了所有的候选者后,接下来就是挑选最优秀的人选问题。

创业团队专栏之五：

小米的成功之路

图片来源：www.mi.com

2010 年 4 月,雷军的师弟李华兵给雷军发了一封邮件,向他推荐了一个从德信无线出走的无线业务团队,他们希望小米团队做一款独立的手机硬件。这得到了雷军的支持,随后这个团队被更名为"小米工作室",也就是小米公司最早的前身,而他们的计划目标就是制作一个完整的手机体系——"小米手机"。

"让每个人都能享受科技的乐趣"是小米公司的愿景。小米公司应用了互联网模式开发产品,用极客精神做产品,用互联网模式干掉中间环节,致力让全球每个人都能享用来自中国的优质科技产品。小米公司自创办以来,保持了令世界惊讶的增长速度,在 2012 年全年售出手机 719 万台,2013 年售出手机 1870 万台,2014 年售出手机6112 万台,2015 年售出手机超过 7000 万台。小米公司在互联网电视机顶盒、互联网智能电视,以及家用智能路由器和智能家居产品等领域也颠覆了传统市场。截至 2016年底,小米公司旗下生态链企业已达 60 余家,其中紫米科技的小米移动电源、华米科技的小米手环、智米科技的小米空气净化器、加一联创的小米活塞耳机、纳恩博Ninebot 的九号平衡车等均在短时间内迅速成为影响整个中国电子消费市场的明星产品。小米公司生态链建设将秉承开放、不排他、非独家的合作策略,与业界合作伙伴一起推动智能生态链建设。这是小米公司成功的一个重要因素。

当然,一个优秀的团队对于小米公司的成功也是不可或缺的。小米公司有包括雷军在内的共计有 7 名创始人。雷军,现任金山软件公司董事长,于 1992 年加入金山软件,1998 年出任金山软件首席执行官。2007 年,金山软件上市后,雷军卸任金山软件总裁兼首席执行官职务,担任副董事长。林斌,小米公司的联合创始人,担任小米公司总裁职务。林斌被称作"李开复时期的四大副院长之首",主管最有潜力的移动和音乐两大业务。在谷歌中国工程研究院任职期间,林斌主要负责移动互联网领域的研究,曾负责开发过谷歌音乐搜索项目。林斌于2010年11月16日正式离开谷歌,公开小米科技总裁身份。黎万强,小米科技联合创始人、副总裁。黎万强是小米科技创始人之一,也是MIUI手机操作系统项目的总裁,是MIUI负责人,目前主要负责MIUI的整体研发、设计、运营,MIUI旗下的MIUI.com也是其运作项目之一。小米科技及MIUI初期尚无太多人手时,黎万强还曾创下43小时不睡觉,亲自设计主要交互及界面的记录。周光平,1963年9月生,1999年获中国科学院声学研究所博士,乔治亚理工的博士,是小米科技联合创始人、副总裁,负责硬件团队及BSP。周光平曾是摩托罗拉最畅销机型"明"的硬件研发负责人。1995年加入摩托罗拉做手机时,周光平就是全球技术委员会的专家,1999年回国协助创办摩托罗拉中国的研发中心,曾任摩托罗拉北京研发中心高级总监、摩托罗拉个人通讯事业部研发中心总工程师及硬件部总监、摩托罗拉中国研究院通信专利委员会副主席、摩托罗拉亚太区手机质量副主席。黄江吉,小米科技联合创始人、副总裁,毕业于全美大学排名第6位的普渡大学(Purdue University),1997年至2010年就职于Microsoft公司,2010年加入创业公司小米科技,担任工程副总裁。洪峰,小米科技联合创始人、副总裁,小米机器人之父。洪峰毕业于上海交通大学,取得计算机科学与工程学士学位,后取得美国普渡大学计算机科学硕士。2001—2005年,洪峰在甲骨文公司Siebel项目工作4年;2005年进入Google美国,任高级软件工程师,是Google日历、Google地图3D街景项目的主要负责人;2006—2010年,回国后任Google中国垂直搜索产品经理、音乐搜索产品经理、Google中国高级产品经理,带领中国团队推出的音乐服务结合中国特色开创了中国商业模式。洪峰在Google中国领导的项目还有谷歌中文输入法和谷歌视频。这7名神话级的人物,天公作美般的神奇组合,加上他们每个人的不懈努力,在困难面前从不放弃的顽强意志,成就了小米传奇。

(资料来源:作者根据多方资料整理而成)

5.3.3 团队建设途径

团队建设的主要途径有四个:

(1)角色界定途径

角色界定是深受团队建设者喜爱的一种方法。贝尔宾于1981年证明说,成功的团队是通过不同性格的人结合在一起的方式组成的。一般来说,团队中主要包括八种角色:

第一,实干者。实干者非常现实、传统甚至有点保守,他们崇尚努力,计划性强,喜欢用系统的方法解决问题。他们还有很好的自控力和纪律性,而对团队忠诚度高,为团队整体利益着想而较少考虑个人利益。实干者的典型特征包括有责任感、高效率、守纪律,但比较保守;有组织能力、务实,能把想法转化为实际行动;工作努力、自律,但缺乏灵活性,可能会阻碍变革。

第二,协调者。协调者能够引导一群不同技能和个性的人向着共同的目标努力。他们代表成熟、自信和信任,办事客观,不带个人偏见。他们除权威之外,更有一种个性的感召力。他们能在团队中很快发现各成员的优势,并能在实现目的的过程中妥善运用。协调者具有冷静、自信、有控制力等特征,擅长领导一个具有各种技能和个性特征的群体,善于协调各种错综复杂的关系,喜欢平心静气地解决问题。

第三,推进者。推进者办事效率高,自发性强,目的明确,有高度的工作热情和成就感,遇到困难时总能找到解决办法;推进者大都性格外向且干劲十足,喜欢挑战别人,好争端,而且一心想取胜,缺乏人际间的相互理解,是一个具有竞争意识的角色。推进者是行动的发起者,敢于面对困难,并义无反顾地加速前进,他们还敢于独自做决定而不介意别人的反对。推进者是确保团队快速行动的最有效成员。

第四,创新者。创新者拥有高度的创造力,思路开阔,观念新,富有想象力,是"点子型的人才"。他们爱出主意,其想法往往比较偏激和缺乏实际感。创新者不受条条框框约束,不拘小节,难守规则。他们经常在团队中提出新想法和开拓新思路。通常在项目刚刚启动或陷入困境时,创新者显得非常重要。

第五,信息者。信息者经常表现出高度热情,是一个反应敏捷、性格外向的人。他们的强项是与人交往,在交往的过程中获取信息。信息者对外界环境十分敏感,一般最早感受到变化,有与人交往和发现新事物的能力,善于迎接挑战。

第六,监督者。监督者严肃、谨慎、理智、冷血质,不会过分热情,也不易情绪化。他们与群体保持一定的距离,在团队中不太受欢迎。监督者有很强的批判能力,善于综合思考、谨慎决策。他们具有冷静、不易激动、谨慎、精确判断等特征,善于分析和评价,善于权衡利弊来选择方案。

第七,凝聚者。凝聚者是团队中最积极的成员,他们善于与人打交道,善解人意,关心他人,处事灵活,很容易把自己同化到团队中。凝聚者对任何人都没有威胁,是团队中比较受欢迎的人。他们合作性强,性情温和、敏感,善于调和各种人际关系,在冲突环境中其社交和理解能力会成为资本。凝聚者信奉"和为贵",有他们在的时候,人们能协作得更好,团队士气更高。

第八,完善者。完善者具有持之以恒的毅力,做事注重细节,力求完美。他们不大可能去做那些没有把握的事情,喜欢事必躬亲,不愿授权。他们无法忍受那些做事随随便便的人。他们埋头苦干,守秩序,尽职尽责,易焦虑。对于那些重要且要求高度准确性的任务,完美者起着不可估量的作用,他们在管理方面崇尚高标准严要求,注意准确性,关注细节,坚持不懈。

(2)价值观途径

团队建设的核心是在团队成员之间就共同价值观和某些原则达成共识,因此,建设团队的主要任务是建立上述共识。形成共识主要包括五个方面:

第一,明确:必须明确建立团队的目标、价值观及指导方针,而且经过多次讨论。

第二,鼓动性价值观:这些观点必须是团队成员相信并且愿意努力工作去实现的。

第三,力所能及:团队共识必须是团队确实能够实现的,确定不现实或无法达到的目标是没有用的,因为这只会使人更想放弃。

第四,共识:所有团队成员都支持这一观点是至关重要的,否则他们可能发现各自的目标彼此相反或无法调和根本冲突。

第五,未来潜力:团队共识必须具有在未来进一步发展的潜力。拥有固定的、无法改变的团队共识是没有意义的,因为人员在变、组织在变、工作的性质在变,需要经常重新审视团队共识,以确保它们仍然能够适应新的情况和新的环境。

（3）任务导向途径

以任务为导向的团队建设途径,强调团队要完成的任务。按照这一途径,团队必须清楚地认识到某项任务的挑战,然后在已有的团队知识基础上研究完成此项任务所需要的技能,并发展成具体的目标和工作程序,以保证任务的完成。

卡特森伯奇及史密斯强调,在表现出色的团队中,这一途径尤显重要。为此,他们在现实组织环境中找出了建设高效团队的八条基本原则:

①确定事情的轻重缓急,并确定指导方针;

②按照技能和技能潜力,而不是个人性格选拔团队成员;

③对第一次集会和行动予以特别关注;

④确立一些明确的行为准则;

⑤确定并且把握几次紧急的、以任务为导向的目标;

⑥定期用一些新的事实和信息对团队成员加以考验;

⑦尽可能多地共度时光;

⑧利用积极的反馈、承认和奖励所带来的力量。

（4）人际关系途径

人际关系途径通过在成员间形成较高程度的理解与尊重,来推动团队的工作。T小组训练即是这类途径的早期方法。这类途径主要是在心理学的实验依据基础上,通过开展良好的交流、沟通类型的实验与培训加以实现。

创业团队专栏之六:

腾讯团队缩影

图片来源:www.qq.com

腾讯公司成立于 1998 年 11 月 11 日,成立近二十年以来,一直秉承"一切以用户价值为依归"的经营理念,始终处于稳健、高速发展的状态。腾讯把"为用户提供一站式在线生活服务"作为战略目标,提供互联网增值服务、移动及电信增值服务和网络广告服务,并通过资金、技术、人才和市场等多个方面支持国家的信息化建设,推动信息产业和知识经济的发展。近二十年以来,腾讯的规模不断壮大,分支机构和业务覆盖全国,涵盖技术研究、产品开发、市场销售、技术支持、教育培训和慈善机构等多个层面。据 2016 腾讯全球合作伙伴大会统计,腾讯近五年成就 30 家上市公司,注册创业者超过 600 万,实现合作伙伴总收益达 160 亿。企业讲究的是团队运作,马化腾和他的腾讯能在今天有着如此地位,与他的团队是分不开的。

　　腾讯从最初的五人创业团队发展到现在,其初创成员体现出互补性。马化腾注重用户体验,愿意从普通用户的角度去看产品。张志东对技术很沉迷,总是把一件事情做得完美化。许晨晔和马化腾、张志东同为深圳大学计算机系毕业生,他是一个非常随和、有自己的观点但不轻易表达的人,是有名的"好好先生"。而陈一丹是马化腾在深圳读中学时的同学,后来也就读深圳大学,他十分严谨,同时又是一个非常张扬的人,他能在不同的状态下激起大家的激情。如果说,其他几位合作者都只是"搭档级人物"的话,曾李青则是腾讯5个创始人中最好玩、最开放、最具激情和感召力的一个,与温和的马化腾、爱好技术的张志东相比,他是另一个类型的。正是因为他们的这种互补,才使得腾讯越来越壮大。而随着腾讯的发展规模越来越大,跨部门的协作是经常性的需求。怎样寻找能够相互促进、相互配合的人员以构建一个基层管理团队,往往依赖具体的场景和业务类型,除了性格因素之外,团队的经验、能力、职业背景也需要相互协调和促进。而为了实现团队成员的互补与配合,团队领导者需要对每个成员有全面的了解,这样就能比较有把握地判断成员在团队中的角色,充分发挥成员在团队中的作用,实现互补与配合,从而建立起一个高绩效的团队。

(资料来源:作者根据多方资料整理而成)

5.3.4 创业团队的组建

(1)创业团队的组建原则

　　创业者能否走得更远,取决于创业者和创业团队的基本素质。企业的成长是人才成长的一个集中体现,企业的成功也是人才的成功。组建一支优秀的创业团队对任何创业者而言,都是一项至关重要的工作,它决定着创业的成败。优秀创业团队的标准是拥有高度责任感、成功的行业经验、合作的心态。那么,怎样才能组建一支优秀的创业团队呢?

　　第一,扬长避短,恰当使用。人有所长,必有所短。创业伙伴之间最好呈互补关系,选择创业伙伴的时候要看清其长,以后也要学会包容其短。所谓取长补短,是取别人的长补自己的短,此为团队的真正价值。当你是内向型性格,不善于交际,只适合从事技术工作时,那你最好找富有公关能力、会沟通、能处理复杂问题的搭档;当你是急性子,脾气比较暴躁且又自认为很难改正时,那你最好找慢性子、脾气温和的搭档。因为合作中的摩擦是在所难免的,一急一缓可以相得益彰。创业需要的是一个系统,而非某一两个单点,作为单独的一个人,不可能具备创业所需的所有技能和资源,大量创业事例告诉我们,单个创业者创业通常只能达到维持生计的程度,要想单枪匹马地发展一家高潜力的企业是极其困难的。如果创业者不顾实际情况,一门心思单打独斗,就很有可能延误企业的发展。创业者如果成为孤独的"狼",无法与他人相处共事,那只能算是地摊式的小业主而无法成为统领千军万马的企业家。

　　第二,既要讲独立,也要讲合作。创业者在创业过程中,既要讲独立,也要讲合作。适当的合作(包括合资)可以弥补双方的缺陷,使弱小企业在市场中迅速站稳脚跟。春秋时代战国七雄尚讲合纵连横,创业者更需要从创业整体规划出发,明确哪些方面的技能和资源是自己所欠缺的,再以此来寻找相关具备此类技能和资源的合作人,将大家的资源和技能实现整合,共同发展。

第三,志同道合,目标明确。找创业搭档就跟找对象一样重要,对方是你事业上的另一半,在共同的创业过程中是否会与你福难同当、同舟共济是至关重要的。团队的成员应该是一群认可团队价值观的人。团队的目标应该是每个加入到团队里的成员所认可的,否则的话,就没有必要加入。在明确了一个团队的目标时,作为团队的负责人,应该以这个共同的目标为出发点,来召集团队的成员。团队是不能以人数来衡量的。如果你有一群人,但没有共同的理想和目标,那这就不是一个团队,而是一群乌合之众。这样的团队是打不了仗的。所以,你和你的伙伴应是志同道合的,有共同的或相似的价值追求和人生观。

创业伙伴应该都是有梦想的人,是为了做出一番事业而走到一起,而不是为了简单的现实利益。电子资讯系统公司(EDS)、佩罗系统公司(Perot Systems)的创始人罗斯·佩罗曾经说过:"我在找人,找那些喜欢赢得胜利的人。如果我没找到,我就找那些憎恨失败的人。"所有的团队成员都必须是对企业的创业项目有热情的人。因为任何人才,不管其专业水平多么高,如果对创业事业的信心不足,都将无法适应创业的需求。

第四,知己知彼,百战不殆。优秀的创业团队的所有成员都应该相互熟悉、知根知底。《孙子兵法》中云:"知己知彼,百战不殆",在创业团队中,团队成员都要非常清醒地认识到自身的优劣势,同时对其他成员的长处和短处也一清二楚,这样可以很好地避免团队成员之间因为相互不熟悉而造成各种矛盾、纠纷,迅速提高团队的向心力和凝聚力。

第五,完善股权,利益共享。在个人创业的初始阶段,一定要具有群做群分的意识。这里所指的群做群分,就是指创业主导者寻找一些志同道合的合作人一起来合作起步发展,并且还要做到清晰且无争议的利益分配。对于创业者来说,从企业创立开始就需要制定相对完善的股东协议,明确各个创业者之间和原始投资人之间的关系。

第六,相互补充,相得益彰。创业团队虽小,但是"五脏俱全"。创业团队成员不能是清一色的技术流成员,也不能全部是搞终端销售的,优秀的创业团队成员各有各的长处,大家结合在一起,正好是相互补充,相得益彰。

第七,心胸博大,宽厚待人,善于合作。选择好合伙人以后,就需要与合伙人很好地相处,这样才能够合作长久,俗语"和气生财"是放之四海而皆准的一句话,否则创业是创不成、老板也做不成的。创业者应该有博大的心胸,能宽厚待人,懂得如何把握"合作",懂得什么是"合作"分寸,这样我们才能更多地体会"合作"带给我们的快乐。

一个人的心胸决定了他所能达到的事业高度。宽容是合作者首先必备的一种道德品质。内讧是摧毁合作的最大杀伤力,宽容是合作的黏合剂。唯有和谐,合作才能愉快,才能使合作者激发出最大的工作热情和才智,营造一个有竞争力的团体。

第八,摆正位置,坦诚相待,互相尊重对方。作为合伙人,在平时的交往与合作中要坦诚,互相尊重对方,摆正自己的位置。既然是合伙人,也就是出资人,请在心中时时提醒自己:双方都是为了共同的利益才在一起的,无论出资多少,都不会拿着自己的钱出来玩。遇到问题和矛盾时应该向前看,向前看利益是一致的,因为成功会给大家带来更丰厚的收获。盯住眼前的事情不放,只能是越盯矛盾越多,越盯矛盾越复杂,最后裹步不前。只有向前看,成功的希望才会激励着合作的各方摒弃前嫌、勇往直前,抵达成功的彼岸。

（2）创业团队组建过程

团队发展的五个阶段分别为：组建期、激荡期、规范期、执行期和休整期。这五个阶段是所有团队建设所必需的、不可逾越的，团队在成长、迎接挑战、处理问题、发现方案、规划、处置结果等一系列过程中必然要经过上述五个阶段。

第一，组建期。我们每一个人都有加入新团队的经历和感受。激动、困惑、矜持、观望是团队组建期成员的主要特点。组建期的团队缺乏清晰的工作目标，工作职责与标准不明确，缺乏顺畅的工作流程，成员间缺乏有效的沟通，个人的角色定位不明确，部分成员还可能表现出不稳定、忧虑等特征。

团队组建期的主要工作是明确方向、确定职责、制定规范与标准、进行员工培训。团队负责人一定要向团队成员说明工作目标、工作范围、质量标准及进度计划，并根据工作目标要求对团队成员进行技能和知识培训。团队负责人要让成员参与探讨工作计划，主动和他们进行平等而真诚的交流，消除团队成员的困惑与忧虑，确保团队成员之间建立起一种互信的工作关系，设想出成功的美好前景并达成共识，以激励团队成员。

第二，激荡期。经过组建阶段以后，团队获得发展信心，但同时也形成了各种观念激烈竞争、碰撞的局面，出现人际冲突与分化。团队成员面对其他成员的观点、见解，更想要展现个人性格特征，并表露出对于团队目标、期望、角色以及责任的不满和挫折感。团队成员间、团队和环境间、新旧观念间会出现矛盾，甚至团队负责人的权威也面临挑战，团队组建初期确立的原则受到冲击与挑战。作为团队负责人应具有解决冲突和处理问题的能力，创造出一个积极向上的工作环境。同时，这个阶段要准备建立工作规范。没有工作规范、工作标准约束，就会造成一种不均衡，这种不均衡也是冲突源，团队负责人在规范管理的过程中要以身作则。

第三，规范期。通过第二个阶段的磨合，团队进入规范期，规则、流程、价值观、行为、方法、工具均已建立，团队成员的工作技能开始慢慢提升，新的技术慢慢被掌握。团队成员之间开始建立起互谅、互让、互助的关系。他们的目光重新集聚到工作上来，关注目标与任务，并有意识地解决问题，实现组织和谐。他们开始关心彼此的合作和团队工作的进展，并逐渐适应环境、技术和各种规范的要求。

团队要顺利地度过第三个阶段，最重要的是形成团队的文化和氛围。团队精神、凝聚力、合作意识能不能形成，关键就在这一阶段。作为团队负责人，在这一时期的主要工作就是通过激励来使团队成员放弃各种心理上的包袱，提高责任心和相互信任度，使他们的行为标准和工作任务紧密地结合起来。激励是多种因素的综合，这时期的团队建设，可从以下角度切入：鼓励建议，让成员在多提意见的过程中，感觉到团队的发展与自己休戚相关；实行参与制，让每个成员认识到自己是团队中的一员；压担子，通过授予成员工作，激发他们的责任心；进行表扬和奖赏。必须强调的是，实施激励应该在工作过程中，而不应只是在完成时。当然，除激励之外，规章制度的约束和惩罚是必不可缺的辅助手段。

第四，执行期。度过第三个阶段后，稳定期的团队逐步变成高绩效的团队。这一阶段的团队成员呈开放、坦诚、及时沟通的状态，具备多种技巧，协力解决各种问题，用规范化的管理制度与标准工作流程进行沟通、化解冲突、分配资源。他们自由而建设性地分享观点与信息，有一种完成任务的使命感和荣誉感。

"领导者要干自己的事,不干别人能干的事",这是现代领导方法的基本法则。对于执行期的高绩效团队,团队负责人应掌舵而不是划桨,应集中精力关注预算、进度、计划、业绩和成员的教育培训等事关全局的大事,其他事情应进行授权管理。同时,这个阶段的团队负责人要根据业务发展需要,随时更新工作方法与流程,推动经验与技术的交流,提升管理效率,营造高绩效的组织文化,集中团队的智慧作出高效决策,通过成员的集体努力追求团队绩效。

第五,调整期。天下没有不散的宴席,任何一个团队都有它自己的寿命,团队运行到一定阶段,完成了自身的目标后,就进入了团队发展的第五个阶段——调整期。

调整期的团队可能有三种结果:一是解散,二是组建新的团队,三是因团队表现欠佳而被勒令整顿。以项目或工作小组形式成立的临时团队,一般在项目或某项工作完成后就会解散,或组建新的团队。常规团队在企业发展到一定阶段,可能根据业务需要撤销、调整或重组。

布鲁斯·塔克曼认为,在团队建设的这五个阶段中,每个阶段的工作绩效和团队精神的水平存在很大差异。进行团队建设,就是要分析团队所处的发展时期,了解其特点及规律,对症下药,采用恰当的领导方式,减少团队内耗,降低发展成本,提高团队绩效。

创业团队专栏之七:

史玉柱的"四个火枪手"

图片来源: www.baidu.com

1991年4月,珠海巨人新技术公司注册成立,史玉柱任总经理,他的传奇人生也由此开始。同年8月,史玉柱组织研发的M-6401汉卡上市,巨人公司开始蓬勃发展。在1992年7月,巨人公司实行战略转移,将管理机构和开发基地由深圳迁往珠海。不久后,巨人公司升级为珠海巨人高科技集团公司,并继续壮大,同年成为中国极具实力的计算机企业。1993—1994年,全国兴起房地产和生物保健品热,巨人集团开始迈向多元化经营之路,经营领域包括计算机、生物工程和房地产。在生物工程刚刚打开局面但尚未巩固的情况下,巨人集团向房地产领域进军。不久,因巨人大厦资金告急,史玉柱决定将保健品方面的全部资金调往巨人大厦,保健品业务因资金"抽血"过量,再加上管理不善,迅速盛极而衰。史玉柱的第一次创业宣告失败。2000年,史玉柱再度创业,开展"脑白金"业务。2004年11月,上海征途网络科技有限公司成立,专攻网络游戏,同年开始开发第一款网络游戏"征途"。2007年5月20日,"征途"同时在线突破100万。2007年10月16日,上海征途网络科技有限公司正式更名为上海巨人网络,并于 11 月 1 日在美国纽交所挂牌上市。2014 年 3 月,巨人网络宣布成立手游子公司,由巨人网络当时的总裁纪学锋兼任总裁、徐博出任副总裁,宣布全面进军手游行业。巨人网络 CEO 刘伟也在内部宣布"二次创业"计划,将手游业务提升到全新战略高度。直到 2015 年,巨人网络才开始加大手游投入和发布力度;2016 年,发布独立游戏"球球大作战"和"征途手机版",一个是抓住了移动电竞,另一个是抓住了端游 IP 手游的红利。2016 年 4 月,巨人网络的拟借壳公司世纪游轮发出公告称,其获得证监会的上市批复,正式成为首家回归 A 股的游戏中概股。

史玉柱的成功、巨人网络的成功都离不开史玉柱优秀的团队,其"嫡系"十分稳固,陈国、费拥军、刘伟和程晨被称为史玉柱的"四个火枪手"。史玉柱在二次创业初期,身边人很长一段时间没领到一分钱工资,但这四人始终不离不弃,一直追随左右。

陈国,史玉柱大学时"睡在下铺的兄弟",1993 年投奔史玉柱,从最早的办事员开始做起。陈国在巨人最困难的时候充当了看护巨人烂摊子的重任,留守革命根据地。直到史玉柱实行战略转移,开创新事业。陈国对巨人倒塌后的凄苦无疑是体会最深的。在性格上,陈国的沉稳踏实给了史玉柱许多的补充,这也是为何史玉柱安排陈国独守巨人大厦的原因。陈国后来在回忆当年孤守空旷的巨人大厦时,有种说不清楚的感慨:"当时非常无奈,都知道我们没钱,也不知道什么时候能够还钱。"这期间,最令陈国感到为难的,并不是独自一个人守着空荡荡的大楼的寂寞,而是那些气势汹汹上门讨要钱款的债主们。在那段艰苦的日子里,陈国不但顽强地坚守着阵地,还做了一件非常有意义的事情,就是全面统计售出去的楼花,并加以存档处理。这些资料在后来成了史玉柱还钱的重要依据。

费拥军,挺身而出的"忠实老臣"。从最早巨人天津公司的一名普通员工,到之后天津公司的副总、新疆分公司的经理,之后调回珠海总部,费拥军一直追随史玉柱,在史玉柱人身安全受到威胁的时候,他曾挺身而出,全力"护驾"。他 1990 年毕业于天津大学,同年留校任教。他于 2004 年获中欧国际工商学院工商管理硕士学位,并连续两届荣获"徐汇区拔尖人才"称号,现担任巨人网络副总裁。

刘伟,最早加入巨人集团的员工之一,历任秘书、人事部长、副总裁等职。1992 年刘伟进入巨人公司担任文秘,最初时薪金 450 元,不过经常要加班。当年史玉柱关起门来开发汉卡的时候,刘伟就已经是史玉柱的得力助手,现担任巨人网络的 CEO。

程晨,20 岁大学毕业之后就加入巨人,最初的职位是市场促销员,从业务员到南京公司再到总部任职,程晨因为业绩突出"坐直升机上升",并在巨人最困难的时候出任史玉柱的助手。程晨在团队中扮演着营销者的角色,性格开朗活泼的她在将产品推广到市场上的时候起着巨大的作用,开拓了广阔的市场。

他们是史玉柱的"四个火枪手",随着团队的成长而成长,不停地打磨自己,深厚的情谊把他们紧紧地绑在一起,让他们成了最亲密的合作伙伴,同时每个人又有自己特有的能力和强项,正是这样的他们相互融合在一起,形成互补,才有了今天巨人网络的茁壮成长。

(资料来源:作者根据多方资料整理而成)

5.4 创业团队领导行为

领导行为的研究主要分为四种途径:特质途径、领导型态途径、权变领导途径及新型领导途径。领导者特质理论盛行于 20 世纪初期至中期,此理论的重心即在于从成功的领导者身上找出共同的特质,并以此区分领导者和非领导者。从 1940 年代后期至 1960 年代中期,因特质理论无法解释领导本质,故研究者转而研究领导者之实际行为,企图了解领导行为与领导效能的关系,因此行为模式理论逐渐兴起。由于领导者特质理论及行为理论的研究结果都明白地显示没有所谓最有效的领导方式,因此 1960 年后期权变理论即开始发展。1980 年以后,研究逐渐偏向新型领导途经,其主要目的是探讨象征性及情感上吸引人的领导行为。

表 5-1 主要领导理论表

年代	领导理论	观　　点
1940 年前	偏向特质途径	强调领导是天生的
1940 年末—1960 年末	偏向领导形态途径	强调领导效能与领导者行为的关联性
1960 年末—1980 年初	偏向权变领导途径	强调领导有赖于所有因素的结合,有效的领导受情境影响
1980 年后	偏向新型领导途径	强调具有远景的领导者

5.4.1 领导者特质视角

领导者特质理论着重于天生的领导特质,如:体格魁梧且精力充沛、智慧过人能掌握目标方向、富有热情、友善具完整人格、有良好品格、专业能力、具判断力与决断力、有概念化的技能、丰富的知识、富想像力、坚强的意志、耐心与勇气,区别领导者与非领导者有六项特质:

第一,驱动力。领导者表现出较多的努力,他们有较高的成就欲望、较大的野心、较多的精力,不倦怠地坚持其行动以及采取主动。

第二,领导欲。领导者有较高的欲望去影响与领导他人,他们表现出负责的意愿。

第三,诚实与正直。领导者在他们与追随者间以诚信、无欺与言行一致来建立可靠的关系。

第四,自信。追随者希望领导者帮助他们解除自我的疑惑,领导者因此必须显现出自信以说服他人目标与决定的正当性。

第五,智力。领导者需要足够的智慧以整合、并解释大量的信息,并且能够创造愿景、解决问题以及作出正确的决定。

第六,与任务相关的知识。领导者对公司、产业以及技术方面有充足的知识,渊博的知识使领导者作出完备信息下的决定,并了解该决策的含义。

5.4.2 行为模式理论

行为模式理论的研究主要包括,俄亥俄州立大学、密西根大学及管理方格等三种理论。

第一,俄亥俄州立大学研究。行为模式理论的研究开始于 1940 年代后期的俄亥俄州立大学,其研究目的在于寻找领导行为的独立特征。这种特征主要包括结构和体恤两大类别。结构是指领导者会界定与下属群体的关系,同时建立明确的组织模式、沟通管道,并且评估工作绩效的程度,亦即强调组织或团体工作目标的达成。体恤是指领导者与下属之间相互信任尊敬,领导者能随时察觉下属的需求,重视下属的感受,关心下属的地位、福利、工作满足感和舒适感。所谓体制,就是领导者对下属的地位、角色、工作任务、工作方式和工作关系等,都制定一些规章和程序,且将之结构化。该研究发展了一套领导行为描述问卷(LBDQ),用来衡量下属对领导者所感受的领导方式,按照 LBDQ 上两个构面得分高低,按领导行为产生不同的组型,划分领导风格如图 5-3 所示。

图 5-3 领导风格图

体恤与结构在领导者所表现的领导行为中,两种形式都有可能出现,依照程度高低将领导形式分为四类:

①高体恤高结果:领导者兼重工作以及对下属的需求,在相互尊重信任的气氛中努力工作达成组织目标。高结构的领导方式,较其他任何领导方式,将导致更高的员工绩效与工作满足。

②高体恤低结果:领导者关怀下属的需求远胜于对工作的要求。

③低体恤高结果:领导者较重视组织工作目标而忽略下属的需求,少有体恤之行为表现。倾向鼓励上司与下属在互相尊敬、信任的气氛中工作,最关心的是其执掌的工作面。

④低体恤低结果:领导者对组织目标与下属需求均不予在意,这种领导行为将导致组织混乱,生产力低落。

第二,密西根大学的研究。密西根大学与俄亥俄州立大学的研究的主要目的是为了探究和测量与工作绩效有关的领导者行为特征。密西根大学所研究出的结果,将领导方式分为工作中心和员工中心两种领导行为的向度类型:

①员工导向:领导者认为每位员工都极为重要,他们会试图了解下属的需求与感受,并且接受组织成员间的个别差异。

②生产导向:生产导向的领导者所关心的是组织任务的达成,他们比较强调工作的技术面,并且认为组织成员只是达成目标的工具而已。

密西根大学研究者的结论强烈支持领导者的员工导向行为,他们认为员工导向的领导者与高团体生产力、高工作满足感有关联;而生产导向的领导者则与低团体生产力、低工作满足感相关。由于俄亥俄州立大学与密西根大学的研究观点相近,故以后的诸多研究多采用俄亥俄州立大学的二构面理论。

此后,研究者发展了以二向度坐标方式呈现关心生产及关心员工二构面所组成的 81

种不同组合方式,并命名为管理方格。其中最具代表性的五种领导作风分别如图 5-4
所示:

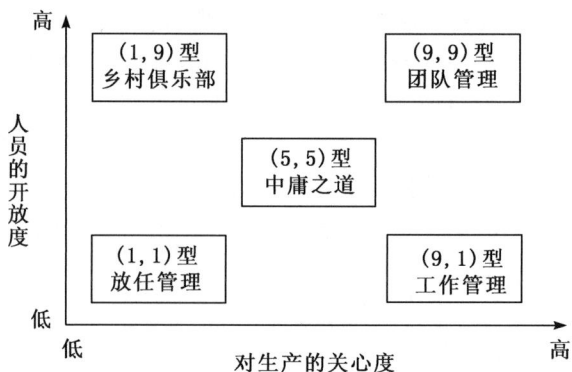

图 5-4　管理方格的领导形态图

①(1,1)领导得对型领导:放任管理员工与生产的关心程度均低,希望用最少的力气
完成工作,此种方式称为放任管理。

②(9,1)工作管理型领导:领导者相当关心生产及工作效率,而忽视员工,使人的因素
产生最少困扰。

③(1,9)乡村俱乐部型领导:领导者相当关心工作环境与和乐气氛,努力提供一个舒
适友善的组织气候与工作步调。

④(5,5)中庸之道型领导:领导者保持中庸之道,在工作效率与工作满足之间保持
平衡。

⑤(9,9)团队管理型领导:这是最佳的领导行为,领导者对员工及生产均高度重视,与
下属建立互信尊重的关系。

在上述领导方式中,又以(9,9)型领导乃最有效的领导方式。在此种领导方式下,将
可激发人员的工作热忱、认真负责以及创造力。

5.4.3 权变理论

权变理论指出,没有一种最佳的领导方式可普遍加以应用,最有效的领导方式是因应
各种不同的情境所采取的动态弹性方式;领导效能的高低,视领导者行为与情境配合的程
度而定,配合程度越高则领导效能越高,反之则越低。

（1）费德勒权变模式

费德勒认为团体绩效有赖于领导者与其下属的互动类型,及情境给予领导者之控制
权或影响力的适当配合。在确认领导风格方面,费德勒认为,个人的基本领导风格是影响
领导成败的主要因素,因此他发展出最不喜欢的工作伙伴量表问卷(简称 LPC),来衡量
领导者的领导风格。费德勒认为 LPC 分数高的领导者,他们主要动机是在追求与下属良
好的人际关系,即关系取向;而 LPC 得分低者,其主要动机是做好工作,即工作取向。

在情境的界定上,费德勒认为可用三个权变向度来界定主要的情境因素:

①领导者与下属关系:领导者受下属信任和尊敬程度。

②工作结构:工作指派程序化的程度(结构化或未结构化)。

③职位权力:领导者具有的奖惩权力及得到高阶主管支持的程度。

研究结果显示,工作取向的领导者,在最有利和最不利的领导情境下,都会比关系导向的领导方式较佳,而处于中间有利程度时,关系导向的领导方式所获得的效能较高,如图 5-5 所示。

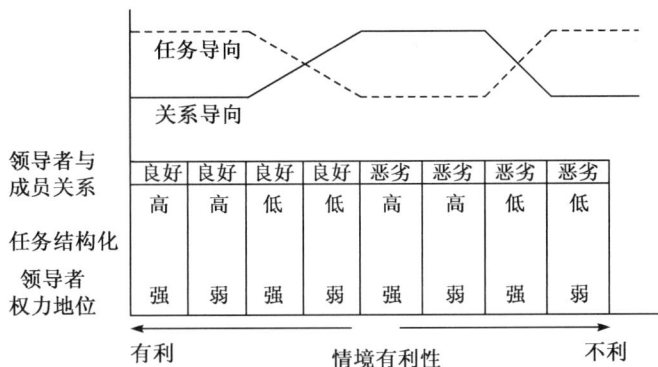

图 5-5 费德勒权变模式

从权变理论我们可以明白,没有哪一种领导方式可以适用于各种情境。因此,为使领导方式成为有效领导,也可考虑由改变情境着手。

(2)途径—目标理论

此理论乃是根据俄亥俄州立大学的领导理论与动机期望理论加以整合发展而成的,它的主要内涵是:领导者的主要工作是帮助下属达成他们的目标,并提供必要的指导和支援,以确保他们的目标可以和团体或组织的目标配合。此领导主要包括四种领导行为:指导型领导、支持型领导、参与型领导及成就取向型领导。

①指导型领导:在工作不明确、欠缺结构化时,可使下属有较高的工作满足感。

②支持型领导:在执行结构化任务时,可以让下属有较高的工作绩效与工作满足感。

③参与型领导:对于内控型的下属使用参与型领导,能提高下属的满足感。

④成就取向型领导:在完成过程虽不清楚,但是只要付出努力仍可获得高绩效的工作时,可有效提高下属的期望。

此理论的研究结果显示:

①工作结构不明确时,指导型领导会让下属有较高的满足感。

②工作结构较清楚时,支持型领导会让下属有较高的工作绩效和满足感。

③当工作结构不明确但努力可以获得高绩效时,成就取向型领导可提高下属的期望。

④正式的权力系统越清楚时,领导者需要表现支持性行为,减少指导性的指导。

⑤当团队内部有冲突时,指导型领导可导致较高的工作满足感。

⑥内控型下属较满足参与型领导,外控型下属较满足指导型领导。

5.4.4 新魅力理论

新魅力理论包含魅力型领导、愿景型领导、转换型领导与交易型领导。

(1)魅力型领导

魅力型领导是指下属观察领导者在特定行为所表现出的英雄式或特别领导能力的领导行为。魅力型领导者有强烈权力欲、高度的自信及坚定的信仰等特质。魅力型领导者透过下列行为影响下属：清楚表达一个动人的愿景；使用丰富的情感沟通方式表达愿景；愿牺牲个人去达成愿景；以高期待方式跟下属沟通，表达对下属的信任及给下属一种行为典范；用领导者影响力来管理下属；建立下属对组织的认同感；赋予权力给下属。

（2）愿景型领导

愿景型领导是指领导者对组织未来能创造及提出一个真实、可靠且富吸引力的愿景，此愿景可以让组织改善现状及成长。愿景型领导者展现下列领导行为以达到其领导效能：透过口头及书面清楚对下属解释此愿景，包括目标及行动方案；透过行为举止，不停地对下属表达及增强此愿景，以及在不同场合和情境下随时去扩张此愿景。

（3）转换型领导

转换型领导是指领导者能提出一个让成员信服且愿意接受的愿景，使愿景成为成员共同努力的目标和具体行动的方向。同时通过良好的语言能力与沟通技巧，将愿景传达给成员，和成员形成共同的价值取向，使成员共同合作，形成对彼此的信任，以符合组织的需求，促进组织的发展。

（4）交易型领导

交易型领导是指领导者和下属之间以彼此间一连8的交换和对价关系为基础的关系，当下属表现出领导者所期望的行为时，便可以收到特定价值的回报，也就是领导者和下属只是维持利益交换的关系，领导者关心目标是否达成、工作是否符合预期成果，而下属关心的是所付出的努力能否得到应有的回报。比较低层次的交易是以有形的物质作为交换的，如达成目标则可以加薪；较高层次的交易则是无形物质的交换，如忠诚、情感和信任等。

有效能的交易型领导者，能准确地判断及回应情境因素和下属的期望，他们总是可对下属做出激励性的利益交换。交易型领导者发展一种有助于组织效能的领导策略及架构，对下属的努力给予报酬，相对地对下属的错误及偏颇行为给予纠正，以发挥良好的组织绩效，所以交易型领导者对待下属的行为，是用报酬来交换下属好的作为及努力，用惩罚来纠正下属错误的行为，以维持其领导效能。

创业团队专栏之八：

大疆无人机创业团队

图片来源：www.dji.com

深圳市大疆创新科技有限公司（以下简称"大疆"）成立于 2006 年，是全球领先的无人飞行器控制系统及无人机解决方案的研发和生产商，客户遍布全球 100 多个国家。通过持续的创新，大疆致力于为无人机工业、行业用户以及专业航拍应用提供性能最强、体验最佳的革命性智能飞控产品和解决方案。

大疆的创始团队包括创始人汪滔和三名员工陈金颖、卢致辉、陈楚强。2006年,还在香港科技大学读研究生的汪滔在仓库中创建了大疆创新。在RoboCon亚太大学生机器人大赛中,汪滔带领团队拿下亚洲第三的成绩。这使汪滔觉得可以将其参赛的无人直升机商业化。团队成员卢致辉是当时团队中年纪最小的成员,还是哈工大信电学院的大四学生,在来大疆之前,他在东莞找了一份结构设计的工作,做浴缸的控制器,但觉得实在太无聊,接到大疆的电话后便辞职加入其中。陈楚强在进入大疆之前,已经在一家企业干了一年的时间,当初的合同签的是三年,要离开的话需要赔偿3万元的违约金,但出身于军人世家的陈楚强因为从小对飞机的热爱,毫不犹豫地选择了大疆。2010年,汪滔的中学同学谢加加盟大疆,负责市场营销工作,同时也是汪滔的重要助手。曾卖了房子投资大疆的谢加,今天持有的14%股份预计价值14亿美元。

合适的董事长李泽湘是汪滔的老师,在大疆占据少量股份,现在更多的精力不在大疆身上,而是在找合适的人来大疆,让合适的人运作公司、管理公司。如果公司遇到问题,李泽湘会给出建议。李泽湘非常喜欢将团队拉出去开眼界,激发团队的好胜心。在大疆高速发展时,李泽湘带着大疆高管去美国与苹果高管交流如何管理公司。

在海外布局方面,2011年8月,奎恩与大疆合作,并在得克萨斯州奥斯汀市成立了大疆科技北美分公司,旨在将无人机引入大众市场。奎恩获得了大疆科技北美分公司48%的股份,而大疆则拥有剩余52%的股份。奎恩当时负责大疆科技北美地区和部分英语市场的营销工作,成为一名大疆无人机的"了不起的销售员"。

然而,在大疆发展过程中,团队成员也在不断变动中,早期的三名创业团队成员分别离职创业。其中,卢致辉来到了一电科技,并为其组建了消费级无人机研发团队。陈楚强在2011年也自立门户开始创业,创立了"头家技术"。陈金颖创立了云雀科技,主要是做FPV飞行器解决方案。我们期望,各位创业者能在自己的领域中创造新的奇迹。

(资料来源:作者根据多方资料整理而成)

5.5 创业企业激励

创业企业因其所处的生命阶段的特殊性,而存在高风险、高成长、变化频繁、资源不足等特点,如何激励员工与企业一起同舟共济、共同发展,是创业者必须解决的问题。创业企业需在创业激励机制设计、企业层级激励方面进行有效的配置。

5.5.1 创业激励机制的设计

在企业发展的早期,你往往无法为员工提供有竞争力的薪酬。所以,为了企业的发展,你必须探寻构建企业的其他途径,必须采用正确的激励机制让早期员工有其他理由对其工作充满热情。

（1）提供学习机会

虽然很多初创企业无法提供有竞争力的薪酬,但可以为员工提供大量的学习机会,那就是让他们参与大项目。比如,某公司一位从事客户支持工作的员工,因为在为客户提供支持和架构建设的工作中承担了很多责任,所以一路走来学到了很多东西,两年不到的时间就成了20人团队的负责人。虽然公司在短期内难以让员工获得理想的工资,但如果能为他们提供充分的学习机会,那么不但能让他们乐在其中,而且从长远来看,也能提升公司为他们提供理想薪酬的潜力。

(2)创建一个特别的社区

初创企业漫长的工作时间和沉重的压力,意味着员工之间非常了解——不管是好是坏。理想的结果是,这样的人际关系可造就成员之间相互关心的团队,让公司离成功更近一步。然而,这样的文化环境并不是凭空产生的,公司领导必须投入精力构建一种员工们心心相通、自己的声音得到倾听、自身的价值得到认可的企业文化。所以,花时间去了解每位员工,洞悉他们的热情所在以及面临的挑战是什么是必不可少的。此外,还应该为他们创造机会,让他们分享工作之外的经验,以此鼓励员工建立健康的协作关系,并在员工产生冲突时介入调停。

(3)身在一线

与员工并肩努力工作,能彰显领导者对企业的献身精神、热情和信念。利用非工作日集体出行或者开展某些活动,能增进员工之间的了解。另外,公司负责人对公司前景的设想以及实现愿景的策略等问题,应该对员工保持透明和开放的态度,这样的态度能让员工们朝着共同的目标携手前进。

(4)提供股票期权

让未能获得理想薪酬的员工长期追随公司的关键,就是提供股票期权。股票期权是一种递延酬劳,这种设计能让公司将现有的资源用于公司营收的增长。股票期权一般要经过较长一段时间才能行权(通常需要几年的时间),所以这一设计有助于将员工的敬业度与公司未来的某些里程碑式成果(比如被一家公司收购)更好地统一起来。此外,为团队提供股票期权还能让他们获得股东那样的感受。股东的工作通常会更勤勉,因为他们知道,自己的表现会直接影响到公司出售时自己可以获得多少金钱。

(5)灵活的职位描述

企业的早期阶段之所以令人兴奋,部分原因就在于每位团队成员都能对项目产生重要影响,都有机会参与通常无缘参与的项目。如果公司能将灵活的职位描述与工作指导结合起来,那么每位员工就都能发挥自己的优势,并能在自己感兴趣的项目中起到带头作用。这也意味着团队对自己的工作拥有自主权。

5.5.2 创业企业层级激励

创业企业的层级激励机制主要运用的手段包括有限合伙制的激励制度、股票期权、经理人市场竞争、精神激励等,激励机制的实现方式有退出的激励机制、可转换优先股等。

(1)有限合伙制的激励机制

有限合伙制对风险企业中的风险投资方的激励机制具体体现在两个方面:一是风险投资方对风险投资企业债务所承担的无限责任。由于风险投资方对风险投资企业的债务承担无限责任,所以风险投资方如果经营不善,所造成的超过基金数额的亏损将完全由风险投资企业中的普通合伙人承担。所以从强化理论的角度看,不利的结果将弱化风险投资方降低企业经营业绩的行为。在有限合伙制的规则下,风险投资方将努力经营企业并避免亏损,从而形成了对风险投资方的激励。二是风险投资方获得的远远多于其出资比例的投资收益。风险投资企业以 1% 的出资获得利润的 15%～30%,这种与投资不成比例的利润分配,实际上是对风险投资管理者劳动的充分肯定,这种有利的结果将强化风险投资方努力经营的行为。由于风险企业利益与风险投资方利益的一致性,这种机制将激励风险投资方追求股东利益的最大化以实现自身利益的最大化。

(2)经理层的激励机制

经理层的激励机制主要包括以股票期权为特征的薪酬制度的激励机制,以及经理人市场的荣誉激励机制。

①经理人股票期权激励

在美国,经理层的薪酬包括四个基本组成部分:首先是基本薪资;其次是短期激励收入,主要是奖金;三是长期激励收入,主要是股票期权;最后是额外收入。风险企业的经理层通常采用以股票期权为核心的薪酬体系,典型的组合为"较低的基本薪资＋较高的股票期权"。

自 1952 年美国辉瑞制药公司第一个推出股票期权计划后,经理人股票期权逐渐盛行,并自 20 世纪 90 年代以来在经理层薪资构成中扮演重要角色。美国高级管理人员的薪资水平随着股票期权计划的引入快速增长。股票期权给那些管理能力出众、创新能力突出、经营业绩良好的企业高级管理人员提供丰厚的回报,并起到了良好的激励效果。由于股票期权不但具有巨大升值潜力,而且以经理层长期服务于企业为前提条件,所以被称为经理人的"金手铐"。

赋予风险企业经理层股票期权的做法也可能产生一定的副作用,持有较大比例股权或期权的经理层往往偏好从事收益很高但风险很大的项目,可能产生对风险投资方利益的背离。因此,在双方签订的风险投资协议中,一般含有专门的经理层雇佣条款,即赋予风险投资方解雇、撤换经理层的权利,并使企业能够从离职经理层那里购回股份,以此来惩罚那些业绩不佳的经理人,限制其偏好风险的倾向。

②经理人市场的荣誉激励机制

经理人市场的荣誉激励机制特点在于:经理人业绩、经历与聘任及解聘密切相关,风险企业的经理层为谋求自身职业生涯的发展,具有维持良好声誉的动机,激励其为实现风险企业股东利益最大化而努力工作。

(2)对创业者的激励机制

对创业者的激励机制主要包括可中断分期投资策略的激励机制、可转换优先股的激励机制,以及创业的经济与精神激励机制。

①可中断分期投资策略的激励机制

可中断分期投资策略是对于创业者一个重要的激励机制。在风险投资方可中断分期投资策略的威胁下,创业者为了从风险投资方获得生存发展所必需的后续投资,必须提高公司的运营效率,改善公司的经营管理。他们中的成功者将获得风险企业发展所必需的追加投资,从而发挥可中断分期投资策略对创业者的激励作用,形成对创业者的激励机制。

②可转换优先股的激励机制

风险投资方通常以可转换优先股向风险企业投资。一般意义上的可转换优先股是指发行时定下可转换条款,允许持有人在某种情况下转换为普通股的优先股,转换比例可以根据优先股与普通股的价格比例事先确定,持有人一般不享有投票权。

优先股的优先权是相对于普通股而言的,具体体现在两个方面:一方面是在企业有赢利时,优先股优先于普通股获得股利;另一方面是在企业破产清算时,优先股获取剩余财产的次序优先于普通股。

当企业有赢利时,优先股股东可以按事先规定的股息在普通股之前优先取得公司分配的股利,而且股息通常是固定的,不受公司经营状况和赢利水平的影响,这一点类似于债券。根据股利发放情况的差别,优先股又可以分为可累积优先股和不可累积优先股。可累积优先股是指股利固定并且股息可以累积,公司经营不善时未分发股利可以累积到公司经营状况改善时,一起付给优先股持有者。不可累积优先股到了期限没有支付的股利则不可以累积至以后各期。

③对创业者的精神激励

创业者创业可以带来高额的经济回报。然而,经济收益并非激励创业者的唯一因素,甚至不是最重要的因素。英国在1991年就创业动机进行了一项研究,其中98%的创业者将"个人成就感"列为重要的原因,在这98%的创业者中又有70%将其列为非常重要的原因;有88%的创业者将"能够按自己的方式做事"列为重要原因,87%将"采取长远观点的自由"列为重要或非常重要的原因,追求个人成就感是企业家创业的最重要原因。根据马斯洛需求层次论,该调查说明满足"自我实现"是创业者重要的需求,因此创业并经营好风险企业本身就对创业者构成激励。

应当指出,精神激励对于社会的发展与进步有着重要作用,特别是在艰苦的创业活动中,它对于创业者的作用远非物质激励可比,风险投资业诞生的历史就是精神激励的典型案例。

作为美国风险投资业诞生标志的美国研究与发展公司(ARD),从成立至1957年,在长达11年的时间里始终是惨淡经营,然而风险投资的先驱并没有在困难面前退缩。创始人之一弗朗德斯有这样一段话:"美国的企业、美国的就业和居民的财富作为一个整体,在自由企业制度下不可能得到无限的保障,除非在经济结构中不断有健康的婴儿出生。我们经济的安全不可能依靠那些老牌的大企业的扩张得到保障。我们需要从下而来的新的力量、能量和能力。我们需要把信托基金中的一部分和那些正在寻找支持的新主意结合起来。"社会责任感和对理性的追求,激励他们战胜了创业的艰辛,开创了一番空前的伟业!

(4)退出的激励机制

退出的激励机制源于退出收益的经济激励。风险投资不同退出方法的收益有较大差别,但是良好的经营业绩是获取高额退出收益的必要条件。以2000年美国NASDAQ上市标准为例,申请上市风险企业净有形资产最低标准为600万美元,前一年税前收益应达到100万美元。由于有限合伙制的利润分享机制,风险投资的退出实现了风险投资方个人利益最大化与风险企业股东利益最大化之间的统一,对个人利益的追求激励着风险投资方追求股东利益的最大化。

章 末 案 例

视源股份人才战略

图片来源:www.cvte.com

　　广州视源电子科技股份有限公司(以下简称"视源股份")成立于 2005 年 12 月,注册资本为 36300 万元,旗下拥有多家业务子公司。视源股份总部设在广州市黄埔区,并在上海、深圳、香港和海外设有技术服务中心。视源股份主营业务方向为液晶显示主控板卡、工业电源、交互智能平板、移动智能终端和医疗等产品的设计、研发和销售,旗下拥有智慧教育整体解决方案 SEEWO 和会议平台 MAXHUB 两个平台。视源股份始终致力于提升电子产品更加丰富与高效的信息沟通体验,依托在显示驱动、信号处理、电源管理、人机交互、应用开发、系统集成等技术领域的开发经验,面向应用层面进行资源整合与产品开发,通过技术创新不断延伸和丰富产品结构,产品已广泛应用于消费电子领域和商用电子领域。在科技创新方面,视源股份作为高科技企业,对研发和创新的投入亦是重点,拥有多间综合实验室,如投资千万元建造的 EMC 实验室。同时,视源股份十分重视对核心技术的保护,截至 2017 年 3 月已获得专利 1030 项、著作权 246 项,已获得高新技术企业、广东省第一批战略性新兴产业骨干培育企业、广东省创新型企业、广东省工程技术研究开发中心、广东省知识产权优势企业等资质认证,同时也是海关认定的 AA 类报关企业。在产品方面,凭借对产品可靠性的严格把控,视源股份在教育类多媒体设备业务上连续 5 年保持全行业第一。近 5 年来,视源股份营收每两年翻一番;近 3 年,净利年均复合增长率达 47%。在发展过程中,视源股份始终把人才视作头等大事。

一、重视人才从"选"开始

　　享誉全球的顶级人才专家费罗迪在《合伙人》一书中提到:"大多数公司用 2% 的精力招聘,却用 75% 的精力来应对当初错误招聘的失误。"假使从一开始就投入时间和精力选择人才,在人才选择的基础上再对其进行培育、激励,那企业就能取得事半功倍的回报。

　　首先,公司高层重视人才招聘。视源股份的"第一位员工"孙永辉从刚起步时就明白:人才是企业最重要的资产。他会亲自担任 CVTE 校园招聘的面试官,也几乎从不缺席每一场校招新人入职培训会,而在企业重要岗位的人才选择和面试工作上更是严格把关。"重视人才",这是老生常谈,但也并非嘴上说说。对于管理者而言,工作中最重要的事情就是招聘人才。

其次,严格的面试官质量管理。视源股份重视打造高效的招聘团队,对面试官的质量做到严格管理,决不妥协。视源股份有一套严格的面试官管理及成长体系,从而确保面试官的质量和持续性,形成统一的操作行为与判断标准。在面试官技能素质的培养管理中,视源股份通过系统有效的培训、实战演练和严格的考核机制,让面试官在不断的练习、纠正、再练习中找到差距,并进行有针对性的校准、考查或淘汰。视源股份要求面试官提高自身的综合素质和面试技能,避免因"首因效应"和"晕轮效应"影响面试的正常进行,同时通过分析多维度的事实数据来确保评价的完整性和公平性,让面试的结果更加可靠。

第三,设计科学的面试流程,提高评估精准度。成功的招聘靠的不是"直觉",借助组合型的人才测评工具,基于数据和分析,让每项考核维度的行为表现都有着清晰的定义,客观评估候选人,能有效避免面试官"拍脑袋"的决策,提高评判质量和速度。视源股份针对不同的岗位类型,设计对应的面试环节和面试次数,准确定义岗位的需求。如:在技术类岗位的面试中,采用自主研发的在线笔试系统,将专业能力拆分为各项子维度来进行评估。而针对商务类岗位,设置如视频论述题、模拟谈判等面试环节,将岗位关键特质拆分到不同环节进行考查,为人才决策提供详细可靠的信息依据。

第四,平等对话,尊重每一位面试者。作为应聘者直观了解公司的第一扇窗口,面试官的角色不亚于"外交官""发言人"。视源股份认为:对于一家公司而言,候选人或应聘者是我们邀请来的,我们首先要做好"主人"。只有真正做到对人才有礼貌、尊重和关注,企业才能获得人才的尊重。面试是一个平等坦诚的双向选择过程,过往那种以高高在上的姿态自居的"甲方企业"时代已经过去。试着放下固有的思维习惯,以一种学习的心态与候选人沟通,珍惜每一个个体的价值,从更高的格局定位去看待企业和人才的关系。

二、人才发展以"培"为基

2012年,视源股份的TV驱动板卡业务正处于快速成长期,整个事业团队也处于快速扩张阶段,由此带来的人才问题也日益突出,为此,公司成立了企业培训中心。四年后的2016年,培训中心全面升级成为人才发展中心。该中心不仅仅开展人才培训,还从组织发展、领导力、职业技能多方面着手,通过平台运营和平台特色项目,让员工在企业中实现自我价值提升。在人才培养方面,人才培养面向公司全员,涵盖了新人、在岗职工和骨干成员等各个群体,成为他们吸取知识经验、实现成长蜕变的"加速器",进而也为扩张发展中的视源股份输送了大量的优秀人才。在某种程度上,人才发展中心成了视源股份内部的"黄埔军校"。

第一,培训差异化。视源股份人才发展中心的培训对象是全体员工,针对不同员工的特征和不同阶段的需求展开培训工作。其中包括面向新人的入职培训;针对在职员工的岗位知识、技能训练;面向管理人员的领导力培养等。管理层领导力培养项目主要由人才发展中心统筹、设计、实施;对于非管理人员职业技能的成长,在人才发展中心提供方法论、工具的基础上,业务部门主导设计及实施项目。

第二,内容综合化。视源股份很重视员工的综合素质,所以在培训体系的设计上更为多元、全面。就拿针对新人的培训来说,视源股份设立了一系列丰富的学习内容,包括安全演练、文化氛围、职场转身、职场化和综合素养五大模板。如在安全演练模块,其涵盖了消防演习、法律基础、急症救护等系列课程。视源股份不仅想让员工成为能出色完成工作的人,更希望他们成为在社会上受尊重的人。

第三,成长路径化。成才,是一个循序渐进的过程。深谙这个规律,人才发展中心会针对某个岗位的员工定制发展通道和培养计划,通过关键任务和流程的梳理、课程的开发来实现路径化。学员在实战与研讨中学习,还有业界大牛悉心指导,帮助他们在专业领域的每一个成长阶段树立、达到奋斗目标,进而得到专业技术能力的高效提升,实现职位的进阶。通过针对性的路径规划和科学的课程组合,实现"1+1>2"的效果。

第四,课程设计精细化。人才发展中心的课程设置分为线上和线下两部分。线上部分主要以在线知识课堂为主。线下部分则以技能训练、应用模拟、讨论分析为主,另外还结合了课后导师辅导和实践工作任务。学员在工作过程中有困难,导师及时伸出援手,引导、传授解决方法;根据授课知识点,结合学员工作中的需求,设计实践任务,帮助其从认知向实践进行转变。而且,课程都经过分析设计、开发、实施和评估四个流程,使得课程内容更加科学、更具实践价值。

第五,教学分享化。顺应"互联网+"的潮流,人才发展中心利用互联网技术推出了可分享的线上微课,长度为3~5分钟,充分适应了员工碎片化的时间,大大提高了学习效率。直播学习平台"Vtalk讲堂"也是分享化教学的一部分。一个主题15分钟,员工可以自行准备分享内容,大大降低了员工们传授交流知识、经验的门槛——设计能手与你分享UI设计的不传之秘,质量达人为你揭开六西格玛的神秘面纱,产品高手教授你如何用产品思维点燃教育之火……在这里,每个人都有机会成为讲师。同时,人才发展中心还设有社区学习模块,通过群组互助、在线问答、知识中心、学习排行榜等板块促进了学员间的交流互动,员工们可以打破部门壁垒,实现知识信息的快速流通,实现教学分享成果的最大化。

第六,评估数据化。基于以上,视源股份人才发展中心根据学员在学习期间的相关表现进行数据收集、整理、分析。不仅对学员的满意程度、知识获得程度进行评估,而且在业务部门的支持下,人才发展中心还将不断地深入评估学员在实际工作中的应用效果和行为上的改变,并依此对人才培训体系进行优化。

三、员工激励突出"主人"精神

首先,在沟通方面,视源股份认为没有平等就没有真正的交流。为了避免"沟通的位差效应",视源股份鼓励团队进行直接的平等对话。每个月的部门例会,都会有至少半小时的团队互评环节内容包括:主管的工作分配、项目决策等合理吗?成员的专业能力、工作配合如何?在这样的平行交流中,不仅减少了沟通的位差效应,更进一步地弱化了等级,无论是主管还是员工,都有同等的话语权。强调平等,就要弱化等级,让管理重心和决策权下移,这样基层才会得到更强的锻炼机会,员工就可以自主管理,这样组织的柔性就有了很大的提升。

其次,在人才培养方面,强调员工平等的发展权。视源股份坚持自己的想法:每一位成员,企业都必须为他们的发展与成长提供同等的权利。为此,视源股份做出了大胆的举动:给重要的管理岗位设立任期,到了任期要么上要么下,让有实力的后来者居之。就连副总裁,任期结束也会退下来;选择重新当工程师或者一般的管理人员。不仅如此,在跨岗位的横向调配上,成员也应该拥有平等的发展权利。

第三,用同理心的态度,解决员工苦恼的幼儿教育、亲人体检看病难问题,视源股份不惜高额的成本,帮助员工的小孩获取优质的中英双语教学服务,还为员工和他们父母的免费体检等高端医疗服务提供支持。

(资料来源:作者根据多方资料整理而成)

本章小结

创业的道路布满荆棘,不是每个创业者都能成功到达顶尖,个人的素质会影响创业的成败。同时,我们也不能逞个人英雄主义,需要借助他人的力量,所以组建合适的团队一起进行创业很有必要,接踵而来的就是需要应对团队内部的冲突以及激励团队成员一起达成目标。本章首先描述了创业者的特征;其次,分析了创业精神的内涵、概念和构成要素;再次,分析了创业团队的管理和创业团队成长过程;最后,分析了创业团队的领导行为和企业激励措施。希望读者可以结合成功与失败的创业案例进行领悟学习,思考在这些人身上可以学习到什么经验和教训,为创业做好充分的准备。另外建议读者好好审视自身的特点,尽量扬长避短,成功创业。

问题思考

1.什么是创业者?创业者有哪些特征?
2.简要分析创业团队组建的程序及影响因素,明确组建创业团队的原则。
3.创业团队的激励要遵循什么原则?为什么?可以运用什么方式进行激励?
4.如何组织创业团队以及如何制定创业团队制度规范?
5.创业团队的领导行为有哪些类型?
6.为何创业团队需要创业精神?创业团队需要何种精神?如何延续这种精神?

6.资源整合

☆ 了解资源整合的类型；

☆ 掌握资源整合的方式；

☆ 把握信息资源的重要性；

☆ 知晓企业与企业之间资源共享的内容。

蓝盾信息资源整合

图片来源:www.bluedon.com

一、公司介绍

蓝盾信息安全技术股份有限公司(以下简称"蓝盾")前身为创立于 1999 年的广东天海威数码技术有限公司,2009 年整体改制为股份有限公司,并于 2012 年 3 月 15 日成功登陆深交所创业板。蓝盾是国家火炬计划重点企业、广东省高新技术企业、广东省双软企业、广东省网络安全技术研究工程中心等,是国内最早从事信息安全产品研发、生产、销售,拥有自主知识产权的专业网络安全企业。蓝盾是中国信息安全行业的领军企业,其安全产品涵盖了物理及工控安全、网络及应用安全、云计算大数据安全、移动安全、风险管控及安全管理、电商安全及个人安全、城市应急及生产应急安全、军工及保密安全等 8 大类别 80 个系列 300 多个型号。凭借完善的产品线及丰富的案例经验,蓝盾已取得了计算机信息系统集成及服务一级、计算机信息系统安全服务一级、涉密计算机信息系统集成甲级、安防监控涉密集成甲级、信息安全应急处理服务一级等业务资质,并拥有涉密信息系统产品检测证书 13 项、军用信息安全产品认证证书 10 项、中国信息安全认证中心产品认证证书 11 项等专业产品认证,是业内业务资质及产品认证最齐全的厂商之一。

二、整合信息安全产业

上市当年,蓝盾的营业收入和净利润分别为 3.45 亿元及 5809.08 万元,年末总资产为 9.43 亿元,而根据公司近期发布的 2016 年度业绩快报,公司预计 2016 年度实现营业收入 15.33 亿元,实现净利润 3.26 亿元,年末总资产更是达到 62.77 亿元,各项业绩指标均显示出了强劲的增长态势,并在业内名列前茅。

蓝盾业绩的持续快速增长与"大安全"产业发展战略、整合优质资源密不可分。基于对信息安全外延不断扩大这一趋势的准确判断,2013 年起,蓝盾提出了"大安全"产业发展战略,并持续高效地予以执行。2014 年,蓝盾提出收购国内电磁安防龙头企业华炜科技,在业内率先补强"物理安全"这一重要环节;2015 年,蓝盾提出收购中经电商及汇通宝,强势切入电子商务、网络支付等互联网应用安全领域;2016 年,蓝盾又完成收购"水行业"知名厂商满泰科技 60% 股权,通过行业化方式迅速切入工控安全市场。

三、资源整合路径

第一,坚持"大安全"产业发展战略。在 2013 年提出的"大安全"产业发展战略的指引下,蓝盾的业务板块已经形成以网络安全为核心、在物理安全上具有一定竞争优势的整体格局,同时通过后期一系列的投资并购,涉足电商安全、支付安全、海事安全、大数据安全、安全应急、安全教育、安全取证等领域。蓝盾未来将继续依靠"内生+外延"双轮驱动,加强各业务板块之间的联动整合,发展出以网络安全为核心、以物理军工安全为抓手、以移动互联网安全为跳板、兼顾新型技术安全(智能制造安全、云安全、大数据安全、量子通信安全等)的"大安全"产业生态体系。蓝盾凭借安全产品、安全方案、安全服务、安全运营"四位一体"联动发展的经营模式,为各大行业客户提供一站式的信息安全整体解决方案。蓝盾持续推进"大安全"产业发展战略,不断加快内生增长及外延扩张步伐,积极开拓市场,大举研发创新,形成和巩固了公司"智慧安全领导者"的市场地位。

第二,牵手戴尔,优势互补。2017 年 3 月 30 日,蓝盾与戴尔(中国)有限公司达成战略合作。双方将从政府行业的合作开拓入手,逐步建立全面的业务合作伙伴关系。

戴尔是全球领先的 IT 产品及服务提供商,其业务包括设计、开发、生产、销售和支持广泛的按客户要求定制的计算机系统和服务。2015 年,戴尔推出在中国的发展新策略——戴尔中国 4.0 战略,它包括"全面融入本地生态系统"、"在中国,为中国"、"端到端解决方案"及"渠道合作伙伴和行业发展战略"四个部分。在实施 4.0 战略期间,戴尔进一步融入中国本地生态系统,不断实现产品、解决方案以及服务的本地化,更好地支持中国客户提高 IT 效率,助力中国 IT 产业升级。

蓝盾与戴尔签订战略合作协议,是蓝盾"大安全"战略与"戴尔中国4.0战略"智慧的碰撞。对于这次合作,蓝盾表示,希望能与戴尔强强联手,在各行业领域中,融合各自产品优势,合作创新形成更好的解决方案。戴尔也表示,蓝盾在网络安全行业中有着强大的研发实力和跨行业的产品线,希望日后通过合作,在戴尔的硬件终端产品上能够加强信息安全技术支持。此次蓝盾与戴尔达成战略合作,是网络安全企业与IT产品、服务提供商互惠互利的一项新的探索,有助于双方实现优势互补,共同开拓市场,在产品、技术、方案、服务上更上一个台阶,为更多行业和企业客户提供更具竞争力与应用价值的技术方案及服务,推动IT行业和中国经济的持续、健康发展。

四、结论与启示

蓝盾自成立以来一直专注于网络信息安全领域,以"国际一流的信息安全企业"为战略远景,致力于成为我国智慧安全的领导者。蓝盾充分利用资本市场的平台优势,收购优质网络安全企业、牵手行业巨头、整合行业资源,在战略规划、投资并购、品牌建设、内控管理等方面取得了良好的成绩,形成和巩固了"智慧安全领导者"的市场地位。蓝盾经过十多年的技术积累和沉淀,以信息安全整体解决方案为切入点,以行业化营销及渠道销售的模式迅速开拓市场,立足华南地区并向全国辐射布局,业务规模持续扩大,成为国内为数不多的年营业收入达十亿元级别的信息安全领先企业。

(资料来源:作者根据多方资料整理而成)

6.1 企业资源整合的内涵

企业资源是指企业在向社会提供产品或服务的过程中所拥有、控制或可以利用的、能够帮助实现企业经营目标的各种生产要素的集合。随着互联网和共享经济的发展,企业资源的内涵也正在发生变化,凡是能转化为支持、帮助和优势的一切物质和非物质都是企业资源,企业资源整合的内涵和模式也随之延伸。

6.1.1 企业资源

企业资源的界定可以分为广义和狭义两类。狭义的界定是把资源和能力分开,基于狭义的范畴,把企业资源定义为:企业资源是指企业可以全部或者部分利用的、能为顾客创造价值的一切要素的集合。需要注意的是,企业资源除了企业所拥有的各种资源要素,还包括那些不归企业所有,却可以被企业利用的"合作"组织的资源和公共资源,我们称之为边缘性资源。企业对它们不拥有产权,但可以通过契约、付费或者公共关系活动获得对它们的暂时的或者部分的使用权。企业所能够利用的这类资源的多少,取决于企业的需要和能力。所谓"合作"组织的资源可能包括租赁资源、虚拟企业的资源、战略联盟组织的资源、客户资源等,它们可以被企业部分或在一个时间段内应用。所谓公共资源是指政府部门、新闻媒体、产业政策等,它们可以被企业利用,也可能被其他组织所应用;而广义的界定则把能力也纳入到资源的范畴,这里的能力是指资源组合的能力,包括管理、创新、风险承担以及应用分析等方面。

6.1.2 资源整合

资源整合是指组织获取所需资源后将其进行集聚以形成能力的过程,即组织对不同来源、不同层次、不同结构、不同内容的资源进行选择、汲取、配置、激活和有机融合,并对原有的资源体系进行重构以形成新核心资源体系的过程。国外学者将资源整合过程分为资源识别与选择、资源汲取与配置、资源激发与融合三大环节。

图 6-1　资源整合三大环节

(1)资源识别与选择

资源识别与选择应从企业宏观战略及微观战术两个层面综合考虑。其中,资源识别与选择的宏观战略层面涉及企业全局和长远发展问题,是围绕企业战略目标而选择资源的,主要是对资源选择进行基本定位,包括产业定位、市场定位和产品定位等三个方面。其中产业定位是指选择最适合的资源应用于合适的产业领域,不同的产业需要的资源可能是完全不同的;市场定位是指企业如何在激烈的竞争中选择合适的资源满足某一细分市场的需求;产品定位是指选择合适的资源以更好地满足某一产品的生产需要。资源识别与选择的微观战术层面涉及企业生产经营问题,是围绕企业战术目标而选择资源的,主要是根据资源的层级性与可接受性相匹配原则进行选择。一般而言,资源层级越高,给企业带来持续竞争优势的时间就越长,但是,由于层级越高的资源获取的代价越大,因而随之而来的市场风险也就越大。资源的可接受性是指企业应用和汲取某些特定资源的可能性,直接决定了特定资源能否发挥作用及发挥作用的程度。而企业对拟采用资源的汲取能力大小,取决于企业现有资源特别是诸如知识、信息等新资源。

(2)资源汲取与配置

企业所整合的资源来自企业外部资源和企业内部资源。企业内部资源是资源选择、汲取的基础,外部资源的汲取与配置是企业快速提升企业能力的有效途径,是指企业将外部资源积极纳入企业内部并为企业所用的活动。资源汲取的途径不仅包括市场机制下的资源购买,而且包括准内部化的资源联盟以及完全内部化的资源并购等,其核心内容是如何运用这些资源并为企业所接受。其中,资源购买主要是通过市场购入所需的资源。需要注意的是,诸如知识尤其是隐性知识等新资源很难通过购买获取并为企业所用,这些资源可能是附着在非知识资源(如引进的设备等物质资源)之上。资源联盟是指通过联合其他组织,对一些难以或无法通过自己进行开发的资源实行共同开发。这种方式不仅可汲取显性知识资源,还可汲取诸如隐性知识资源。不过要注意,资源联盟的前提是联盟双方的资源和能力互补且有共同的利益。资源并购是通过股权收购或资产收购,将企业外部资源内部化的一种交易方式,资源并购的前提是并购双方的资源尤其是知识等新资源具有比较高的关联度。而汲取的资源只有合理有效地配置到最能发挥其使用效益的地方去,才能体现出这些资源的价值。

（3）资源激活与融合

资源激活与融合贯穿于企业生产经营的整个过程,它是将汲取与配置的资源完全应用于企业研究开发领域、组织和管理领域、产品生产领域以及市场开拓领域的过程,是最终决定企业资源能否发挥最佳效益的重要环节,其核心是发挥企业资源的最佳使用效率和效果,结果是企业获利能力得到提升。资源不会自动产生效益和效能,而只有得到充分的激活,才能发挥其使用效益和效能,才有可能产生新的资源,尤其是人力资源,他们是活的能动资源,要想挖掘其潜能,就必须采取有效激活的措施和方法以调动他们的积极性和主动性。而资源融合是按照资源之间相互匹配、互为补充及相互增强的原则,将已选的外部技术资源与企业内部技术资源进行有机融合,内化于企业。需要注意的是,融合包括配置,但又不仅是配置,因而,资源融合并不是单项资源的简单叠加,而是使企业各项资源相互作用、互相影响,从而实现"1＋1＞2"的放大效应。

资源整合专栏之一:

大姨吗携手医通在线共同拓展女性健康市场

图片来源:www.dayima.com

一、企业概况

北京康智乐思网络科技有限公司,专注于健康领域的移动互联网产品开发,主打产品是"大姨吗月经期助手"。公司90％以上的员工为85后,是一家年轻、富有活力的创业公司。大姨吗问世于2012年,是一款以经期健康为核心、关爱女性健康的手机应用,其功能包括经期记录、经期预测、易孕期预测、美容塑身保健贴士推送、姐妹说与社区、姨吗爱买电商栏目等,是女性健康APP引领者,同时也是国内活跃的移动女性社区。截止到2016年6月,大姨吗的注册用户已超过1亿,日活跃用户超过500万。

图6-2 "大姨吗"宣传图

二、拓展女性健康市场

都说"世界上有三分之一的财富是由女性市场产生的",围绕女性健康,从经期管理、备孕、孕期管理到母婴健康,各个环节都蕴含着巨大的潜力与商机,也催生出众多创业公司。近年来,女性健康管理类 APP 如雨后春笋般冒出,据不完全统计,国内各大应用市场中,此类 APP 的总数大约在 200～300 款。面对女性健康市场中的激烈竞争,不少针对女性的健康管理类 APP 都转向了医疗资源的争夺。无论是经期管理、女性社区,还是母婴电商平台,都呈现出向女性医疗健康产业靠拢的趋势。

除大姨吗外,国内大型妈妈社交平台辣妈帮也在向女性医疗健康领域延伸,推出孕期伴侣 APP,与妇联合作,绑定医学专家资源,为用户提供孕期体重管理、膳食计划、胎儿估重等服务;致力于解决孕妇的自然育儿交流平台宝宝树在今年正式进军母婴医疗领域,与高端医疗集团北京和睦家全面启动合作战略。为满足女性医疗健康的刚需,该产业链上的公司越来越密集。曾有专家断言,女性健康产业是未来 20 年内不会衰退的行业。对比国外市场,中国整个大健康产业仍处于初创期,在产业细分以及结构合理化方面存在较高的提升空间。除女性备孕、孕期管理、母婴健康等领域外,女性疾病从预防、诊断、治疗、康复以及药品保健品方面,也都蕴含着广阔的市场前景。

2016 年 9 月,大姨吗与一站式健康管理平台医通在线达成战略协议,双方将共同拓展女性健康市场。双方的合作内容包括进行女性健康大数据研究和应用,开发针对女性、孕妇的健检、健康管理相关产品等,从用户数据到健康管理,为女性提供一站式的健康服务。医通在线隶属于上海好医通健康信息管理有限公司,是一家互联网化体检服务平台,已实现在线体检预约、个性化套餐定制、检后报告解读、健康档案管理、检后健康跟踪、全面健康管理、健康干预等一站式的综合健康管理服务。通过与医通在线的合作,可以看出大姨吗正在由"工具＋社区＋电商"的模式进一步向医疗服务业务拓展。大姨吗已宣布与消费型医疗级智能硬件合作,打通健康管理的下游,为女性解决健康问题。本次与医通在线携手,可以将大姨吗拥有的海量女性健康数据与医疗资源相结合,为女性开发个性化体检产品,打通用户与医疗机构、第三方平台等环节,为女性提供从资讯、咨询、检测等到管理的一站式健康服务。

(资料来源:作者根据多方资料整理而成)

6.1.3 资源整合模式

资源整合模式一般包括核心策略(core strategy)、策略性资源(strategic resources)、客户关系体系(customer relation infrastructure)、价值网络(value net)等四大关键要素。唯有充分掌握这四大关键要素,并加以整合搭配,才可能构建出一个具有竞争优势的全新价值创造模式。

(1)资源整合三大方向

①纵向整合

纵向资源整合是处于一条价值链上的两个或者多个厂商联合在一起结成利益共同体,致力于整合产业价值链资源,创造更大的价值。

传统的"原材料供应—设计制造—产品分销"就是一条典型的纵向价值链,企业在其中要考虑的问题是:自己是否处于价值链上最有利的位置?自己是否在做最适合自己、最能发挥自己优势的工作?如果不是,自己在哪些环节上没有相对优势?应整合哪些具有相对优势的资源?如何整合?

②横向整合

横向资源整合是把目光集中在价值链中的某一个环节,探讨利用哪些资源、怎样组合这些资源,才能最有效地组成这个环节,提高该环节的效用和价值。它与纵向资源整合不同,纵向资源整合是把不同的资源看作是位于价值链上的不同环节,强调的是每个企业要找准自己的位置,做最有比较优势的事情,并协调各环节的不同工作,共同创造价值链的最大化价值。横向整合的资源往往不是处于产业链内,而是处于产业链外。

③平台式整合

不论是纵向还是横向资源整合,都是把企业作为所整合资源的一部分,考虑怎样联合别的资源得到最佳效果。而平台式资源整合却不同,它考虑的是:企业作为一个平台,在此基础上整合供应方、需求方甚至第三方的资源,同时增加这双方的收益或者降低双方的交易成本,自身也因此获利。阿里巴巴就是一个典型的搭建平台整合资源的例子。它整合了供应方和需求方的信息,打造了一个信息平台。供应方和需求方可以通过它交换信息,互通有无,达到最佳的交易效果,而阿里巴巴则通过收取服务费而盈利。类似的成功的例子还有携程网等。同样,现在所有的展览会都通过平台式资源整合的方式打造供求双方的平台,通过满足双方各自的需求而盈利。一个展览会至少要整合三方面的资源:一是参展商,二是专业观众,三是为展览会服务的服务商(如物流商、酒店、搭建商、保洁、安保、展馆、旅游商等)。

(2)生态圈整合

①建立多边群体合作共赢机制

在构建平台生态圈及金融生态圈时,可让围绕互联网企业的多边群体之间形成共赢的局面。这不仅可以改变系统成员原有的工作重心,而且可以基于众多群体间不同的资源优势、创新元素多样化,使整个系统的竞争优势相对显著。既能加强系统成员的合作意向,也能提高系统成员自身的积极性;既有利于创新,也有利于满足用户需求的多样化、个性化和低成本高价值化。但构建这样的平台生态圈与金融生态圈,需符合以下两个条件:

第一,基于目标一致性的合作互动。就整个价值网络存在的意义而言,目标是满足用户核心业务及市场需求,从而实现自身的价值,获取收益。在价值获取的过程中,需要互联网企业以及多边群体之间目标一致的推动,而这个过程中,系统所有成员行动一致的程度就取决于整个价值网络成员的信息数据共享程度和成员的学习能力;第二,基于价值共创的合作互动。互联网生态圈整合需要中间组织的资源供应商和平台应用商以及互联网企业通过合作、联盟等方式联合适当多的参与者,将产品或服务研发的成本降低和风险分散,并有效利用不同参与者之间的优势互补和正的外部性效应来提高用户价值并改善盈利空间。众多参与者的核心业务或能力不同,通过核心业务或能力的协调整合,其互补性取得"1+1>2"的效果,达到价值增值的目的,从而取得多方共赢的效果。

②重视信息数据的聚集和挖掘式创新

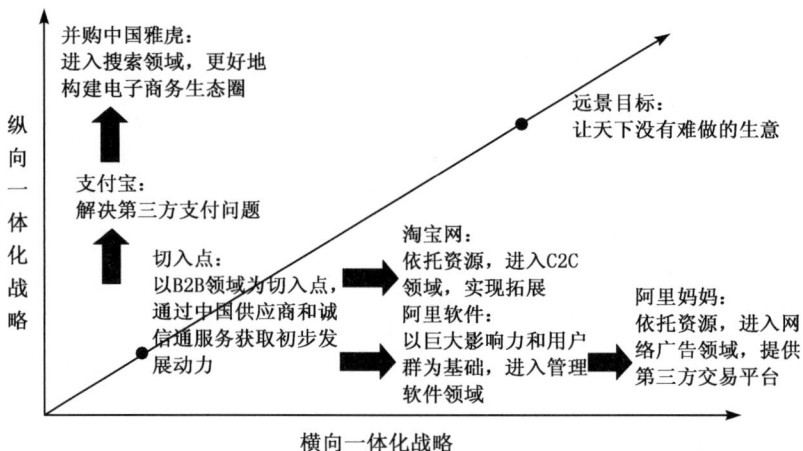

图 6-3　阿里巴巴生态圈整合路径

在这一方面,阿里巴巴已经树立了榜样。阿里巴巴通过在物流、支付、金融、电子商务及云计算领域的战略布局,已形成了三流(资金流、物流和信息流)互通的互联网金融生态圈。例如,余额宝由于运用支付宝"大数据＋云计算＋云平台"的优势掀起了互联网金融革命的浪潮。总体而言,大数据时代信息和数据极其丰富,但由于用户时间、精力、能力的限制,在产生信息数据的需求时,用户不可能搜索到所有相关的信息和数据,或者即使搜索到,也不能完全理解分析。用户的注意力被稀释、碎片化。满足注意力稀缺需求的创新型数据的挖掘,为互联网企业带来很多机遇。

资源整合专栏之二：

倍格创业完成 500 万美金融资,整合创业生态圈

图片来源:www.e-bigger.com

一、企业概况

倍格创业(以下简称"倍格"),中国首家基于房地产垂直生态领域的创业孵化器。倍格坐落于东直门当代 MOMA 艺术园内,左与"小北京"火车头一墙之隔,右与后山艺术中心为邻,被百老汇电影中心、Hotel MOMC 蔓兰酒店、S0 餐厅、MOI 餐厅、库布里克咖啡厅、云阶会馆所环绕,2000 平方米灵动办公空间隐于城市艺术集群中。在倍格,创业者可低成本共享专业办公空间和各种配套设施,与同行者切磋共进,获取强大的资源支持,加速创业创新进程。倍格拥有 3 亿元创投基金,为创业者提供最迫切的创投资金,加速创业发展进程。借助百强房企的行业和社区资源,倍格为创业者提供广泛的社交和资源整合渠道。倍格面向地产行业及上下游产业的创业者与广大小微企业,倾力打造垂直地产生态领域。

二、整合创业生态圈

倍格是中国首家基于房地产垂直领域的绿色全流程创业生态系统,由房企当代置业投资建立,致力于为创业团队提供涵盖办公空间、创业指导、投融资、企业管理等全流程创业服务的"产品创新＋营销创新＋运营创新",构建最具价值的房地产垂直生态领域的创业社区。倍格已整合两大创业基金:倍格绿色创业基金与全经联众创空间产业创新基金,为创业团队提供强有力的资金支持。

2016年7月15日,专注于房地产垂直领域的绿色全流程创业生态系统倍格在京举行"倍加速·格不同"战略发布会,宣布完成PRE-A轮融资500万美金,投资方为辰海基金、松禾资本等知名投资机构。倍格PRE-A轮的资金将主要用于优选空间和创投圈开发构建,同时也会投资布局相关的产业,整合生态圈。倍格的定位不单单是一家普通的孵化器与共享空间,而是一家新型创投生态圈,未来将打通整个创投产业的上下游,包揽项目孵化及与投融资对接,同时让所有的创业项目之间也能产生互补互通。与其他类似的竞品相比,倍格看中的是生态,是资源的有效整合,是创业生态圈的全新构建,更重要的是其现金流和用户黏性在整个创投领域保持领先。倍格以构建生态圈为核心,以招商运营为支撑,以流程与标准化做精细化管理,以精准的财务模型为依据,改变初创企业单纯以烧钱为模式的运营体系。倍格未来的品牌战略为:将以共享空间为基础,整合所有创业资源,实现线上线下的无缝对接,打造创投领域独一无二的创业生态圈。

(资料来源:作者根据多方资料整理而成)

6.2 资源整合的内容

资源整合对于提高企业的经营效率,改善经营质量,奠定企业的决策基础具有十分重要的市场意义。从企业资源的构成要素出发,实施企业资源整合具体包括企业知识整合、能力整合、平台整合以及人才整合四大方面,见图6-4。

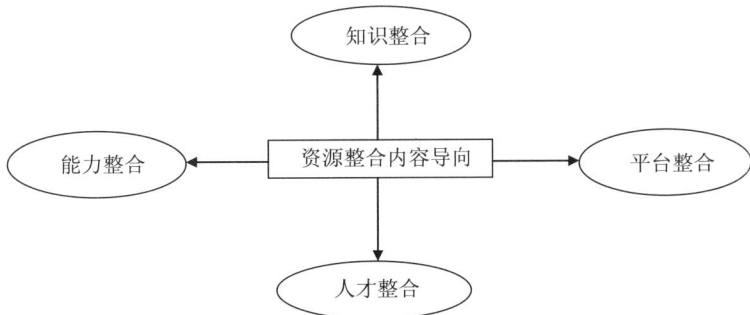

图6-4　资源整合内容框架图

6.2.1 知识整合

知识整合是一个动态的过程,它是指企业对其内部的知识进行重新整理,摒弃无用的知识,并将企业中员工和组织的知识有机地融合起来,使之具有较强的柔性、条理性、系统性,必要的时候需对原有的知识体系进行重构,并以此形成企业新的核心知识体系。

对知识进行重新整理是指对知识做一定的归类排序使其有条理有秩序,这是因为知识的无序性会造成知识融合的困难,而条理性秩序化的知识便利于知识融合。因为并不是企业所获得所有知识都有利于企业战略目标的实现,所以我们需要摒弃无用的知识,也就是排除并放弃对企业战略无用的知识,使企业集中力量来管理好其核心知识。知识融合是指将经过筛选的所有企业知识有机地组建成一个有序的整体,这个整体必须具有柔性、条理性和系统性。柔性是指这个整体能够对企业所处的知识环境具有一定的适应性和可变动性;条理性是指整体里面的元素排列具有的层次性和秩序性;系统性则是指这个整体由多个相互联系、互相作用但是又相互区别的知识元素所构成,而且这个整体具有一定的目的和功能。一般说来,企业在其发展过程中都会形成自己独特的知识体系。我们所说的重构是指当企业原来知识体系的结构已经不符合其发展的要求时,需要对该知识体系结构进行重新的调整。

(1)知识整合的必要性

从企业的知识结构来看,并不是所有的知识都处于同一重要等级。既然结构中的某些元素比其他元素更为重要,那么将知识结构进行等级的划分就是完全必要的。但是,如果各个等级之间的知识隔离程度过大,势必会影响组织作为一个实体的知识竞争力。在隔离和融合之间应该存在某一个平衡点,这就需要通过知识的整合来实现。

从知识的分布规律来看,企业中不同的员工和不同的组织拥有不同的知识。知识密集型经济要求企业拥有跨领域、跨专业、跨学科解决问题的能力,如果知识都是分散地存放于不同的主体,势必会影响企业作为单一实体在市场中的竞争力。通过知识整合,可以将企业各局部知识优势变为全局知识优势,其作用可以通过图6-5来进行简单的描述。如图所示,员工的个人知识和企业内各个组织的知识会与原来企业知识系统的全部知识,经过知识整合以后形成企业新的知识系统。

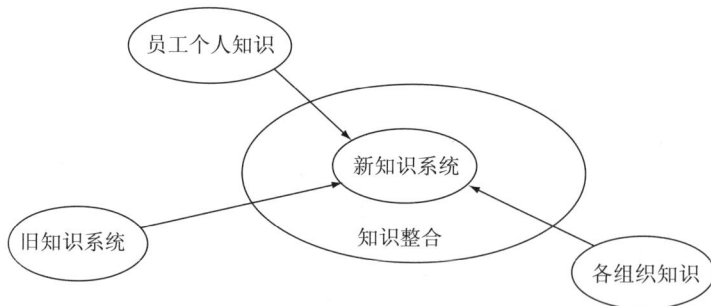

图 6-5　企业知识整合系统

(2)企业知识整合对策——建立知识整合平台

在知识经济时代,信息技术的飞速发展为知识管理的实现提供了必要的技术支持,知识管理的基本活动可以在信息系统的基础上展开。但知识管理系统并不是完全等同于原有的信息系统,它是一种集知识处理方法、管理方法、智能处理、决策方法以及组织战略规划于一身的综合系统,这个系统必须建立在管理信息系统、决策支持系统和专家系统的基础之上,只有这样才能实现知识的获取、处理、传递、管理的功能。知识整合作为企业知识管理的一个部分,自然要服务于企业知识管理的总体战略。知识整合平台的构建目的就是为了使企业知识管理系统运作得更好。

如图 6-6 所示,知识整合平台中的知识挖掘是指从企业获取的大量新信息或知识中,根据不同的需求找出有用的知识,它负责将信息或知识进行首次加工,摒弃部分新知识并为企业挖掘知识财富;知识整理与摒弃,是根据企业知识管理的战略,将挖掘出来的知识分门别类,将新知识与原企业知识系统的知识相比较,摒弃一切与企业战略不一致的新旧知识,这是企业对知识进行的第二次加工;知识融合,主要是将整理出来的知识融入企业原先的知识系统,使企业形成新的知识系统。

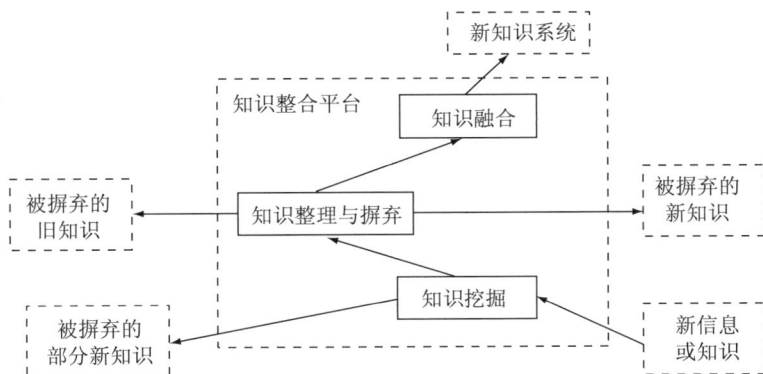

图 6-6　知识整合平台

企业新信息和知识是通过知识管理系统中的知识获取系统获得,然后交给知识整合平台的知识挖掘系统。知识挖掘系统对新信息和知识根据企业各领域的知识状况按一定的知识主题进行挑选,首先摒弃那些与企业各领域知识关系不大或者已经是企业中相当成熟的知识,获取那些行业的领先知识和企业欠缺的知识,并将之交给知识整理与摒弃系统。知识整理与摒弃系统将传递过来的知识与原有的知识系统进行比较,首先观察有没有新知识与旧知识冲突的现象,摒弃那些不符合发展趋势的旧知识和经过论证不能为企业发展战略服务的新知识,并按一定的逻辑重新归类,将这些条理化的新知识传递给知识融合系统。知识融合系统的任务是负责把传递过来的新知识融合到旧的知识系统中,把它们整理成一个新的知识系统,必要的时候会对原企业知识系统的结构进行重新的构建。

资源整合专栏之三:

美团—点评"新美大"整合教育业务,推教育 O2O 模式

图片来源:www.meituan.com

一、企业概况

美团网是 2010 年 3 月 4 日成立的团购网站,有着"吃喝玩乐全都有"的宣传口号。美团网致力为消费者发现最值得信赖的商家,让消费者享受超低折扣的优质服务;为商家找到最合适的消费者,给商家提供最大收益的互联网推广。2014 年,美团网全年交易额突破 460 亿元,较上年增长 180% 以上,市场份额占比超过 60%,比上年的 53% 增长了 7%。2015 年 1 月 18 日,美团网已经完成 7 亿美元融资,估值达到 70 亿美元。2015 年 10 月 8 日,大众点评与美团网宣布合并,美团 CEO 王兴和大众点评 CEO 张涛同时担任联席 CEO 和联席董事长。2016 年 1 月,美团点评完成首次融资,融资额超 33 亿美元,融资后新公司估值超过 180 亿美元。2016 年 7 月 18 日,生活服务电商平台美团—大众点评(简称"新美大")宣布,其获得华润旗下华润创业联和基金战略投资,双方将建立全面战略合作关系。

二、整合教育业务

美团—大众点评完成教育业务整合,在美团及大众点评双平台实现用户运营、商户信息及营销策略等方面的全面联动。美团—大众点评教育业务旨在提供最全的商户信息、最优的价格以及最好的用户体验,帮助用户找到最靠谱的培训机构。美团及大众点评双平台已经收录 1500 座城市的逾 30 万家教育类品牌商户,涵盖外语、音乐、美术、职业教育、升学辅导等 8 大门类。

中国教育培训市场的规模已超过万亿元,正在迎来新的发展浪潮,各类教育培训机构蓬勃发展。同时,在"互联网+"的推动下,传统的教育培训行业正面临着转型升级。

一方面,用户体验有不少需要提升之处,包括培训机构、师资、价格等信息不够透明,用户难以了解其他用户报读课程后的评价,课程试听及预约不够便捷等;另一方面,商户同样面临着诸多挑战,如招生成本越来越高,机构的口碑和服务无法沉淀、传播速度慢等等。面对万亿级市场,美团—大众点评教育业务将深耕行业,深入到信息决策、交易和服务的闭环,全面提升用户体验;同时,与教育行业一起创新升级,不断突破发展。

比如,有教育培训需求的用户进入美团或大众点评的教育培训频道页面后,搜索相关机构可以发现,除能够了解教育机构的基本信息外,还有精彩的课程内容视频展示、详细的老师介绍、已报读用户的优质评价,并且还可以参加教育培训频道发起的预约试听、团购及同城活动,亲身体验课程。

课程、教师、环境、评价的全方位展示以及预约试听等功能的推出,既提升了用户体验也提高了商户的招生效率。对于用户来说,美团—大众点评教育业务通过商户资质的准确性、商户信息的丰富性、用户评论的真实性打破了教育培训信息的不对称,帮助用户做出决策,找到最靠谱的培训机构。对于商户而言,由于教育本身是一种比较抽象的产品,通过与美团—大众点评的合作,教育产品更加立体与具象,从而提高商户的转化率。美团—大众点评教育业务还推出了旨在完善商户信息完整度及用户评论数量的"商户成长体系",以便进一步提升商户的服务标准、完善用户体验。

美团—大众点评拥有近6亿用户和2亿活跃买家,具有其他平台无法比拟的用户及口碑优势。借助美团—大众点评的平台影响力,美团—大众点评教育业务将与教育行业的合作伙伴一起努力构建O2O模式时代新生态,通过一系列创新,对线下服务和消费体验进行流程再造及业务模式重塑,全面推动教育产业升级,最终与产业链上的合作伙伴一起更好地服务消费者,实现共赢。

(资料来源:作者根据多方资料整理而成)

6.2.2 平台整合

信息技术的广泛应用使不同的市场主体之间以及主体内部之间的交易成本大幅下降,PC运营商、数字PAD、在线游戏、互联网系统等都在构建自己的平台,它们不断以核心业务为基础构建类生态圈的企业平台生态圈,拓展自己的业务范围,巩固已有利润渠道或扩展自身单一的利润渠道,规避自身核心能力单一、刚性的风险,获取持续的竞争优势。在这个过程中,价值创造系统不再是垂直整合或虚拟整合中单纯的用户驱动说,已经变成了用户和平台企业之间双向协同驱动。

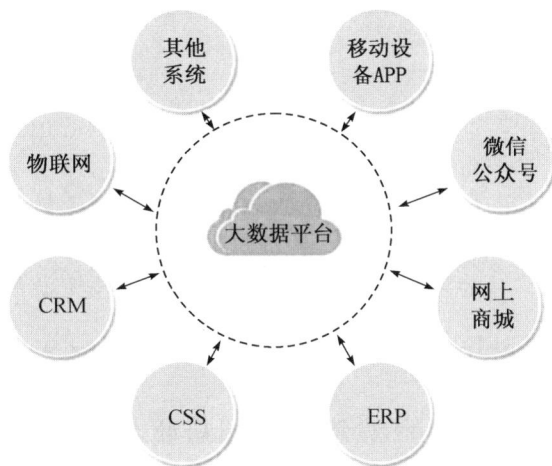

图6-7 平台模式框架

所谓平台战略强调的是企业的产品或者服务连接两个及以上的特定用户群体,为它们提供互动机制,满足所有群体的需要,构建互联网生态圈,形成同边或多边网络效应的市场战略。这样构建的互联网生态圈实际上是一个"多边自组织经营系统"。实施平台战略就在于打造一个完善的、成长潜能强大的"多边自组织经营系统",它拥有独树一帜的精密规范和机制系统,能够有效地激励多方群体之间的互动,达成平台企业的愿景。平台战略是当今一批生机勃勃的互联网企业的基本成长战略,它是资源重组过程中代表新型产业模式的经营战略。按照连接与开放的互联网逻辑,实施平台战略需要把握几个关键点:

(1)构建互联网核岛——海量用户群

梅特卡夫定律认为,网络的价值等于网络节点数的平方,网络价值与互联网用户数的平方成正比。互联网规模用户群被喻为"互联网核岛",是因为海量用户群将为平台生态圈中的多边市场提供源源不断的需求和平台驱动力。聚合海量用户,是构建平台内生驱动力的关键。无论中外,已建成的互联网生态圈都具有海量用户群体。腾讯、百度、阿里巴巴、谷歌、Facebook 等均拥有数以亿计的海量用户群体,这成为了它们市场竞争的利器。如果平台用户达不到临界规模,可能导致平台无法生存。因此平台的基本价值支点形成以后,要依托价值支点的优势,短期内快速聚集规模用户,达到临界点,进而实现用户规模快速增长,并不断超过临界容量,形成大规模海量用户。

(2)打造自主演化的互联网生态圈

这里的核心是以互联网的开放与连接逻辑,充分释放互联网核岛的数据能源,激活线上、线下资源,重构供需,跨界融合,连接一切,构建多边市场平台本体"打造"互联网生态圈的具体策略,则是多种多样的。可以"购进",平台的初始产品与初始用户的形成采用购进与模仿的策略实现;可以"进入",为了克服市场的进入壁垒,新平台提供者必须能够提供革命性的服务和功能;可以"构建",大规模社会化协同,形成双边网络并同时发挥同边和跨边两种网络效应;可以"演化",随着产品互补性、功能多样性及兼容互通性不断增强,平台也在不断演化和升级,从企业内部平台演变为供应链平台、产业平台和多边市场平台;可以"包围",基于平台之间的互补关系、弱替代关系,或者功能完全不相关等,整合关联平台,通过多平台绑定的方式利用和分享平台用户资源;可以"创新",实施产品平台创新和生态系统创新,拓展、升级平台。

(3)开放平台边界

平台要实现共赢,就要充分按照互联网逻辑,开放生态圈的边界,实施大规模、社会化协作。平台之中包含了共享经济、网络协同和众包合作三个方面,平台边界具有天然的开放性。在开放之中,平台实现从竞争向协同的转化,努力将对手转变成合作伙伴。从实践来看,平台边界的开放至少有四类:众包合作,产品服务的开放;共享经济,价值网络的开放;网络协同,云、端、网向生态圈成员的开放;开放连接,数据资源的共享。

资源整合专栏之四:

美食社群平台整合:吖咪厨房收购"我有饭"

图片来源:www.yami.ren

一、企业概况

Yummy,全球美食达人社群、社交饭局第一平台,旗下包括"吖咪厨房""就知道吃吖咪"等子品牌,上榜美国《快公司 Fast Company》"中国最佳创新公司50",主要提供厨艺课堂、私人饭局、美食派对三类服务。根据公开资料显示,吖咪已获得 IDG、挚信、启赋等投资机构的天使轮投资,一共聚集了 2 万多名美食达人、超过 80 万名吃货用户,举办过 15000 多场美食主题活动,覆盖广州、深圳、北京、上海、杭州、厦门等 25 个城市,其主打是美食共享经济。

二、收购"我有饭",整合平台资源

国内曾出现过多家主打美食共享的餐饮平台,如妈妈的菜、蹭饭、阿姨来了等,但最终因为融资问题和盈利模式等多方面原因,一度处于关闭状态。此外,共享美食O2O平台"回家吃饭"融资状态显示在C轮,但主打的是C2C的家庭厨房理念,通过闲置的厨房资源为用户提供美食外送服务,客单均价为20元~40元左右。

与这些美食类共享平台不同的是,吖咪的产品理念是在消费升级浪潮之下,多方面满足用户对于"美食"更精致的追求,所以在用户体验和产品品质上有显著的提升。此外,吖咪在社交方面亦有一定布局,其主打的厨艺课堂和美食派对两块业务,在线下为用户创造了更多的社交场景。

"我有饭"是国内最早做社交饭局的平台,于2015年1月1日正式上线,最初以微信公众号的方式运营。"我有饭"每周定期发布上海、北京的饭局信息,分享饭局主人背后的故事。2015年10月,"我有饭"APP在IOS和Android平台同期发布,以方便食客完成饭局预定、支付和评价。

收购"我有饭"后,吖咪在运营战略和平台战略上开始向品牌IP和全球化发展。吖咪将从北上广深进军美国、加拿大、澳大利亚等华人聚集的发达国家,从人才结构、技术储备以及业务布局上走向全球化。在运营上,吖咪将采取"吖咪厨房+我有饭"双品牌运营战略,整合双方的美食达人、美食场地、食材、大咖等资源及渠道;开展多元化的社交饭局,聚集美食达人打造更大的美食社群,以社交互动来积累黏性用户,发力海外市场。此外,除满足一般社交需求的普通饭局以外,还将有大咖饭局、明星饭局、招聘饭局、心理学饭局等多元社交场景下的主题活动。收购完成后,吖咪及旗下的"我有饭"已经聚集超过20000多名美食达人、800000名吃货用户,举办过15000多场美食主题活动,覆盖全国25个城市。吖咪未来将匹配更多有意思的美食场景和派对,同时链接优质食材供应商,为饭局提供更好的美食体验。

(资料来源:作者根据多方资料整理而成)

6.2.3 能力整合

(1)企业能力整合形成核心竞争力

企业能力是指企业在生产、技术、销售、管理和资金等方面力量的总和。企业的竞争力来源于企业的组织能力,而组织能力只能来源于企业在市场竞争中的学习:积累相关的知识和能力并将其嵌入到企业组织中,体现在企业的运作程序上。企业组织能力主要分为三种:技术能力、功能性能力(产品开发能力、生产能力、营销能力)和管理能力。这些企业能力经过系统的、科学的整合形成关键能力,最终形成企业核心竞争力,再经适时变革成为企业持续的竞争优势。

(2)企业能力整合的形式

一般来说,企业能力的整合形式主要有以下三种:①内部整合,主要是整合企业内部现有的资源、能力、技能、技术知识以及组织机构、管理体制等,以形成统一对外的企业核心竞争能力。这主要发生在企业既定战略目标、企业定位不发生变化,企业内部资源、能力充沛而不需要借助外部资源及能力的情况下。②内外整合。随着国内外市场竞争的加剧，企业与其价值链上的供应商、经销商、顾客及相关利益群体的联系将越来越紧密，合作不断扩大和加深，结成利益共享、风险共担的合作伙伴或战略联盟是其内在的必然要求。事实上，任何企业都不可能在所有领域都居于领先地位，这就为拥有不同比较优势和核心竞争能力的企业间进行整合奠定了基础。单个企业势单力薄，很难在竞争中取得优势地位。通过企业间技术、资金、管理、市场等资源的重新整合，能够实现能力与资源互补，降低投资风险，提高规模效益，形成强大的协同优势，最终形成新的企业核心竞争能力。③战略整合，主要是指在外部经营环境发生重大变化，企业原有的战略已不再适应时，企业需要在核心价值观、经营理念的指导下，分析外部经营环境变化中所带来的机会，借助于企业原有的核心竞争能力和竞争优势，明确新的战略发展方向，培育新的核心竞争能力的过程。

（3）企业能力整合的效应

企业能力整合的结果是在企业内形成核心竞争能力，并且能够建立自身组织协调机制，具体表现在：①知识的获取与形成要素能力间的协调性。无论是企业自主创新还是模仿、并购活动，都应围绕企业核心竞争能力的要素能力进行。②企业要素能力形成与资源使用间的协调性。企业拥有资源的正确流向是形成企业要素能力和战略性资产的前提，应围绕企业能力培育和强化核心竞争能力及利用资源。③企业要素能力间的组织协调性。企业要形成核心竞争能力，要求要素能力间相互配合、相互作用、相互协调形成一个有机的企业能力系统。正是这种协调性使企业要素能力间产生能力耦合、倍增效应，大大增强了企业为客户创造价值的特性，并且由于企业文化对上述各种协调活动潜移默化的独特影响，进而形成企业生存和发展的独特的核心竞争能力。

6.2.4 人才整合

人才整合，是指通过一定的方法、手段、措施，重新组合和调整企业的人力资源队伍，建立高效、稳定的人才管理体系。人才整合更重要的是形成统一的企业文化和价值观，从而引导企业组织成员的个体目标转向组织总体目标，达成成员和组织目标实现双赢结果的一系列管理活动的总和。

人才整合多发生在企业并购中。彼得·德鲁克在并购成功的五要素中指出，公司高层管理人员的任免是并购成功与否的关键所在。泰坦鲍姆也提出，在参加并购谈判的部门中，没有人事部门的参与是导致并购失败的重要原因之一。由此可见，企业并购能否成功，很大程度上取决于能否有效地整合双方的人力资源。众所周知，市场经济是竞争经济，市场竞争的核心是人才的竞争。人力资源特别是优秀人才是企业的无形资产和竞争获胜的法宝。谁拥有了优秀的人才，谁就掌握了这笔无价之宝，谁就拥有了市场竞争的主动权。20世纪90年代以来，随着科学技术的飞速发展、产品更新换代速度的不断加快以及企业规模的不断扩大，优秀技术人员、高级管理人员在企业中的地位和作用越来越重要，众多的企业为了留住并吸引优秀人才，纷纷提出了各种各样的人才优待政策和诱人的股权激励计划。但如果企业被并购了，上述政策和计划发生了变化，就会造成优秀人才的流失，给并购方带来损失。

我们说，协同效应一经挖掘，便是一个宝藏。人才整合工作是一项复杂的、充满变化的系统工程,需要并购企业有极强的操作能力,这就要求并购企业能够在实践中摸索出更好的对策,使并购真正成为推动企业价值提升的有效手段。具体的企业并购中的人力资源整合步骤分为:

(1)人力资源的评估

人力资源的评估主要内容包括被并购企业人力资源的硬性信息和软性信息。硬性信息是指各种人力资源统计数据、政策原则和调查报告等,涉及福利、薪酬、人力资源政策、人员结构等;软性信息是指企业文化、企业政治、管理风格、高管人员的人格和诚信度等信息。软性信息对企业并购决策和资源整合提供非常重要的指导信息,因此应尽可能地通过多渠道(如:客户、供应商)在签署并购协议前了解被并购企业的软件信息,如有可能尽量与被并购企业内部人员进行面对面交流和沟通,这样才能减少软件信息不完全所带来的风险。

(2)组织机构设计和组织文化的建立

在企业并购中,为产生规模经济和协同效应,经常会出现并购企业与被并购企业的职能重叠,人力资源整合方式决定了职能重叠程度,因此涉及企业组织机构的重新设计或调整,以及组织文化融合、延续和再造。并购企业组织机构设计的一般程序为:根据并购企业的使命、愿景、并购策略性目标及竞争优势,确定企业组织架构以及能够维持企业竞争优势的关键部门和关键岗位,检视企业整体组织机构,最后确认并购中需要调整的部门和岗位及其关键性。

(3)人员配置

①领导团队确定

领导团队的候选人来源于并购企业、被并购企业和外部招聘,来源于并购企业的候选人可以更好地理解支持并购目的、执行并购方案和了解企业文化等,来源于被并购企业的候选人可以更有利于并购的稳定和顺利进行、了解企业情况、解决企业政治问题等,外部招聘可以弥补和建立新企业的核心能力。为了减少并购整合中的人为阻力,很多情况下,在领导团队中需要设定过渡性或临时性岗位。某些条件下,领导团队来源需要按并购与被并购企业一定比例进行配置。

②关键人员的留用

并购企业对关键人员的留用已成为整合成败的重要标志之一。在并购过程中,衡量关键人才标准有两个出发点:第一,对并购企业竞争核心能力的贡献程度,第二,失去他们对并购企业的损失程度。在并购的准备阶段或协商阶段,应对被并购企业的重要人员进行系统性评估。在评估指标中除能力适合度和职业适合度外,还需要评估其在新企业中的适应性,根据关键人员衡量标准,从信息库中确定关键人员名单。在确定关键人员名单后,应尽快与需要留用的人员沟通,说明并购意图、新企业发展愿景、岗位重要性及职业发展方向,在沟通中了解发现他们在并购中的需求(如岗位安全性、参与性、控制权、自尊心等),并在条件许可的情况下尽量满足他们的需求,与他们签订新的劳动合同。

③冗余人员的处理

企业在并购融合过程中,分流和裁减冗余人员是其中重要的一步。对于不同类型或不同并购方式的企业应设定不同的方案。一般情况下,冗余人员的处理程序为:首先要审视组织机构、部门职能及人员配备要求;其次是了解国家相关法律法规及国家、省、市相关政策,确定分流和裁减安置方案及相关费用标准;再次是识别分流和裁减对象,并评估负面影响;最后是通过相关人员审议确定后,指定专人负责并做好相关准备工作。

（4）人力资源运营制度

新的人力资源运营制度在旧的制度基础上应体现稳定性、持续性和激励性,包括人员招聘配置和管理制度、薪酬福利制度、绩效与发展管理制度等。一般设计的方法是首先评估两家企业人力资源系统和制度的差异,其次了解被并购企业员工对旧人力资源制度存在的意见或建议,最后设计新的人力资源运营制度。

6.3 资源整合的提升与管理

作为企业战略调整的手段,资源整合就是要优化资源配置,获得整体的最优。企业要对资源整合的提升的前提、提升的路径以及资源整合管理过程进行分析,分别在宏观战略层次与微观战术层次提升资源整合能力,并通过强化企业资源的组织嵌入性、改进和优化企业资源结构、增强企业资源的柔性程度、形成互动"双环"学习和提升社会资本有效管理资源整合过程。

6.3.1 提升的前提

（1）通过组织学习提升企业知识容量

企业的能力根源于企业拥有的知识,包括发现和识别市场机会的市场知识、开发新产品满足市场需求的科研开发能力、将个人创新整合到新产品中的能力、将企业生产的知识产品推向市场和传播知识的能力。这些知识和能力的组合就构成了企业的核心能力。也就是说,知识是企业竞争优势的来源,企业现有的知识存量决定了企业发现市场和配置资源的能力,企业资源发挥效率的程度也和企业拥有的知识密切相关。资源整合本身是一个动态的过程,要想提升资源整合能力,就要求企业随时关注那些与企业战略发展联系紧密的资源,将其纳入到企业的核心资源体系中。企业资源整合能否顺利进行并产生实际效果,需要企业管理者尤其是高层管理者的关注以及企业的不断学习,以逐步提升企业的资源整合能力。

（2）鉴别资源类型,提高资源利用率

提升企业资源整合能力首先要通过对企业原有资源体系进行重新构造和配置,舍弃价值低甚至无价值的资源,重点发展与企业发展密切相关的资源,从而达到形成新的核心资源体系的目的。提升资源整合的效率,需要企业区分资源的可再生性,节约不可再生资源、培育可再生资源。例如,物质资源、自然资源等相对较传统的资源是有限的,而知识、科学技术和讯息等新资源是可以重复利用而不会产生磨损的,这些资源能够在重复利用的过程中创造出新的用途和功能,甚至新的资源。

6.3.2 提升的路径

企业资源整合提升的路径分为宏观战略层次与微观战术层次。

（1）宏观战略层次

①重建"游戏规则"

重建"游戏规则"是企业资源整合能力提升在宏观战略层次上的重要内容之一。它表现为企业利用企业内外资源、新旧资源、个体与组织资源以及横向纵向资源等所具有的打破原有僵化的"竞争规则"的能力。常言道："三流企业卖力气,二流企业卖产品,一流企业卖技术,超一流企业卖规则。"超一流企业不是以顾客,而是以竞争对手和协作厂商为核心导向的。"游戏规则"决定了一个企业的竞争地位,谁控制和垄断了某行业的"游戏规则",谁就能够取得超额利润。重建新的"游戏规则"能给企业带来新活力、新思想和新措施,也能给企业创造一个新的"超额利润区"的机会。这种新的"游戏规则"意味着创造该行业各项活动的新结构,或者改变该行业活动的价值链。

资源整合专栏之五:

敦煌网梅开二度,再牵手腾讯企点

图片来源:www.seller.dhgate.com

一、企业概况

敦煌网是全球领先的在线外贸交易平台,创立于 2004 年,拥有 140 多万家供应商,业务遍布全球 230 个国家和地区的 1000 万名买家。敦煌网致力于帮助中国中小企业通过跨境电子商务平台走向全球市场,开辟一条全新的国际贸易通道,让在线外贸交易变得更加简单、更加安全、更加高效。敦煌网是国内首个为中小企业提供 B2B 网上交易的网站。它采取佣金制,免注册费,只在买卖双方交易成功后收取费用。作为中小额 B2B 海外电子商务的创新者,敦煌网采用 EDM(电子邮件营销)的营销模式,低成本高效率地拓展海外市场,自建的 DHgate 平台,为海外用户提供了高质量的商品信息,用户可以自由订阅英文 EDM 商品信息,第一时间了解市场最新供应情况。2011 年,在深圳设立华南总部的敦煌网在深圳部署物流相关工作。2012 年 9 月 12 日,敦煌网荣获美国"2012 红鲱鱼亚洲创新百强"称号。2013 年,敦煌网新推出的外贸开放平台实质上是一个外贸服务开放平台,而敦煌网此举应该是在试探外贸 B2B"中大额"交易。通过开放的服务拉拢中大型的制造企业,最终引导它们在线上交易。敦煌网在售 3000 万种商品,拥有 120 万家供应商,对接的是 224 个国家和地区的 1000 万名买家。

二、敦煌网再牵手腾讯企点,建立女性创业数字平台

2016 年 7 月,腾讯企业级市场担当腾讯企点与跨境电商 B2B 平台敦煌网签署战略合作协议,双方将共同建立中国首例"跨境电商＋社交商务"模式。双方合作主要分为三个阶段,第一阶段是共同开发跨境电商 IM(即时通讯)工具,第二阶段是共同开发跨境电商 SCRM(社交化客户关系管理)系统,第三阶段是共建跨境社交商务平台。

腾讯企点是帮助企业提升生意转化率的 SaaS 级社会化客户关系管理平台。它以 IM 为基础,整合腾讯社交资源,为企业轻松管理多个社交平台,留存来自不同渠道的客户线索和需求,并进行精细化客户关系管理,帮助企业利用多样化的社交互动方式

实现生意转化。敦煌网在 B2B 的耕耘和拥有的海量企业客户资源,正好能加强腾讯企业级业务。而通过敦煌网,腾讯可以在通用化的 SCRM 产品上,快速增加跨境电商行业特质,提高腾讯企业级产品的专业度,打造一个 SCRM 的完整生态圈。而对于敦煌网而言,与腾讯合作也将大幅提升敦煌网的用户体验。通过双方共同开发的跨境电商 IM 工具,可以让敦煌网买家和卖家实现跨时区、跨时差、"面对面"的沟通;通过双方开发的跨境电商 SCRM 系统,敦煌网卖家也可以将客户按需求分类,进行针对性营销,"一推即中",提升销售业绩。腾讯将使敦煌网现有的全产业链服务更加纵深化、精细化。

2017 年 2 月,敦煌网发起的女性项目"APEC We Connect"正式进入实施阶段。同时,敦煌网与腾讯企点再次达成战略合作,共同建立全球女性数字化创业平台。据敦煌网方面介绍,"APEC We Connect"项目旨在帮助女性解决各种困扰其发展和创业的问题,通过分享、学习和激励,在数字化时代帮助女性创业。早在 2016 年 7 月,腾讯企点便与敦煌网达成了战略合作,联手打造跨境电商社交化应用系统。而此次再度合作,腾讯企点将把"连接一切"作为战略目标,提供社交平台与数字内容两项核心服务。2017 年实施的"APEC We Connect"女性项目,将构建一个以分享、学习及激励为核心、线上线下结合的社区,并提供资金、人才、技术等孵化机制,为女性创业者打通创业之路。

(资料来源:作者根据多方资料整理而成)

②培养战略预见能力

战略预见能力通常表现为对环境变化及趋势,组织存在的问题、潜力、优势和劣势及其转化的洞察力、应变力和预见力。较强的战略预见能力,可准确地预测顾客需求变化及所在行业竞争或合作的焦点所在,也可有针对性地配置何种资源、配置多少资源,从而能够充分发挥企业资源的使用效能。其中,洞察力是一种从不同类型的信息中获得知识的能力。也就是明确如何从信息中获得知识的能力,它是一种特殊的思维能力,具有较强洞察能力的人,在没有手段直接观察到事物内部时,可以根据事物的表面现象,准确或者比较准确地认识到事物的本质及其内部结构或性质。应变力,是一种为适应不断发展变化的内外环境,审时度势地对原先的决策做出机智果断的调整的能力,要求不例行公事、不因循守旧、不墨守成规,能够从表面"平静"中及时发现新情况、新问题。预见力是通过分析判断并借助于想象来推测未来的一种能力,它需要我们不断学习,丰富我们的知识,拓展我们的视野,提高我们分析、把握问题的能力及创造力。

资源整合专栏之六:

微信携手星巴克开启全新社交礼品体验

图片来源:weixin.qq.com

一、企业概况

微信是腾讯公司于 2011 年 1 月 21 日推出的一个为智能终端提供即时通讯服务的免费应用程序,由张小龙带领的腾讯广州研发中心产品团队打造。微信支持跨通信运营商、跨操作系统平台通过网络快速发送免费(需消耗少量网络流量)语音短信、视频、图片和文字,同时,也可以使用通过共享流媒体内容的资料和基于位置的社交插件"摇一摇""漂流瓶""朋友圈""公众平台""语音记事本"等。2016 年 12 月 28 日,微信团队在"2017 微信公开课 PRO 版"上发布了 2016 微信数据报告,数据显示,截至 2016 年 9 月,微信平均日登陆用户达到 7.68 亿,用户数量较 2015 年增长了 35%,移动互联网用户的覆盖率已经达到了空前的高度。

二、携手星巴克,开启全新社交礼品体验

继腾讯和星巴克于 2016 年宣布战略合作后,2017 年 2 月 10 日,双方联袂打造的全新社交礼品体验"用星说"正式推出,微信用户可随时随地与亲朋好友分享咖啡心意,体验这一行业首创的惊喜和乐趣。"微信礼品卡"是腾讯微信打造的一项正在逐步开放的通用能力,星巴克成为首个应用这一最新能力的零售品牌。双方将发挥各自优势,为用户带来更多样化的社交数字化消费体验。微信支付率先接入星巴克中国大陆门店后,其带来的便捷支付体验受到了消费者的广泛欢迎。现在,消费者可以随时随地参与星巴克和腾讯微信合作的全新社交礼品体验,这是双方达成战略合作后的又一重要成果。

微信用户可点击星巴克中国官方微信公众号的自定义菜单参与社交礼品体验,根据不同的心意对象或相应的心意场合,选择丰富多样的星巴克好礼,即时分享亲情、友情和爱情。在送出每份心意之前,还可附上祝福、分享照片或录制视频,从而定制一份专属的情感"快递"。用户送出的单杯咖啡兑换卡和"星礼卡"(储值卡)都将自动存入受赠方的微信卡包中,受赠方随时可在中国大陆的星巴克门店兑换使用,实现心意分享的数字化、社交化。

微信提供的"微信礼品卡"能力,为全新社交礼品体验的推出提供了基础。星巴克是中国首家在微信上推出社交礼品体验的零售品牌。全新的社交礼品体验的合作能够给双方都带来价值。微信能够给用户带来更好的产品体验,进一步连接线上线下,而星巴克始终致力于数字创新,为中国顾客创造更多惊喜和欢乐,创造和加强人与人之间的情感连接,双方在更好地提升用户体验上的理念不谋而合。

(资料来源:作者根据多方资料整理而成)

(2)微观战术层次

①提高置换与配置能力

置换与配置能力是企业在构建竞争优势过程中所具有的汲取、凝聚、配置资源的能力,既涉及企业的内部关联状况,又涉及企业的外部环境条件。它主要表现在有效置换及配置的资源数量、质量及其结构合理性等方面。任何一个企业都不可能具备所有类型的资源,或者说不可能充分地具备所有类型的资源,这就要求企业具有汲取企业外部稀缺资

源的能力。任何资源都不可能自动产生竞争优势,需要企业采取相应措施与政策激活诸如人才等资源,从而发挥资源的使用效率和效能。任何一种企业资源结构的合理与否都与特定的时期、特定的环境紧密相连,因此,企业的资源整合是长期性的,只有随着外部条件的变更及时地对企业的内外部资源结构进行调整,才能使企业长久地保持竞争优势,更好地实施竞争战略。一方面,企业必须围绕核心业务和核心竞争能力提升资源置换及配置能力;另一方面,置换及配置能力的提升又将促进企业核心业务的增长和核心竞争能力的提高。因此,企业必须着力提高资源置换及配置能力。

②提高激活与融合能力

激活与融合能力是企业如何充分发挥资源的效益和效能的一种能力。市场竞争优势常常属于那些善于整合资源的企业。一个成功的战略必须有好的战略实施方案相配合,才能使企业走向成功的彼岸。在现实中,企业的资源与企业的地位之间的关系并不是完全对称的,即资源有限或匮乏不一定是企业获得全球领先地位的障碍,资源充裕也不一定能保障企业持续享有领先地位。其中,《财富》杂志全球 500 强企业更迭的事例就有力地证明了这一点。在另一些例子中,像通用汽车公司、大众汽车公司、国际商用机器公司、施乐公司和得克萨斯仪器公司这些似乎不可战胜的全球著名公司,偶尔也不得不屈居下风。其中缘由就是不同企业在运用资源过程中的激活和融合资源能力存在差异。因此,企业要通过高效地组织协调企业资源,提高企业资源的激活及融合能力,发挥企业资源的效率和效能,进而形成与其资源不完全相称的强大的竞争优势。

资源整合专栏之七:

暴走漫画坚定"抱"娱乐巨头,确定网综路线不动摇

图片来源:baozoumanhua.com

一、企业概况

知名动漫品牌"暴走漫画"是西安摩摩信息技术有限公司旗下产品,专注于卡通形象设计制作、互联网网站与应用开发、动漫(动画)创作、动漫周边产业设计及开发。MOMO 公司于 2008 年成立工作室之时便开始打造自己的动漫产品,现在拥有大量原创动漫形象、漫画作品、视频系列。动漫品牌"暴走漫画"是 MOMO 在 2008 年推出的产品,是一个提供暴走漫画制作和展示的应用程序软件。暴走漫画的形象简单,画面饱满,故事凝练,表情夸张,粗糙却通俗易懂,有强烈的视觉冲击感。到 2016 年 12 月,暴走品牌旗下 APP 的累计下载量超过 4000 万,月均活跃用户超过 1200 万,在各类社媒平台的粉丝量超过 1 亿。

二、找准合作资源,确定网综路线不动摇

从2013年起,暴走漫画中的形象"王尼玛"主持的草根脱口秀节目《暴走大事件》等网络综艺受到年轻群体欢迎。《暴走大事件》第四季播出时,平均每集播放量超过3561万,暴走漫画旗下的各类节目视频月播放量已超过5亿。2015年,暴走网络视频团队制作的视频在全网的播放量达到57亿。暴走漫画不仅粉丝众多,而且粉丝多为年轻人。根据暴走漫画方面统计,在全国共计4亿的80后和90后之中,暴走漫画节目的受众达1.6亿人;有68%的年轻人对暴走合作过的商品品牌表示"认可"态度,38%的人因为暴走的创意宣传产生过相应的产品的消费行为。

暴走漫画团队致力于把暴走漫画打造成"年轻人第一文化品牌"。此前,暴走漫画曾经多次和品牌合作,例如合作魅族的新品发布;携手百事可乐共同开展粉丝活动;与80后、90后耳熟能详的卫龙辣条进行互动营销。2017年,暴走漫画团队还将围绕室内综艺、脱口秀、户外真人秀、暴走"啥"系列继续制作有创意的网络综艺节目,并且在新节目中带来更多新玩法。暴走漫画团队确定的2017年新综艺节目包括新一季《暴走大事件》、与腾讯合作的《脑残师兄》系列、与PPTV合作的《暴走大富翁》系列等。可见,暴走漫画可以说是一个积极和大平台、品牌合作的原创IP。当前互联网视频行业竞争激烈,渠道多样,单个视频时间更短、内容更多;用户的口味多变,更难以取悦;新兴的网络娱乐拥有创意,但难以获得流量。然而,传统的娱乐业巨头掌握着资源丰厚的海量用户,暴走正是要借助这些"大神",将自己的内容传播出去,同时要保证自身的质量不变、创意不枯竭。

(资料来源:作者根据多方资料整理而成)

6.3.3 资源整合的管理

企业的资源整合管理是一项艰巨而复杂的系统工作。如何进行有效的资源整合、发挥内部资源最大的使用效能是当今企业更好地实施竞争战略的重要组成部分,也是对企业资源整合管理能力的考验。

(1)强化企业资源的组织嵌入性

企业在资源整合过程中,首先要采取有效措施防止企业资源特别是诸如组织重要信息、核心战略资源在企业间进行转移或流动;其次,要增强企业资源与企业相关度,使企业资源离开原企业时就无法发挥其应有的经济效能;最后,要使企业资源与企业未来发展战略模式、企业所处的战略环境相匹配。这样,潜在竞争者就难以获得支持现有企业获取竞争优势的必要性资源,他们即使取得这些资源,也难以发挥其应有的效能。

(2)改进和优化企业资源结构

任何一种企业资源结构的合理与否都与特定的历史时期、特定的环境紧密相连,没有一个永远合理的资源结构,暂时合理的资源结构会因技术进步、企业发展战略的调整和时间的推移等因素的改变而变得不合理。因此,企业的资源整合是长期性的,企业只有结合外部战略环境及时地调整、优化和改进企业资源结构,增强企业资源的互补性,才能提高资源的使用效能和效率,使企业更好地实施竞争战略,长久地保持竞争优势。具体措施包括:

①升级企业资源配置技术

许多企业在进行资源配置时,往往无法把握好企业和社会在不断发展的过程中所发生的变化,对社会需求和企业现状的认识也有所欠缺。因此,企业在进行资源配置工作时,往往具有滞后性,资源配置所发挥出的作用不明显。同时,一些企业在进行资源配置时,没有考虑到人员的切身利益,造成了员工情绪上的波动,使员工在新的岗位上不能做到尽职尽责,自然也发挥不出其应有的作用。因此,为了优化企业资源配置,需要增强企业资源配置的意识。企业应当与时俱进,洞察社会发展过程中资源配置观念的转变,及时调整自身资源配置方案。在资源配置的过程中,不仅要考虑人员的工作能力,还应考虑其心理状态,保障其工作效能的正常发挥。同时,资源配置理念和技术的升级,还有利于提升企业的工作效率,降低工作成本,实现经济效益的极大化。

②完善企业资源配置管理体制

尽管一些企业在资源管理理念和技术上已经逐渐走向成熟,但由于企业资源配置管理体制不够完善,使企业资源配置体系缺乏执行力,工作人员态度消极,资源配置工作的效率和质量较差。为优化企业资源配置,提升企业市场竞争力,企业应该不断增强自身资源配置管理意识,建立一套执行力强、工作安排有条不紊、工作人员工作积极性高的管理体制。为实现这一目标,企业高层需要起到带头作用,带动各部门增强资源配置管理意识,同时组织在资源配置方面具有一定经验和技术的工作人员,与新进的资源配置人员进行交流与合作,建设好企业资源配置团队,提升企业资源配置整体实力,进而实现优化资源配置的目标。

资源整合专栏之八:

一点资讯牵手百联大宗,共创大宗商品交易资讯新生机

图片来源:www.yidianzixun.com

一、企业概况

一点资讯是一款为兴趣而生、有机融合搜索和个性化推荐技术的兴趣引擎,其团队致力于基于兴趣为用户提供私人定制的精准资讯,并成长为移动互联网时代的内容分发平台。一点资讯是一款为兴趣而生的新闻资讯APP,它放弃了"互联网""娱乐""军事"等笼统的频道订阅的新闻组织方式,而是通过微博绑定,猜出用户的兴趣主题频道,让每个人的频道列表都不一样。同时,如果这些都不能满足,用户还能自定义话题频道。随着使用时间越久,用户与一点资讯的智能交互就越多,它会越来越懂用户,在频道内容和排序上会更符合用户的"胃口"。一点资讯通过创新优化资讯信息传播的方式,以聚合信息、通过兴趣频道分发信息的模式,帮助优秀的新闻媒体更快地找到匹配的用户群体,协助搭建良性循环的行业生态体系,让内容、商业、用户高效地得到衔接,提升资讯流通效率和商业投放效率,使得媒体、广告主及信息渠道获得共赢。来自硅谷的核心团队致力于为用户提供私人定制的精准新闻资讯,以提供个性化的自定义关键词并伴以顶尖算法不断学习用户偏好的方式重新定义新闻客户端,帮助用户在日益爆发的信息洪流中快速捕捉最核心最需要的资讯。

图 6-8　一点资讯接地气的下载界面

二、牵手百联大宗,共创大宗商品交易资讯新生机

2016 年,用户在一点资讯平台上有超过 46 亿次的主动订阅行为,涉及 365 万多个关键词频道,极致地满足了用户个性化、场景化、实用性、价值性的新闻资讯与内容需求。在一点资讯平台上,原油频道的订阅量已达 18.6 万人,而大宗商品、有色金属等看似冷门的频道订阅量也均已过万,越来越多的用户内容需求正在朝着专业化、垂直化延伸。

2017 年 2 月,一点资讯与百联大宗在京达成战略合作,双方将共同为大宗商品行业提供更加个性化、品质化、智能化、精准化的资讯服务,同时基于双方优势整合线上线下产业链资源,面向更广大的互联网用户推出大宗商品交易从信息获取到完成订单的一站式解决方案。此次协议达成后,一点资讯将与百联大宗聚焦行业资讯、产品端融合、运营推广、专业衍生产品等开展多维度跨界合作。大宗商品的交易和决策,由于交易金额大、市场波动快而离不开"有用的资讯"。在大宗商品资讯服务的深入合作方面,一点资讯将为百联大宗提供商品交易相关的垂直资讯支持,将大宗商品资讯及相关联的商业新闻、宏观资讯进行整合,精准分发给关注这些信息的用户,为大宗商品行业千万级别商务人士和 400 万家企业定制资讯服务,补足其在大宗商品领域的资讯数量及质量。在产品层面,在双方平台开辟资讯服务专区,一点资讯 APP 还将定制个性化频道及大宗商品交易应用号,让对这部分内容感兴趣的用户快捷、智能地获取大宗商品的实时价格行情、市场快报以及采购和销售的商机推送信息。同时,百联大宗也将在 APP 端开辟"一点商品资讯"专区,借助一点资讯的专业和技术支持,促进垂直、窄众的资讯得到广泛、精准分发。

此外,双方还将围绕大宗商品大数据,联合开发价格指数、市场情绪指数、价格预测等具有高附加值的专业衍生产品,共同推进大宗商品资讯和交易的移动电商化。对大宗商品交易行业而言,通过创新技术赋能传统行业,一点资讯将与百联大宗共同开启行业新生机,解决以往信息孤岛、数据壁垒、数据碎片化和信息不对称等痛点。藉此,一点资讯已经不再等同于常规定义上的内容聚合平台,而是以内容为支点,打通"资讯—交易"的专业平台跨界服务、商业闭环新模式,撬动更多的商业价值,提高行业信息流转的效率与质量。

(资料来源:作者根据多方资料整理而成)

（3）增强企业资源的柔性程度

资源柔性程度是指企业资源系统有效地应对外部环境变化和企业自身的多样化需求的反应程度。资源柔性程度可以通过资源潜在用途的三个维度即资源的使用范围、转换成本及转换时间予以描述。资源的使用范围越大,或者资源从一种用途转换到另外一种用途的成本和难度越小,或者资源从一种用途转向另外一种用途的时间越短,则这种资源的柔性程度越高。总之,企业所拥有的资源柔性越大,资源的适应性就越强,资源就越容易得到更加合理的配置,其使用效能和效率就得到更为充分的发挥。

（4）形成互动"双环"学习

双环学习,是指进一步研究组织行为的前提是否恰当,通过克服"习惯性防卫"造成的认知障碍,谋求从行为的前提假设上取得根本性改善。双环学习强调对造成现状的原因的"反思"。热衷双环学习的管理者乐意顺时而变,愿意向他人学习,这样就产生了一个学习和理解的循环。在双环学习中,组织不仅为了提高效率和实现目标而总结经验和对策,还要在对组织准则、目标、战略和价值观质疑的过程中学会发现问题和解决问题。

几乎所有的学习过程都是交互作用的社会现象,即所谓的交互学习。资源整合离不开学习。互动双环学习是学习的最高境界,不仅"知道如何做",更重要的是要"知道为何这样做",它是学习如何学习,是变革性或创造性学习。通过干中学（learning by doing）、用中学（learning by using）和交互作用中学（learning by interacting）,企业就能够获取诸如知识、信息和教育等新资源,也能够不断地提高资源整合的能力。

（5）提高企业的社会资本

社会资本是指实际或潜在的资源的集合体,这些资源是同对大家共同熟悉或认可的制度化关系的持久网络的占有联系在一起。较高的内部社会资本,一方面能促进员工间的交流和沟通,另一方面能加强企业部门间的协调和联系,从而促使企业内部资源共享,提高资源使用效率。较高的外部社会资本,不仅能使企业直接获得企业网络中他人拥有的传统资源,更重要的是可以获得难以传播或转移的知识特别是隐性知识以及信息、教育等新资源。因此,企业必须增强社会资本意识,重视全方位社会活动,基于"结构洞"来建构健全的企业网络,多方面、多角度提高企业的社会资本。

章 末 案 例

光一科技业务整合

光一科技股份有限公司
EleFirst Science & Tech Co., Ltd.

图片来源：www.elefirst.com

一、公司介绍

光一科技股份有限公司（以下简称"光一科技"）创立于 2000 年 4 月，2012 年 10 月 9 日成功登陆深圳证券交易所创业板市场（股票简称：光一科技，股票代码：300356）。光一科技专注于信息采集技术和全面解决方案的研究与运用，以软件开发和软硬件相结合的终端产品为业务特色，是国内较早从事用电信息采集系统业务的专业公司之一。光一科技依托东南大学等著名高校的科技、人才优势，经过不懈努力，已发展成为江苏省知名的高新技术企业、江苏省规划布局内的重点软件企业、南京市骨干软件企业和江苏省智能化用电信息采集工程技术研究中心。光一科技始终坚持以信息采集、分析、处理为发展方向，以向电力用户提供智能用电信息采集全面解决方案为业务重点，以软件硬件相结合的终端产品带动系统集成及服务为业务特色。十几年来，光一科技的技术、产品和服务广泛应用于电力行业用电管理与信息领域，客户遍及二十多个省市地区，在江苏、浙江、山东等经济大省已成为骨干供应商和服务商，其下属单位包括江苏苏源光一科技有限公司、南京智友尚云信息技术有限公司、江苏光一贵仁股权投资基金管理有限公司、江苏光一德能电气工程有限公司等。光一科技视学习和创新为企业生存和发展的灵魂，以市场为龙头，以技术为依托，以质量为中心，拥有一支年轻化、职业化、高水平的科技精英和复合型人才队伍，累积了丰富的科技研发成果，多次获得国家、省、市政府和科技主管部门的嘉奖。光一科技秉承为人类信息文明服务的企业使命，以信息服务为中心，在巩固智能用电业务的基础上，向数字版权管理、健康医疗管理、食品安全管理等领域拓展，实现多行业领域信息技术服务商的战略目标，努力为智慧城市建设和人类信息文明进步做出贡献。

二、公司旗下产业整合

第一，成立股权投资基金，助力快速整合产业资源。2015 年 1 月，光一科技以现金方式出资人民币 1000 万元设立全资子公司江苏光一贵仁股权投资基金管理有限公司，并由光一贵仁以现金方式出资 500 万元与公司控股股东江苏光一投资管理有限责任公司共同成立深圳贵仁创新产业基金合伙企业（有限合伙），借助产业基金扩大机会，为公司搭建股权投资与并购重组的平台，助力公司快速整合产业资源，并购符合公司发展战略的优秀企业，不断提高和巩固公司的行业地位，持续提升公司的综合竞争力。

第二，以3600万元收购两家公司，整合产业链。2015年6月19日，光一科技与江苏德能电气工程有限公司（简称"德能工程"）、江苏德能电力设计咨询有限公司（简称"德能设计"）的股东代表在江苏省南京市签订了《关于江苏德能电气工程有限公司股权转让协议》（简称"德能工程股权转让协议"）、《关于江苏德能电力设计咨询有限公司股权转让协议》（简称"德能设计股权转让协议"）。经交易各方友好协商，光一科技以自有资金通过受让股权的方式分别以现金700万元收购德能工程100％股权、以现金2900万元收购德能设计100％股权。此次交易完成后，德能设计承诺2015年、2016年、2017年三个会计年度经具有证券业务资格的会计师事务所审计确认的扣除非经常性损益的税后净利润分别不低于700万元、840万元、1008万元。本次成功收购，德能工程、德能设计将作为光一科技的全资子公司，既可承接工程与设计业务，也可以做总包，最终向直购电业务发展，为用户提供服务及全套解决方案。此次产业链的整合将为光一科技电力业务向信息系统建设运营拓展打下良好基础。

第三，成立南医大光一智慧健康与医疗研究院，布局智慧医疗细分领域。2015年，光一科技与南京医科大学签署战略合作协议，依托南京医科大学的科研平台、医疗资源，并结合公司的信息技术优势，双方共同组建南医大光一智慧健康与医疗研究院，拟在健康管理、临床医疗大数据、远程医疗、康复医疗、公共卫生及政策研究等智慧医疗细分领域开展全方位合作。

第四，增资中广格兰、九联科技，扩展公司在广电及智能终端行业的业务领域。2015年，光一科技先后与北京中广格兰信息科技有限公司（简称"中广格兰"）、广东九联科技股份有限公司（简称"九联科技"）签订增资协议，光一科技分别以自有资金2142.86万元向中广格兰增资，持有中广格兰30％股权；以自有资金2160万元向九联科技增资，持有九联科技4‰股权。通过参股中广格兰、九联科技，借助其各自在广电及视频业务行业内的信息整合能力及影响力，在运营商体系的资源、技术、内容、人才团队等资源优势，进一步布局智慧家庭战略，为公司版权云业务和健康管理业务开拓新的发展渠道。

三、成功经验与特点

光一科技针对三大主营业务，各个出击，整合行业资源，优化产业结构。

第一，智能电网"互联网＋"业务板块着力构建完整产业链。2015年是光一科技电力业务充满挑战的一年，也是光一科技结合自身优势在电力行业广泛求索的一年。面对严峻的市场环境，光一科技一方面以现有业务为基础，积极追踪电力改革步伐和行业发展趋势，对原有电力业务架构进行调整优化，加大对新技术及产品研发应用的投入;另一方面充分利用资本手段先后并购索瑞电气、德能设计、德能工程,对用电信息采集系统业务链的上、下游进行整合,以实现业务链的延伸和市场扩张,实现"内生式增长"与"外延式发展"的有机融合。

第二,版权云业务抢占行业高地,持续稳步推进。光一科技版权云业务主要以参股公司中云文化大数据为运营主体,由其负责国家数字音像传播服务平台的建设开发。2015年10月15日,国家新闻出版广电总局、贵州省人民政府签署了《关于合作推动中国文化(出版广电)大数据产业项目开发的协议》,明确提出支持中云文化大数据与天擎华媒(北京)科技有限公司共同组织开发"中国数字音像传播服务平台"(即版权云),将该项目纳入CCDI(中国文化(出版广电)大数据产业项目)总体项目统一规划,统筹开发建设;将CCDI项目确定为部省"十三五"合作项目。2015年,"版权云产业园区"确定在贵阳双龙航空港经济区建设;2015年12月,中云文化大数据与经济区管委会签订了项目落地合作协议,中云文化大数据启动园区建设,与产业相关的一系列商业伙伴洽谈合作工作进展顺利,为在2016年构建项目产业链,全面建设版权云项目打下了良好的基础。2015年,光一科技投资了中广格兰和九联科技。中广格兰和九联科技作为国内最权威的广电传媒咨询机构和国内前三的DVB+OTT业务公司,为光一科技版权云项目及其向平台与数据公司转型实现了重要的布局。

第三,健康管理业务致力于产品升级,聚合伙伴共同发展医健产业。光一科技健康管理业务主要以控股子公司南京云商天下为运营主体。2015年底,光一科技基于广电网络(DVB+OTT)健康管理云平台项目开发已完成,同时开拓了与通信运营商合作,采用穿戴设备、健康检测设备+APP的方式覆盖用户,实现对用户生理信息数据的实时采集,构建用户个人健康档案。南京云商天下围绕覆盖于品牌药店周边的社区健康管理业务,抓住连锁药店具有增强用户体验、提高用户黏性的需求契机,定制开发可供社区大众使用的健康管理一体化设备,并于2015年11月成功中标百信连锁药店健康体检一体机项目的首次招标,打开了新的市场;在产学研合作方面,光一科技与南京医科大学签署战略合作协议,依托南京医科大学的科研平台、医疗资源,并结合公司的信息技术优势,双方共同组建南医大光一智慧健康与医疗研究院,拟在健康管理、临床医疗大数据、远程医疗、康复医疗、公共卫生及政策研究等智慧医疗细分领域开展全方位合作,布局智慧医疗细分领域。

四、结论与启示

面对严峻的市场竞争,光一科技保持"1+3"战略布局不动摇,通过外延并购弥补技术产品短板,淘汰落后业务,收购、增资,积极调整业务结构。具体体现在:光一科技以智能电网业务为基石,近两年来不断向健康管理、版权管理、食品溯源三个领域发展。光一科技在2014年完成了智能电网领域的扩张。所以,沿着公司的战略发展布局,2015年成立光一贵仁股权投资基金管理有限公司,是为其之后的业务布局做铺垫,为企业收购、增资以及与高校合作打下基础。

本章小结

　　企业在日常的经营管理活动中,需要优化资源配置,要有进有退、有取有舍,获得资源整体的最优,即"1+1＞2"。企业要对不同来源、不同层次、不同结构、不同内容的资源进行识别与选择、汲取与配置、激活与有机融合,使其具有较强的柔性、条理性、系统性和价值性,并创造出新的资源。生存在互联网时代的企业,显然更需要关注资源的获取与整合,没有新资源的加入,企业也就失去了发展的动力;不会整合各类资源,使其效能产出最大化的企业,无疑等同于浪费资源,在资源有限的情况下,无疑是在敲响企业自身的"丧钟"。

问题思考

　　1.企业如何获取优质资源?

　　2.企业获取资源后,如何发挥其最大效能?

　　3.企业之间的资源共享,对企业意味着什么?

　　4.如何整合企业生态圈中的信息资源?

7.创业融资管理

本 章 要 点

☆ 了解创业型企业融资的基本概念；
☆ 熟悉各种不同的创业融资渠道；
☆ 掌握风险投资在创业型企业融资中的重要作用；
☆ 如何管理创业型企业的融资；
☆ 明白上市对创业型企业的重要性。

开 章 案 例

东方财富融资平台战略

图片来源：corp.eastmoney.com

一、公司介绍

上海东方财富信息股份有限公司（以下简称"东方财富"）全面运营东方财富网，东方财富网创办于2005年，坚持"用户为王"的经营理念，为全国广大投资者提供专业、及时、全面的金融信息服务。2010年3月，东方财富网成功登陆深圳证券交易所，成为中国首家登陆A股的互联网财经门户。凭借权威、全面、专业、及时的优势，目前，东方财富网已成为我国乃至全球访问量最多、影响力最大的财经门户网站。

东方财富网旗下现有天天基金网（中国最大的基金门户）、股吧（中国最大的股票交流社区）、东方财富博客（中国最大的财经博客）、东方财富证券、choice数据等强势业务版块及产品。天天基金网于2012年获得中国证监会颁发的首批第三方基金销售牌照。为推进"沪港通"和促进中国资本市场国际化，2015年，东方财富相继成功收购香港宝华世纪证券及西藏同信证券,正式翻开了进军互联网券商的篇章。这也意味着东方财富正在进一步完善互联网财经大平台建设,并着力构建一站式金融服务平台,为用户提供全方位、一站式的金融理财服务,打造中国金融信息服务民族第一品牌。

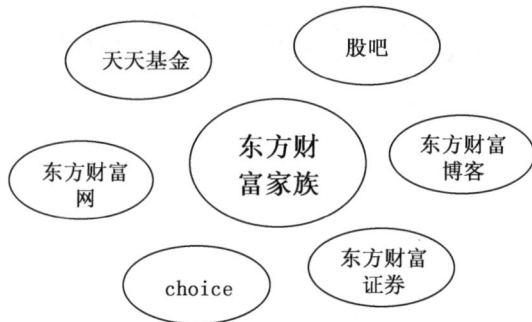

图 7-1 东方财富信息股份有限公司主营业务

二、公司融资平台模式

作为一站式互联网金融服务平台的综合运营商,东方财富紧紧围绕实现一站式互联网金融服务的整体战略目标,积极推进以人为中心,基于流量、数据、场景、牌照四大要素的互联网金融服务生态圈的构建和完善。

第一,内涵增长＋外延扩张,打造全方位财富管理平台。成立之初的东方财富只是一家纯粹的互联网财经资讯公司,在这么多年的发展过程中,它逐渐转型,在成功试水基金销售领域后,进一步迈向财富管理领域的广阔市场。在金融脱媒和利率市场化背景下,银行理财、信托、保险等理财市场规模已超 20 万亿,财富管理市场空间巨大。因此,自 2015 年以来,东方财富通过收购西藏同信证券和新设基金公司等形式进一步拓宽互联网财经金融服务大平台的服务范围,由互联网财经金融信息、数据服务和互联网基金第三方销售服务等,延伸至证券、基金相关服务,进一步延伸和完善服务链。同时,建立起包括门户网站、SNS 社区、金融终端、基金销售为一体的综合平台,形成了"基金销售＋数据服务＋广告"的用户价值兑现模式。

第二,构建场景,加强流量转化。互联网金融行业的发展趋势历经流量为王、入口为王、账户为王,再到如今的场景为王,因此抓住场景,公司就可事半功倍。用户愿意把时间花在哪里,哪里就是场景,公司的价值也就在哪里。东方财富巧妙地抓住了理财用户的场景,给用户提供 7×24 小时的全时段服务,形成了绝对的用户黏性优势。

在构建场景的基础上,东方财富实现了流量转化,基金第三方销售业务的基金销售额从 2012 年的 7000 多万增长到 2015 年的 7433 亿,东方财富证券经纪业务市场占有率从 2015 年 2 月的 0.21% 提升至 2016 年 8 月的 0.97%,相应的股票交易额排名从第 76 名上升至第 26 名。而在 2016 年市场并不景气,两市股票交易金额同比出现较大幅度下降的情况下,东方财富证券的用户规模、股票交易金额及市场份额等均同比实现大幅上升。

第三,以数据为基础,深入价值挖掘。大数据时代,数据的重要性可见一斑。在数据仓库建设方面,东方财富基于实践摸索出敏捷数据仓库建设方法,在原有应用表体系的基础上实现APP访问行为仓库与WEB访问行为仓库两大仓库建设,进一步提升面向应用的开发效率。同时,在数据展示方面,在原有自动化报表体系基础上,东方财富新增了全新的报表门户系统,可整合多个报表系统,适用不同的分析场景,并能实现数据及时更新及数据可视化分析。在满足深入分析与挖掘的同时,东方财富进行实时数据处理与服务体系架构设计并不断完善,努力实现对海量行为数据的实时处理。在此基础上,东方财富进一步完善用户画像体系规划与架构设计,基于用户投资行为的不同维度,深入进行算法研究,进一步精准了解用户的投资特点与服务需求。同时加强对新技术的跟踪和研究,更有针对性地持续完善产品与服务,进一步提升智能化服务水平,为用户提供更好的服务,进一步提升用户体验。

东方财富的PC端产品新增了阶段统计功能,用户可以选择多个指标并设定条件,统计出一定时期内所关注股票的完整运行状态,从而辅助其进行决策。此外,还新增了闪电交易功能、港股美股除权除息功能、美股研究报告。东方财富APP产品新增了实盘组合功能和视频模块。同时,进一步加强了原有模块、功能的优化和完善工作,产品的质量和服务能力实现持续提升。

第四,建立互联网金融服务大平台。在公司已有的互联网金融业务上,东方财富努力做好互联网金融服务新业务的探索工作,努力拓宽互联网金融服务大平台的服务范围,努力延伸和完善服务链。2016年,东方财富投资设立了东方财富征信有限公司,开展征信服务相关业务。此外,东方财富拟投资设立保险代理公司,以满足广大投资者多样化、个性化的服务需求;投资设立了浪客网络科技有限公司,负责公司视频直播平台运营工作;投资设立了南京东方财富信息技术有限公司,负责计算机软件及网络系统技术等方面的开发和研究,努力提升公司整体研发创新水平和能力,为拓展互联网金融服务新业务及拓宽互联网金融服务大平台的服务范围和能力提供技术保障。

三、结论与启示

立足于财经信息平台综合运营服务商的战略定位,东方财富网依托全球最具增长潜力的国际金融中心上海,以全球化视野,打造中国互联网财经第一门户,铸就知名民族品牌,为客户提供全方位财经信息综合服务解决方案。通过网站平台和各特定频道提供专业的、及时的、海量的资讯信息,东方财富网满足了广大互联网用户对财经资讯和金融信息的需求,同时也提供财经互动社区平台,满足用户互动交流和体验分享的需求。

然而,现阶段互联网金融服务行业处于快速发展的起步阶段,互联网金融创新业务模式不断涌现,鉴于行业广阔的发展前景、国内资本市场的进一步健全开放和相关政策的出台,行业的参与者将越来越多,相关费率市场化程度会越来越高,行业竞争将会进一步加剧,缺乏竞争力和核心优势的企业将会被市场淘汰。如果东方财富不能紧跟行业发展形势,提高其竞争力和核心优势,可能将无法适应激烈的行业竞争。这要求东方财富进一步立足于整体战略定位，持续加大研发投入，紧密跟踪行业发展趋势和前沿创新技术，进一步巩固和强化其在用户访问量、用户黏性及技术方面的核心竞争优势，进一步夯实其可持续健康发展的基础。

（资料来源：作者根据多方资料整理而成）

7.1 创业型企业融资

资金是企业赖以生存的重要资源，融资因此成为企业寻求资金帮助、快速发展与壮大的重要手段。创业型企业在创业初期一般会存在一定时期的资金回笼空白期，而这一段时期也将导致企业入不敷出。创业者在这一阶段如果不能保证资金的正常运转，则极有可能让非常具有市场前景的项目流产。创业型企业通过融资能够让企业在短期内得到一笔资金，帮助企业渡过困难时期，保证企业进行生产甚至扩张，这已成为现代创业型企业快速发展壮大的重要方式，对创业型企业有着重要的意义。

7.1.1 创业型企业融资的概念

一般而言，创业型企业的融资包括这些问题：资金的需求量；资金的来源方式、渠道；资金的维持时间；资金的运作及管理。企业在进行融资前，会预估融资数额，融资量太少，不足以满足企业需求，而融资量太多，又会带来一系列的资金管理问题。融资的方式和渠道有很多种，创业型企业采取哪一种方式、哪一种渠道融资也是要思量的问题，采用不同的融资方式和渠道会给企业带来不一样的影响。资金的维持时间主要影响企业下一次融资活动的安排进程。考虑到资金的时间价值和其他问题，企业也会考虑资金筹集后如何进行投资，如何进行运作管理。

7.1.2 创业型企业的融资方式

融资方式是指企业如何取得资金，即采用什么融资工具来取得资金的经济活动。创业型企业的基本融资方式有很多种，包括自我融资、风险融资、天使投资、创新基金、典当融资、众筹等等。

自我融资即创业者将个人的原始积累财富投入于创业型企业的生产运营，一般此类资金额度有限，且创业者必须为此承担所有的风险。风险融资指的是创业型企业接受职业投资者的风险投资，关于风险投资，下文有详细阐述。通常采用风险融资的企业均为掌握有高新技术并从事高新技术产品开发的企业。虽然天使投资属于风险投资的一种，但天使投资属于非组织化，且其资金来源大多是民间资本，投资者只要看重了项目的发展潜力，即便还在创业构思阶段，也能获得天使投资者的青睐。创新基金是科技型中小企业技术创新基金的缩写，是经国务院批准设立的用于扶持、促进科技型中小企业技术创新的政府专项基金。典当融资是创业型企业在短期资金短缺时利用典当或抵押的方式获取资金的一种快速、便捷的融资方式。众筹是一种新兴的创业融资方式，指的是创业型企业通过互联网方式发布筹款项目并募集资金。和传统的融资方式相比，众筹更为开放，能获得来自更为广阔的人群的支持，正受到越来越多创业者的青睐。

创业融资管理专栏一:

阿里巴巴融资历程

图片来源:www.alibabagroup.com

今天的阿里巴巴已成为企业界的一个神话,而从创业型企业发展到今天的 BAT 成员,阿里巴巴也经历了比一般创业型企业更为丰富的融资历程。

第一阶段,自我融资。1999 年初,马云决定回杭州创办一家能为全世界中小企业服务的电子商务站点。回到杭州后,马云和最初的创业团队开始了创业行动。他们集资了 50 万元,在马云位于杭州湖畔花园的 100 多平方米的家里,创建了阿里巴巴。这个创业团队里除了马云之外,还有他的妻子,他当老师时的同事、学生以及被他吸引来的精英。其中最具盛名的就是目前身为阿里巴巴首席财务官的蔡崇信,于 1999 年 6 月第二次会见马云时就决定加入阿里巴巴,并于 2000 年初正式加入,抛下一家投资公司中国区副总裁的头衔和 75 万美元的年薪,来领马云 500 元的薪水。

阿里巴巴成立初期,公司小到不能再小,18 个创业者往往是身兼数职。好在网站的建立让阿里巴巴开始逐渐被很多人知道。来自美国的《商业周刊》和英文版的《南华早报》最早主动报道了阿里巴巴,并且令这个名不见经传的小网站开始在海外有了一定的名气。

第二阶段,天使投资。50 万元对于阿里巴巴的运营来说也仅够维持几个月,因此大概 10 个月后,阿里巴巴面临着资金的瓶颈:公司账上没钱了。当时马云开始去见一些投资者,但是情形并不乐观,马云先后被 37 家投资商拒绝。但幸运的是,1999 年 10 月,蔡崇信一个在投行高盛的旧关系为阿里巴巴解了燃眉之急。以高盛为主的一批投资银行向阿里巴巴投资了 500 万美元。这一笔"天使基金"让马云喘了口气。

第三阶段,风险投资。当时中国 B2B 领域共有四大公司,阿里巴巴、8848、MeetChina 和 Sparkice。日本的软银集团也盯上了这几家公司,而阿里巴巴被幸运地选中了。在软银的 VC 负责人薛村禾看来,选择阿里巴巴的重要原因是马云及其团队的坚定信念,尤其是 18 个创业合伙人的精神。马云能把很多人聚在周围,这个团队非常厉害,并且还有一种独特的分享意识以及不平凡的领导才能。1999 年秋,日本软银总裁孙正义约见了马云。孙正义当时是亚洲首富,他直截了当地问马云想要多少钱,而马云的回答却是他不需要钱。孙正义反问道:"不缺钱,你来找我干什么?"马云的回答却是:"又不是我要找你,是人家叫我来见你的。"这个经典的回答并没有触怒孙正义。孙正义表示将给阿里巴巴投资 3000 万美元,占 30%的股份。但是马云认为钱太多了,经过 6 分钟的思考,他最终确定了 2000 万美元的软银投资,阿里巴巴管理团队仍绝对控股。从 2000 年 4 月起,纳斯达克指数开始暴跌,长达两年的熊市寒冬开始了,很多互联网公司陷入困境,甚至关门大吉。但是阿里巴巴却安然无恙,很重要的一个原因是阿里巴巴获得了这一风险投资。2004年2月17日,马云在北京宣布:阿里巴巴再获8200万美元的巨额战略投资,其中软银投资占6000万美元。这笔投资是当时国内互联网全额最大的一笔私募投资。2005年8月,雅虎、软银再向阿里巴巴投资数亿美元。之后,阿里巴巴创办淘宝网、支付宝,收购雅虎中国,创办阿里软件。

第四阶段,港交所上市。2007年11月6日,阿里巴巴在香港联交所挂牌上市,正式登上全球资本市场舞台。当天10时,港交所开盘,阿里巴巴以30港币,较发行价13.5港元涨122%的高价拉开上市序幕,共发行8.59亿股。小幅震荡企稳后,阿里巴巴一路单边上冲,最后以39.5港元收盘,较发行价涨了192.59%。当日,阿里巴巴交易笔数达到14.4万多宗,输入交易系统的买卖盘为24.7万宗,两项数据都打破了工商银行2006年10月创造的纪录。而在IPO的过程中,阿里巴巴仅仅出售了17%的股份,约为8.59亿股。

第五阶段,纽交所上市。由于中国股市的低迷走势以及香港联交所不允许同股不同权的决定等其他原因,阿里巴巴上市不久后就开始着手退出港市(于2012年6月20日正式退出),并计划登陆美股。美国时间2014年9月19日,阿里巴巴在纽交所再一次上市,这一次上市是有史以来规模最大的IPO,让阿里巴巴的声誉响彻海外。同时,随着企业的品牌价值得到飞跃,阿里巴巴也成长为中国企业的翘首。

(资料来源:作者根据多方资料整理而成)

7.2 创业融资渠道

融资渠道是指取得资金的途径,即资金的供给者是谁,同一种融资方式可能对应着不同的融资渠道。举例来说,同样是股权融资,如果上市,就是向企业外部融资;如果配股,就是向企业内部即原有股东融资。同样是债券融资,银行贷款就是通过银行渠道融资;发行债券,则是向债券市场的广大投资者融资。我们将创业融资渠道划分为个人资本融资、风险投资、银行融资三大类。

7.2.1 个人资本融资

个人资本融资是创业者创业资金的第一来源。个人资本可具体划分为创业者个人资本(亦即自我融资)和亲戚朋友借款资金。创业者个人资本具有成本低、使用时间长的特征,同时创业者可以以此获得企业股份,增强创业团队对企业的信心,但个人资本的数额相对较少。亲戚朋友借款或投资也是一种常见的个人资本融资渠道,它建立在创业者的感情桥梁上,是创业者社会资源的一种体现。亲戚朋友借款融资属于负债融资的一种,但是它一般无需承担利息,也没有财务成本且融资速度会比较快,因此对创业者来说也是一种比较好的选择。这一融资的风险在于创业者若是创业失败很可能影响双方感情。

7.2.2 风险投资

风险投资是典型的股权融资模式。风险投资家以入股形式投入资本,最后以上市或转让的形式退出创业型企业套取现金。

风险投资是具备一定资金实力的投资家对具有专门技术且市场发展前景良好的企业

的投资活动,投资者同时承担创业阶段投资失败的风险。由于风险投资的出资者不仅出资,而且还参与融资的技术创新型企业的策划与管理指导,因此,风险投资在为企业带来资金的同时,也为企业提供了增值服务,有助于改善中小企业的治理,规范企业的经营管理,提高企业的综合竞争力。

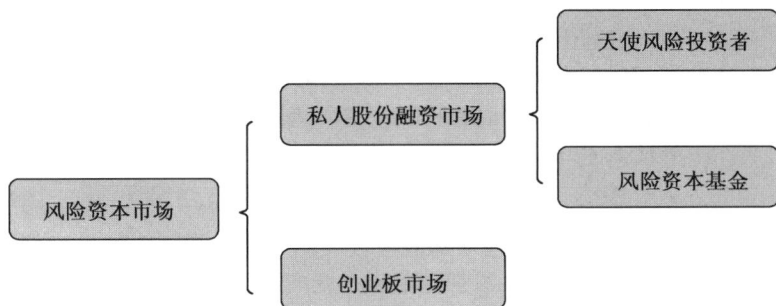

图 7-2　风险资本市场结构

创业融资管理专栏二:

屡获风险投资的摩拜单车

图片来源:mobike.com

随着共享经济的发展,单车出行作为城市出行领域的一个重要场景,其价值迅速被挖掘。单车共享系统的建立,可以有效缓解城市交通压力,极大地提高用户的出行效率。共享单车通过分时租赁,与地铁、公交、出租车、专车形成有效互补的闭环。

作为共享单车的创新引领者,摩拜单车是全球第一款无桩、智能、可以通过手机解锁的移动互联网智能共享自行车,拥有国内外多项发明专利。与一般单车租赁项目不同,摩拜单车不仅没有固定停放点,其单车也皆由摩拜自己研发、设计。车身还有 GPS卫星定位系统以及智能锁,使用者可以通过 APP 寻找到可供使用的单车。在设计上,摩拜单车以长期免人工维护为立足点,保障长期服务质量。摩拜单车为行业开辟出了一个新方向:硬件+APP+地图定位+在线支付+租赁经济。

早在 2015 年 10 月,摩拜单车就获得了愉悦资本数百万美元的融资。愉悦资本对摩拜单车的投资看中的首先是其独创性,其次是其团队富有经验、扎实低调。有了足够的资本支撑,2016 年 4 月 22 日"地球日",摩拜单车在上海正式推出智能共享单车服务,意在站稳细分市场,沉淀种子用户,验证运营模式。之后,智能共享单车服务拓展到北京、广州、深圳、成都、宁波、佛山、厦门、武汉九个城市。

2016 年 4 月到 2016 年 8 月初是摩拜单车的探索期。在这一阶段摩拜单车的主要任务集中在以下几点:简化计费规则,打消用户对新产品用车费用的疑虑;完善信用机制,培养用户良好的用车行为及习惯;获取更多用户,上线英文版 APP,获取一线城市的外籍用户,并简化学生的验证机制,切入学生用户群体;优化产品体验,修复产品的一些 Bug,增强产品的价值强度。探索期是摩拜单车市场的教育和种子用户的培养时期,虽然其用户增长较慢(在上海试运行),但负面评价逐渐减少是其进步的一大体现。

8 月是摩拜单车的增长阶段,也正因为其巨大的潜力,摩拜单车在 8 月获得风险投资家青睐。这一阶段,摩拜单车将主要任务集中于完善问题反馈机制,让用户对车辆问题的反馈更加高效并引导用户规范使用,对不文明使用现象加强约束。

9 月以来是摩拜单车的拓展期。9 月 1 日,摩拜单车正式进京,短短一个半月,Android 端的下载量提升了 4 倍。9 月 19 日,摩拜单车在北京已投放超过一万辆单车,而在上海,摩拜单车花了近四个月,才达到这一投放规模。针对用户的高效品质用车体验需求,也为了营造产品口碑,快速获取海量用户,构建产品壁垒,摩拜单车专注技术和产品本身,及时修复问题,同时对单车硬件端进行迭代更新,使单车骑行更省力。

很快 BAT 的腾讯也看中了摩拜单车,分别于 2016 年 10 月和 2017 年 1 月参与其融资活动,成为主要投资方。随后不久,更有全球第一大科技制造服务企业富士康宣布成为摩拜单车的战略投资者,与摩拜单车达成行业独家战略合作。

表 7-1 摩拜单车的融资历程

日期	融资轮	融资金额	主要风投机构
2017.1.4	D 轮	2.15 亿美元	腾讯、华平
2016.10.13	C+轮	未透露	腾讯、红杉、高瓴
2016.9.30	C 轮	1 亿美元	红杉、高瓴
2016.8.30	B+轮	数千万美元	创新工场、祥峰
2016.8.19	B 轮	数千万美元	创新工场、祥峰、愉悦
2015.10.30	A 轮	数百万美元	愉悦

(资料来源:作者根据多方资料整理而成)

7.2.3 银行融资

银行融资是指以银行为中介的融通资金活动,属于间接融资,这里主要介绍银行融资的信用贷款、债务融资和贴现贷款三种。

(1)信用贷款

信用贷款即以贷款人的信誉发放贷款,贷款人无须提供任何担保,一般银行会对贷款人的经济收入、企业的经营管理水平、企业的发展前景等等进行详尽考察。该融资方式应用灵活、操作简单,并且可以多次反复使用,但融资额度有限,不能解决企业的大额资金需求。此外,在合理的信用额度内,该融资方式风险低,而一旦超过合理的信用额度进行操作,风险将大大增加,可能造成企业信誉、银行信用等级的降低。

（2）债务融资

债务融资即借款人通过抵押或担保的方式向银行进行融资活动。债务融资操作灵活，可以根据企业需要进行长、短期贷款搭配，且相对债权、上市、信托等渠道，手续简明、资金筹集费用低。但在金融监管严格、银行风险意识强的现实条件下，该融资方式的抵押和担保要求非常严格，一定程度上限定了企业的融资金额，且信贷资金有较大的还本付息的压力，短期借贷更为明显，对企业资金安排要求较高。

（3）贴现贷款

贴现贷款即借款人向银行出示未到期票据，并以此为交易对象的一种要求发放贷款的融资行为。贴现贷款流动性高、安全性大、信用关系较简单。此外，由于贴现贷款是针对每一笔票据具体操作的，因此最容易反映银行的工作质量。

表 7-2　个人资本融资、风险投资和银行融资的比较

个人资本融资	风险投资	银行融资
金额较少	金额在三者中最多	金额较大
/	风险投资偏爱高风险项目，追逐风险后隐藏的高收益	注重安全性、流动性，回避风险
亲戚朋友借款无须担保、无须支付利息，投向创业企业	不需要担保，也不需要抵押，投向处于成长阶段的企业和项目	一般需要抵押和担保，投向比较成熟的企业和项目
一般看创业者个人能力	主要考核被投资企业的团队以及技术，难以以货币计算	主要考核货币可以计量的实物资产

7.3 创业型企业风险投资

风险投资是创业型企业融资的重要渠道。在创业过程中，除了创业团队自己投资以外，需要掌握创业型企业的估值方法，并结合实际选择增资扩股、股权转让、增资扩股与股权转让并行、股权投资与债权组合等融资方式，平衡风险资本和公司治理的关系，最后管理好风险投资的退出过程。

7.3.1 风险投资的概念与内涵

风险投资是指具备资金实力的投资家对具有专门技术并具备良好市场发展前景，但缺乏启动资金的创业家进行资助，并承担创业阶段投资失败的风险的投资。风险资本、风险投资人、投资对象、投资期限、投资目的和投资方式构成了风险投资的六要素。

风险资本是以股份投资的方式投资于未上市的具有高成长性的新生企业的资本，是一种有组织、有中介的资本形式。风险资本投向蕴藏着失败风险的高新技术及其产品研究开发领域，旨在促使高新技术成果尽快商品化、产业化，以取得高资本收益。

风险投资人主要有风险资本家、风险投资公司、产业附属投资公司以及天使投资人四类。风险资本家是向其他企业投资的企业家，其投资资产全部归自身所有。风险投资公司大都通过风险投资基金进行投资，且基金多以有限合伙制为组织形式。产业附属投资公司往往是一些非金融实业公司下属的独立风险投资机构，代表母公司利益进行投资，它们通常将资金投向一些特定的行业。天使投资是自由投资者或非正式风险投资机构对创业型企业的一次性前期投资,是风险投资的一种。

风险投资的投资对象主要是具有潜在的增长前景以及较高的产品附加值的高新技术产业,包括 IT 业、生物科技业、新能源等等。

风险投资的投资期限一般较长,指的是风险资本从进入企业到撤出企业的整个时限。创业期的风险投资通常在 7～10 年进入成熟期,也只有经过这么长的时间,风险资本才能帮助企业发展。

风险投资的目的主要是为了实现资本的投资回报,因此虽然风险企业大多以股权的方式参与投资,但并不取得所投资企业的控股权。风险投资不谋求控股的原因主要有两个:一是承认风险投资家不能代替企业家,风险投资家一般同时要投资十几个项目,不可能将精力全部放在其中的某个企业。二是如果被风险投资家相中的是真正的企业家,那么风险投资家情愿甘当"人梯",创造条件让企业创造财富,风险投资家从中获取利润。风险投资机构积极参与被投资企业的经营管理也并不代表投资者插手管理企业的日常经营,而是由风险投资家选择具有企业家精神的管理层去经营发展企业。

从投资性质看,风险投资的方式有三种:直接投资,提供贷款或贷款担保;提供一部分贷款或担保资金的同时投入一部分风险资本购买被投资企业的股权。但无论是哪种投资方式,风险投资家一般都附带提供增值服务。

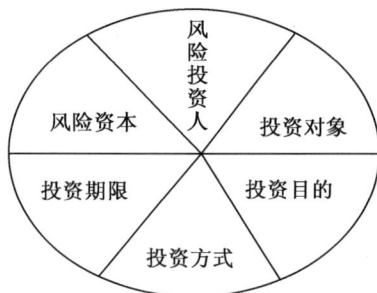

图 7-3　风险投资的六要素

7.3.2 创业团队与投资家的投入

创业团队和投资家是创业型企业风险投资的两大主体部分,创业团队和投资家分别发挥着自己的优势,促进这一合作的实现。

(1)创业团队提供技术和人力

创业团队是指在创业初期,由一群才能互补、责任共担、愿为共同的创业目标而奋斗的人所组成的特殊群体。创业团队的质量在很大程度上影响着创业企业的发展前景。

创业团队是风险投资中的资金需求方,凭借向风险投资家展示创业计划书或种子期企业的发展状况以求获取风险投资家的兴趣。而风险投资者关注的不仅仅是创业计划书,对创业团队的考量也非常重视。创业团队的团队精神如何;创业团队是否具有创新水平,能持续不断的提供新的技术,适应市场需求;创业团队的发展潜力如何,能否承受住市场的考验。要想发展为一个成功的创业企业,必不可少的是背后要有一个优秀的创业团队在运营着。创业团队只有让风险投资者看到自身的价值,才能获得其青睐。

（2）投资家提供资本和增值服务

大多数的创业型企业均建立在新技术的应用基础上，这就意味着创业型企业具有风险性和不确定性。创业型企业在发展的过程中，往往会面临两个最重要的问题：资金和管理问题。能否解决这两大问题，关系到创业型企业能否继续生存和发展。而风险投资家正好能够满足创业型企业的这两大需求：一方面可以为其提供资金支持，另一方面还能向创业团队提供建立新企业所需的技能，以及如何制定市场战略、如何管理企业等问题的解决方案。也正是因为风险投资家的这些增值服务，创业团队能在发展企业的过程中少一些阻碍。如果投资家只是单纯地为了资本逐利而来，也很有可能受到创业型企业的拒绝。

7.3.3 创业型企业的估值

创业型企业的估值是风险投资中的核心问题之一，也是决定创业融资成败的关键因素。

企业估值是将企业作为一个有机整体，依据其拥有或占有的全部资产状况和整体获利能力，充分考虑影响企业获利能力的各种因素，结合企业所处的宏观经济环境及行业背景，对企业整体公允市场价值进行的综合性评估。相对于成熟企业而言，创业型企业具有高成长性、较强的活力和适应性，对股权融资依赖性强、经营风险高等特点，因此其估值与成熟企业有很大的不同。

对创业型企业进行估值首先考虑的是创业型企业的产品。创业型企业的各方面都不是很正规，基于此，创业型企业的产品是否具有唯一性和不可替代性。是否具有产品的专利保护能力以及进入市场的难易性成为风险投资家首先会考虑的问题。其次，投资家会对创业型企业的潜在收益和期权价值产生浓厚兴趣。此外，创业团队、风险投资的退出机制都是其估值时重点考虑的因素。

而对成熟企业一般通用的估值方法有三种：可比公司估值（comps）、可比交易估值（comparable transactions）以及贴现现金流法（DCF）。可比公司估值即在市场上选几家已上市的、业务模式类型相似的公司，然后分析它们的各种财务指标，并用此来贴合需要被估值的公司。可比交易估值即根据以前发生过的同类型可比公司被收购时给出的估值来定价。贴现现金流法指的是对公司未来几年盈利的预估模型。

不同于成熟企业的量化估值，创业型企业的估值将更多地取决于其核心竞争力。当然，这对投资家的专业要求会更高，也会更多地取决于投资家的偏好以及当时的市场形势。因此，对创业型企业的估值要特别注意以下几个方面：①需要准确、全面把握创业型企业高投入、高风险、高收益的特点；②创业型企业的技术、市场环境瞬息万变，因此需要有"动态"的思维；③创业型企业的发展历史相对较短，往往缺乏历史数据，并且技术千差万别，很难找到行业、技术、规模等相近的可比企业，使得对其业绩的预测和推断相对困难；④创业型企业的非线性发展规律意味着很难根据企业现有的盈利来计算盈利增长率，而仅仅使用传统的市盈率估值方法显然是远远不够的。

创业融资管理专栏三：

估值逾亿的自频道"一条"

图片来源：www.yitiao.tv

　　每天只发一条内容，每一条内容都是视频，每一条视频都是广告，每一条广告收入100万元，每一条都是原创，每天都有无数广告订单，它的名字就叫"一条"。

　　一条（又称一条视频、一条TV），是一家主打生活短视频的互联网新媒体，创办人为《外滩画报》前总编徐沪生。一条创办于2014年9月8日，首先在微信开办公众号，每天发布一条原创短视频。刚刚创办时的一条只有6个人，而从0到100万名粉丝也只用了半个月时间，且其粉丝成本仅为类似自频道的1/6。2014年7月，一条获天使轮数百万人民币融资，2014年11月获A轮数百万美元融资，2015年6月获B轮数千万美元融资，2016年7月获B＋轮1亿元人民币融资，估值2亿美金。上线两年，一条的基础用户达到2000万，日活100万，日收入近100万元，公司现金储备近2亿元。不需要销售人员，每天都有很多人找上门做广告，那么一条凭借的是什么呢？

　　第一，起100遍标题。如果你要起一个"破10万"的标题，某种意义上并不是很难。但是如果你又要有定位，又要能够"破10万"的标题，这个难度就会非常大。在微信领域，0.01秒的时间就能决定是否有人点开来看。没有人点，再好的内容也没用，这是社交媒体的生存法则。如何在0.01秒内抓住用户的眼球，一条的经验就是标题起100遍。不仅如此，为了不让用户点进去之后觉得上当受骗，一条在处理发在朋友圈的那行字和小的不能再小的图片时也是经过反复的推敲再做决定，以保证让用户满意。

　　第二，人格化内容生意。熟悉一条的用户大概都知道，一条主要的栏目有"隐世小店""达人厨房""型车骑士""发现中国个性酒店""叶放说茶""男士型格""城中潮客""美谈""独立设计""中国建筑新浪潮""艺术现场"等。通过观察这些栏目，我们发现其内容均为人格化内容。人格化的内容能触及用户生活里的困惑、迷茫、恐慌、幸福等，植入最平凡的生活场景，无意之间打造了一个与用户平起平坐的沟通对话的场景，使平台被用户需要和依赖，建立起用户与平台之间的信任感。

　　第三，低价流量＋高效转化。在固定的用户基础上，一条开始了"内容吸引流量—流量转化成生意—生意转化为盈利"的模式。通过持久的场景下，人格化内容一条建立了自身的调性，获取了目标人群的信任，然后再选择这批内容消费者可能感兴趣的商品，将内容消费者转化为商业消费者。2016年5月，一条开始推出电商产品。仅仅两个月过后，一条的电商产品就积累了数十万买家，这足以显示一条的用户积累和口碑积累在电商领域能够快速复制。

　　（资料来源：作者根据多方资料整理而成）

7.3.4 创业型企业引进风险投资的方式

创业型企业引进风险投资的方式主要包括增资扩股、股权转让、增资扩股与股权转让并行、股权投资与债权组合并行四种。

增资扩股是指企业通过向社会募集股份、发行股票、新股东投资入股或原股东增加投资扩大股权，从而增加企业的资本金。创业型企业增资扩股的主要方法有三种：增加股份数额、增加股份金额以及既增发新股又扩大股本。风险投资家可以通过买入创业企业发行的股票实现风险投资。

股权转让是企业股东依法将自己的股东权益有偿转让给他人，使他人取得股权的民事法律行为。风险投资家可以通过买进创业型企业股东转让的股权进入创业型企业。

增资扩股与股权转让并行即创业型企业既通过增发新股也通过转让股权来实现风险资本的引进。

股权投资与债权组合即创业型企业一方面通过股权新增或转让，一方面通过债权发放的方式吸引风险企业进入。

7.3.5 风险资本与公司治理

狭义的公司治理，是指所有者（主要是股东）对经营者的一种监督与制衡机制，即通过一种制度安排，来合理地界定和配置所有者与经营者之间的权利与责任关系。公司治理的目标是保证股东利益的最大化，防止经营者与所有者利益的背离。其主要特点是通过股东大会、董事会、监事会及经理层所构成的公司治理结构的内部治理。广义的公司治理是指通过一整套包括正式或非正式的、内部或外部的制度来协调公司与所有利益相关者之间（股东、债权人、职工、潜在的投资者等）的利益关系，以保证公司决策的科学性、有效性，从而最终维护公司各方面的利益。

作为一种特殊的融资渠道，风险投资在全球范围内已促进了数以万计的创业型企业发展壮大，而这尤以美国为最。1946 年，风险投资在美国诞生，但是直到 20 世纪 80 年代才在美国经济中扮演重要角色，这其中最主要的原因就是在美国，适应风险投资运行发展且被广泛接受与应用的合约法律与制度框架迟迟未能建设。此外，为适应实践需要，各种合约形式开始复杂起来，分阶段投资也成为风险投资行业的标志特性。而这些特性的背后无不涉及公司治理的问题，这也是为什么公司治理在风险投资行业中扮演着越来越重要的角色。

美国学者 Franklin Allen 和 Wei-ling Song 曾经做过一项实证研究，详细讲述风险投资活动和公司治理结构之间的关系。其得出的结论有：①风险投资家总是投资具有较好债权人权益保护的国家而不是具有较好股东权益保护的国家，后者往往与公开上市企业相关性更大。这特别地突出了私有企业与上市企业在要求权之间的主要差异。②法规与风险资本之间存在显著的负相关关系，这表明此种关系可以用其他类别融资的合约形式代替，或许这也可以表明风险投资可以用公共市场中的债券与股票代替。这一发现表明相对于其他的融资形式，风险投资在经济体中扮演了独特角色。③除在医学和生物科技行业中，债权人权益扮演重要角色以外，治理结构与风险资本配置无任何显著关系。这似乎表明治理结构与各国的风险投资活动相关，却不影响风险资本配置。相反，基本的宏观经济环境（GDP）和资本市场的发展状况分别影响了风险投资活动中的行业与投资阶段的配置。④美国风险投资主要与高科技行业相关联,这种情况也出现在其他具有中高层次水平 GDP 的国家。对于具有低水平 GDP 的国家,风险资本则更多地投向低高科技含量的行业。

创业融资管理专栏四:

百度收购营销公众号"李叫兽"

图片来源:www.qianzhan.com

2016 年 12 月 29 日,百度宣布全资收购北京受教信息科技有限公司,公司创始人、营销公众号"李叫兽"作者李靖携团队加盟百度,任副总裁,李靖仍独立负责受教信息科技有限公司原有的科学化营销创意工具业务,并向百度高级副总裁向海龙汇报。

早在 2014 年,"李叫兽"微信公众号就开始每周发布一篇原创优质文章,最高单篇阅读量超过千万。该公众号专注于推进"营销科学化",吸纳了一批优秀人才加入,其研发的一系列营销方法与工具也在业界获得良好的口碑和认可度。李靖及其团队最擅长的就是制造互联网营销工具和方法论,用策略性的内容去影响大众,并给予大众启发性的思考。2016 年 3 月,李靖注册成立了北京木子王信息科技有限公司,主营技术开发和管理咨询。2016 年中,木子王信息科技有限公司更名为北京受教信息科技有限公司。"李叫兽"公众号先后被评为 2015 WeMedia 年度十大影响力自媒体、虎嗅 2016 年度作者、鲁豫有约 & 新榜联合发布 2016 最值得关注的深度自媒体。

第一,创业企业的思虑。百度收购"李叫兽"的过程其实并不简单。百度最初提出收购"李叫兽"团队时,李靖是有疑虑的,不是坚决不卖,而是以最好的条件融资。经过慎重的考虑和产品研究,李靖和合伙人李博文决定接受百度的邀请,以近亿估值被百度收购,但收购完成后,受教信息科技有限公司仍然保持独立品牌和独立运营,专注于利用学术研究和人工智能(百度提供支持),创造启发创意、方案的工具(并不涉及原有搜索等业务)。为了支持业务,李靖出任百度副总裁,此外还有一些其他条件:原有培训等业务继续运行,但为了帮助课程本身变好,同时"李叫兽"团队自身能够更加专注,课程会和三节课合作运营,"14 天改变计划"课程的开办和教学服务都由三节课独家完成;为了保持观点的客观独立,"李叫兽"公众号仍由李靖个人运营,李靖仍然会用这个公众号免费分享其个人想法和见解。

第二,风险投资的目的。2016 年,百度的日子并不好过,负面新闻频频冲击其品牌声誉。不仅如此,在 BAT 三大巨头中,百度也处于弱势地位。百度面临着管理层年龄偏大,营销方法、产品和工具需要迭代以及在创新O2O上缺乏具体行径的问题。而李靖正好能够满足百度的这些需求。"李叫兽"公众号关于营销知识、技能的传播及其"营销科学化"是百度看重的良方。李靖的"内容—产品—技术＋产品"线路如若能在营销方法论和产品化上形成全新的工具,将可能使百度脱离一直依赖的广告模式和竞价排名方式。

尽管李靖认为团队价值大于公众号本身的价值,但正是有了"李叫兽"作为内容IP的价值,才有了如今李靖与百度的合作。而双方的合作其实都怀着自己的目标。因此,这一对风险投资家与创业企业的路能走多远,会不会按照协议的合约走下去,相信过不了多久就能见分晓。

(资料来源:作者根据多方资料整理而成)

7.3.6 风险投资退出机制

风险投资的运作包括融资、投资、管理、退出四个阶段。融资阶段解决"钱从哪儿来"的问题;投资阶段解决"钱往哪儿去"的问题;管理阶段解决"价值增值"的问题;退出阶段解决"收益如何实现"的问题。

风险投资退出机制指的是风险投资机构在其所投资的风险企业发展到相对成熟之后,将所投资的风险资本由股权形态转化为资本形态(即变现)的机制及其相关的配套制度安排。风险投资的退出既是过去风险投资行为的终点,又是新的风险投资行为的起点。风险资本随着风险企业的成长而获得了增值,但这种增值只有在风险投资成功退出后才能真正实现从账面增值转换为实际收益的增长。因此风险投资的退出是风险资本运行过程中的"关键一跳",风险投资家也总是在投资计现最佳的退出。

在近百年的发展历程中,风险投资家对其退出方式进行了不断的探索,演化出不同的退出方式:首次公开发行(IPO,initial public offering),被其他企业兼并收购,股权回购或破产清算。

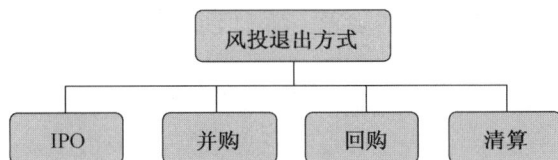

图 7-4　风险投资退出方式

首次公开发行是指企业发展到一定阶段,在投资银行的协助下,通过证券交易所首次向投资者公开发行股票,以期募集企业发展所需资金的过程。虽然IPO市场分为主板市场和二板市场两类,但创业型企业更多的是在二板市场上市。风险企业IPO可以使风险投资退出价格最大化,从而获得最大的投资回报率。

并购是指企业的兼并和收购,是企业产权交易的一种主要形式。当风险企业发展到成熟阶段时,就会被风险投资机构包装成一个项目出售给战略投资者,从而实现风险资本的退出,获得收益。虽然这一方式获利不及IPO,但是更灵活。

回购是指风险企业的管理层或者员工以现金等其他有价证券买回已经发行在外的企业股权,风险资本继而实现退出并获得投资收益。对大部分风险投资家而言,这种退出方式只是作为备用。

清算是指企业因经营管理不善等原因解散或破产,进而对企业财产、债权、债务进行处置与清理,此时风险投资不得不中途退出。清算主要有两种形式:一是解散清算,即启动清算程序来解散风险企业。这种清算方式成本高,需要的时间也比较长,所以不是所有的投资失败项目都会采用这种清算方式。二是破产清算,即公司因各种原因不能清偿到期债务,被依法宣告破产,由法院按照相关法律的规定,组织清算小组对公司进行清算。风险投资家一旦确认了风险企业成长速度过于缓慢或者失去了发展的可能性,不能实现预期的投资收益甚至导致血本无归时,应果断地选择退出,只有这样才可以尽可能地减少损失,收回资金并用于下一轮的投资。

虽然风险投资的退出方式比较多,但是以何种方式退出,在一定程度上是风险投资成功与否的标志。在做出投资决策之前,风险投资家就制定了具体的退出策略。退出决策就是利润分配决策,以什么方式和什么时间退出可以使风险投资收益最大化为最佳退出决策(见表7-3)。

表 7-3 风险投资不同退出方式的成本收益比较

退出方式	平均成本(万美元)	平均收入(万美元)	回收倍数
IPO	81.4	580.4	7.1
兼并收购	98.8	169.9	1.7
股权回购	59.5	126.8	2.1
清算	10.3	19.8	0.2

创业融资管理专栏五:

拓斯达登陆创业板,达晨创投获数倍回报

图片来源:www.topstarltd.com

　　2017 年 2 月 9 日,拓斯达正式在深交所创业板挂牌上市。拓斯达的上市,标志着达晨创投 2017 年的第四家企业上市。上市首日,拓斯达股价大涨 44.02%,收盘价为 26.99 元/股,总市值达 19.56 亿元。按此比例计算,达晨创投持股市值将达 1.125 亿元,短短两年多时间,这笔投资就获得了数倍回报。

　　拓斯达成立于 2007 年,创始人吴丰礼在部队退役后,在一家外企从事销售工作。2007 年,吴丰礼意识到传统的劳动密集型企业享用人口红利的时代并不能长久持续,于是以 50 万元的启动资金创立拓斯达,开始了自动化设备的研发生产。成立之初的

拓斯达就进入了自动化塑胶周边设备领域,这在当时是民营企业的未涉足之地。虽然拓斯达的自动化路线与当时制造业企业往往依赖低廉的劳动力显得格格不入,但是事实证明自动化的路线是正确的。

拓斯达已成为东莞机器人产业的代表企业之一。作为国家级高新技术企业,拓斯达专注于工业机器人的研发、制造、销售,致力于打造"系统集成+本体制造+软件开发"三位一体的工业机器人生态系统和整体自动化解决方案。拓斯达主要客户包括世界500强企业在内的国内外知名企业近4000家,销售服务网络遍布全国,产品远销亚、美、欧、非等30多个国家。

深圳市达晨创业投资有限公司成立于2000年4月,是我国第一批按市场化运作设立的本土创投机构。达晨创投自成立以来,聚焦于文化传媒(TMT)、智能制造与机器人、医疗健康、军工、消费服务、现代农业及以节能环保为代表的七大战略性新兴产业,其投资阶段涉及种子期、早期、成长期和成熟期。2001年至2016年,达晨创投连续16年被行业权威评比机构清科集团评为"中国最佳创业投资机构50强",2012年度、2015年度综合排名第一,并荣获"2012年中国最佳创业投资机构""2015年中国最佳创业投资机构""2012年中国最佳退出创业投资机构""2015年中国最佳退出创业投资机构"。

截至2016年底的数据,达晨创投共管理18期基金,总规模达200亿元;投资企业超过380家,成功退出92家,其中59家企业上市,33家企业通过并购或回购退出。同时,已有67家企业在新三板挂牌,有23家企业完成IPO预披露,等待证监会审核。

达晨创投与拓斯达的业务往来始于2014年,达晨创投的总监、总裁、董事长分别与吴丰礼谈过话,而董事长除初期对拓斯达业务的考察外,更注重拓斯达的企业文化、价值观以及团队问题。相应的,吴丰礼感觉达晨创投比较懂企业,市场化程度比较高,双方一拍即合。

2014年11月,拓斯达登陆新三板,挂牌首日以17.48元/股的价格引入包括达晨创投在内的四家机构,融资7600万元,投后估值9.5亿元。其中,达晨创投以2850万元认购其中163万股,持股3%。

半年之后,拓斯达的目光又瞄准了创业板。2015年7月2日,拓斯达宣布IPO申请获证监会受理,暂停转让。一年半后,成功过会。2017年2月9日,拓斯达正式登陆创业板。从预披露到过会,拓斯达只用了538天,堪称"神速"。

拓斯达在深交所的成功上市,无疑也是达晨创投投资的目的,通过企业IPO套现是其发展至今的不断动力。

（资料来源：作者根据多方资料整理而成）

7.4 创业型企业融资的管理

融资管理是全球金融与投资领域中极富挑战性的研究领域和管理课题,在当今经济金融全球化浪潮中扮演着越来越重要的角色。融资管理包括增量融资管理(主要是项目融资)和存量管理(主要是并购融资)。在这两种融资管理方式中,风险价值分析是融资管理中的核心问题之一,也是最前沿的研究领域。

7.4.1 创业型企业融资主体

现在不少企业的经营者都通过直接或间接的方式,控制着几家公司。这些公司有的已经建立产权关联关系,并形成母子公司体系;有的则是人员关联关系,实际控制人仍是企业经营者;也有很多是生意上的合作伙伴,融资时也可以使用。因此,创业型企业在融资之前,需要对这些融资主体进行选择。

在确定融资主体时,有以下几个原则:选择规模较大的企业,理论上,规模越大的企业,授信额度越高,银行类资金方一般规定授信额度的理论数值不超过企业净资产额的一定比例;选择营业期限较长的企业,尤其是银行贷款,一般有3年的经营业绩要求;选择现金流量较大的企业,银行贷款一般有自身综合收益的考虑,比如吸收存款、结算量规模等,同时也是银行等资金方风险控制的需要;选择符合产业政策支持的行业,无论是权益类资金方还是债券类资金方,都对行业有一定的要求,政策性资金支持表现最突出;选择报表结构良好的企业,主要是针对银行融资而言;选择知名度较高的企业,知名度高的企业一般能让资金方树立信心;选择与融资方联系紧密的企业,主要适用于企业投资和银行融资,首选子公司,人员关联公司次之,接着是业务关联公司。当企业无法满足上述条件,或者融资数量仍不能满足要求时,可考虑重构融资主体。

融资主体重构即通过资本运营的手段,建立新的融资主体,从而使融资主体在企业规模、报表结构、现金流、资产机构等方面满足资金方的需求。融资主体重构属于资本运营的范畴,常见方式包括:组建企业集团,可以帮助企业在集团成员单位之间通过关联交易融资;公司分立,当原有企业资产负债率太高或有很多历史遗留问题时,可以考虑以该公司投资,重新组建新公司;与其他企业合并,这可以起到立竿见影的效果。

7.4.2 创业型企业融资的步骤

创业型企业融资的步骤主要包括七点。

(1)确定融资框架

融资前,企业内部首先要确定一个融资的框架。该框架内容首先是融资额度及出让股份数;其次是董事和股东是否要通过对赌提高自己的议价、是否要放弃期权。

(2)确定商业计划书

一份好的商业计划书是获得贷款和投资的关键因素之一。高质量且内容丰富的商业计划书可以使投资者更快、更有效地了解投资项目,增强投资者对项目的信心,并投资参与该项目。

(3)筛选目标投资商

企业的融资是个双向选择的问题,投资者在挑选自己满意的创业型企业,创业型企业也在寻找自己的金主。当创业型企业手中获得一定的投资资源时,应尽快确定自己的目标投资商。

(4)交易价格谈判

当目标投资商确定后,双方会进行约谈。约谈内容包括:估值、出让比例,附带权利比如优先股是否具有投票权、是否配备反稀释条款等。如若该项目受到投资商的追捧,则会具有更强的议价能力。

（5）签订投资意向书

投资意向书签订前一定要仔细检查条款并三思而行,创业者签订合约时万不可仅考虑自己的利益,而应将团队利益考虑在列。创业型企业甚至可以聘请律师为其解决相关业务。

（6）股权变更

股权变更并非融资双方简单地签署双边协议,还需与工商局、银行等机构协同完成。

（7）获得注资

完成相关工作后,投资正式到账,创业型企业可以全力加快运作了。

7.4.3 创业型企业融资管理

融资管理是指企业向企业外部有关单位或个人以及从企业内部筹措和集中生产经营所需资金的财务管理活动,是创业型企业在融资过程中必然会遇到的问题。融资管理得当,会对创业型企业的发展发挥重要作用。创业型企业的融资管理包括的主要内容有:

（1）明确具体的财务目标

企业的融资管理要以实现企业价值最大化为最终目标。在具体经营管理过程中,企业只有有明确的财务目标,才能对有效实施财务的融资管理职能具有直接指导作用。财务目标会受到企业当期的经济环境、法律环境、税收环境和金融环境的影响,因此在确定目标时一定要充分考虑企业内部和外部的各项财务关系,以保证在协调有效的基础上实现这一目标。

（2）科学预测企业的资金需求量

企业要以具体的经营方针、发展阶段和投资规模为基础,运用科学合理的预测方法,正确地预测企业在某一时期的资金需求量。资金不足或资金筹集过量都不利于企业的正常发展。

（3）选择合理的融资渠道和方式

融资渠道是指企业取得资金的来源,融资方式是企业取得资金的具体形式。同一渠道的资金可以采用不同的方式取得,而同一融资方式又可以适用于不同的融资渠道,二者结合可以产生多种可供选择的融资组合。因此,有必要对二者的特点加以分析研究,以确定合理的融资组合。

（4）确保资金结构的合理性

资金结构是企业负债资金和权益资金的比例关系,也被称为资本结构。由于不同的融资方式会带来不同的资金成本,并且对应不同的财务风险,因此,企业在将不同的融资渠道和方式进行组合时,必须充分考虑企业实际的经营和市场竞争力,适度负债,追求最佳的资本结构。

创业融资管理专栏六：

睿玛科的股权融资

RMEECO®

图片来源:www.rmeeco.com

广州睿玛科防水电器股份有限公司(以下简称"睿玛科")是一家集研发、生产、营销为一体的高新技术企业,主营各种防水电器、防水电线电缆连接器、特种防护机电装备等自有知识产权产品。睿玛科致力于打造专业的高科技防水电器精品,缔造世界防水电器顶级品牌,创建国际防水电器行业一流企业。作为国内唯一的防水电器生产示范基地,睿玛科同时也是行业内唯一获得金桥奖的企业。睿玛科创立于 2009 年,一直致力于防水连接器的研发与生产,直到 2012 年开始产业化和市场化。2014 年,通过与大生资本的合作,睿玛科明确了战略定位和企业发展方向,全力开拓中国防水连接器市场,引导防水连接器行业发展方向。

作为一家 2014 年度营业收入仅为 508 万元的企业,睿玛科当时是一家典型的尚在烧钱中艰难前进的创新创业型小微企业。也就是在 2014 年,睿玛科与大生资本的合作,成为睿玛科股份制改革的直接原因。创业型企业普遍具有规模小、股本少、市场价值难以体现、融资不易的特点。大生资本就根据睿玛科科技含量高、知识产权拥有量较大的特点,大胆提出知识产权资本化的设想,明确实施公司发展战略的步骤及执行方略并获得相关机构的认同。

在经过精心筹备后,睿玛科于 2014 年 5 月 26 日启动股份制改革。股改启动仪式在广州花园酒店举行,参加仪式的有国家科技部的领导、广州股权交易中心领导、投资界、企业界及十多家媒体等各界人士 300 多人。在大会上,大生资本与睿玛科一起展示了睿玛科作为防水电器民族品牌领导者的美好愿景。活动取得巨大成功,睿玛科在行业的影响力得到体现。

股改启动后,在大生资本的积极推动下,睿玛科为防水连接器行业所做的不懈努力获得了国家科技部的高度认可与支持。2014 年 9 月 18 日,睿玛科获得国家科学技术协会防水电器示范基地授牌,从而奠定了其在我国防水电器行业的地位,为睿玛科的发展奠定了基础,其影响力将日益凸显。睿玛科股改成功并举行隆重的股改成功庆典。

经过大生资本的精心运作,睿玛科良好的发展前景吸引了不少投资者的关注。睿玛科私募启动后,迅速被投资者超额认购。2015 年 3 月 31 日,睿玛科在广州股权交易中心交易大厅成功举办专场挂牌仪式,获授挂牌证书和中心纪念铜牛。睿玛科首期私募以每股 3.65 元募股 1000 万股,成功募资 3650 万元,并于挂牌当日启动第二轮融资。睿玛科发布了新一年的目标与计划,引发了与会人员的广泛关注,受到各位投资者的热捧。挂牌当日,睿玛科开盘价 6.18 元,盘中最高价 12.68 元。不到半年时间,睿玛科就实现了市值翻番,首轮私募投资者获得了高额回报。

2016 年,作为在四板市场——广州股权交易中心挂牌的科技企业,睿玛科以每股 19.48 元的价格向一自然人投资者定向增发 600 万股融资 11688 万元,占总股本的 5.77%,公司市值接近 20 亿元。这次股权融资的成功,也创造了四板市场股权融资的纪录。

(资料来源:作者根据多方资料整理)

7.5 创业型企业上市

IPO是英文Initial Public Offerings的缩写,中文意为首次公开募股。首次公开募股是指企业透过证券交易所首次公开向投资者增发股票,以期募集用于企业发展资金的过程。企业在不同的发展阶段与不同的融资模式相适应。IPO正是创业型企业由种子期走向发展期的重要融资方式。

7.5.1 为什么要IPO

一般来说,一旦首次募股发行完成后,这家公司就可以申请到证券交易市场或报价系统挂牌交易,即公司可以上市了。因此,上市成为企业IPO的直接原因。那么,创业型企业上市的原因又是什么呢?

(1)上市可以给创业型企业一个更大的融资平台,为企业获取更多资金提供渠道,为实现企业跨越式发展提供便利。

(2)上市可以帮助企业提升形象,改善企业的营销环境,促进企业竞争力的增强。

(3)上市要求企业更规范,这有利于提升企业的内部管理水平。

(4)上市转变了运营机制,可规范企业与控股股东或政府之间的关系。

(5)上市有利于企业实施股权激励方案,留住和吸引高级人才。

(6)上市可以为企业收购兼并和产业整合扩张创造重要的外部资本条件。

(7)上市可以提高企业的资本运作能力,实现企业的规模扩张。

(8)上市可以实现产权的多元化,有利于改善企业的股权结构和资本结构。

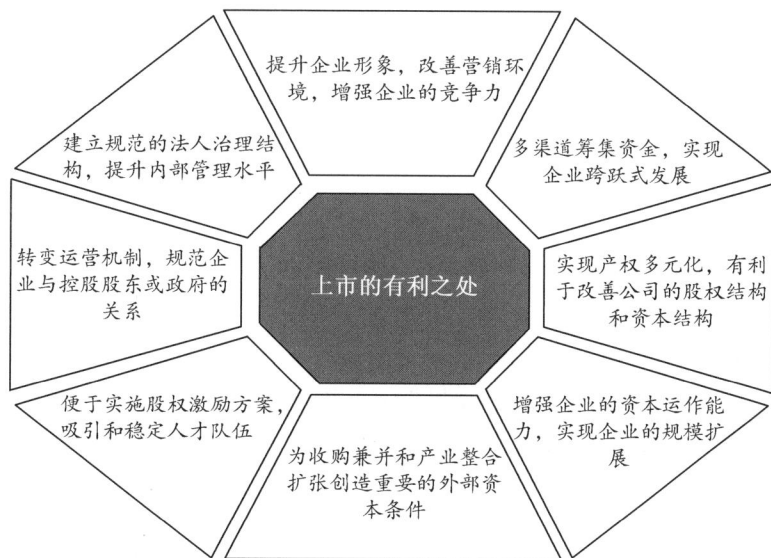

图7-5 上市为创业型企业带来的好处

创业融资管理专栏七：

中通赴美 IPO

图片来源：www.zto.com

  首家登陆美股市场的中国快递企业——中通快递（以下简称"中通"），于美国时间 2016 年 10 月 27 日正式敲响开市钟声。中通本次赴美发行较为成功，最终定价在每股 19.5 美元，融资规模达到 14 亿美元，成为 2016 年美国 IPO 规模最大的公司。中通在美股市场受到追捧，一方面是美国资本市场对中国高质量企业具有很浓厚的兴趣，一方面是中通的盈利能力强和市场规模大。中通也创下了近年来继阿里巴巴之后规模最大的 IPO 记录。

  中通赴美上市的行业背景，是各大快递公司扎堆 IPO，争夺"快递民企第一股"。中通的借壳引起了一系列的连锁反应，圆通借壳、顺丰借壳、韵达借壳，由于申通的引爆，导致中国快递业上市时间提前，整体"大跨步"。中通与其他快递公司不同，直接转战美国上市。中通赴美 IPO 的原因有很多：

  第一，作为一家典型的民营快递企业，通过上市，中通可以建立现代企业制度，弱化家族式管理色彩，建立完善、规范化的治理体系。同时，中通上市还可以通过员工持股建立利益共同体，有利于引进国内外的人才，充分调动团队的积极性和创造性。此外，中通上市还可以建立现代化的公司治理结构及获得强大的资金支持。面对外资企业的竞争，中国快递行业要通过建立现代企业制度，规范治理体系，对企业进行成功转型，增强抗击竞争的力量。

  第二，快递企业除了服务传统的电商外，还要在服务金融业、制造业、农业和跨境电商上有所拓展。目前快递行业发展变化迅速，相对单一的快递行业发展遇到瓶颈，而融合快递、配送、仓储、干线、跨境、联运、电商、金融等多种要素，多元化发展，才能提高企业的抗风险能力、竞争力。

  第三，快递企业上市潮是快递业二次创业的开始，资本和人才是新快递业的一对翅膀。快递企业上市后，要"大力引进人才、投资人才"，"加快全国战略布局，加快科技投入，推进轻资产运作和营销模式转型"，"打造新的加盟模式，更加注重利益分配，让加盟商也成为资本的受益者"，"有必要把一些有实力的加盟商培育成为新三板企业，让加盟商也看到成长的空间"。在上市的过程中，快递企业要扩宽投资市场，挤入跨境电商行业，对国际快递服务行业的利润进行分割。2017 年初圆通爆发的加盟商罢工问题，正体现了原有加盟形式的弊端。

  第四，将先进的信息技术和系统应用到快递业务操作和服务中，是国际快递公司取得成功的重要因素。快递行业属于物流系统中对时间和送达质量要求较高的高端产业。为了完善服务系统，快递企业必须要加大对科技的投入力度，完善快递信息系统，提高风险承受能力，保障寄件的安全完整。在运送的过程中，要采用先进的运输系统，提高运输过程中的分拣效率，并对快递人员的素质进行专业的培训，以最好的服务态度和最完善的服务来满足广大消费者对快递行业的需求。中通此次募集的资金也主要用于购买土地使用权、建造分拣中心、购买分拣设备、扩张自有的大容量卡车以及投资 IT 信息系统等。

第五,目前快递行业的增速放缓,面对行业日益严重的同质化竞争、运营成本居高不下、毛利率过低等问题,各家公司亟须募集资金,实现产业进一步升级。谁先获得巨额融资,谁就有机会与其他企业拉开差距。而公司若获得大笔融资,就有可能从加盟制的恶性循环之中脱离。在国内快递市场,除了顺丰速运是直营模式之外,其他企业基本上都采用加盟商模式。这让顺丰速运在渠道方面有更大的控制力,在用户体验及内部管理上都比加盟制企业有所提升。中通的 IPO 也将为其在这方面的发力奠定坚实的资本基础。

(资料来源:作者根据多方资料整理)

7.5.2 发行与上市过程相关概念

(1)超额配售选择权

超额配售选择权,又称"绿鞋",由美国名为波士顿绿鞋制造公司 1963 年首次公开发行股票(IPO)时率先使用,指的是发行人授予主承销商的一项选择权,获此授权的主承销商按同一发行价格超额发售不超过包销数额 15% 的股份,即主承销商按不超过包销数额 115% 的股份向投资者发售。在增发包销部分的股票上市之日起 30 日内,主承销商有权根据市场情况选择从集中竞价交易市场购买发行人股票,或者要求发行人增发股票,分配给对此超额发售部分提出认购申请的投资者。

超额配售选择权的主要功能在于:如果发行人股票上市之后的价格低于发行价,主承销商用事先超额发售股票获得的资金(事先认购超额发售股票的投资者的资金),按不高于发行价的价格从二级市场买入,然后分配给提出超额认购申请的投资者;如果发行人股票上市后的价格高于发行价,主承销商就要求发行人增发 15% 的股票,分配给事先提出超额认购申请的投资者,增发新股资金归发行人所有,增发部分计入本次发行股数量的一部分。

超额配售选择权的实质是一种期权,其主要意义有:①稳定新股在一、二级市场的差价。新股的发行价和市场价之间难免存在较大差异,如果没有超额配售选择权,主承销商对新股价格就缺少保护手段,会处于相当被动的地位。如果发行人授予主承销商超额配售选择权,则主承销商可以通过行使该权利在新股上市后 30 日内采取相应的措施,通过调节发行数量或在二级市场竞价来减少新股在一、二级市场的差价。②保护发行人的利益,缩减投资者购买新股的套利空间。行使超额配售选择权能够使主承销商在投资者申购踊跃时增发股票,从而为发行人带来更多利益。由于行使超额配售选择权能够在新股上市的前期稳定一、二级市场的差价,因此缩减了投资者购买新股的套利空间,迫使投资者慎重选择所投资的股票。不论股票好坏一味申购的做法将会面临很大风险。③对主承销商发行能力提出更高要求。这主要表现在两个方面:定价能力和对发行价格的调控能力。由于新股的价格直接决定了发行人、投资者和主承销商三者的利益,并且主承销商通过行使超额配售选择权可以在一定的时间和价格范围内调节三者的利益关系,从而增加了不确定因素,使三方对价格变得更加敏感,因此对主承销商的新股定价水平提出了更高要求。新股发行后主承销商对发行价格调控能力的高低也直接决定了他对发行人和投资者利益的保护程度。对超额配售选择权运用能力较高的主承销商将在投资银行业务中具有一定竞争优势。

（2）热销现象

新股发行热销现象在金融研究领域是早已被确定的一种现象，也是金融学研究的热点问题之一。一般认为新股发行数量与新股发行抑价率之间存在着正相关关系，即当新股发行抑价率较高时，会导致之后一段时间里新股发行数量的增多，这种现象被定义为"热销现象"。

热销现象产生的原因比较多，主要有：①热点市场的变化。在一定的时期中，证券市场上的热点会不停地变化，由于投资者的盲目乐观，会造成一些低质量的公司成功上市，并募集大量的资金。在美国证券史上，石油资源类股票在 20 世纪 70 年代大量发行，银行类股票在 80 年代大量发行，而 20 世纪 90 年代，高科技和网络股在证券市场上大量发行。②情绪化的投资者行为表现。投资者的情绪会影响其对待发行股票的看法，过度乐观的情绪会导致其不会认真地对上市公司进行分析，而使其愿意以更高的价格支付购买的对价，从而产生高抑价率。在这段时间里，上市企业将以较低的股权融资成本募集资金，从而使很多企业在这一时间段进行上市操作，股票热销现象从而产生。③信息不对称。发行者和投资者之间的信息并不对称，这样会导致发行者占据信息优势。发行者对于股票的价值比投资者更清楚，为了能吸引更多的投资者，发行者压低发行价格，从而产生较高的股票抑价。这样，当发行者被迫压低发行价格时，热销现象就产生了。④发行制度。热销现象也有可能是由特定的发行制度产生，从世界范围来看，发展中国家的证券市场抑价率要明显高于发达国家。这主要是因为发展中国家的证券市场制度并不完善，一些发行制度带有很大的行政色彩。例如我国证券市场的发行制度为审批制，会导致企业上市成本较高，所以企业更愿意在整体市盈率较高的时候上市，从而降低股权融资成本。

（3）钓鱼行为

钓鱼行为指的是投资银行在价格被低估的股票 IPO 时，将其份额分销给其他公司管理人员，以换取与该公司的合作机会。这是一种特殊的报酬形式，诱使高管为投资银行服务。

7.5.3 IPO 估价与上市时机的选择

（1）IPO 估价

就 IPO 估价模型而言，不同的行业属性、成长性、财务特性决定了上市公司适用不同的估价模型。目前较为常用的估价方式可以分为两大类：收益折现法与类比法。

收益折现法指的是通过合理的方式估计出上市公司未来的经营状况，并选择恰当的贴现率与贴现模型来计算上市公司的价值，如最常用的股利折现模型（DDM）、现金流贴现（DCF）模型等。贴现模型的关键在于如何确定公司未来的现金流和折现率，这也是体现承销商专业价值的地方。

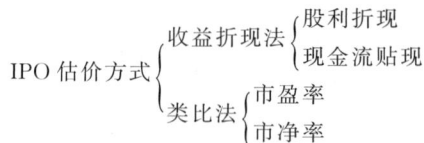

$$\text{IPO 估价方式}\begin{cases}\text{收益折现法}\begin{cases}\text{股利折现}\\\text{现金流贴现}\end{cases}\\\text{类比法}\begin{cases}\text{市盈率}\\\text{市净率}\end{cases}\end{cases}$$

图 7-6　IPO 估价方式

类比法指的是通过选择同类上市公司的一些比率,如最常用的市盈率(P/E 即股价/每股收益)、市净率(P/B 即股价/每股净资产),再结合新上市公司的财务指标如每股收益、每股净资产来确定上市公司的价值,一般都采用预测的指标。市盈率法的适用具有许多局限性,例如要求上市公司经营业绩稳定,不能出现亏损等。而市净率法则没有这些问题,但同样也有缺陷,主要是过分依赖公司账面价值而不是最新的市场价值,因此对于那些流动资产比例高的公司,如银行、保险公司比较适用此方法。

通过估价模型,可以合理地估计公司的理论价值,但是要最终确定股票发行价格,还需要选择合理的发行方式,以充分发现市场需求。常用的发行方式包括:累计投标方式、固定价格方式、竞价方式。

（2）上市时机的选择

首先,上市时机的选择和风险投资密切相关。在第三节中我们已经知道,同其他的风险投资退出方式相比,IPO 更符合风险投资家的利益追求。然而,由于股票价格的形成除了受其真实价值影响之外,还受宏观经济环境、证券市场结构、投资者心理等因素的影响。因此,在股票价值同等的条件下,不同的上市时机可能会影响其 IPO 价格,从而影响投资者的实际收益。

其次,上市时机的选择与创业型企业的成长密切相关。企业 IPO 的目的在于促进企业的成长,而不同的上市时机会影响到 IPO 的成功概率。在不利的时机上市,创业型企业 IPO 的成功率太低,而且即便成功,也会对创业型企业今后的发展产生严重影响。这主要是因为不利时机的 IPO 势必会影响到企业的融资总额,进而影响创业型企业的研发投入,而 IPO 后的创业型企业由于暴露在公众面前,可能会为了吸引投资者而缩减研发投入以保证企业的盈利。

再次,上市时机的选择与社会福利密切相关。适当的上市时机能使企业成为投资者投资的热点,从而更好地利用社会资金加速新技术的开发与应用。而新技术的应用与推广对社会与经济的发展具有普遍的推动作用,如计算机的普及与推广、网络技术的发展等。同时,适当的上市时机意味着风险资本的成功退出和周转,风险投资机构成功地运用风险资本进行新一轮的投资,更多的创业型企业可以得到风险资本的支持。风险投资周期的良性循环对于提高中小企业的技术水平具有重要意义,可从产权角度对中小企业的技术创新能力形成外部激励,从而提高一国技术创新对经济增长的贡献率,进而增进社会福利。

创业融资管理专栏八：

迅雷两次 IPO 的时机选择

图片来源：www.xunlei.com

2014 年 6 月 24 日晚,迅雷顺利登陆纳斯达克,股票交易代码为 XNET,开盘价 14.2 美元,较 11 美元的发行价上涨 20%,迅雷 CEO 邹胜龙和众多高管终于实现了上市梦想。

但其实这是迅雷第二次 IPO 了。早在 2011 年,邹胜龙就曾带着众多的迅雷高管以及他们的亲朋好友,风风光光地奔赴纽约。然而其 IPO 计划却被一再延迟,即便迅雷主动将股票发行价格下调,估值缩水,行业内一直被看好,纳斯达克的上市之门依然不曾打开。

迅雷 IPO 的失败不单单是股票定价的问题。一方面,2011 年,迅雷的主要业务还是下载功能,而国外市场认为其下载业务涉及盗版侵权,盈利模式受到质疑。下载业务中涉及的版权官司也影响了其 IPO。数据显示,2009 年、2010 年和 2011 年第一季度,迅雷分别收到涉嫌侵权的诉讼 108 起、126 起和 10 起,总共高达 244 起。截至 2011 年 7 月,仍有 33 起侵权诉讼尚未宣判,索赔总金额高达 340 万美元,而其 2010 年的利润仅为 850 万美元。另一方面,从 2011 年 3 月开始,中国概念股就深陷诚信危机,到了 5 月,随着人人网的上市,形成了一个更大的互联网泡沫。而整个 7 月,在美 IPO 的中国企业数量为零,赴美上市之路也变得越来越窄。在这样一种状况下赴美 IPO 的迅雷,可以说失败是有一定必然性的。

2014 年,迅雷卷土重来。为了规避版权问题,迅雷从 3 月开始展开一系列的版权保护行动,并于 6 月初与 MPAA(美国电影协会)达成协议,通过一套综合体系来保护美国电影协会的版权问题。

在财务数据上,3 年后的迅雷和 3 年前的迅雷也有很大的不一样。按照迅雷提交的招股说明书披露,该公司 2011 财年净营收为 8190 万美元,2012 财年净营收为 1.41 亿美元,2013 财年净营收为 1.75 亿美元,2014 财年净营收第一季度为 4000 万美元。除了营收大幅增加外,毛利也在迅速增长,亏损则在逐渐减少。迅雷 2011 财年毛利润为 3380 万美元,2012 财年毛利润为 5650 万美元,2013 财年毛利润为 8130 万美元,2014 财年第一季度毛利润为 1610 万美元。此外,迅雷 2011 财年运营亏损为 310 万美元,2012 财年运营利润为 210 万美元,2013 财年运营利润为 380 万美元,2014 财年第一季度运营亏损为 120 万美元。这些数字在行业内看来都是非常光鲜的。

此外,本次迅雷能够顺利上市主要是依靠云计算、网络加速等概念。第一次 IPO 失败后,迅雷一直在动荡的调整中度过,直到 2013 年这样的调整才初见成效,迅雷摇身一变成为了一家以用户服务为主导的公司。相关数据显示,迅雷上市前夕拥有 4 亿多名用户,每月活跃用户 3 亿名,其中付费用户 500 多万元,每位会员每月为迅雷贡献 20 元左右的收入。同时,迅雷还拥有电商、游戏、传统广告等多种创收方式。这样的结局,一方面证明了迅雷转型是正确的,且是成功的。另一方面也给投资者们塑造了一个具备遐想的空间,至少和之前相比的确多了很多想象空间。因此在迅雷本次的招股书中,强调了云服务战略的重要性(实质就是迅雷会员,该业务为迅雷净利润主要增长来源)。

通过三年的时间,迅雷为投资者们重新勾勒出了一个新的资本故事,即云服务。再加上此前几个月中概股接连成功赴美 IPO,奠定了迅雷第二次 IPO 成功的基础。

(资料来源:作者根据多方资料整理而成)

7.5.4 上市时机选择的影响因素

影响创业型企业选择上市时机的因素很多,这里主要分析股票指数、市盈率、创业型企业成长阶段、宏观管理部门的政策取向。

（1）股票指数

股票指数是一种统计指数,其基本功能是用平均值的变化来描述股票市场的动态变化,它不仅反映了国民经济的宏观状况,也反映了股票市场和股票价格的微观变化。股票指数较高时,股票市场较活跃,股票投资者投资积极性高,企业发行失败的风险较小,同等条件下,企业可以实现更高的股票价值。

（2）市盈率

市盈率是企业上市必须考虑的重要因素,它是股票价格与股票年收益之比。市盈率的高低将影响到企业的发行定价,在资产价值相同的情况下,市盈率越高,企业发行价也越高,从而在同等条件下可以筹措到更多的资金。

（3）创业型企业成长阶段

按照创业型企业的成长阶段,可简单地划分为种子期、成长初期、扩张期和成熟期。不同的成长阶段,投资风险有较大不同,其融资对象也有差异。在企业的种子期,由于还处于研发阶段,不确定性较大,现金流为负,企业很难通过传统融资方式取得资金,此时主要依赖政府基金的扶持,如我国的高新技术孵化基地、创业基金等,也可能有少量的风险资本进入,如天使资金（朋友或家庭的资金）；在成长初期阶段,企业研发取得较大的进展,不确定性减少,并有少量产品投入市场,一些偏好早期项目的风险投资机构开始介入；在扩张期,研发已完成,进入技术的应用与产品大量投入市场阶段,企业资金需求较大,随着企业成长和规模的扩张,特别是新战略投资人的加入,企业股权结构和治理结构将发生明显变化,企业内部管理逐步规范,信息透明度逐步提高,此时主要依赖风险投资公司投资和 IPO 融资；进入成熟期后,风险资本已经退出,企业发展较为稳定,可以通过借贷资本和资本市场来融资。因此,创业型企业选择上市时机时,应考虑企业所处的成长阶段。

（4）宏观管理部门的政策取向

宏观管理部门作为国民经济的监控者,将根据经济均衡协调发展的宏观管理目标和经济形势制定相应的经济政策。创业型企业因为风险高、信息不对称性高和波动性相对较大的特点,既受宏观经济的影响,也会影响到宏观经济的稳定与发展。因而,宏观管理部门的政策取向必然会影响创业型企业发展的速度与深度。

7.5.5 VC 与 PE 支持的公司 IPO 表现

风险资本在 IPO 上市中有三种效应,分别为:证明说、监督说和躁动效应说。证明说指的是风险投资家为了保护自己作为 IPO 市场参与者的声誉,而把 IPO 的价格定得接近企业的内在价值,从而导致更低的抑价度。监督说指的是 VC 支持的企业比同期上市的没有 VC 支持的企业的质量要高。躁动效应说是指在风险资本的存续期内（通常是 10年）,风险投资家必须定期在资本市场上募集后续资金以维持经营,尤其是在欠缺声誉的情况下,风险投资家首次融资的表现对于后续的成功融资尤为重要,因此他们要靠好的IPO 记录来提升自己的声誉,以维持作为市场参与者的活跃度。因此,欠缺经验的风险投资家支持的企业可能会较早地被推上市,并以糟糕的市场和运营表现收场。因此可以说,风险资本支持的上市企业主要有以下表现：

第一，风险资本支持的企业更年轻，发行价格也更高。但是，风险资本支持的企业的抑价度更高，说明风险投资家在 IPO 时并未起到减轻企业抑价度的认证作用。

第二，风险资本支持的企业的经营业绩明显好于没有风险资本支持的企业。这说明，由于风险投资家的监管作用，其质量比没有风险资本支持的企业更高。但是，IPO 之后，风险资本支持的企业的经营业绩下滑更快，表明风险投资家的监管作用逐渐减弱。

第三，高声誉的风险资本支持的企业的发行价格更高，上市时抑价度更低，上市后的市场和经营表现也好于没有风险资本支持的企业。

章 末 案 例

鼎汉技术融资战略

图片来源：www.dinghantech.com

一、公司介绍

北京鼎汉技术股份有限公司（以下简称"鼎汉技术"）成立于 2002 年 6 月，并于 2009 年 10 月 30 日在深圳证券交易所创业板上市，成为中国第一批创业板上市企业。公司以"打造轨道交通行业最值得客户信赖的国际一流企业"为愿景，以"技术推动行业进步，实现人类幸福出行"为使命，是一家从事轨道交通高端装备研发、生产、销售和服务的高新技术企业。公司总部设在北京市中关村丰台科技园总部基地，营销及服务平台遍布全国 24 个城市，覆盖所有轨道交通线路，在北京、深圳、广州、芜湖、成都设有五个研发中心，在东莞、江门、芜湖、成都设有四个生产基地。截至 2016 年 9 月 30 日，公司总资产达 32 亿元，员工总数多于 1500 人。

鼎汉技术扎根轨道交通行业，以技术为根基，聚焦轨道交通的专业装备及综合方案的生产和提供。目前公司主要产品分为轨道交通车辆设备和轨道交通地面设备两大类，其中轨道交通车辆设备主要包括：车载空调系统、车载辅助电源系统、车载安全检测设备和车辆特种线缆；轨道交通地面设备包括：信号智能电源系统、通信电源和不间断电源系统、综合供电系统等，还包括屏蔽门/安全门系统、地铁制动储能系统等。同时，公司也根据客户需求提供其他配套产品及服务，主要有四大系列产品解决方案：车辆电气高端装备、能源管理解决方案、站台门自动化解决方案、线路安全运营维护解决方案。

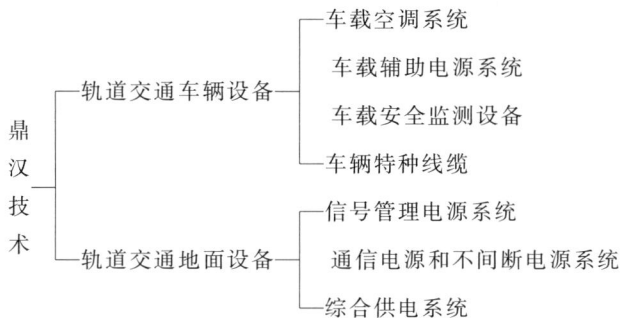

图 7-7　鼎汉技术主要产品

二、公司融资战略

2009 年 9 月,鼎汉技术上市,募集资金总额 48100 万元,扣除发行费用后,募集资金净额 46752.35 万元,其中超募资金 25195 万元。截至 2015 年 12 月 31 日,公司已累计投入募集资金 48600.95 万元,且所有募投项目均已结项,公司募集资金及其孳息全部使用完毕。公司的资金主要服务于其"内生＋外延"的发展战略。

第一,内生发展。2014 年,鼎汉技术铁道客车 DC600V 电源获准 CRCC 认证资质,并于 2014 年 12 月获得铁科院审核批准的大修资质,这意味着鼎汉技术通过自主研发投入和努力,进一步实现了"地面到车辆""增量到存量"的战略落地。此外,鼎汉技术屏蔽门系统中标贵阳轨道交通 1 号线,中标金额 6292.14 万元,实现了屏蔽门整体系统业绩突破,为公司屏蔽门整体系统的销售打开了通道,公司将逐步丰富商用业绩,从而进一步打开市场空间。同年 8 月,鼎汉技术的车载安全检测产品"接触网安全巡检装置"和"接触网悬挂状态检测监测装置"也成功通过了中国铁路总公司的技术评审,为公司车载安全检测产品的规模销售奠定了技术基础,并成功中标广西及郑州铁路的接触网检测监测项目。同时,鼎汉技术 2014 年已经开始针对 2016 年业务进行早期布局,包括地铁储能、高铁动车电源等产品的研发投入,增加服务市场、维护维修业务的平台化能力建设,促进增量市场到存量市场新商业模式的建设,保障未来在庞大的轨道交通存量市场中占据较好的市场地位。为进一步落实"增量到存量"的发展战略,打造轨道交通服务平台,2015 年,鼎汉技术全资子公司"北京鼎汉软件有限公司"名称变更为"北京鼎汉机电设备服务有限公司",同时相应变更了经营范围,努力打造轨道交通高端服务平台,进一步强化公司在轨道交通行业的专业化、定制化服务能力,打通从建设到运营全周期、全方位的可持续、可增值的一体化服务平台,实现公司良性可持续发展。

第二,外延发展。2014 年,鼎汉技术以 7.6 亿元并购海兴电缆 100％股权并配套融资,顺利完成资产交割手续以及增发股票上市。海兴电缆专注于轨道交通机车特种电缆生产、制造、销售和服务,产品应用于轨道交通车辆(350 公里动车、200 公里动车、地铁车辆、铁路客车)等领域,是国内机车车辆的主流供应商之一,主要竞争对手产品源于

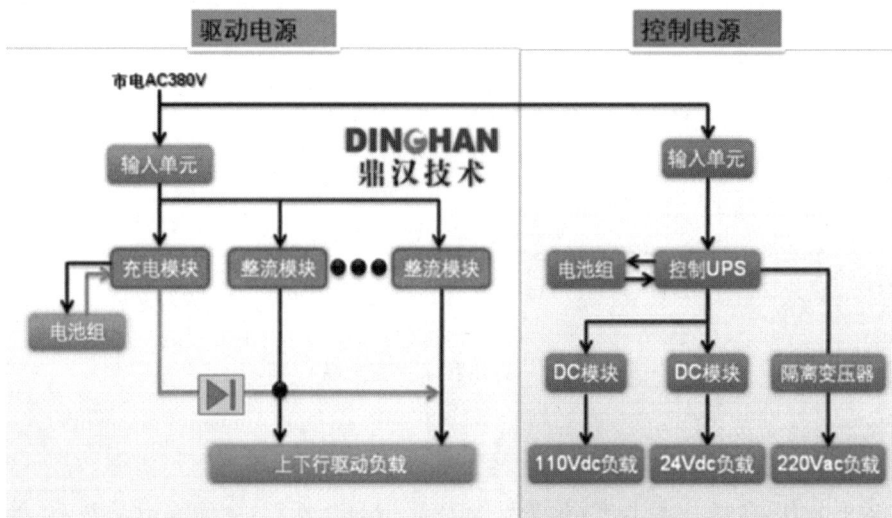

图 7-8 屏蔽门电源系统——直流解决方案

进口,其在产品生产管理、质量管理与控制方面具有特种电缆行业的特殊优势。该次并购进一步提升了鼎汉技术车辆市场及服务的建设能力,拓宽了行业机会视野,有助于双方的战略协同和可持续发展。

2014 年底,鼎汉技术停牌筹划投资辽宁奇辉电子系统工程有限公司(以下简称"奇辉电子")事宜。奇辉电子是专注于铁路信息化的企业,其在铁路货运信息化、客运信息化方面以自研软件为核心,建立起自身的竞争优势和行业地位,主要产品覆盖货运安全检测(状态、保安、保价等)、监控和生产作业的信息化建设以及客运的旅客服务系统、列车运行管理系统等领域。通过与奇辉电子的合作,鼎汉技术将进入铁路货运、客运信息化领域,其"增量到存量"的战略进一步向前迈进。2015 年 2 月,鼎汉技术以 9650 万元增资奇辉电子。依托奇辉电子独立的开发能力以及深厚的行业应用经验,鼎汉技术将通过参股奇辉电子快速实现铁路信息化建设的商业尝试,捕捉更多行业信息化的机会。

2015 年 1 月 29 日,鼎汉技术以 3.6 亿元的价格收购了广州中车轨道交通空调装备有限公司(以下简称"中车有限")100%股权,进入机车车辆空调市场。此次投资并购,进一步夯实了鼎汉技术"地面到车辆"战略的落地成果,推动其跨界式成长。

2016 年 1 月,鼎汉技术以 25.04 元非公开发行股票募资 4.5 亿元,大股东和高管全额认购:董事长顾庆伟认购 665 万股,占比 37.00%;奇辉集团董事长侯文奇认购 799 万股,占比 44.44%;国联证券设立的国联鼎汉技术 1 号集合资产管理计划认购 334 万股,占比 18.58%。此次募集资金全部用于补充流动性,稳步推进鼎汉技术发展战略。(1)满足公司"内生+外延"发展战略带来的新增运营资金需求。"内生+外延"的发展方式使得鼎汉技术的经营规模和综合竞争力快速增强的同时,也大幅增加了其对流动资金的需求,公司测算 2016—2018 年因营业收入增加所形成的营运资金需求超过 10 亿元。(2)降低财务风险,保障"内生+外延"发展战略持续执行。补充资金将增强鼎汉技术短期偿债能力,改善其资产负债结构,降低财务风险,有利于其未来通过各种融资渠道获取更低成本的资金,从而可及时把握市场机遇,把握"一带一路""高铁走出去"等海外战略机会,实现业务内生式增长及收购兼并等外延式增长。(3)保障公司"从地面到车辆、从增量到存量"的发展战略的实施。鼎汉技术的业务从高端装备制造领域向轨道交通车辆服务领域延伸,建立涵盖全产业链的产品和服务提供平台,未来将拓展轨道交通维修服务网络,预计将新增流动资金需求约 5000 万元。

三、成功经验

优秀的研发及管理团队+清晰的战略视野是鼎汉技术成长为大公司的核心因素,新产品及新模式必将打开公司的长期增长空间。

第一,研发及管理。鼎汉技术的研发主要通过两个方面来实现,一方面内部不断加强轨道交通的各方面研究,一方面也通过收并购或与行业内的领先企业进行合作。

为使公司智能信号电源备份能力和故障预知能力上升到新的高度,为轨道交通信号系统提供更加安全、可靠的电能供给环境,鼎汉技术投入研发了轨道交通一体化不间断电源系统。该系统实现了信号电源的双总线冗余设计以及一体化 HVDC 供电方案,为面向轨道交通信号系统的多种设备提供稳定持续的电能。2014 年 5 月,鼎汉技术与上海地铁维护保障有限公司就上海所有已建轨道交通所用到的信号电源设备、综合智能供电系统设备以及升级改造、大修、备件需求等维保服务事项协商一致,签署了《战略合作采购协议》。该《战略合作采购协议》的签署开创了鼎汉技术与地铁运维业务新的合作模式,可以促进公司和客户间更深度的合作,加深双方资源信息的共享、技术的交流、人员的技能培养、产品技术的升级等,为其他城市该项业务的开展起到示范作用;同时可以进一步有效提升公司的客户服务质量和效率,促进公司存量市场维保业务的发展。2014 年 7 月,鼎汉技术与北京城建设计发展集团股份有限公司签署了《战略合作框架协议》。该协议以加强战略互赢合作,按照优势互补、依托带动、共赢发展为原则,根据协议,双方将合作开展城市轨道交通解决方案的研究,在城市轨道交通项目的投融资、规划设计、工程总承包、工程经济咨询、轨道交通设备研发制造、维护检修、科技产业化等方面展开合作,通过工程总承包(EPC/DB)及 BT、BOT、PPP 等模式协力开拓城市轨道交通投资建设业务。同年,鼎汉技术还与位于德国的 SMA Railway Technology GmbH 公司签署备忘录,双方在地铁辅助电源产品技术方面进行长期合作。SMA 具有较好的轻量化、高密度集成化、数字化地铁、高铁车载辅助电源的技术能力,并在国内外有丰富的产品应用案例。随着国产化需求的提升,SMA 在中国选择具备良好的行业市场与服务能力、技术与质量保障能力、管理规范的车辆装备企业进行合作,通过多次交流与鼎汉技术达成合作共识。此类合作有助于鼎汉技术未来产品技术的升级,有助于其与国际化先进技术、先进生产制造与管理能力接轨。

2016 年上半年,公司建立"鼎汉集团",以鼎汉集团为平台进行业务子公司的矩阵化管理,加强子公司之间的融合协同。公司管理变革以打造矩阵化管理平台为核心,加强市场平台、技术平台、供应链平台、财经平台、人才流动等方面的无缝对接,并将这些方面的资源纳入鼎汉集团统一管理。同时加强集团层面的战略和方向牵引,推进子公司间的资源共享,层层推进目标分解和战略落地,集中解决制约各子公司发展的共同矛盾,真正把集团化经营的规模效应和边际效应发挥出来。另一方面继续发挥各子公司的独立性和灵活性,建立敏捷的业务闭环改进模式,在业务上既充分授权,又透明可控,支持各子公司制定适合各自特点的短、中期业务发展策略,做好短期和长期的平衡。此外随着公司业务规模不断扩大,为进一步促进各子公司间的融合协同,公司聘请了专业咨询顾问进驻,联合公司管理层以及各部门,开展全面系统的企业文化建设,更好的指导公司战略发展方向、提升员工归属感和凝聚力、增进客户合作信任感。

第二,清晰的战略。公司以成为国际一流的轨道交通高端装备供应商为愿景。通过"内生+外延"的方式促进轨道交通解决方案与服务能力的提升,为客户提供更安全、更可靠、更创新的综合解决方案,快速响应行业客户运营服务需求,创造更卓越商业价值与综合服务能力。

①将面向平台化公司演进作为新的战略目标实现的手段之一,在区域性、专业性两方面采取矩阵管理模式,机遇平台化的任务分担,信息共享,行动协同,充分发挥母公司和各子公司之间的协同效益。

②集合协同优势,开创新商业模式基于平台化建设基础,加速地面到车辆业务的快速扩张。通过商业模式创新,集合地面、车辆装备制造及服务的平台化优势,逐步形成中长期更为牢固的可持续增长能力。

③以技术与质量为核心竞争力建设,促进装备开发与制造走向高端应用高端装备设计能力与质量体系管理上升到公司核心竞争力的高度来建设,数字化、轻量化、智能化产品设计,体系化质量管理与控制,通过不断强化在各项专业技术、质量、服务的一体化集约优势,打造一流的高端装备制造企业品牌形象,为我国轨道交通高端装备走出去战略贡献力量。

四、结论与启示

紧紧围绕"内生+外延"的发展战略,鼎汉技术开展了一系列研发、管理、融资的创新活动,努力打造轨道交通行业最值得信赖的国际一流企业。公司积极寻找符合其战略方向的优质企业,持续对规模适当、有市场影响力、有增长潜力,与现有产品具有市场协同效应的车辆产品企业及轨道交通领域国内外其他优质企业保持关注。同时公司还展开国际化研究,一方面持续跟踪海外项目,紧跟中国中车各大主机厂的国际化步伐,以及国内各大系统集成商的海外项目拓展情况,抓好项目对接机会;另一方面研究世界优秀轨道交通企业的发展和成长规律,关注国外符合公司战略方向的标的企业,开放思想,探索国际合作机会,积极探讨和寻找机会"走出去"。在"一带一路"和工业4.0的宏观愿景下,我们共同期待鼎汉技术越走越远。

(资料来源:作者根据多方资料整理)

本章小结

　　融资作为创业型企业成长过程中的重要组成部分,很大程度上决定了创业型企业的命运。创业型企业以不同方式不同渠道获得融资,期望解决企业的资金短缺问题。

　　风险投资作为一种重要的融资方式,是很多创业型企业钟情的融资对象。创业型企业通过风险投资一方面获得所需资金,一方面还能得到管理上的指导;风险投资者也期望通过投资创业型企业,促进其 IPO 进程以套取现金。因此,IPO 成为创业型企业和风险投资的共同目标。

问题思考

1.创业型企业可以通过哪些方式融资?

2.为什么风险投资成为越来越多创业型企业的偏好?

3.创业型企业应如何进行融资管理?

4.创业型企业在上市过程中要注意哪些问题?

8.商业计划书

☆　了解商业计划与企业发展的关系；
☆　理解商业计划书的制作目的和要求；
☆　掌握商业计划书的撰写能力；
☆　熟悉风险投资的变革及发展。

贝昂科技空气净化器智能化

贝昂

无耗材空气净化器专家

图片来源:www.beiangtech.com

　　随着经济的快速发展,城市空气污染变得越来越严重,人们的身心健康受到严重的影响,市场对空气净化器产品的需求急剧上升。高科技类的空气净化器产品有着自己独特的竞争优势,无耗材、低成本、高性价比的技术将成为空气净化行业的标配,而智能化空气净化器则需要更先进的技术作为支撑。基于当前环境特点,对苏州贝昂科技有限公司(以下简称"贝昂")以无耗材、人性化、性价比高为主打的空气净化器智能化项目进行分析,使读者了解商业计划书的基本内容及其与企业发展的关系。

一、公司概况

　　贝昂成立于 2009 年,由一群来自美国硅谷的科学家创办,拥有业界领先的空气净化技术,专注于空气净化领域,自主研发、自主生产,已获得国际国内专利近百项。贝昂秉持"合作、尽责、积极"的企业理念,专注于空气净化技术的研究及产品开发,不断提高专业管理和经营能力,得到了社会各界和广大消费者的认同和赞誉。贝昂荣获国家"高新技术企业""国标制定委员会成员""行标主要制定单位""科技领军人""创新中国2012五强企业""国际发明金奖"等称号和奖项,并获得中新创投、赛富亚洲的投资。

从目前来看,改善国内空气品质是一项长期工程,空气污染问题在短时间内无法得到彻底解决。随着大家对空气污染的了解日益加深,如何改善空气质量得到了前所未有的关注和重视,围绕这一主题的空气净化产品层出不穷。在当前雾霾严重的环境状态下,空气净化器无疑是净化室内空气、促进空气循环的重要产品。贝昂始终致力于"搭建中国空气净化的平台,把清新空气吹遍世界每一个角落",致力于缓解空气污染问题,提高室内空气质量,用科技来提高人们的生活水平。作为中国自主研发、具有技术特色的空气净化器品牌,贝昂承载着历史的使命。

二、市场前景分析

近年来,公众对于空气质量的关注度越来越高,加之一些地区雾霾状况不容乐观,使得空气净化器市场发展迅猛。据调查显示,近80%的家庭希望购买空气净化器来减少雾霾带来的危害。《2016—2021年中国空气净化器行业专项调研及投资价值预测报告》显示,2013年到2015年,空气净化器市场在销品牌数量由78个增长到688个。据数据显示,2016年我国空气净化器产品的零售量和零售额同比分别实现了19.3%和23.6%的高速增长。与此同时,由于市场上的产品良莠不齐,关于标准缺失、虚假宣传、产品劣质等指责不断曝出。如:产品同质化问题严重;功能上存在虚假宣传;用户体验不佳,满意度下降;行业标准刚刚颁布,产品质量有待提升等。

图8-1　贝昂科技全线空净产品展示区

环保部环境发展中心发布的《空气净化器中国环境标志标准》(下称"标准"),于2017年1月1日正式实施。随着标准的出台,我国空气净化器行业也迎来了新一轮的变革。在如火如荼的空气净化器市场,拥有自主知识产权的品牌寥寥无几,而贝昂趁着空气净化器市场迅猛增长的东风,利用自身的核心技术使销售额实现了巨大的增长。

三、产品核心竞争力

在美国硅谷十多年的生活、工作经历,让冉宏宇(贝昂CEO)坚信,企业最核心的竞争力来自技术创新。近年来,国内企业大多推崇商业模式的创新。冉宏宇认为,商业模式的创新确实可以让企业在两三年内迅速崛起,但如果贝昂没有努力打造自身的核心竞争力——技术创新,它便难以维持长期稳定的经营。

第一,离子风技术。贝昂经过十年研发,首创了离子风空气净化技术,具有高效杀菌和清除异味的功能。在这项技术中,空气中的细菌等有害物质通过等离子场时,表面的蛋白质结构被破坏而被消灭,甲醛等有害的有机分子在高能电子和强氧化性的自由基的作用下,分解成水和二氧化碳。不同于传统风扇,贝昂空气净化器的离子风不是由压力产生的,而是一种更贴近于自然的、柔和的风,给人宁静、清新的感受。

第二,"双极猎尘"技术。TPA(双极猎尘)技术是冉宏宇带领团队倾力打造的"独家专利技术",这项技术创新运用"发生极"与"收集极"形成猎尘空气场,能够主动吸附和猎捕空气中的颗粒、尘埃、雾霾,打破传统空气净化器的被动滤网过滤,PM2.5吸附效率提升了10倍,以"无噪音、无耗材、低能耗(<0.5度电/天)"的显著特点赢得了同行科技人才的赞誉。TPA技术已广泛用于家用、车载净化器以及新风系统等。展望未来的空气净化器市场,内置TPA技术的产品将会引领空气净化器开启静音、无耗材空气净化新时代。

第三,核心产品。贝昂生产的无耗材静电吸附型空气净化器,无须更换HEPA滤网,只需要用水清洗,但杜绝反复清洗。贝昂的静电吸附型无耗材、静音空气净化器更占据目前国内无耗材空气净化器阵营的龙头位置。在不断以技术开发为导向、努力探索开发核心产品的过程中,贝昂逐渐成长为不以价格取胜,而以品质见长的品牌。

四、营销渠道

营销渠道策略是企业为了使目标市场的客户和终端用户能尽快地了解和得到产品而做的各种努力。比如,企业通过有效地利用中间商和营销服务设施,尽快地为目标市场提供合适的产品和服务。

图 8-2　贝昂 X3 无耗材空气净化器

贝昂在营销渠道上已经形成了以京东、天猫为旗帜,以区域或垂直渠道合伙人为骨架的渠道网络,争取实现多渠道覆盖。贝昂营销团队推崇特种部队理念,自有员工仅30余名,却分成了产品、市场、京东、天猫、渠道、售后六大部门,依靠合伙人模式,运营两大电商体系及全国七大片区,积累用户数十万名,力争在2017—2019三年时间达到十个亿的规模,形成与国内大部分厂家使用的 HEPA 传统滤网技术型产品领军品牌分庭抗礼的格局。不仅如此,贝昂在对经销商的管理上要求也很高,并非以传统渠道的覆盖率为筛选标准,而是优先选择老用户作为经销代理商。这类客户深知贝昂的产品特点以及使用方式,使用贝昂空气净化器的大部分都是高端人群,因此他们拥有的渠道资源也相对高端、高效。贝昂的经销商只需要开发更多的用户,剩下的物流、售后等繁杂的服务都由贝昂解决。贝昂营销渠道的管理政策也简单明了,这样就能保证经销商或合作伙伴把主要精力放在用户身上,注重提升用户体验。不仅如此,贝昂在对国内客户整体布局的基础上,还积极地开拓国外市场,争取获得国际市场的认可。

五、生产计划

第一,生产流程。贝昂的生产部门采用科学管理的方式,使流水生产线有序运转,全线工人积极生产,大大提高生产效率。为保证产品发货及时准确,仓库部门与生产部门、营销中心默契配合,产品下线同步出单、同步装车,检验、开单、装车等流程有条不紊。在全天候的发货平台上,贝昂的工作人员认真细致,发货现场组织有序。

第二,工序质量把关。贝昂依照细致管理体系的要求,采取三级确认方式以实现符合标准的产品出库检验。首先,流水线的主管人员对功能测试合格的产品进行再次的制造自主确认检验动作。其次,自主检验合格的产品交由专业质检人员进行标准质量检验。最后,批次产品会进行开箱检验分析,即俗称的 OBA。

六、市场扩张计划

在保障现有产能的基础上,贝昂将启动新的生产基地,进一步扩大生产规模,满足市场对产品的需求。依据 2016 年底市场预期以及公司整体战略,贝昂制定了 2017 年及后三年的产能规划。贝昂每生产一台空气净化器都需经过多个步骤,包括生产计划制定、原材料采购、备料以及检测,再到半成品的预制以及成品的组装。每一款组装好的空气净化器都需要进行功能的测试、出货前的最后检测等多个步骤。由于空气净化器的销售与不同地区、不同生活方式和消费者水平有关,在获得风险投资后,贝昂会在扩大生产规模的同时优化生产步骤,推动市场销售额的新一轮增长。

在巩固现有合作伙伴的基础上,贝昂逐步开发新的供应链配套厂商,以规避可能出现的原材料短缺风险。同时,贝昂加大与现有供应链合作伙伴之间的信息互动及共享,并根据实际状况灵活运用供应商管理库存等方式方法,挖掘更大的市场,争取获得更大比例的市场占有率,实现多方共赢。

七、小结

在空气净化器市场日益增长的今天,贝昂始终坚持严格把关,力求把最优质的产品和服务带到顾客身边。同时,贝昂拥有的"双极猎尘"等多项独立研发的核心技术,使其成为无耗材空气净化器的龙头。贝昂依靠自主研发的科技,结合扁平化、网络化的高效营销渠道,用高品质来打动消费者,砥砺前行。

(资料来源:作者根据多方资料整理而成)

8.1 商业计划书的定义与功能

一份强有力且详细的商业计划书更像一份清晰的未来导图,它会督促每个企业家或创业者更深入地考虑商业构想的可实现性以及未来企业的财务资金流和竞争性。由此可见,学会制定一份合格的商业计划书是达成商业构想的第一步。

8.1.1 商业计划书的定义

商业计划是指在战略导向下通过确定的商业模式实现阶段性战略目标的一切计划和行动方案。它从企业内部的人员、制度、管理以及企业的产品、营销、市场等各个方面对即将展开的商业项目进行可行性分析,是企业家或创业者为了达到招商融资和其他发展目标,在前期对项目进行科学的调研、分析、搜集与整理相关资料的基础上,对新项目进行开发的产品与技术、行业与市场、制造与工艺、组织与管理、财务与风险,以及要达到的战略目标的通盘的阐述。比如:市场分析,行业与现状分析,对经营活动具体和细致的可行性规划等。与此同时,商业计划又是一种能明确表述企业有足够的能力提供一定数量的产品和服务,获得满意的利润,并得到有关方面支持,为企业管理提供分析基础和信息交流依据,指导、监测企业管理行为以提高企业经营效率的文件。总而言之,商业计划是一份对企业或拟建立企业进行宣传和包装的文件,它向风险投资商、银行、客户、供应商宣传企业及其经营方式,又为企业未来的经营管理提供必要的分析基础和衡量标准。商业计划一般每年更新一次。对于绝大多数小企业来说,预测一年以上的预算和现金不太现实,而短于一年的预测又不足以提供有用的信息,所以制定商业计划也是一个持续不断更新的过程。

一个好的商业计划,必须要有一份好的商业计划书,商业计划书是一份全方位的项目计划,要使人读后对公司的商业机会,创立公司、把握这一机会的进程、所需要的资源,风险和预期回报,对企业家或创业者采取行动的建议,行业趋势分析等问题非常清楚。由此可见,商业计划书在现代商业项目中的地位非常重要。因此,商业计划书的撰写也具有一定的撰写原则与相关技巧,是在大量的市场调查分析和实践调研的基础上编制而成的。具体来说,商业计划书的编制原则是:条理清晰,内容完整,语言流畅,意思精确。而其编写的一般流程与内容如图 8-3 所述:

项目阐述	市场研究	项目方案	经济评价	管理组织	其他情况
(1)宏观分析	(1)开发方案	(1)投资与收入估算		(1)组织机构设置	
(2)微观分析	(2)实施条件	(2)资金安排		(2)管理人员安排	
(3)SWOT分析	(3)进度计划	(3)确定经济参数			
(4)项目定位	(4)营销推广	(4)财务评价			
		(5)风险分析			

图 8-3 商业计划书的编写流程

（1）项目阐述：包括对项目的商业理解、开发单位描述等。

（2）市场研究：从拟开发的商业项目出发，对其面临的市场环境进行分析与预测。主要是通过对项目的宏观、微观层面深入调查，在此基础上进行 SWOT 分析，并依据相应分析结果明确项目定位。同时，联系项目所在地行业的国家发展规划、项目所提供产品与服务的市场供给与需求情况、相似项目市场行情、潜在购买能力等方面，为项目方案的制定和落实打下坚实的基础。

（3）项目方案：项目方案对项目开发及后续工作具有积极的指导作用。要在市场研究得出结果的前提下，确定开发的方案，评估实施条件，并制定进度计划表，再根据实际情况制定营销推广计划。项目方案可以说是商业计划书编写过程中最重要的一环。

（4）经济评价：这一部分是项目投资决策分析的重要依据，包括投资与收入估算、资金安排、经济参数的确定、财务风险的考量、风险的规避与退出机制、项目开发对社会经济发展战略目标的贡献程度。

（5）管理组织：介绍项目的管理措施，包括项目管理团队的组织、项目管理团队人员构成、项目管理团队的人力资源管理办法。要注重优化资源配置，合理有效使用人力资源。

（6）其他情况：补充说明商业计划书的其他内容。

制定商业计划是企业能否成功为项目融资或新企业能否成功创办的关键一环。为使投资者对商业计划内容的真实性、可靠性有充分的信任，商业计划书一般是由具有很高信誉的中介机构协助投资对象完成制定。一份好的商业计划书可以使企业理清自身的经营战略目标和经营管理的方方面面。对于创业者来说，商业计划亦是创业的行动计划，既是指导创业活动的工具，也是创业者与有关人员进行沟通的工具。从国内外风险投资发展的经验来看，风险企业是否有很好的商业计划，对于其能否成功地吸引风险投资是极为关键的。因而，良好的商业计划书往往被风险企业称为吸引风险投资的"敲门砖"。

商业计划书专栏一：

闪电购：社区电商新玩法

图片来源：www.52shangou.com

闪电购是致力于解决都市年轻人吃喝玩乐的即时性消费需求，并提供送货上门服务的社区 1 小时电商平台。自 2014 年 10 月成立至今，闪电购已实现北上广深苏杭六城的有效覆盖。此平台以经营快速消费品为主，即使用寿命较短、消费速度较快、被包装成一个个独立的小包装来进行销售的产品，并与更加注重包装、品牌化以及大众化的快消品牌商建立了广泛合作，成为社区和 CBD 白领即时性消费的最大入口。本文基于零售业发展迅猛的现状，对闪电购的社区电商项目内容进行分析，使读者了解商业计划书的基本内容，认识到商业计划书的重要性。

一、项目背景

闪电购自 2014 年 10 月上线，为杭州鲜趣网络科技有限公司旗下品牌，主要提供基于 LBS 定位一公里范围内的水果生鲜、饮料乳品、休闲零食的一小时送货到家服务。闪电购创始人兼 CEO 王永森在阿里巴巴工作了 10 年，在这期间，他看到了互联网尤其是移动互联网对传统产业的改造，从服装到 3C 数码，再到快速消费品。快速消费品很大部分是即时性消费，而传统的 B2C 模式只能满足部分计划性消费需求。

二、市场潜力

电商市场从来不乏竞争者，只靠流量做平台是不可能的，一定要整合前端流量、供应链、商家和物流配送。闪电购之所以拿到阿里巴巴的投资，也是出于对这些方面的考虑：对整个商业模式的构建，对基础商品的管理，对服务体验的拉伸，以及对配送时效的提升。在基础的快速消费品零售方面，闪电购从社区超市、便利店切入，离用户更近，配送时效也更快，而这是打动用户的关键点。通过对比同类竞争电商平台，闪电购在配送时效和服务体验方面有着独特的市场潜力。

三、项目盈利点

对于快速消费品来说，B2C 模式不仅物流成本很高，配送时效也较差，无法满足消费者的需求。通过聚合社区周边的超市、便利店，闪电购的物流成本仅是传统 B2C 的四分之一甚至五分之一，配送时效也更快。在物流配送方面，闪电购放弃了自建供应链，而是采用全开放的形式，引进第三方如蜂鸟、点我达、生活半径等等，把他们的物流配送服务整合进"闪电侠"系统，把社区超市、便利店改造成为了前置仓，这样就不需要为 B2C 的电商模式建设中心仓库。

一方面，闪电购不仅为线下带来了增量需求，可以在前端抽取佣金；另一方面，闪电购在运营的同时改造了便利店、超市的货品结构，比如在所合作的超市会出现各种进口零食等在传统便利店无法看到的零食。因此，闪电购可以帮助厂商把铺开到便利店，从中产生一定的盈利点。此外，因为可以接触更多更精准的用户，快销品广告也会是闪电购新的盈利点。

四、融资情况

2015 年 1 月，闪电购获得 A 轮经纬创投、元璟资本联合投资的数百万美元；2015 年 9 月，其获得 B 轮顺为资本、H Capital、经纬中国共同领投的 2500 万美元。2016 年 8 月，闪电购宣布完成 2.67 亿元人民币的 C 轮首轮融资，本轮由阿里巴巴集团领投，易凯为独家融资财务顾问，这笔融资也是 2016 年以来国内社区电商领域最大的单笔投资。

（资料来源：作者根据多方资料整理而成）

8.1.2 商业计划书的功能

商业计划书是企业筹资、融资、企业战略规划与执行等一系列经营活动的蓝图与指南，是传递项目自身信息的载体，是企业的行动纲领和执行方案。在制定过程中，不断深入分析行业发展趋势、研究竞争对手的竞争能力和竞争策略，有利于厘清企业自身的基本情况,明确业务的发展方向,在一定的商业模式下(包括产品和服务、竞争策略以及盈利模式)制定经营目标和行动计划(包含组织资源、配置资源、风险防范等),并编制出以商业计划为基础的财务预算。

(1)明确创业的可行性

著名投资家克雷那说:"如果你想踏踏实实地做一份工作,就写一份商业计划书,它能迫使你进行系统的思考。有些创业计划可能听起来很棒,但是当你把所有细节和数据写下来的时候,它自己就崩溃了。"许多创业者在刚开始投入到一项事业中去时,仅凭一腔热情,真正着手去做一些事情的时候,才发现欠考虑的地方太多。制定一份商业计划书有利于创业者未雨绸缪,更不容易偏离方向。

制定商业计划书需要对企业经营过程中所存在的问题有一定程度的思考,提出行之有效的工作计划,并能够对可能存在的隐患做好相关预案。因此,商业计划书能够帮助制定者厘清工作思路,明确创业的可行性和创业战略,达到制定之初预期的效果。对初创企业来说,商业计划书作为创业资金准备和风险分析的必要手段,是尤为重要的。一个酝酿中的项目往往很模糊,必须将目标具体化才能判断其既定目标是否能够实现,制定商业计划书就是明确目标是否具体可行的过程。由于商业计划书需要给投资者提供企业对目标市场的深入分析和理解,创业者则需要通过制定商业计划书,细致分析竞争对手的情况,包括:竞争对手是谁,其产品如何;竞争对手的产品与本企业产品的相同点和不同点;竞争对手所采取的营销策略是什么,是否有借鉴的意义;竞争对手产品的销售额、毛利润以及市场份额等信息。在此基础上定位本企业目标市场,以及相应的财务计划和市场营销计划,给人以清晰、直观的印象,继而确定相对具体的、衡量业绩的指标和参数,来检测本企业既定的目标是否可以实现,并以此为尺度查验企业业务的进程与盈利性。可以这样说,商业计划书首先是把计划书中要创立的企业推销给创业者自己。

(2)吸引风险投资

商业计划书主要是风险企业为赢得风险投资而专门设计的,是吸引投资的重要媒介和工具。对于风险投资家来说,商业计划书是评估创业型企业是否有投资或者经营价值的重要依据,也是为投资人提供的一个评判的框架。由于能够完全自筹资金的创业者相对较少,大多数创业者都会面临外部融资,或在创业起步阶段,或在后期企业扩展及成长时期。对于这些人来说,一份好的商业计划书决定了企业的将来。商业计划书除了可以使创业者更加了解自己要做的事情外,更多的还是让别人看的,尤其是那些能给创业者提供一定资金帮助的人。因此,商业计划书要说明创办企业的目的、创办企业所需的资金、为什么投资人值得为本企业投入资金等问题。它可以使企业的投资者以及供应商、销售商等了解企业的经营状况和经营目标,说服投资者为企业进一步发展提供资金。

有志于创业的人都必须具备制定完备而清晰的商业计划书的能力,特别是在需要外部融资的情况下,创业者要将总体思考与随机迸发的思路不断连贯起来,明确企业的股权结构及利润分配方式,向投资人展示企业的发展潜力和投资价值,最终形成一份翔实、科学的商业计划书。

(3)明确管理团队职责

管理团队的创业激情、能力和过去成功的经历决定了项目的未来。由于很多创业型企业处于早期的阶段,甚至谈不上市场地位,这时候管理团队的能力就是投资者或者合作伙伴考察的重点。授权充分、责权利能对等的管理体制是管理团队的重要保障。企业通常采用项目负责制,经选拔后指定项目总监并由其负责成立项目组,由项目组负责商业计划书的编制与组织实施。项目组的核心成员包括产品规划、产品研发、营销、工程建设、制造、采购、财务等领域人员。项目组采用矩阵式管理,其在项目总监的领导下负责项目总体方案、实施计划的组织与协调,各项目组成员负责协调相关领域资源,与部门负责人共同确保商业计划书的编制与实施。这样既能满足项目管理的总体要求,又能在专业上满足各领域的职能管理要求,进而在最大程度上确保项目成功。

因此,在制定商业计划书时要注重对管理团队及其职能分工的评估,特别要介绍创业企业的领导者及其他对企业业务有关键性影响的人(一般包括总裁、常务副总裁、销售部总监、人事部总监等),对他们的教育背景、工作业绩、管理能力及个人品质等做出评价、分析。此外,对于已经建立的创业型企业来说,商业计划书还可以为企业的发展定下比较具体的方向和重点,从而使员工了解企业的经营目标,并激励他们为共同的目标而努力。

(4)重要的沟通工具

长期以来,生产者与客户、供应商之间缺乏有效的沟通,难以满足客户的需求。如果企业在其产品质量能否满足要求方面得不到及时清晰的反馈,则其所有的开发和销售都不会有很清晰的指向和目标。一份高质量的商业计划书也是企业对外沟通的名片,可以使重要的顾客清晰地了解到企业产品市场和现阶段企业的经营状况,提升企业信誉。不同的商业计划书的内容中,不仅包括原材料、企业所处的环境,还包括所能提供的服务、信息、物流的水平和能力。因每种产品都有一定差别,这种差别只能靠顾客和供应商不断地沟通、对接和确认,才能向供应者提出明确的要求,最终提高企业在市场中的竞争能力。

商业计划书专栏二:

网易严选:质检决定供应商

图片来源:www.163.com

在电商市场逐渐成熟的今日,消费者也变得越来越挑剔,网易严选恰在此时异军突起。本文通过挖掘网易严选以严格把控产品质量为主的营销方式,让读者对生活类电商 APP 的商业计划书有基本的了解。

一、项目背景

网易严选,网易原创生活类电商 APP,2016 年 4 月上线,秉承网易一贯的严谨态度和"平价优品"的理念,主打床品、日用品、厨具、食材等方面,打破传统大牌垄断模式,深入国际品牌制造商源头,严格把控生产环节。所有商品售价遵循"成本价+增值税+邮费"规则,去掉了高昂品牌溢价,挤掉广告公关成本,摒弃传统销售模式,使得价格回归理性,让消费者享受到物超所值的品质生活。

二、运营模式

网易严选一直采用的 ODM(Original Design Manufacture)电商模式,是一种原始设计制造商模式。ODM 模式由制造商企业设计、生产产品,由品牌方采购,配上各自的品牌名称或稍作改良生产,产品的外观、面料等权益归属方为制造商,制造商可将方案和产品售于多个品牌方。能做 ODM 的制造商是有一定自主研发能力的厂家,他们在与国外知名品牌合作的过程中,积累了很多技术,对某些技术甚至有自己的专利权。他们不是简单的代工厂,也不想一直简单地做代工厂。网易严选通过 ODM 模式,把制造商生产的产品直接通过严选平台卖给需求者。没有品牌溢价,没有层层分销流程,商品由制造商直供,加上物流以及微薄的利润费,网易严选卖给客户的都是高性价比的严选过的商品。

三、产品来源与服务

相对来说,一线工厂到 B2C 网站开店,自己做品牌会因为高昂的网店入驻租金、复杂的精准流量采购、麻烦的招聘雇佣电商运营人员和专业的追踪市场趋势等门槛,陷入一种不太良性的模式中。相反地,与擅长营销、具备资本和流量优势的网易严选合作,利用各自的优势,制造商将更大的资本包括时间、金钱、精力投入到如何更好地生产出品质更高的商品、如何设计更丰富的品类、如何提高生产效率、如何让企业战略升级等,专注于增强工厂核心能力;网易严选专注于敏捷反映用户需求及传播,使得商品质量更快迭代优化,更快响应市场和用户。两者之间的合作模式体现在:

第一,与供应商的合作不是只合作三五个月,而是会将每一项合作至少维持 3~5 年,并且为了不给供应商增加资金上的困难,网易严选将为所有合作的供应商按照银行定期利率支付押款利息,使得合作更具稳定性。

第二,网易严选的商品销售情况可以实时通过用户评论显示出来,大众喜欢什么颜色、规格,制造商可以根据用户反馈快速调整产品方向。网易严选利用自己的及时反馈,制造商利用自己的制造能力,在用户的监督和反馈下,使得产品质量得到快速提升。

总之,网易严选通过 ODM 的形式,规避了一定的法律风险,并通过制造商多条渠道,让消费者享受着产品带来的高性价比。

四、APP 运营简介

目前市面上其他电商渠道的商品功能介绍做得五花八门,而网易严选为了让用户知道自己的商品采取的是高标准,通过摆拍的方式将商品的细节格外突出。网易严选所有的单一商品的介绍图片,以偏日式的简约风格为主,大面积留白,侧重于突出产品,将消费者的关注点引到富有视觉冲击力的产品上;网易严选商品详情上的照片,偏北欧式简约风格,图片颜色较为丰富,通过色彩的对比烘托出一种安定的家居气氛。

以鸣笛水壶为例子,简约的拍摄背景搭配楷体汉字,对整壶进行了摆拍并且配上必要的文字说明。今天的消费者正变得越来越挑别,会用更加审视的眼光去判断商品是否值得买。而网易严选对产品细节的图文介绍,让这件产品在消费者的印象中变得饱满而不是模糊,同时传递了这样的一个信号:连细节都能做的得出色的产品,一定是优秀的产品。

(资料来源:作者根据多方资料整理而成)

8.2 商业计划书的撰写

在撰写商业计划书时,企业家或创业者需要掌握商业计划书撰写的原则和技巧,同时,在具体的撰写过程中,要通过市场调查把握准确信息,对项目的可行性进行分析,再结合商业计划书的纲要写出针对市场现状又切实可行的商业计划书。

8.2.1 撰写的原则和技巧

逐步将商业构想转化为文字的过程,其实就是撰写商业计划书主要内容的过程。了解撰写过程中的技巧和原则,能够使撰写的商业计划书更具吸引力和可信度。

(1)撰写原则

商业计划书在撰写时应遵循条理清晰、内容完整、语言流畅、意思精确、优势突出、体现诚意、语言平实、通俗易懂、风格统一、有理有据、循序渐进、详略得当、篇幅适当等原则。其中,篇幅一般为 20~35 页,不宜过短或过长,包括附录在内。

(2)撰写技巧

一般来说,风险投资家或评审专家阅读一份商业计划书的时间在 5 分钟左右,主要关注业务和行业性质、项目核心、资产负债表、团队、可行性分析等内容。因此,在撰写商业计划书时要着重从以下方面予以考虑:

①内容要完整。一份好的商业计划书起码要涉及如下内容:执行概要、公司简介、产品设计或研发计划、行业分析、市场分析、营销策略、管理团队、盈利模式、财务规划。商业计划书不应该遗漏任何要素。

②投资项目中最看重的要素是团队。团队部分一定要按照团队组建原则和优秀团队特征等知识点进行如实描述,对团队成员的构成、分工情况进行重点介绍。

③阅读他人的商业计划书。撰写商业计划书之前阅读他人的商业计划书将会对自己有很大帮助。

④记住 43.1% 规则。一位风险投资家一般会希望在 5 年内将其资金翻 6 倍,相当于每年的投资回报率(ROI)大约是 43.1% $[(1+i)^5=6]$。因此,一份承诺 40%~50% 回报率的商业计划书对于风险投资家来说比较靠谱。如果是借款则需要有还本付息计划。

⑤充分准备,考虑风投可能提出的问题。做好充分的准备,对商业计划进行最详细的论证,准备回答所有和商业计划有关的负面问题,以降低风险。另外,在会见风险投资家之前,创业者可以将所有负面问题以"小字条"的方式进行准备,给自己足够的心理支持和勇气。

⑥资产负债表是商业计划书最重要的内容。对于风险投资家来说,商业计划书中最重要的内容是资产负债表。资产负债表列示了企业的财务和经营状况,表现了企业或公司资产、负债与股东权益的对比关系,进而阐明企业的资金实力和偿还债务的安全性。

⑦接受被拒绝。审阅商业计划书是风险投资家日常工作的一部分,拒绝大多数的商业计划也是风险投资家的工作常态。创业者没必要因为商业计划被拒绝而伤心欲绝,而是应该把其当作不断完善商业计划书的途径。如果创业者每次都能够很好地采纳风险投资家的建议,优化其商业计划书,被拒绝一次则离被接受更进了一步。

8.2.2 调研方法和过程

在撰写商业计划书时,市场调查可以帮助企业家或创业者把握准确信息,对项目的可行性进行分析。同时,还可以使企业家或创业者了解行业资讯,做出科学的产品市场定位,进而做出更好的决策,写出针对市场现状又切实可行的商业计划书。常用的调研方法有:问卷调查法、抽样调查法、访问调查法、座谈讨论法、实验法。企业家或创业者要根据不同项目的市场需求选取适宜的调研方法。

(1)问卷调查法

问卷调查法是商业计划中市场调研普遍采用的方法之一,在采用该方法时应遵循一定原则,通过设计高质量的调查问卷,更好地实现调查目的。按照问卷的媒介,问卷调查法可分为传真问卷、信函问卷、网络问卷、报刊问卷和实地问卷五种常见形式。调查者应根据调研主题、目的、对象以及时间要求的不同,选择不同的调研方法。调查问卷的设计质量是决定调研数据有效程度的关键。调查问卷的设计应遵循可信原则、有效原则和数量适度原则。要问卷数量适度的前提下,让调查对象讲真话,而不会对他们产生误导,使得到的信息资料能够对市场决策和其他研究问题有用。在设计调查问卷时,要注意设计引言,关注被访者的隐私,设计问题也要由浅入深。

(2)抽样调查法

抽样调查法是从全部单位中抽取部分样品进行考察和分析,通过部分去推断整体的一种调查方法。抽样调查法可以具体分为两种:概率抽样法和非概率抽样法。在商业计划的调研中应用概率抽样法时,利用概率论和数理统计原理,从调查对象中随机抽取样本,通过样本数量关系对总体特征做出估计和判断。

(3)访问调查法

访问调查法可以分为人员访问和电话访问两种。人员访问是调查者通过与被调查者面对面交谈来获取市场信息的一种调查方法。调查者既可以按照既定提纲询问,也可以与被调查者进行自由交谈;既可以在街头进行随机访问,也可以入户进行访问。这种调查方法具有很强的现场感,调查者可以有效控制时间,知晓被调查者的态度,能极大地提高所获资料和信息的准确性和真实性。但是,这种调查方法调查成本高、周期长、拒访率高,要求调查者讲求一定的技巧。电话访问受调查者青睐的原因是方便、快捷、节省人力物力、覆盖面广。

(4)座谈讨论法

座谈讨论法也叫焦点小组法,是从全部单位中随机抽取一群人来探讨相关话题的一种调查方式,一般以6~10人为宜。与问卷调查相比,小组座谈是制定商业计划时了解消费者内心想法最有效的工具。因此,座谈讨论法在调研产品概念、产品测试、顾客满意度、用户购买行为等方面使用率较高。采用这种方法时,座谈的主持人最好是专业的调研人员。在座谈过程中,主持人一方面提出话题,引导人们讨论;另一方面控制座谈节奏,调节座谈气氛,激发受访者的积极性和想象力,从而获取信息。

(5)实验法

实验法是试验先行、实验可行,才进而大规模推广的一种调研方法。它要求先设定一个实验环境,预设各种影响因素或条件,通过实验对比,对市场需求、市场环境或营销过程中某些变量之间的关系及其变化进行理性分析。

在选取了适当的调研方法后,就要开始正式的市场调研。由于调研是在调查的基础上对客观环境收集数据和汇总情报的分析、判断,所以在撰写商业计划书前,就需要合理的市场调研来实现管理目标的细化。在正式调研结束后,由部门对调研收集的信息和数据分析结果进行归类和处理,并撰写市场调查报告交给企业家或创业者使用,如图 8-4。

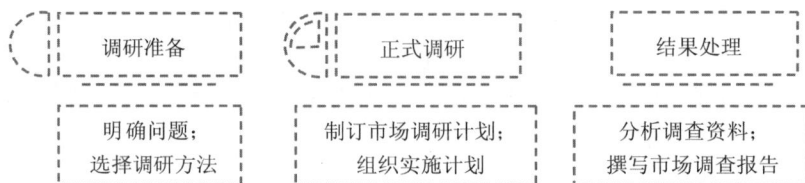

调研准备	正式调研	结果处理
明确问题; 选择调研方法	制订市场调研计划; 组织实施计划	分析调查资料; 撰写市场调查报告

图 8-4　调研流程图

8.2.3 撰写商业计划书的纲要

（1）封面和目录

封面应该包括公司名称、地址、联系电话、网址、日期以及核心团队成员的联系方式等内容。封面底部可以放置警示阅读者保密等事项信息。如果公司已有独特的商标,应该把它放在靠近封面中心的位置。目录页紧接着封面,它列出了商业计划和附录的组成部分及对应页码。

（2）执行概要

执行概要是商业计划书最重要的部分,是打开风险投资之门的钥匙,好的执行概要能够让人比较明确地了解整份商业计划书的内容。在执行概要中,要简要介绍公司的营业情况、主营业务、发展前景、确切的资金需求数量与退出方式,这样可以向忙碌的风险投资家提供他想要了解的新企业独特性质的所有信息。在某些情况下,风险投资家在阅读完执行概要后,只有在有足够吸引力时才会阅读详尽的商业计划书。

商业计划书专栏三：

黄太吉商业计划书

www.mrfood.cc

一、形象化 PPT,直观展示你的 BP

如何才能写一份合格的商业计划书精准地传递项目的投资逻辑呢？简单来说,写商业计划书的基本要领就是"结构化思考,形象化表达"。所谓"结构化思考",就是从需求出发系统性地阐述项目成功的各种"充要条件"(或者说关键成功因素);所谓"形象化表达",就是尽可能用图形化、数据化的呈现形式让你的 BP(商业计划书)精准地传递项目的价值,从而达到让风险投资家感到"不跟创始人聊聊,你就不能忍受错过的遗憾"的效果。以黄太吉白领精品外卖的商业计划书为例。

PPT 封面和目录

图 8-5　黄太吉白领精品外卖商业计划书 PPT 目录

二、执行概要

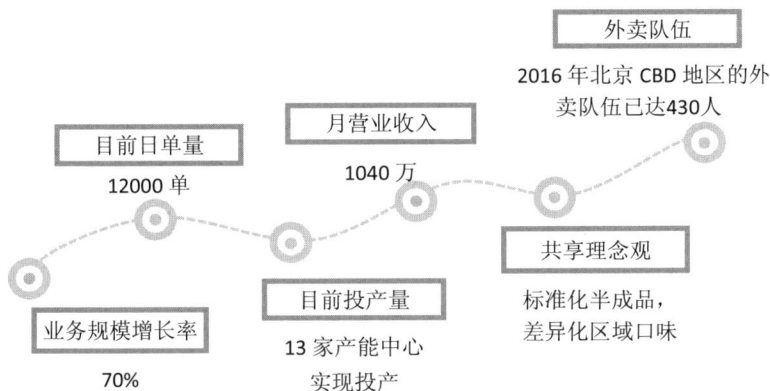

图 8-6　黄太吉白领精品外卖商业计划书 PPT 执行概要

专栏小结：在黄太吉白领精品外卖商业计划书 PPT 中，利用对比鲜明的版块设计，将产品定位以及优势结构化、形象化地展示现在读者眼前。同时，通过流程图，将执行概要高度总结，给人一目了然的醒目感。

风险投资商每天从各种渠道收到的商业计划书很多，每天能用来看商业计划书的时间也是有限的。所以建议第一次给风险投资商的商业计划书，最好以 PPT 的形式，并附上纸质版做一定的说明和参考。在 PPT 版商业计划书中，开始用 2～3 页 PPT 讲清楚你准备干一件什么事，不要整页 PPT 都是大段文字，而是用一两句话就讲清楚你到底要做什么，最好能配上简单的上下游图或功能示意图，让人对项目一目了然。PPT 版商业计划书的核心是要突出项目的主题，不能追求大而全，给人太大、太空的感觉。此外，目前商业巨头明显要做的项目、已经有几家在竞争且获得较好融资的类似项目不要去做，因为这些项目成功概率相对较低。

（资料来源：作者根据多方资料整理而成）

（1）公司简介

公司简介是商业计划书的主体部分。它向商业计划书审阅者展示了创业者是如何将创意变成实体企业的,企业是否拥有某些合作伙伴,因为许多商业计划也是依靠建立合作关系才能得以实施。企业历史部分应该简明,但要详细解释企业创意从何而来以及企业创建的驱动力量。如果创业的故事真实感人,那就把它写出来。

公司简介包括公司目标、公司产品和服务、公司当前状况以及所有权分配等内容。公司目标陈述界定了公司为何存在,以及公司渴望成为什么;公司产品和服务部分是对产品或服务的解释,包括对产品或服务独特性的描述,以及其在市场中的定位;公司当前状况部分应该显示公司进展到何种程度,可以根据计划完成程度来考察公司状况。如果选择并注册了公司名称,完成了可行性分析,撰写了商业计划书,创建了法律实体,在某种意义上就算越过了几个重要的里程碑。在法律状况和所有权部分里,应该明确公司的法人代表,公司所有权如何分配。

（2）产品（服务）设计或研发计划

商业计划书要清楚地描述产品生产或研发计划的进展状况。大部分产品都遵循概念、原型化、试生产和全面投产的生产路径。商业计划书撰写者应该着重描述产品或服务所处的发展阶段,并提供后续步骤的进度安排。如果公司处于早期阶段,仅仅拥有创意,则应该认真了解如何制造产品原型,它是新产品的初次实物展示。同时,还应该揭示产品或服务进入市场过程中,公司可遇到的主要设计、研发风险与挑战。

本部分还应描述公司拥有或打算拥有的专利、商标、版权或商业秘密。如果新创公司仍处于早期阶段,可能没有采取任何知识产权上的措施,但应该补充一些法律建议,以便在商业计划书中讨论相关事宜。

商业计划书专栏四:

ROOBO™:智能机器人孵化与发行（节选）

图片来源:www.roobo.com

近年来,全球服务机器人市场规模呈现蓬勃发展之势,结合计算机科学之父、人工智能之父阿兰·麦席森·图灵开创性的智能体研究,使得计算机科学和相关的信息与通信技术对人们的认识起到了一定的推动作用,为我们认识自然虚拟现实和作用于他们之上的工程力量提供了前所未有的科学视角。基于这一点,结合ROOBO在人工智能领域广泛研发的背景,对商业计划书内容进行进一步的认识。

一、公司简介

北京智能管家科技有限公司（ROOBO）成立于2014年,致力于成为全球领先的人工智能产品提供商。ROOBO总部设立于北京,并且在深圳、苏州、成都、韩国首尔、俄罗斯莫斯科及美国西雅图等全球各地均设有分支机构,旗下产品包括智能机器人系统ROSAI,首款量产 ASIC DNN 语音芯片 CI1006 以及 PUDDING S、PUDDING BeanQ、JELLY、DOMGY 等机器人。

二、产品设计理念

ROOBO 的产品设计团队秉承"专业、易用、安全"的原则,用具有活力的配色和圆润呆萌的设计语言,让产品充满亲切感和生命力。同时还用精益求精的材料选择和质量把控,让客户在使用机器人时更加便捷和安全。ROOBO 组织了庞大的 AI 团队,尝试赋予机器人拟人化的感受,力求用设计的手段有效地传达出产品的"生命力"。如在设计 BeanQ 的腰部旋转轴时,尝试采用 5°的倾斜转轴,这个调整带来了视觉效果上的巨大提升,让 BeanQ 在静态的时候有了前倾的姿势,视觉上显得更加亲和和友好。而当它开始旋转的时候,动态更加灵活丰富,活脱一个萌态可掬的小胖子。除此之外,设计师还在 BeanQ 的头部和身体两侧设置了多个交互触摸区。小朋友可以通过抚摸、拍击、抱持等动作与 BeanQ 进行交互,而 BeanQ 也会做出相应的动态及表情情绪反馈。这种拟人化的情绪表达系统,让 BeanQ 具备了更强的交流能力,具有更加真实的"生命力"交互体验。

图 8-7　BeanQ 产品图

三、研发成果与产品

第一,ROSAI 智能机器人。ROSAI 智能机器人是集硬件模组、软件系统和人工智能为一体的新型系统,可以为潜在的机器人用户提供整套的系统解决方案。除了目前在人工智能领域广泛应用的一些标准场景(信息查询、资源播放、常用工具)以外,ROSAI 还为开发者提供了全套的人工智能和系统开发 SDK,机器人客户及开发者可以在这套生态系统之上开发更多自定义服务,以满足智能家电、医疗、教育、银行等各类垂直服务领域的需要。

第二,Jelly 商用机器人。Jelly 商用机器人包揽德国 iF 产品、交互、包装三项大奖。这是一款面向行业的机器人,具有良好的开放性和定制性,可广泛应用于银行、医院、餐厅、商场等行业机构。其搭载完整的 ROSAI 智能机器人系统,目前支持资源点播、英文翻译、天气查询、时间查询、拍照、打车等功能。

第三,布丁豆豆儿童智能机器人。这款产品于美国 CES 全球首发,获得 IDG 全球儿童智能机器人金奖与德国红点奖的最高荣誉,其用专业、科学、有趣的方式,将 AI(人工智能)互动体验与浸入式学习场景相结合,激发 3～10 岁孩子的学习兴趣,让孩子们在轻松自由的氛围中体会探索世界、获得知识的乐趣。

第四,布丁 S 智能机器人。这款机器人以独特的智能互动式体验和海量的专业正版资源,重视孩子成长黄金期,让孩子成长更快乐,让家长陪伴更轻松。

第五,DOMGY 智能宠物机器人。这是一款具有全球领先的室内导航规划、运动控制与远程操控功能,是可高效识别人脸和声纹,兼顾娱乐和陪伴的智能宠物机器人。

第六,FARNESE 大型智能服务机器。这款机器具有语音对话、面部识别、媒体播放、自主定位导航等功能。依托 AI 引擎和云服务,它可以在机场、银行、商场、展馆等场所提供咨询介绍、宣传讲解、位置指引等服务。

(资料来源:作者根据多方资料整理而成)

(3)行业分析

行业分析应该首先分析企业试图进入的产业,比如产业规模、增长率和销售预测等。在企业选择目标市场之前,应该充分了解所在行业。行业结构指的是产业集中程度。行业趋势包括环境趋势和业务趋势,是行业分析中最重要的部分,因为它常常是新商业创意的基础。环境趋势通常包括经济趋势、社会趋势、技术进步以及政治与法规变革。业务趋势包括产业利润率的增减、投入成本的增减等方面。

(4)市场分析

行业分析之后,通常是市场分析。行业分析关注的是企业进入的整个产业,而市场分析将行业划分为若干细分市场或区域,它们是企业试图进入的目标市场。市场分析的首要任务是细分企业即将进入的产业,然后识别特定的目标市场。市场细分是将整个市场划分为不同部分的过程。一般企业会按照多个维度划分市场,并逐步选出适合自身情况的特定市场。市场分析包括竞争者分析,它是对企业竞争对手的详细分析。这有助于企业了解主要竞争对手的行业地位,也向商业计划书审阅者表明其对企业竞争环境有全面的了解。

商业计划书专栏五:

健客网:B2C 大型医药网站

图片来源:www.jianke.com

一、公司简介

健客网成立于 2006 年,总部位于广东省,2009 年获得国家食品药品监督管理局颁发的"互联网药品交易服务资格证书",成为广东省第一家(B2C)互联网药品经营企业。

健客网在国内率先实行了"货到付款""免费电话咨询""免费海量信息查询"等方式,并始终坚持以"诚信、价优、便捷"为经营理念,秉承"健康送到家"的宗旨,为千家万户送去关怀。

二、行业分析

药品流通企业通过自建平台,发展 B2B、B2C 业务,整合供应商、批发企业、零售药店、医院资源打造云服务平台;通过云服务平台提供慢病健康咨询等便民服务,并根据不断积累的大数据,为调整采购渠道与产品结构提供信息支撑,为居民购药提供更多便利;与医药电商企业合作,开展 O2O 业务,实现信息互通、快速物流,提升用户体验,实现健康管理;利用第三方平台整合双方资源,实现资源共享、优势互补,打造线上销售平台及线下配送网络,跨行业合作,跨地区开展智能医药信息服务,帮助用户完成从自诊到问诊、购药的全过程。

三、市场分析

目前,医疗网购行业正从不规范、不透明的混乱局面向树品牌、讲诚信的有序经营过渡,这对健客网的发展是一个机遇。同时,面对网络支付安全、产品质量监控危机与市场恶性竞争等诸多运营难题,健客网的挑战和压力也是巨大的,技术壁垒与资金壁垒也对其全面高速增长带来很大制约。

第一,主要强势竞争区域:东莞、深圳、广州、佛山、珠海、惠州、清远等城市中心区。这些城市的城市化运营水平相对较高,网络覆盖率与企业白领集中度总体上相对较高,中间阶层网购意识较强,上层新兴家庭主妇或高级保姆群对健康要求越来越高且对网购存在一定的认识。此外,这些城市中的技术人才与品牌营销人才集中,有利于人力资源的培养,媒体集中度较高也促进了品牌的传播。健客网在不断的市场调研中发现,同类竞争企业的品牌化运作经验不足,而且资金与人才储备相对滞后,加盟连锁管控艺术与网络空间经营理念相对落后,认识到这些问题有利于健客网的快速拓展。

第二,相对弱势竞争区域:北京、上海、大连、成都、重庆、长沙、武汉等城市化发展历史悠久或地域性较远的城市。这些地方的同行均有较强的行业背景和专业意识,综合实力竞争更明显,短期内不能成为健客网的优势业务市场。

第三,机遇与挑战并存的灰色地带:乡村医生盛行的中小城镇,欠发达地区中相对落后的镇街以及工业区较集中的地区,大学城及中学等教育机构内部。这些地方就人群而言影响力有限,潜力客户培养空间大、障碍较多。

(资料来源:作者根据多方资料整理而成)

(5)营销策划

营销策划关注企业如何宣传和销售其产品或服务,涉及价格、促销、分销和销售等方面的具体细节。企业营销策划首先要清楚地阐明营销战略、定位和差异化,然后讨论它们如何被价格、销售渠道和促销组合策略所支撑,如销售策略中销售体系的建立、销售目标的合理制定以及销售渠道的开发与管理。在商业计划书中，营销策划十分重要。它作为分析竞争对手市场占有情况、本企业所存在的优势及应对措施等关键信息的环节，有利于促进商业项目的进一步落实与发展。

（6）管理团队和组织结构

管理团队通常包括企业创建者和关键管理人员。商业计划书应该在此部分介绍企业的部门构成、主要职责分工，提供每个管理团队成员的个人简介，并附组织结构图。个人简介包括职位头衔、职位的职责与义务、先前从事产业和相关经验、先前的成功经历、教育背景等信息。除此之外，商业计划书应该概述企业当前的团队管理情况，以及成长过程中企业结构将会如何变化。商业计划书中的组织结构图是展示企业如何构建权责链条的最有效方式，必要时要写出企业的激励方案。

许多风险投资者会首先浏览摘要，然后直接翻到管理团队部分来评价企业创建者的实力。因此，一家企业赢得融资支持往往不是因为创意或市场，而是其管理团队为开发创意做了更充分的准备。

（7）盈利模式

盈利模式部分应描述企业如何运作、产品或服务如何生产。首先，要描述企业在最重要业务方面的一般运营方法，以及通过哪种方式获得利润。其次，应该描述企业的地理位置、企业的设施与装备。对于互联网企业来说，则要选取其对应的商业模式进行具体分析。最后，要列出最重要的设施和装备，并简要描述它们的获得途径。如果生产设施是无法描述的（如电脑程序员的工作时间等），就不要做过多解释。

商业计划书专栏六：

作业帮：在线教育工具转为平台

图片来源：www.zybang.com

一、创业简介

2014年，在线教育市场的K12拍题领域爆发，市场上大量拍题软件大行其道。2015年，在线教育大火，突出表现在拍照搜题领域，各路创业者、资本纷纷涌入这个领域，甚至因为整个行业的火热背景，无理性放大了某些产品功能的"恶"，社会一度把拍照搜题工具批判为"抄作业神器"。2016年，在线教育市场逐步趋于冷静，甚至有些公司开始倒闭。而作业帮俨然从原来的学习工具转变为一个设备激活量1.75亿、活跃量5000多万的综合型教育平台。

二、盈利模式

作业帮的业务涵盖了拍题—同步练习—1对1辅导—直播课等教、学、测、练、评的各个环节，形成教学闭环。根据学生在学习场景中所碰到的各种学习需求，作业帮均能提供个性化的解决方案,满足大多数情况下学生的学习要求。从创立之初,作业帮就十分重视通过对新技术的应用来提高用户体验满意度,如语音识别、OCR、机器学习、在线直播等。除了拍照搜题,作业帮还开发出读题搜索、语音识别搜索答案解析等功能。作业帮一开始坚持聚焦 K12 教育,只做线上。为达到"因材施教"的个性化教学,作业帮首先是从拍照搜题开始的,当然这也得益于智能设备的普及。作业帮决定通过技术来解放教师端的生产力,每个学生在碰到不会做的题时,可以通过手机扫描查看答案解析。拍照搜题之后,作业帮推出了同步练习功能。系统通过机器学习等技术,发现学生经常在某一个知识点上出错,便会给他推荐相应的知识点题目进行举一反三的练习。这一系列的服务在前期都是免费的,后期深入的讲解与服务则采取收费模式。

如今,作业帮推出了直播课及针对不同学科的付费教程,并使之成为主要的盈利模式。在学生使用作业帮 APP 时,系统观察到学生经常在某些知识点上出错,就会为其推荐相应的直播课。无论是 1 对 1 答疑还是直播课,都取得了非常不错的用户反响,既能发挥出作业帮的教学优势,同时又深受孩子们的喜爱和欢迎。侯建彬(作业帮 CEO)希望通过这一系列功能,能够重现线下 1 对 1 辅导的场景,让学生可以个性化地学习。

(资料来源:作者根据多方资料整理而成)

(8)财务规划

商业计划书的重要部分之一是企业的财务规划,它涵盖了整份商业计划书的项目细节,并用财务数据将其展示出来。财务规划包括资金的来源与使用陈述,它特别指明企业需要多少资金、资金可能从何而来,以及资金使用在什么地方。假设清单解释了财务报表所依据的最重要假设。识别企业依据的关键假设并彻底检查这些假设,对企业成功融资具有重大意义。

财务报表是商业计划书财务规划部分的核心内容之一,但在创业型企业的早期阶段,这部分也是最容易被忽视的。初创企业可以编制预计财务报表对自身财务状况加以列示,包括预计利润表、预计资产负债表和预计现金流量表。一般应准备 3～5 年的预计财务报表。如果是已开业企业,应该提供 3 年来的历史财务报表。

商业计划书专栏七:

Wi-Fi 版智能猫眼商业计划书(节选)

一、公司简介(略)

二、财务规划

本商业计划书的财务预算一般遵循以下原则和前提,此原则和前提是基于 Wi-Fi 版智能猫眼项目所设定,仅在本商业计划书中起作用。

表 8-1　财务比率计提表

项目	比率(%)		
	第一年	第二年	第三年
销售费用	5.00	5.00	5.00
管理费用	3.00	3.00	3.00
财务费用	2.00	2.00	2.00
主营业务税金及附加	6.00	6.00	6.00
企业所得税	15.00	15.00	15.00
折现	20.00	20.00	20.00

三、经营预测

(1)未来 3 年销售收入分析

虽然智能硬件由硬件部分和软件部分组成,但目前的盈利模式以硬件为主,过渡到软件盈利模式则需要较长的过程,因此项目的前 3 年,收入以销售 Wi-Fi 版智能猫眼硬件为主,其未来 3 年的销售预测收入如表 8-2。

表 8-2　未来 3 年收入分析表

产品	第一年	第二年	第三年
产品销售数量(万个)	10	30	50
产品单价(元)	249	229	199
产品收入(万元)	2490	6870	9950
总销售收入(万元)	2490	6870	9950

(2)未来 3 年成本分析

这里进行成本的事前分析,也就是在成本未形成之前对 Wi-Fi 版智能猫眼项目的成本进行预测。本项目的成本费用主要包括主营业务成本、营业税金、销售费用、管理费用和财务费用,其未来 3 年的预测成本分析如表 8-3。

表 8-3　未来 3 年成本分析表

单位:万元

年份项目	第一年	第二年	第三年
主营业务成本	1245	3435	4975
税金	355.5	1167.9	1691.5
销售费用	104.5	343.5	497.5
管理费用	62.7	206.1	298.5
财务费用	41.8	137.4	199
合计	1809.5	5289.9	7661.5

（3）损益表

根据前面未来 3 年销售收入分析和成本分析预测，对 Wi-Fi 版智能猫眼项目未来 3 年的损益进行分析。通过预测的企业未来 3 年每年的销售收入、销售成本、经营费用以及税收的状况，预测公司实现的利润或亏损，如表 8-4。

表 8-4　未来 3 年损益表

单位：万元

年份项目	第一年	第二年	第三年
一、销售收入	2490	6870	9950
减：成本及税金	1394.4	3847.2	5572
二、销售利润	1095.6	3022.8	4378
减：管理费用	74.7	206.1	298.5
财务费用	49.8	137.4	199
销售费用	124.5	343.5	497.5
三、营业利润	846.6	2335.8	3383
减：企业所得税	373.5	1030.5	1492.5
四、净利润	473.1	1305.3	1890.5

（4）现金流量表

现金流量表对于评价项目的实现利润、财务状况及财务管理，要比传统的损益表提供更好的基础，可为 Wi-Fi 版智能猫眼项目经营是否健康提供证据。本现金流量表是反映未来 3 年 Wi-Fi 版智能猫眼项目的年度经营活动、投资活动和筹资活动对其现金及现金等价物所产生的影响，反映项目年度现金收入和现金流出的动态状况，如表 8-5。

表 8-5　未来 3 年现金流量表

单位：万元

		第一年	第二年	第三年
现金收入	销售收入	2490	6870	9950
	合计	2490	6870	9950
现金流出	经营成本	1245	3435	4975
	管理费用	74.7	206.1	298.5
	销售费用	124.5	343.5	497.5
	财务费用	49.8	137.4	199
	税金	522.9	1442.7	2089.5
	合计	2016.9	5564.7	8059.5
净现金流		473.1	1305.3	1890.5

（资料来源：作者根据多方资料整理而成）

（9）风险规避

不同企业有各自不同的风险，此部分内容旨在成功地减轻或消除投资者的顾虑，将有助于获得投资者的青睐。企业面临风险分为机会风险、技术风险、市场风险、资金风险、管理风险、生产风险和环境风险等多个方面。要想融资成功，企业就要充分考虑不同风险及其应对措施。

（10）退出策略

风险投资家通常对创业投资的退出策略极为关注。在商业计划书中，最好设计好退出路径。常见的创业投资退出方式主要包括公开上市、兼并收购和回购等。创业型企业应对 3 种退出方式的可能性进行可信的预测。当然，任何一种可能性都要让投资者清楚投资的回报率。

①公开上市。上市后公众会购买企业股份，风险投资家持有的部分或全部股份就可以卖出。

②兼并收购。创业者可以把企业出售给大公司或大集团。采用这种方式时，一定要寻找多家对本企业感兴趣并有可能采取收购行动的大公司或大集团。

③回购。回购可以给投资者提供一种偿付安排。在偿付安排中，创业者会要求企业根据预定的条件回购投资者手中的股权。

（11）附录

不适宜放入商业计划书正文而又重要的材料都应该放在附录中，如高层管理团队简历、产品或产品原型的图示或照片、具体财务报表和市场调查问卷报告等。

8.3 创业计划书的内容

创业计划书是由创业者准备的一份书面计划，用以描述创办一家企业时所有相关的外部及内部要素，包括商业前景的展望，人员、资金、物质等各种资源的整合，以及经营思想、战略确定等，是为创业项目制定一份完整、具体、深入的行动指南，又叫创业的商业计划。

8.3.1 创业计划书的特征

创业计划书是就某一项具有市场前景的新产品或服务，向风险投资家递交以取得风险投资的商业可行性报告。这一文件描述了创业者的整体设想，是其获得风险投资的必备要件，显示着商业投资的机会和风险，在撰写前需要对其特点进行一定的理解和把握。

（1）开拓性。创业最鲜明的特点就是创新，这种创新通过其开拓性体现出来。在撰写创业计划书时不仅要提出新项目、新营销模式以及核心的运营思路，更要整合各方资源，通过一种适合初创企业发展的商业模式变成现实。这是创业计划书与一般的商业计划书的根本区别。

（2）客观性。创业者提出的创业设想和商业模式，一定是建立在大量、充分的市场调研和客观分析之上的，具有可操作性和市场实战基础。

（3）逻辑性。创业计划书要把严密的逻辑思维融汇在客观事实中体现和表达出来。通过市场调研和分析、市场开发和生产安排、组织、运作，全过程对接管理、过程管理和严密的组织，把提出和设计好的商业计划付诸实施，把预计的利益变成切实可行的商业利润，创业计划书的每一个部分都是为实现这一利润的。

（4）可操作性。创业计划书上的商业模式不仅是能够预测的，而且是必须能够实现的。只有在实施过程中，其预测的价值才能够实现。创业计划书尽管没有办法设计实施项目的每一个细节，但项目运作的整体思路和战略设想是要清晰的。

（5）增值性。首先，创业计划书必须找到明确的盈利点，才能体现出创业项目的高回报性。其次，创业计划书具有鲜明的证据链条，组成这个证据链条的大量的、有说服力的数据是经过测算或计算而成的，不是由概念和推理的逻辑思维组成的。最后，创业计划书体现的是明显的商业价值观。真正可行的系统思维应该有投资分析、盈利分析和回报分析，使投资人能清晰、明了地看清其投资后的商业价值。

8.3.2 创业计划书的内容

经过创业构想研讨，对创业项目形成了统一的认识之后，为了创业过程有更深入的思考和充分的了解，需要将创业构想具体化为创业计划书，将创业构想变成文字方案。按照创业计划书内容安排，创业者需要从企业描述、产品与服务、核心竞争力分析、创业团队、预计财务分析、风险分析和退出策略等方面将创业构想变成文字方案。

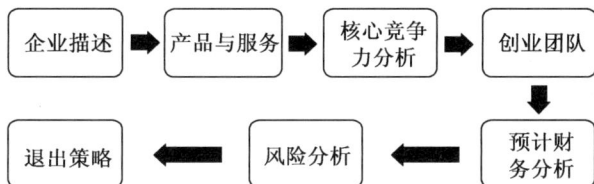

图 8-8　创业计划书的撰写流程

（1）企业描述

创业计划书的主体从企业描述开始，该部分主要体现了创业者是否能够把抽象的创业构想转换成具体的企业方案。这部分应该包括企业简介、简洁的企业历史、企业理念、产品和服务、企业现状、启动资金的来源结构、法律地位和选址等。

（2）产品与服务

产品与服务的描述可从行业分析、产品分析、SWOT 分析三个角度展开。

①行业分析

行业分析旨在界定行业本身所处的发展阶段及其在国民经济中的地位，同时对不同的行业进行横向比较，为企业科学有效地制定战略规划提供依据。在创业计划书中，创业者要对拟进入行业的全貌以及关键性的影响因素进行分析。

行业发展前景：该行业现阶段是朝阳产业还是夕阳产业？发展到哪个阶段？行业内相关企业的数目和核心人物有哪些？

行业性质和特征：产业集中程度和行业多数参与者的性质，直接影响到该行业未来的发展方向。在了解这两方面的基础上，把握该行业的关键政策信息和主要影响因素，有助于初创企业明确自身的竞争优势和并获取成功的关键要素。

行业经济主体概况：消费者、供应商、竞争者、销售渠道等情况的具体描述。

②产品分析

本部分对企业的产品或服务做出详细描述，包括产品或服务的介绍、市场定位、可行性分析结果、市场壁垒等内容。产品或服务介绍包括产品或服务的名称、性质、市场竞争力，以及产品的研发过程、品牌、专利、市场前景等。如果产品已经生产出来，最好附上介绍及图片。如果产品还在设计之中，就要提供相应的设计方案并证明具备的生产能力。

产品或服务的市场定位是根据同类产品或服务的竞争状况，确定自己在市场中的位置。创业构想研讨阶段进行的可行性分析结果可以在这里汇总报告，将市场调查分析的内容、消费者购买意愿的分析等在这里陈述，让读者了解产品或服务的创意以及产品定位策略的形成过程。如果产品或服务有可能获得专利，应该在这里展示出来，并提出专利申请，以获得临时的专利保护。如果没有可获专利，应该解释将要构建进入壁垒的措施，以避免自己的创意被模仿复制。如果短期内无法构建进入壁垒，也要在此处做出合理解释，坦言企业可能面临的风险及其应对措施。

③SWOT 分析

SWOT 分析法是用来确定企业自身的竞争优势、竞争劣势、机会和威胁，从而将企业的战略与企业内部资源、外部环境有机地结合起来的一种科学的分析方法。其优点在于考虑问题全面，是一种系统化思维。该方法还可以利用内部资源和外部环境交叉的矩阵，用系统分析的思维，把各种因素相互匹配加以分析，从中得出一系列相应的结论，而结论通常有助于企业找到对应的市场应对策略。但是，SWOT 分析法不可避免地带有精度不够的缺陷。例如 SWOT 分析采用定性方法，通过罗列 S、W、O、T 的各种表现，形成一种企业竞争地位的描述。以此为依据做出的判断，不免带有一定程度的主观臆断。所以，在使用 SWOT 分析法时要注意其局限性，在罗列作为判断依据的事实时，要尽量真实、客观、精确，并提供一定的数据弥补 SWOT 定性分析的不足，构成定性分析的基础。

(3)核心竞争力分析

①研发计划

再好的创意，只有得到有效开发，才能够为顾客创造价值，为创业者带来收益。大多数产品遵循从产品理念、产品成型、初步生产向全面生产发展的逻辑路径，创业计划书中应解释推动产品从一个阶段过渡到另一个阶段需要遵循的过程。如果企业处于早期的阶段且只有一个想法，应当仔细解释产品的原型将如何制造。如果产品已跨过了原型阶段，就需要对其可用性测试进行描述。如果产品已经存在，最好能够提供产品照片，还要将企业目前生产的规模和销售的时间予以说明。

②营销策划

营销策划的重点在于介绍有助于企业销售产品的典型营销职能。撰写这一部分最好清楚地说明其总体的营销策略,包括定位策略、与竞争品差异点等信息,然后通过定价策略、促销组合、渠道策略等具体说明如何展开营销策略。

(4)创业团队

很多风险投资家往往会在查看概况后,直接阅读创业团队部分来评估企业创办者的实力。在相互竞争的创业计划书中最终获得资金的,往往也是靠好的管理团队而非好的创意或市场计划。因此,这部分的描述显得尤为重要。本部分内容包括管理团队和组织结构两部分。

①管理团队

创业型企业的管理团队一般由创立者和几个关键的管理人员组成,创业计划书中最好能用表格或饼状图,将管理团队成员的所有权分配情况表现出来,并对各个团队成员负责的部分做出简单的阐述,包括管理团队的人事安排等。

②组织结构

组织结构应当披露企业当前如何组织,以及不断发展后可能涉及企业内部相互作用和影响的细节问题,这也是创业者必须认真对待的关键一环。组织结构图是对企业内部权利义务进行分配的常用工具,常见的有集权制、分权制、矩阵式的组织结构图。

创业团队介绍简表和企业组织结构图如表 8-6。

表 8-6　创业团队介绍简表

职 位	人员	介 绍
总经理	刘××	具有多个项目管理经验,曾独立负责××项目,筹办过××企业
销售主管	张××	具有很强的沟通能力,策划和落实过多项大型活动
技术研发主管	李××	持有专利技术××项,带领团队研发过某项产品
人力资源主管	王××	具备多年丰富的人力资源管理经验,对人才敏锐度极高
财务主管	赵××	具有注册会计师执业资格,精通专业知识

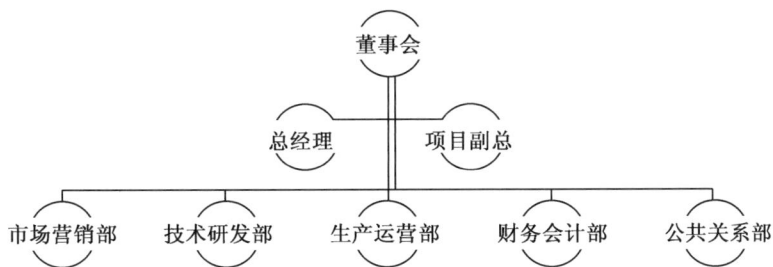

图 8-9　企业组织结构图

（5）财务分析

一般来说，创业计划书中财务分析部分的内容非常受关注。因为对于风险投资家来说，其目的便是回收投资、赚取利润。无论什么项目，最终投资与否的决策与该项目能否实现盈利有着直接的关系。财务报表包括利润表、资产负债表和现金流量表等内容，计算并提供有关的投资回报指标可以增强企业对投资者的吸引力，帮助初创企业获得资金。

①关键假设。因为创业计划书编制的是预计报表，而非企业真实的财务状况。因此，需要在编制预计报表之前给出编表的基本假设，如对未来经济形势的判断；对销售变化趋势的分析；预计销售量、单价、销售成本的估算方法；假定的企业信用政策、利润分配方案；固定资产折旧的计提和无形资产摊销的方法；存货发出计价方法等。

②利润表。利润表是反映企业一定时期经营成果的报表，其编制依据是：收入－成本＝利润。创业计划书预计利润表中的收入，来源于营销策略中对销售收入的估算；销售成本来源于生产计划中对于成本的估算，以及假设的存货发出计价方法；财务费用来源于融资计划中负债资金的筹集金额及其利率；销售费用、管理费用来源于营销策划中对于营销费用的估算。预计利润表简表如表8-7。

表 8-7 预计利润表简表

预计利润表（简表）						
企业名称：		年 月			单位：	
一、营业收入	1 月	2 月	3 月	2 季度	……	2 年
减：营业成本						
营业税金及附加						
销售费用						
管理费用						
财务费用						
二、营业利润（损失以"－"填列）						
加：营业外收入						
减：营业外支出						
三、利润总额（损失以"－"填列）						
减：所得税费用						
四、净利润（损失以"－"填列）						

③资产负债表。资产负债表是反映企业在某一特定日期（如月末、季末、年末）全部资产、负债和所有者权益情况的会计报表，是企业经营活动的静态体现。对于初创企业来说，在撰写创业计划书时，可以编制预计资产负债表，依据当前的实际资产负债表和全面预算中的其他预算所提供的资料编制而成，以反映企业预算期末财务状况的总括性预算。预计资产负债表简表如下。

表 8-8　预计资产负债表简表

预计资产负债表(简表)					
企业名称：			年　　　月		单位：
资产	期初数	期末数	负债和所有者权益	期初数	期末数
货币资金			短期借款		
交易性金融资产			应付账款		
应收账款			预见收账款		
预付账款			应付职工薪酬		
其他应收款			应交税费		
存货			实收资本		
固定资产			盈余公积		
			未分配利润		
总　计			总　计		

④现金流量表。通过现金流量表,可以反映经营活动、投资活动和筹资活动对企业现金流入流出的影响。创业计划书中的现金流量表,有利于让风险投资家了解计划期内企业的资金流转状况和经营能力,能突出表现一些长期的资金筹集与使用的方案对计划期内企业的影响。(表略)

(6)风险分析

没有风险分析的创业计划书是不完善的。因为创业本身就带有一定的冒险性,创业过程中的风险也通常让人始料不及。风险分析不仅能减轻投资者的顾虑,让他们对创业公司有全方位的了解,更能体现管理团队的风险控制能力。

(7)退出策略

任何企业发展到一定阶段,都存在创业者与投资者的退出问题。这一部分需要描述创业者将如何应对因投资者的退出所带来的风险事件,如出售业务、与其他企业合并、投资者退出的主要方式和退出时的卖出价格。

例如:购买公司股权的潜在投资人应以行业投资者为主,包括手机供应商以及手机配件供应商,并以在持续经营过程中与投资者的产品互补、分红作为投资人获得的主要利益。此外,经营达到稳定时的股权转让是投资者退出的主要方式,退出的定价可采用简单的市盈率法进行计算,即以退出时的年度净利润乘以市盈率(私募市场一般为 5～6 倍)计算出企业价值并作为卖出价格。

(8)小结

虽然创业计划书是明确的,但随着创业者掌握更多关于他们所从事行业的情况,从潜在顾客处获得更多反馈,或者随着外部环境条件的改变,创业计划也要随着执行的情况而进行调整。一般来说,在企业的商业模式和目标市场完全明确之前,多数创业计划书会被反复修改数次。

商业计划书专栏八：

ofo 小黄车：从校园走向全国

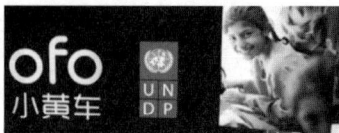

图片来源：www.ofo.so

一、公司简介

ofo 小黄车是一个无桩共享单车出行平台，缔造了"无桩单车共享"模式，致力于解决城市出行问题。用户只需在微信服务号或 APP 输入车牌号，即可获得密码解锁用车，随取随用，随时随地有车骑，也可以共享自己的单车到 ofo 共享平台，获得所有 ofo 小黄车的终身免费使用权，以 1 换 N。2015 年 6 月启动以来，ofo 已经连接超过 250 万辆共享单车，提供 5 亿次共享单车出行服务，为全球 46 座城市超过 3000 万用户提供便捷的出行服务。ofo 的理念是，"骑时可以更轻松"。在未来，ofo 希望不生产自行车，只连接自行车，让人们在全世界的每一个角落都可以通过 ofo 解锁自行车，满足短途代步的需求。

二、市场计划

ofo 平台模式转型的前期线上筹划，需要三个基本要素：自建"移动端商城＋分销机制"，消费者通过线上下单购买（互动），然后线下体验产品（服务），而这过程中，线上提供在线客户服务，以及随时调货支持（在缺货情况下）、收款发货、与分销人员分配利益。建立"多平台的布局＋资源整合"，通过多个媒体向主平台导入用户资源（忠实粉丝），并且借助异业合作资源，将品牌迅速进行推广。采取"线上客服＋线下互动"的模式，与用户进行及时的互动沟通，维持用户黏性，通过线上、线下每周的不同活动，持续增强用户的参与感，为粉丝经济提供基础。

在 ofo 平台商业模式中，整个用户体验过程由引导体验和口碑传播两部分构成。在引导体验中，线上平台为消费者提供消费指南、优惠信息、便利服务（预订、在线支付、地图等）和分享平台，线下商户则专注于提供服务。在口碑传播中，通过互动模式的设置吸引粉丝并利用他们的朋友圈进行口碑传播。

三、营销流程

第一，入口。在移动端搭建线上平台及商城，在下线搭建体验中心（服务中心）为用户提供入口。第二，引流。线上平台作为线下消费决策的入口，可以汇聚大量有消费需求的消费者，引发消费者的线下消费需求。第三，转化。线上平台向消费者提供商户的详细信息、优惠(如团购、优惠券)、便利服务,方便消费者搜索,并最终帮助消费者选择商户、完成消费决策。第四,消费。消费者利用在线上平台获得的信息到线下商户接受服务、完成消费。第五,培养。消费者将自己的消费体验反馈到线上平台,有助于其他消费者做出消费决策。线上平台通过梳理和分析消费者的反馈,形成更加完整的本地商户信息库,可以吸引更多的消费者使用在线平台。第六,存留。线上平台为消费者和商户建立沟通渠道,可以帮助本地商户维护消费者关系,使消费者重复消费,成为商家的"回头客"。第七,分销。借助成熟的数据体系与用户维护体系,以及消费者的意愿形成分销机制,最终使产品(服务)形成扩散式的爆发。

四、与联合国合作项目

共享单车的原创者与领骑者 ofo 宣布与联合国开发计划署(UNDP)于 2017 年 4 月 25 日晚签署了战略合作备忘录,双方将在全球范围内发起"一公里计划",共同推进可持续发展目标的实现。这一计划旨在提高公众对气候变化的认识,同时还将为处理城市环境挑战的创新项目提供资金支持。这是联合国开发计划署首次与中国创业公司牵手合作。

ofo 在全球范围内首次提出了用无桩方式来开展自行车共享的理念,并将其付诸实践。ofo 目前已经覆盖了全球 4 个国家、100 个城市,为 3000 多万名用户提供了超 8.3 亿次骑行服务,不仅让用户的出行更为便捷,也让低碳出行的理念深入人心。

五、风险与反思

(1)共享单车冲击市民安全利益
(2)经营方式容易引发法律冲突与纠纷
①擅自设点严重违反城市管理法规;
②路权争夺矛盾将会愈发突出;
③责权不明带来法律纠纷。
(3)规模与城市空间容量不匹配
①城市空间无法满足停车量;
②自行车路网不够支撑骑行。
(4)供给与市场需求不一致
(5)押金存在占有与流失风险

(资料来源:作者根据多方资料整理而成)

8.4 商业计划书的应用

商业计划书除了用来申请风险基金之外,还承担着预测企业成长率的责任,企业要以此为基础做好未来具体的行动规划。写好商业计划书,有利于展望商业前景,整合资源,集中精力,修补问题,寻找机会,引领企业发展。

8.4.1 风险投资家的视角

风险投资是一种向新兴的、迅速发展并有巨大增长潜力的企业提供股权投资以获取高资本收益的投资行为。风险投资作为一种创新型的投融资制度,不仅为促进高科技创业型企业的发展起到了积极的作用,对于整个社会经济的发展也具有重要意义。

(1)调查企业的风险状况

由于风险投资的高风险性,投资家需要对公司的各个方面进行全面的调查、了解,才能做出理性的决策。其中,要对于商业计划书所阐述的事项进行审查,包括公司的历史、业务、产品、原始股本、管理结构、无形资产、对外债权债务等等。风险投资家会从经济回报的角度对公司进行评估,其代表律师还可以从法律角度协助进行审慎的调查,项目主要包括:公司组织形式和股权结构;公司注册资本和出资到位情况;公司管理者个人重要信息的真实性;管理层与公司的劳务合同及与其以往雇主的合同,主要注意涉及商业秘密的条款;公司的资产报告和债权债务;公司对外往来的合同与其他法律文件;公司拥有的知识产权的真实性与合法性;公司的涉诉或者仲裁案件;政府相关审批文件的到位情况。如果公司提供的信息有虚假或者种种不规范的做法,其律师将提出书面意见并拒绝公司的融资需求。

(2)项目初选与评估

风险投资项目的初选过程分三个步骤:审查投资建议书、审查商业计划书和约见创业者。通过审查投资建议书,使用上述投资政策进行项目初选后,一般还会剩下 20% 的项目可供选择,这些剩下的项目可能还很多,所以还必须作进一步的选择。这时,可要求创业公司提供详细的商业计划书进行审查。审查的可行方法之一是评估指标法。风险投资家认真审阅商业计划书后,会考虑其中大约一半的候选投资项目,并约见创业者,询问有关问题,并让其就一些关键问题做一次口头介绍。与此同时,风险投资家也从中考察创业者的信心和对项目的把握程度。一份准备充分的商业计划书可反映出创业者清晰的思路和周密的计划,也可反映出创业者的管理素质。

(3)管理队伍

管理队伍的团队精神:风险投资家不会支持仅由一个企业家操纵的公司。一方面是因为一个人不可能具有全面的经营才能,而且过分强调个人的作用,会导致个人独裁,使得风险投资家不能对其进行有效的控制。另一方面,当这个企业家离开公司时,会导致公司解体,加大其投资的风险。

管理队伍的年龄范围:风险投资家希望管理队伍的年龄范围为 35～50 岁。在这个年龄范围的人,既拥有丰富的实践经验,思想又很活跃,能较快吸收新知识和新信息。这样的管理队伍是很有活力和进取精神的。

管理队伍的个人素质:理想的管理队伍应包括精通每个主要部门业务的、能力很强的个人。风险投资家一般会考察管理队伍中每个人的学历和职业履历,他们对有过经营失败记录的管理者是持谨慎态度的。

（4）投资亮点和产品创新

在商业计划书中，企业需要根据对自身优势和亮点的把握，重新梳理自己的思路。在风险投资家的眼中，提供什么样的产品和服务、通过哪种方案解决用户痛点、采取哪种盈利模式，都是比较关键的部分。在市场需求和市场潜力方面，对竞争者进入市场的防护是否有明确的措施，对本项目的优势与亮点是否有明确的定位，代表了企业家或创业者的格局与能力。尤其对于高新技术企业来说，商业计划书的重点竞争优势在于产品与创新的程度。总而言之，科研成果在产品上是否得到具体应用成为风险投资家关注的核心之一。

8.4.2 引领企业发展

（1）增加管理经验和提升竞争力

商业计划书是企业创建的共同纲领和行动指南。新创企业尤其是创新性行业的企业，应将重点放在合理地把所有必需的管理技能组合起来，而这些技能通常一个人无法全部具有，需要各方面人员通力合作。而商业计划书的撰写是一个长期的过程，可能需要创业者根据实际情况进行不断地调整和完善，在此过程中，可以不断地增加创业者的管理经验并提升企业的凝聚力与竞争力。由于商业计划书是竞争战略形成的重要载体，创业者在撰写正式的商业计划书时，有助于其更为全面地了解行业内竞争的规则、技术的变化趋势，从而制定相应的竞争策略，最终使得新企业在激烈的市场竞争中取得有利地位。在这一过程中，企业管理者或者改变销售策略，或者更新经营思路，或者认识到某一方面的错误与不足，甚至改变总目标下的某一分支，这都有利于企业的良性发展。

（2）保护创新型产品，优化品质服务范围

商业计划书可以作为推销型文本，为企业向潜在投资家、供应商、重要的职位候选者以及其他人介绍企业的建立和项目的开发。商业计划书将企业的发展计划推销给风险投资家，再转化为发展的资金动力，是企业项目应用于融通资金的必备资料与重要因素。中小企业的筹资渠道包括银行的资金筹措、风险投资家的资金筹措、个人投资家的资金筹措。银行贷款要求企业有资本金保证和担保，注重审查贷款对象经营的稳定性、项目投资的安全性及还贷能力。风险投资家投资的目的是成功地获取高利润的投资回报。因此，如果获得资助的同时按照逻辑顺序对许多可变因素进行系统的考虑和分析。如何吸引投资家特别是风险投资家参与创业者的投资项目，一份高品质且内容丰富的商业计划书就显得必不可少。这份商业计划书将会使投资家更快、更好地了解投资项目，使投资家对投资项目有信心、有动力、促成投资家参与投资项目。商业计划书在经过前期对投资项目科学的调研、分析、搜集与整理相关资料的基础上，根据一定的格式和内容的具体要求编辑整理，有助于企业项目融通资金。

（3）提升企业应对风险和机遇的能力

对创业者来说，提交商业计划书的重要性不仅体现在它的融资能力上，也是检验企业经营项目之间协同效果的重要资料。一个酝酿中的项目，往往很模糊。通过编写商业计划书,对产品、市场、财务、管理团队等逐项进行分析和调研,能及早发现问题,进行事前控制,去掉一些不可行的项目,进一步完善可行的项目,增大企业成功率。

初创企业夭折的概率很大,创业者所面临的风险需要予以客观分析。对于创业者来讲,写好商业计划书相当于预先准备好地图或找到向导,让创业的道路安全顺利得多。虽然创业的实际执行情况一般都会与当初的计划有很大的出入,但是有一套深思熟虑的企划方案和目标将大大增加创业成功的概率。

(4)创新企业商业模式,谋求利润最大化

商业模式即为实现客户价值最大化,把能使企业运行的内外各要素整合起来,形成一个完整的、高效率的、具有独特核心竞争力的运行系统,并通过最优实现形式满足客户需求,实现客户价值,同时使系统达成持续盈利目标的整体解决方案。在撰写商业计划书时,要注意到,很多传统行业由于市场激烈竞争导致日益稀薄的利润,这已经使众多企业纷纷开始寻找新的出路,初创企业的确需要摸索出与众不同的营销和营销管理方法,而只有进行商业模式创新,才会有更大的利润。

章 末 案 例

小猪短租 APP

图片来源:www.xiaozhu.com

随着互联网的飞速发展、共享经济理念的逐步渗透,实现房屋租赁行业闲置资源充分利用的在线短租模式逐步走进人们的视野。在线短租平台以电子商务网站的形式向房东、房客提供各类服务,实现房屋短期租赁。本文选取小猪短租这一典型企业为对象,从定位、业务系统、盈利模式、核心资源能力、企业价值等方面对其发展现状和商业模式进行深入分析,以期对商业计划书的撰写流程、原则和内容等各方面进行理解和把握,在掌握商业计划书撰写流程的基础上对风险融资的痛点与解决有进一步的了解。

目录:

(1)封面

(2)执行概要

(3)公司简介

（4）产品服务设计

（5）行业分析

（6）市场策划

（7）运营模式

（8）团队管理和公司结构

（9）运营策略

（10）财务规划

（11）风险规避

（12）退出策略

（13）附录

（1）封面（略）

（2）执行概要

随着经济的发展和社会观念的转变，越来越多的人成了分享经济的受益者、参与者和推动者。小猪短租就是一个基于分享经济的社交住宿、担保交易平台，致力于为用户提供高性价比的短租房、日租房住宿服务。在巨大的行业内生需求推动下，社交化、共享化的旅行住宿成为小猪短租的核心竞争优势之一。强有力的经营管理团队、风险规避的保障措施等，提升了小猪短租 APP 的可行性。

（3）公司简介

小猪短租于 2012 年 8 月成立，2015 年 7 月对外宣布完成 6000 万美元的 C 轮融资，这也是目前国内短租领域的最大融资额。小猪短租作为本土共享经济理念的实践，旨在为房东和房客搭建一个诚信、有保障的在线沟通和交易平台，有效地将更多个人房东的闲置资源通过分享充分利用并发挥最大价值，同时构建房东和房客间的社交关系，提供更具人情味的住宿体验。小猪短租通过实现个人闲置房源在线共享的方式引领了一种新的生活理念与理财方式，其平台用户数快速增长。

（4）产品服务设计

小猪短租将线下房屋短期租赁的商务计划与互联网结合，让互联网成为线下交易的前台，并致力于打造一个诚信健康的生态系统。将短租房源放到小猪短租平台的房东，需要做的就是提供好的房源与服务；租客则在线上预订购买，到线下消费，入住体验后对房源与服务进行评价，此时租房拥有更多的话语权。在整个预订交易的过程中，小猪短租将会全程扮演裁判的角色，更好地保障租客体验，充当房东与租客的担保方。

（5）行业分析

旅行住房需求是目前短租需求的主流。2016 年 8 月发布的一项研究报告显示，中国 18 岁以上在线旅游用户选择共享空间住宿的比例在调查国家中处于较高水平，达到

约18%,需求旺盛。若按需求发生目的来分可分为以下几类:

①经济性需求。根据速途网2016年第一季度在线短租需求研究报告,对于高性价比的需求是消费者选择在线短租的首要因素。旅行住房需求方面,短租市场提供的房屋多为个人房源且经过筛选把控,环境舒适,且租金价格相对低廉。普通住房需求方面,在一线城市生活的年轻一代倾向于选择以合租的方式来缓解住房压力,小猪短租可满足其节约成本的需求。

②个性化需求。游客对于千篇一律的酒店较为厌倦,小猪短租的景点周边民宿房源可以让消费者体会到极具特色的住宿体验,增加旅行的乐趣与满意度。除了旅游住房需求,小猪短租的线上房源种类繁多,消费者通过关键字搜索等方式就能够找到适合自己个性化需求的房源信息。

③社交需求。传统酒店大多为标准化经营,相比小猪短租的个人民宿房源而言,无法满足消费者的社交需求。在如今的社交化、共享化时代,人们的社交需求日益旺盛。小猪短租通过在线交易社交平台的构建,实现了房东与房客信息匹配,促进了其在交易前、交易中和交易后的有效交流,房东和房客同住一室的交互使住宿体验更有人情味。

④其他需求。对于房东而言,闲置房屋出租是很好的赚取利润的方式,且在线平台流量大、运营方便高效,很好地满足了其房屋周转、出租和变现等需求。

(6)市场策划

①对于房客:小猪短租对房源进行实地验真、实拍,确保房源的真实可靠。房客保障计划:当房客遇到"预订房间无法入住""房间及设施与照片不符""房东临时提价"等情况时,房客保障计划可确保房客安心入住。房客人身安全保险:房客通过小猪短租预订房源并入住且成功投保,将免费获得小猪短租提供的中国太平保险公司制定的"房客人身安全保险",保障范围包括房客意外身故、意外残疾及意外伤害等三方面。

②对于房东:小猪短租为有房源、房间、沙发等闲置资源的房东,提供了免费的分享推广平台,房东不用支付任何费用就可轻松发布房源信息。线上运营及线下管理团队:会为房东提供专业的服务,并定期邀请房东参加营销推广活动,确保房东获得收益。个人房东财产保障方案:房客入住获得财产保障资格的房源,且在入住期间内因过失操作、故意破坏或盗抢行为对所住房源造成的财产损失,财产保障方案将为房东保驾护航,全面保障个人房东的财产安全。身份验证机制:将二代身份证信息捆绑,把用户线上信息和线下信息加以配对,即房东输入房客提供的二代身份证号,可通过联网查询辨识房客的真实身份。

(7)运营模式

①特色房源,个性选择。简约现代单间房适合一人独住,还有甜蜜浪漫的情侣房、全家欢乐的大套房、朋友聚会的大视野海景房、古色古香的特色房、全方位满足客户需求。

②操作简单,轻松入住。小猪短租为房东、房客提供的是便捷简单的沟通交易平台,注册并登录 APP 或网站,房东可轻松发布房源信息,租客可快速预订要住的房间。

③保障双方,安心入住。小猪短租会对网上的房源进行 100% 验真,专人实拍,确保房源的实际情况与照片相符,包括房间设施、用品及地理位置的实地考核,保证房源的真实可靠。

小猪短租采取先精细化再地毯式轰炸的推广策略,先将品牌价值、平台专业化等方面巩固,再侧重于口碑的传播及提高平台的用户体验,最后实施大规模线下广告投放。社交社区、实名制认证及信任关系是垂直网站赖以生存的一部分,因此小猪短租也考虑纳入微信、微博等传播渠道。在信用体系建设方面,小猪短租与阿里旗下的芝麻信用进行合作,率先在短租行业引入了个人征信。通过芝麻信用,房东和房客可以申请查看对方的信用情况,以此作为是否接单和入住的标准。另外,小猪短租平台也在引导用户完成入住后的互相评价。通过评价,好的房源可以获得更多的关注;对于不好的房源,平台会进行线下的干预,从而提升用户体验,形成一个优胜劣汰、持续向上的机制。

(8)团队管理和公司结构

小猪短租现拥有超过 80000 套房源,遍布全国 250 多个城市,在超过 20 个城市设有办公室。陈驰为小猪短租联合创始人 CEO,王连涛(赶集网副总裁、电商平台总经理)出任 CFO,主要的线上运营及线下管理团队会为房东提供专业的服务,并定期邀请房东参加营销推广活动。

(9)运营策略

小猪短租想进入更多的城市、获取大量的房源,都离不开足够的资金作支撑,而最迫切的运营问题就是房源。在起步早期,小猪短租曾以亲友关系为脉络,拓展了一批种子用户,但难以获得持续性发展。后来小猪短租把目光瞄准了各个租房平台,每当有新房源发布,小猪短租的运营人员便会第一时间上门沟通拜访,对房东进行引导,还通过免费为其安装智能门锁来打消房东安全上的顾虑,甚至组建了装修队伍对房源进行简装改造,为房东带来看得见的好处。一旦房东签约,小猪短租就会组织专业的摄影师对房源进行拍摄并发布到平台上,以此增加房屋的吸引力。

在城市覆盖上,小猪短租也进一步提高了扩张速度。除了在一线城市布局中加入广州和深圳,还加快了对二线发达城市成都、杭州等旅游热门地的扩展。经过半年积累,小猪短租上的个人房东从不足 1000 名增至 2000 名左右,覆盖城市达到 13 个。量的快速增长在一定程度上验证了小猪短租模式的可行性,2014 年 6 月,君联资本和晨兴资本联合为小猪短租的 B 轮融资投入了 1500 万美元。

实现 B 轮融资后,小猪短租将更多的精力放在了线下运营,致力让用户获得与酒店不同的个性化体验。在多样性房源的开发上,小猪短租开始发掘更多优质房源,例如故宫旁边的四合院、旅游城市的豪华别墅、海滨城市的海景房等;同时,开始重视对房东的培训,对于如何定价、如何接待租客都有了规范化的培训,并有客服人员进行跟进和改善。

(10)财务规划

小猪短租的盈利来自于平台从订单金额中抽取的10％佣金,以及相关广告的投放收入。小猪短租平台通过短租构建起陌生人之间的连接,在这个过程中,陌生人间的利己关系渐渐变成熟人间的利他关系,这其中的人情味是与酒店标准化住宿最大的区别。为了强化这点,小猪短租在房源和房东多样性的挖掘上也投入了大量成本。而智能门锁的大量投入也是成本费用的一部分。

(11)风险规避

小猪短租平台具体的保障措施包括以下几项:其一,完善的验证机制。人工审核房客的真实姓名、身份证等信息,以确保房客的真实性。其二,人身财产安全保障。虚假房源可获赔,乱收费用赔双倍,取消订单无损失,采用第三方担保支付系统。其三,在线点评体系。房客与房东互评的真实可靠的点评机制有利于优质用户的累积。

此外,小猪短租采购了基于云端的智能门锁免费发放给房东,化解房东和房客的安全顾虑,并为双方购买保险。一旦房东发生任何财产损失,小猪短租承诺赔偿。为了解决保洁问题,小猪短租与第三方服务机构进行合作,尝试通过众包的模式把B端的资源引入到小猪短租平台里。

(12)退出策略

房客和房东可以自由选择是否退出小猪短租APP,采取模式是压一付一。压一是指将一个月的房租抵押在房东那里,如果房屋损坏或者违反合同,那么就从抵押的房租里面扣取相应的现金,若无损坏情况且按照合同履行,则在租用到期时将抵押的房租全额返还;付一即房租每月一交。换句话说,压一付一就是租用前交两个月的房租,其中一个月作为抵押以防范房客违约。

(13)附录(略)

小结:作为Airbnb模式在中国的代表,小猪短租搭建诚信、有保障的在线沟通和交易平台,通过财产、人身安全保障方案及身份识别等机制,建立绿色平台生态系统,将房东闲置的资源分享出去以发挥最大价值,加强房东和房客间的社交关系,提供有别于传统酒店且更具自由的住宿体验。小猪短租将继续坚守美好的价值观,推动中国住宿方式的进步。

(资料来源:作者根据多方资料整理而成)

本章小结

一份优秀的商业计划书是获得贷款和投资、明确企业发展方向的关键。现代的商业计划书是以商业计划的不断制作与修订为基础,利用国际惯例通用的标准文本格式转换而成的项目建设书,是全面介绍企业和项目运作状况、介绍产品市场风险等未来前景和融资要求的书面材料。

逐步将商业计划落实为商业计划书,需要不断的市场调研以明确这份书面材料的可行性。完整的商业计划书应包括执行概要、公司简介、产品设计或研发计划、行业分析、市场分析、营销策略、管理团队、盈利模式、财务规划等多个方面的内容。对于创业型企业来说,创业计划书是对拟建项目提出框架设想,从宏观上考察项目建设的必要性、建设条件的可行性和获利的可能性,以及对项目的融资需求和初步设想。

撰写科学的商业计划书有许多方法,但都立足于内容本身,能否用长远的眼光为企业提供可靠的发展脉络;明确定位,就是说企业到底以一个怎样的目标作为自己发展的方向。以风险投资家的视角来看,准备充分的商业计划书极易获得其青睐,企业家或创业者会因此赢得高额的投资,有利于项目或企业的良性发展。

问题思考

1.商业计划书与创业计划书的联系和区别。

2.在信息化的时代,撰写商业计划书需要注意哪些问题?

3.初创企业如何放眼全局,制定一份更好的商业计划书?

4.企业制定商业计划书时,需要关注哪些方面的内容?

5.请尝试撰写某一行业的商业计划书。

9.创新与运营管理

☆ 了解创新是如何转变为创业的；
☆ 掌握创业型企业如何实现价值创新；
☆ 熟悉创业型企业的运营管理；
☆ 明白共享经济与企业运营间的关系。

开 章 案 例

北陆药业精准医疗创新模式

图片来源：www.beilu.com.cn

一、公司介绍

北京北陆药业股份有限公司（以下简称"北陆药业"）于 1992 年 9 月成立，主营业务为医药产品的研发、生产及销售。公司秉承"细分市场、最大份额"的经营理念，主要产品有对比剂系列、精神神经类和降糖类产品。

2009 年 10 月 30 日，北陆药业作为首批 28 家企业之一在深圳证券交易所创业板挂牌上市。2010 年，北陆药业入选北京生物医药产业跨越发展工程（G20 工程）首批规模企业。2011 年，北陆药业经北京市发改委认定批复建设生物医学影像用药北京市工程实验室。2013 年，北陆药业按照欧盟标准建设的注射剂车间顺利通过国家新版 GMP 认证，在公司药品质量管理上获得了新的认可。2014 年，北陆药业分别参股南京世和基因生物技术有限公司（以下简称"世和基因"）、控股深圳市中美康士生物科技有限公司（以下简称"中美康士"），逐步实现公司在肿瘤检测及治疗领域的战略布局。

2016 年,北陆药业投资芝友医疗,深化精准医疗布局。

图 9-1 北陆药业大事记

自成立以来,北陆药业坚持倡导创新、严谨的工作作风,获得国家发明专利、国家级新产品证书、北京市科技进步奖等荣誉,其主要产品也分别被列入国家级火炬计划、北京市火炬计划、北京市重大产业化项目等,获得各级财政支持。截至 2016 年 12 月 31 日的财务数据,北陆药业总资产接近 10 亿元,净利润也超过 8000 万元。北陆药业的这种发展主要得益于其在主营产品上的创新及其强大的运营管理能力。

二、发展精准医疗业务

发展精准医疗业务是北陆药业近几年来的战略重点,其精准医疗业务模式主要通过三个方面体现。

第一,参股世和基因,介入基因检测领域。世和基因是癌症个体医疗诊断的先行者,其主要产品服务包括:高通量全景癌症基因检测、健康人癌症预警检测、视网膜母细胞瘤分子基因检测等业务。世和基因的竞争力得益于其强大的人力资源优势。世和基因的核心团队拥有多名专攻癌症的癌症生物学博士和生物信息学博士,以及具有丰富企业管理和资本市场经验的高级管理人员,成员均来自北美和中国著名高校,如斯坦福大学、多伦多大学、哥伦比亚大学和北京大学等。而世和基因的科学顾问团队由多位国际顶级肿瘤专家组成,包括来自哈佛大学、麻省理工学院、多伦多大学和中国科学院的专家学者。此外,世和基因还与国内外多家著名医院以合作方式进行临床诊断以及开展转化医学研究。2014 年 8 月,北陆药业向世和基因增资 3000 万元,持有其 20% 股权。

北陆药业将世和基因作为其布局精准医疗业务的一步,为做全精准医疗从检测到治疗的产业链做准备。

第二,收购中美康士,布局肿瘤细胞免疫治疗。中美康士是最早发起肿瘤生物免疫治疗技术产业化的国家级高新技术企业之一,致力于技术研发、技术转化、医院技术合作、国际与国内患者服务。2014 年 10 月,北陆药业以 2.04 亿元人民币战略投资中美康士,北陆药业占股 51%,享绝对控股。同年 11 月,中美康士战略投资北京纽赛尔生物科技有限公司,获得微移植这一血液病与肿瘤免疫细胞治疗领域原创性具有国际影响力的重大生物医疗技术的控股权。微移植突破了骨髓移植 HLA 配型的限制，被国际上誉为"分离移植物抗肿瘤效应和移植物抗宿主病的新模式"。经过细胞处理的微移植技术可以用于如血液病、恶性肿瘤、肝病等多种疾病的治疗，具有里程碑意义和广阔的前景。中美康士收购微移植技术后，增强了其在血液病和肿瘤免疫治疗方面的技术水平。北陆药业通过肿瘤测序和免疫治疗两项业务互为支持、相辅相成，再综合本身拥有的渠道资源发挥协同效应，占据了精准医疗领域的先机。

第三，设立并购基金，保障外延扩张空间。2015 年 5 月，北陆药业使用 5000 万元自筹资金与平安财智共同发起成立健康产业投资并购基金募集资金。作为北陆药业并购整合的主体，该并购基金围绕公司既定的战略发展方向——精准医疗继续开展投资、并购、产业资源整合等业务。同时，该并购基金的投资方向不断向更多投资领域拓展，包括移动医疗、医疗信息化、远程医疗；高端医疗器械，包括高端影像学检查设备、治疗设备等；高端体内、体外检测试剂；围绕公司药品开发重点领域的高附加值药品。并购基金的投资项目有望成为北陆药业肿瘤诊断治疗一体化平台的重要组成部分。

三、转型新产业

对比剂曾一度是北陆药业的主力产品，但在 2014 年以后北陆药业逐渐布局精准医疗业务，向新产业进军。

表 9-1　北陆药业对比剂的销售状况

对比剂	2009	2010	2011	2012	2013	2014	2015
销售额/亿元	1.0519	1.3021	1.8300	2.5176	2.8144	3.3665	3.5236
增长率	25.99%	23.79%	40.68%	37.43%	11.79%	19.62%	4.66%
毛利率	76.66%	76.93%	75.33%	74.92%	71.79%	71.05%	71.42%

2015 年，北陆药业子公司中美康士因监管部门对第三类医疗技术，尤其是免疫细胞治疗技术的政策收紧影响，业务发展停滞，收购时对母公司的业绩承诺无法完成，北陆药业决定从 2016Q3 起不再将中美康士纳入并表范围，前期投入转入长期股权投资，并准备大幅计提减值。至此，北陆药业的转型业务重心落在肿瘤诊疗服务上。作为国内最早推出循环肿瘤 DNA（ctDNA）液态活检产品的企业之一，世和基因已成长为行业龙头，于 2016 年下半年开始实现单月盈利。

继续发力肿瘤诊疗服务。2016 年 9 月，北陆药业以自有资金 6500 万元投资新三板挂牌企业武汉友芝友医疗科技股份有限公司（以下简称"芝友医疗"），并持有芝友医疗 10% 的股份。芝友医疗以肿瘤及其他重大疾病的个体化医学诊疗为战略方向，是一家专门从事个体化用药基因诊断试剂以及诊断设备研发、生产和销售的企业。芝友医疗的产品线包括个体化用药基因诊断试剂盒和循环肿瘤细胞检测设备两个方向，其已上市的 6 种分子检测试剂盒与循环肿瘤细胞检测设备已陆续进入全国 150 余家大中型医院,其中循环肿瘤细胞(CTC)检测设备属于国内首台获得 CFDA 注册证产品。北陆药业参股芝友医疗,有利于其与液态活检领域公司协同发展,打造该细分领域中 CTC 检测与 ctDNA 检测的协同应用。

此外,北陆药业的九味镇心颗粒是自主研发创新、国内第一个、目前唯一一个通过国家食品药品监督管理总局批准治疗焦虑障碍的纯中药制剂、国家中药保护品种,其组方及生产工艺也取得国家专利保护。2000 例的 IV 临床试验结果证明了九味镇心颗粒的疗效及安全性,而被列入《国家基本医疗保险、工伤保险和生育保险药品目录》(2017 年版)也进一步证实了其创新性、安全性及临床有效性。

四、投资成功业绩与经验

布局精准医疗业务以来,北陆药业相继收购投资了一些公司,也成立了自己的并购基金。2015 年,北陆药业的营业收入同比增长 11.69%,其在细胞免疫治疗领域的营收更是增长飞速,达到了 6000 多万元。2016 年,北陆药业的营业收入接近 5 亿元,比上年增长 1.51%。

表 9-2　北陆药业 2014 年、2015 年营收状况

	2015 年		2014 年		同比增减
	金额	占营业收入比重	金额	占营业收入比重	
营业收入合计	491430959.9	100%	439980365.5	100%	11.69%
药品销售	422112435.2	85.89%	409300467.6	93.03%	3.13%
细胞免疫治疗	66561373.76	13.54%	27908596.08	6.34%	138.50%

北陆药业还形成了自己的核心竞争优势。作为国内最早研制并首家推出对比剂产品的公司,北陆药业目前共有五类十五个规格产品已经上市,是拥有对比剂产品品种最多、规格最全的专业供应商。北陆药业投资的世和基因累计检测了 40000 余例样本,服务近 20000 例临床患者,开展 200 余项临床合作项目,完成超 400 项技术优化项目,有中国最大的新一代测序肿瘤数据库。北陆药业自主研发的九味镇心颗粒是目前唯一一个通过国家食品药品监督管理总局批准治疗焦虑障碍的纯中药制剂、国家中药保护品种。

五、结论与启示

面对精准医疗领域的广阔市场,北陆药业毅然转型,在主业的基础上进行投资并购。虽然在精准医疗创新转型的路上并不顺畅,但这并不阻碍北陆药业这几年在基因检测和肿瘤诊疗业务上的进步。

秉承着"细分市场、最大份额"的经营理念,未来北陆药业将继续围绕医学影像、精神神经、精准医疗领域,通过一系列的技术创新、管理创新和学术创新,提高产品的市场竞争力,并逐步完善其营销网络,培育新的利润增长点,以提升公司的核心竞争力。

(资料来源:作者根据多方资料整理而成)

9.1 创新到创业

熊彼特说,创新是"建立一种新的生产函数",把一种从来没有过的关于生产要素和生产条件的新组合引入生产体系。这包括五种情况:引进新产品、引用新技术、开辟新市场、控制原材料的新供应来源、实现企业的新组织。德鲁克说,创新就是赋予资源新的创造财富的能力,一切可以使现有资源的财富创造能力发生改变的行为都可以称之为创新。

创新有不同的层次和多种形式,但如果创新成果是在原有的企业组织框架内实现商业化,这种"创新"依然属于一般意义上的"企业家活动",而非"创业活动"。只有通过创建企业或企业组织管理体系的创新来实现创新成果的商业化或产业化,才能算得上是创业活动。

图 9-2　创新和创业的关系

创业的精神实质是创新。创业是通过必要的时间和努力发现与把握商业机会,通过创建企业或创新企业组织结构,筹集并配备各种资源,将新颖的产品或服务推向市场,最终实现企业价值和社会价值。

9.1.1 创新概念的拓展

创新概念的拓展包括各路学者对熊彼特创新概念的深入研究,也包括通过创新实现创业等活动,在这里我们主要探究后者。

(1)创新是创业的源泉

一方面,科学技术、思想观念的创新,促进了物质生产和生活方式的变革,引发了新的生产、生活方式,进而为整个社会不断地提供新的消费需求,推动创业活动的前赴后继;另一方面,创新是新经济增长点形成的关键,科技创新成果成为众多创业企业的切入点和盈利源。而创业者也只有在创业的过程中具有持续不断的创新思维和创新意识,才可能产生新的富有创意的想法和方案,才可能不断寻求新的模式、新的思路,最终获得创业的成功。

(2)创新的价值通过创业得以体现

从一定程度上讲,创新的价值就在于将潜在的知识、技术和市场机会转变为现实生产力,以实现社会财富的增长,造福于人类社会。而实现这种转化的根本途径就是创业。创业者可能不是创新者或发明家,但必须具有能发现潜在的商机和敢于冒险的精神;创新者也并不一定是创业者或企业家,但是创新的成果则是经由创业者推向市场,使潜在的价值市场化,创新成果也才能转化为现实生产力。

9.1.2 创新的基本类型

学术界对创新基本类型的划分其实并不统一,主要包括知识创新、技术创新、产品创新、管理创新、品牌创新、渠道创新、服务创新等。这里主要介绍技术创新、产品创新和价值创新。

技术创新是指生产技术的创新,包括开发新技术,或者将已有的技术进行应用创新。当今科技迅猛发展的现状对产品的技术含量要求越来越高,而大多数创业型企业也主要凭借技术创新分得市场的一杯羹。技术创新主要由三个因素决定:竞争程度、企业规模和垄断力量。竞争引起技术创新的必要性,技术创新可以给企业带来降低成本、提高产品质量和经济效益的好处。企业规模一方面影响技术创新所需要的人力、物力和财力,一方面影响技术创新开辟的市场前景的大小。垄断力量则影响技术创新的持久性,垄断程度越高,垄断厂商技术创新得到的超额利润就越持久。

产品创新是指新产品的创造。产品创新可分为全新产品创新和改进产品创新。全新产品创新是指产品用途及其原理有显著的变化,而改进产品创新是指在技术原理没有重大变化的情况下,基于市场需要对现有产品所作的功能上的扩展和技术上的改进。全新产品创新的动力机制既有技术推进型,也有需求拉引型;改进产品创新的动力机制一般是需求拉引型。

技术创新和产品创新既密切联系又有所区别。技术的创新可能会带来产品的创新,产品的创新也可能需要技术的创新。一般来说,运用同样的技术可以生产不同的产品,生产同样的产品可以采用不同的技术。产品创新侧重于商业和设计行为,具有更外在的表现;技术创新则具有过程的特征,表现得更加内在。一方面,产品创新可能包含技术创新的成分,还可能包含商业创新和设计创新的成分。技术创新可能并不带来产品的改变,而仅仅带来成本的降低、效率的提高,例如改善生产工艺、优化作业过程,从而减少资源消费、能源消耗、人工耗费或者提高作业速度。另一方面,新技术的诞生往往可以带来全新的产品,技术研发往往对应于产品或者着眼于产品创新;而新的产品构想,往往需要新的技术才能实现。

价值创新是通过对现有行业模式概念的根本性改变以及重建现有市场边界,来创造显著客户价值并实现企业高速增长的战略过程。价值创新作为现代企业竞争的一个新理念,不是单纯提高产品的技术竞争力,而是通过为顾客创造更多的价值以争取顾客,赢得企业的成功。随着现代企业管理市场竞争手段的不断变化,仅仅凭借技术已经无法适应企业的竞争需求,向价值领域扩展是当今的趋势。

表 9-3　传统竞争逻辑与价值创新逻辑的比较

战略的五个方面	传统的竞争逻辑	价值创新的逻辑
行业假设	行业状况不可变	行业环境可变
战略焦点	企业应该构建竞争优势,以打败竞争对手为目标	竞争不是企业成功的标准,企业应追求价值的跳跃性增长来主宰市场
顾客	企业应该通过目标顾客细分,通过产品或服务的差异化,满足不同消费者的需求	价值创新应以大众顾客为目标,关注顾客评价中共性的需求,可以丢掉部分老顾客
资产和发挥的潜能	企业应依靠现有的资产和能力	不受已有的条件限制,必须问自己如果重新开始做的话,我们会做什么
产品和服务	行业边界决定了企业提供的产品和服务,企业的目标是使其提供的产品和服务价值最大化	价值创新为顾客提供整个问题的解决方法,即使需要企业超过本行业传统的产品和服务

创新与运营管理专栏一:

锐捷网络:基于"场景"的产品创新

RUIJIE锐捷
Networks

图片来源:www.ruijie.com.cn

　　锐捷网络股份有限公司(以下简称"锐捷")成立于 2000 年,2002 年推出 S4909 交换机,开启高端产品设计和生产之路。2003 年 9 月同步全球著名厂商退出了国内第一台第二代万兆交换机 RG-S6800,突破了高端产品被国外厂商垄断的局面,锐捷也从此进入高速发展之路。十多年来,锐捷致力于扎根行业、深入场景进行产品设计和创新,为互联网、运营商、政府、金融、能源、制造、教育、医疗卫生、文化体育、交通等行业用户构建端到端的解决方案,为客户网络创造新价值。目前,锐捷的营销及服务网络覆盖亚洲、欧洲、北美洲和南美洲,它在自主研发的创新之路上稳健前行,其 15% 的销售收入都投入研发,其中 30% 的研发经费投入高端技术的预研。

一、"场景即产品"概念的提出

　　过去很多年,无线均被认为只有室内和室外场景,所以市场上的设备只有室内 AP 和室外 AP。然而,在当今的技术环境下,移动网络就像空气一样存在于人们周围,把人与人、人与信息、人与商业、人与物体连接起来。今天的无线已经不再是基础网络设备,而是在越来越多的领域里承担生产业务、营销业务,甚至更多的业务。在这样的背景下,无线产品的研发及市场策略,需要进行聚焦和集聚。无论是搭载在网络上的应用开发,还是网络设备产品的研发,都面临使用习惯和需求的不断变化,这些变化既是机遇也是挑战。机遇在于,不同的需求意味着细分的市场;而挑战在于,变化总是层出不穷,身处其中的企业需要适时调整产品创新方向、策略,每一次变化都是一次重新创业。于此,锐捷深刻体会到:"场景即产品",场景重塑移动网络,基于场景的产品创新才能更好地满足消费者的网络需求。每个行业只要其有 Wifi 的需求,就可以找到不一样的场景。

二、"场景即产品"的成果

针对大商业商家希望将消费者手机上网这张网络承载更多业务(如:定位、营销、客流分析)的需求,锐捷在产品上进行了深入的定制,开发了类似咖啡伴侣的 AP 伴侣。AP 伴侣通过最简单的方式,以更低的成本解决了多用户连接和上网体验的问题。AP伴侣像是一个 USB 的设备插在 AP 上面,在 AP 接入用户以及覆盖面积上提升容量,一个巴掌大的 AP 伴侣可以提供 100 个手机终端的接入。AP 伴侣可以通过手机平台和移动终端平台的 APP 在云端系统进行内容推送及广告推广业务,甚至还有基于室内位置应用的室内导航方案和室内定位方案。比如,当一个用户走到香奈儿的柜台时,会被告知今天价格下降了多少。而对于商家,客户的进入数和流出数以及老客户的进入数,这些数据都可以得到。

而针对中小商业,锐捷联合微信开发了无线路由器产品。用户可以通过微信扫二维码连接 WiFi,整个网络的连接、认证以及授权过程全解决,无须再问老板密码以及相关问题。扫码完成之后在微信的一级入口,用户会发现这家店铺所有的微商信息。

2016 年初,锐捷宣布喜获"开门红",第一季度订单销售额同比增长 57%,并且在多个重点行业市场取得突破性进展,斩获大单。这一成绩的取得,与锐捷近年来坚持围绕用户"痛点"做"爆品"的战略布局息息相关,同时也映射出"场景创新"与国内"互联网+"浪潮相结合所带来的丰厚收益。

(资料来源:作者根据多方资料整理而成)

9.1.3 从创新到创业的过程

(1)创新的过程

传统企业创新的过程在逻辑上可以分为七个阶段:产生创新构思;评价创新构思,提出实现创新构思的设计原型;开发试验模型;制定完整的技术规范,进行现场工艺试验和新产品试生产,并进行市场测试和营销研究;创新技术或产品的初步实际应用或商业化生产;创新技术的广泛应用,创新产品的大规模生产,呈现显著的商业效果或社会效果;创新技术扩散,即创新技术被赋予新的用途,进入新的市场。

然而,互联网时代的企业创新已经不仅仅局限于传统的这 7 个阶段。以互联网企业巨头 BAT 的腾讯距离来说,其创新就是一个不断迭代的过程。腾讯的 QQ 干掉了当年风靡全球的 ICQ,凭借的是将用户资料存储于云服务器,首创离线消息发送功能且免费;QQ 群打败了聊天室,将早期陌生人之间的关系转变为真实的用户关系;QQTM 通过 UDP 方式传送文件、断点续传、文件共享等等打败了 MSN;QQ 游戏通过更精美的界面和更人性化的操作细节打败了联众;微信微商冲击淘宝等电商平台。腾讯的这些创新其实都是微创新,仅在部分地方做出一些细微的改进就取得了丰硕的成果,成为互联网企业的参考对象。

（2）从创新到创业

德鲁克认为,关于创业机会即从创新到创业的系统创新包括 7 个方面:意想不到的事情(包括意想不到的成功、失败或外部变化),意想不到的成功为成功创新提供了最理想的机会,是风险最小而最省心的创新机会;不协调的现象(客观或主观);过程中的需要,过程中的需要不是来源于内外部环境的偶然事件,而是来自于要做的工作本身,即它不是以周围的环境为核心,而是以工作为核心,是完善现有的工作过程替代原来的薄弱环节,运用新知识重新设计生产过程;尚未意识到的产业与市场结构的变化;人口变化;观念转变;科学与非科学领域的新知识。在这 7 个方面中,前 4 个来源于企业的内部,后 3 个则来源于产业的外部环境。7 个创新机会的来源之间并没有严格的界限,并且可能有重叠的地方。

（3）两个重要的创业模型

①Timmons 创业模型

Timmons 认为创业过程源于机会,而不是资金、关系网络、工作团队或商业计划。在企业创立之初,创业者应投入大量的时间和精力寻找最佳机会。资源是创业过程的必要支持,但资源的多寡是相对的。成功的创业型企业应着眼于设计创意精巧、用资谨慎的战略,最小化使用资源并控制资源,而不是贪图完全拥有资源。创业者和创业团队是创业型企业的关键组织要素,其所扮演的角色是将这些关键要素整合到一个动态、变化的环境中。对风险投资家来说,优秀的创业团队是十分稀缺且最有价值的。成功的创业活动必须要能将机会、团队和资源三者作出最适当的搭配,并且能够随着事业的发展作出动态的调整。也就是说,由于不确定性、市场风险、创意合理性以及外部环境变化等因素的影响,创业过程往往充满风险,创业者必须依靠自己的领导、创造和沟通能力来发现和解决问题,掌握关键要素,及时调整机会、资源、团队三者的组合搭配,以保证新创企业顺利发展。这三个要素的特性以及它们之间的适合度和平衡度可以通过商业计划书进行描述。随着创业活动在时空上的变迁,机会、团队和资源这三个要素会由于相对重要性发生变化而出现失衡现象。良好的创业管理必须能够根据创业活动重心的变化及时作出调整,以保证创业过程重新恢复平衡。

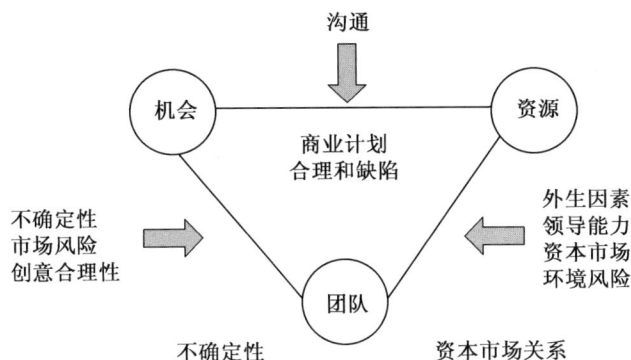

图 9-3 Timmons 创业模型

②Sahlman 创业模型

Sahlman 认为在创业过程中,为了更好地开发商业机会和创建新企业,创业者必须把握人、机会、外部环境和其自身的交易行为四个关键要素。

人是指为创业提供服务或者资源的人,包括经理、雇员、律师、会计师、资金提供者、零件供应商以及与新创企业直接或间接相关的其他人。机会是指任何需要投入资源的活动,不仅包括待开发的技术、市场,而且还包括创业过程中所有需要创业者投入资源的事务。外部环境是指无法通过管理来直接控制的因素,多指宏观环境和政策环境。创业者的交易行为是指创业者与资源供应者之间直接或间接的关系。交易行为要素明确指出了社会网络对创业的重要性。

因此,成功创业需要配置良好的人力资源,拥有所需要的知识和技能管理团队,拥有盈利前景良好的商业模式,容易获得利润又能防止被模仿,市场环境良好,交易方式能够给所有利益相关者以充分的激励等。

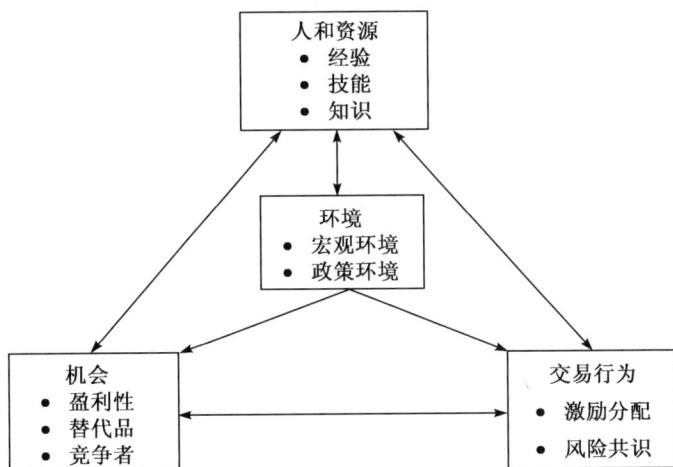

图 9-4 Sahlman 创业模型

创新与运营管理专栏二：

暴走漫画

图片来源:www.baozoumanhua.com

2008 年在国外留学的"王尼玛"接触到暴走漫画(以下简称"暴漫"),于是开始进行中文版的创作,开发了暴漫的网页,设置了中文版暴漫生成器。不同于糗事百科,也不同于画风精良的动漫,更不同于有完整故事情节与人物构成的网络漫画,暴漫新颖独特,没有进行太多刻意的行为,在网络上悄然走红。"王尼玛"暴漫的出现打破了我国动漫萎靡的僵局,为我国动漫产业注入了一丝新鲜的血液,使人们惊喜地发现中国动漫行业还有一条可走的新道路。

随着暴漫在网络上的流行,暴漫团队开始公司化运营,于 2013 年制作了暴漫的视频动画系列,3 月推出了《暴走大事件》,截至 2017 年 1 月 20 日,已成功播出前四季。几年的发展时间,暴漫吸引了无数的铁杆粉丝,其创新之处主要有两点。

一、"随心所欲"的新媒体漫画

相对于传统漫画而言,暴漫是一种新式漫画,它诞生于新媒体,传播也完全依托于新媒体。新媒体漫画优于传统漫画的最大特点就是方便快捷,具有极强的娱乐性。作为一种新媒体漫画,暴漫在运营上主要有以下创新:(1)主要活跃在网站、微博、贴吧上,通过登录网站就可轻松观看。(2)紧跟时尚潮流,随着手机 APP 的广泛应用,暴漫很快也开发了手机客户端,网友可以随时随地地刷暴漫,方便又快捷。(3)改变了漫画的传统形式。以往的漫画都是由作者运用专门的绘画软件进行创作,将成品漫画以杂志或者微博连载的方式呈现在大家的面前,即便是微博上热门的网格漫画,也都是由作者个人进行绘画,读者仅仅是漫画的观看者。而暴漫有了暴漫生成器这个在线制作工具,只要为其提供丰富的素材,用户不需要懂得绘画技术,也无须复杂的制作过程,仅通过几个表情的组合,就能够绘制出一幅暴漫了。(4)暴漫使读者由单纯的接受者变成了传播者与接受者,使暴漫成了全民皆可参与的漫画。因为参与者广泛,暴漫曾经一度每天都能接到 1~2 万份投稿,创造力与表现力惊人,内容信息量巨大,更新极快,新题材、新主题、新表情源源不断,其表现出来的生命力与创新力是传统漫画远远无法比拟的。

二、契合糗文化,贴近生活,传达大众情绪

暴漫的出现恰逢糗文化盛行之时,可以说它与糗文化是一脉相承的,是糗文化的衍生品。从某种意义上来说,暴漫和糗文化是一样的叛逆,包含不被主流文化接受或者

被忽视的文化内容,它用幽默诙谐的方式来嘲谑严肃残酷的生活,使人们在日益增加的压力面前能够寻找到一些乐趣来舒缓、释放甚至狂欢。在暴漫中,选材的范围是广泛的、多元的,既有时下热门事件,也有历史典故,更有网友们的日常生活,可以说是包罗万象、无所不有。暴漫的叙事结构虽然是简单的故事陈述加上当事人的心情,但它有鲜明的主题且运用大家耳熟能详的网络热门用语作评论,犀利有趣,图片的运用使得故事更具有视觉性,生动地体现出"糗"与"囧"。暴漫固定的表情极具特色,画风不注重细节描绘,狰狞粗糙,每一个表情都与主流文化所彰显和倡导的内容格格不入,但神奇地与故事所描述的糗事与囧事契合在一起,仿佛在告诉读者故事里讲述的真实社会与这个表情一样,残酷而没有一点美感,而这正是暴漫的创新之处。

(资料来源:作者根据多方资料整理而成)

9.2 价值创新

创业型企业的价值创新并不是对产品的简单改进,而是需要有商业模式的支持。也可以说,价值创新的深层是商业模式的创新,这种创新可以为企业带来竞争对手难以模仿的优势,并为持续创新提供一个良好的基础。创业型企业可以通过对其关键资源能力、业务系统、定位、现金流结构、盈利模式等分别或组合创新,以达到价值创新的目的。

9.2.1 创业型企业价值创新

创业型企业价值创新的重点既在于"价值",又在于"创新"。在没有创新的背景下,价值的焦点是规模扩张型的"价值创造",它提供了价值,但并不足以使企业超越市场。在缺乏价值的背景下,创新往往是技术拉动型、市场推广型的,或者是理想主义的,即忽略客户是否愿意接受并支付相应的价格。价值创新并非着眼于竞争,而是力图使客户和企业的价值都出现飞跃,由此开辟一个全新的、非竞争性的市场空间。

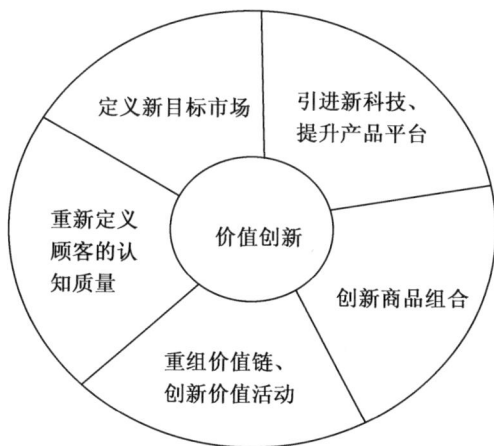

图 9-5 创业型企业实现价值创新的方式

创业型企业实现价值创新的方式有多种：通过定义新目标市场来创造产品的价值优势；重新定义顾客的认知质量，以达到价值创新；通过重组价值链、创新价值活动等方式增加产品的价值优势；通过创新商品组合，包括增加功能、增加服务、改变产品定位（属性）、改变交易方式等不同途径来达到价值创新；通过引进新科技或提升产品平台来达到价值创新。

创新与运营管理专栏三：

米狗智慧车生活平台

图片来源：www.meeegou.com

米狗（Meeegou）是消费类电子产品开发商柏悦数码旗下品牌，面向全球发布国际智能摄录设备品牌，致力于高品质、高性能摄像产品的研发与销售。米狗旗下产品主要包括运动相机随身拍、专车专用车联网行车记录仪、远程监控摄像机千里眼、用于机器人的智能摄像头、航拍仪等。米狗以"陪伴、见证"作为品牌理念，从网络摄像机到运动相机，行车记录仪到车载电子产品，渗透到生活的各个领域。经过多年的技术革新与完善，米狗凭借成熟的技术、出色的品质以及优质的服务，开创了属于自己的新科技时代。

对于汽车服务产业来说，这是一个最好的时代，也是最坏的时代，多数汽车服务企业正处于发展期和转型期，面临着许多挑战与机遇。面对这样的一个市场环境，米狗抓住了车载电子行业的时代趋势，于2016年6月16日在武汉举行发布会正式宣布进军行车记录仪市场，用转型升级的方法搭建米狗全球智慧车生活连锁生态平台，推出米狗车载机器人系列产品，以"互联网＋智慧车生活""O2O整合营销""创业创新做双创"为三驾马车，深入实施创新驱动发展战略，突出其在技术创新中的主体地位，打造具备创新能力、知识产权和知名品牌的创新型企业。

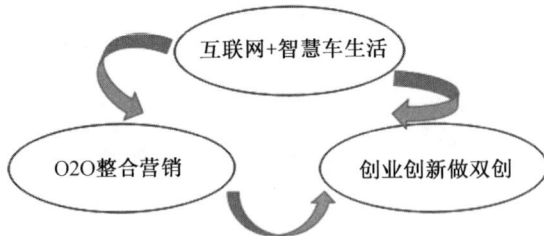

图 9-6　米狗智慧车生活平台的三驾马车

一、产品创新:互联网＋智慧车生活

实际上,早在三年前米狗就开始涉足车载智能硬件领域。2014—2015年期间,米狗推出了云智能电子狗行车记录仪YUN 1、车载空气净化器行车记录仪一体机,同时还推出多款"行车记录＋运动拍摄"的运动摄像机。2015年下半年,随着车载智能硬件概念的兴起,市场成熟度也不断攀升,米狗乘势发布了多款高清后视镜行车记录仪。而在此次发布会中,米狗推出的车载机器人脱离了传统行车记录仪的范畴,配备有四核系统、MTK运行系统、语音声控系统以及4G联网技术,搭载了行业顶级全能应用系统,让智能云端应用服务触手可及。米狗布局车联网生态圈的构想,可实现安全、互联、分享的智慧车生活。

二、营销创新:O2O整合营销

从2014年开始至2015年上半年,国内的汽车后市场O2O项目非常受追捧,但从2015年下半年开始,超过30％的汽车后市场O2O项目出现倒闭。然而,2016年,乐车邦融资1.3亿元、典典养车D轮融资1亿美元、集群车宝A轮融资亿元的行业盛典,又将汽车后市场的O2O项目引入大众眼前。

米狗智慧车生活连锁平台创始人汤山琴认为,经过一轮洗涤之后,验证了纯互联网化无法解决汽车后市场的痛点,必须走"线上＋线下"的模式。现在汽车后市场有几种不同模式,直营连锁无疑是目前干起来最苦也最不被看好的,但行业的未来必然属于"直营连锁＋互联网"模式。因此柏悦数码在市场补贴最火爆的时候,选择默默做线下渠道。米狗的O2O整合营销主要表现为布局BC端,以米狗云平台、APP、电商等积极布局线上,以汽车后联盟、区域子公司、渠道联盟、门店的形式加速布局线下,扩大用户群体和渠道供应商。

三、创业创新做双创

米狗的创业创新主要体现在积极响应全国两会明确提出的"大众创业、万众创新"的政策,意在率先掀起一场席卷全国重点省会城市、百城联动的渠道共创运动,推动我国汽车服务产业的可持续发展。该渠道共创运动以"点燃汽车人创业梦想"为宗旨,以"汇聚平台客户、汽配城、渠道商、4S连锁店等,打造汽车后市场联盟体"为目标,从而实现"创建除生活、工作、休闲外的第四空间,打造出一种全新车生活"的梦想,并与社会各界合作,为中国3亿车主创造一个"懂你所需、伴你左右"的商旅人文环境,同时激活社会创新创业活力。

(资料来源:作者根据多方资料整理而成)

9.2.2 基于利益相关者的价值创新

利益相关者是指那些能够影响企业目标实现,或者能够被企业实现目标的过程所影响的任何个人或群体。这个定义不仅将影响企业目标实现的个人和群体视为利益相关者,同时还将受企业目标实现过程中所采取的行动影响的个人和群体看作利益相关者,这样就将当地社区、政府部门、环境保护主义者等实体都纳入利益相关者的研究范畴,大大扩展了利益相关者的内涵(如图 9-7)。基于利益相关者的价值创新理论主要有五种:

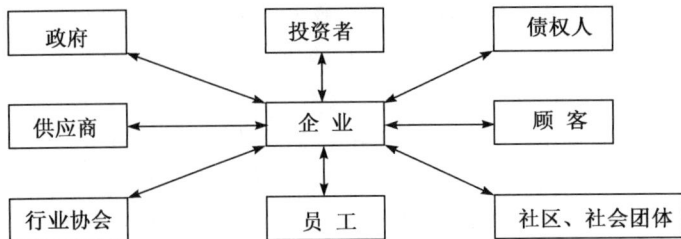

图 9-7　企业利益相关者

(1)资源基础论。资源基础论认为企业与利益相关者之间由于长期的、信任稳定的关系及独特的企业文化等形成的各类无形的、有价的、难以模仿的资产,可以使企业获得竞争优势和效益。

(2)商业生态论。Moore 提出了商业生态系,认为商业生态系是以个人或组织的互动为基础的经济群体。商业生态系的成员包括顾客、供货商、竞争者、生产者及其他利益相关者。

(3)契约论。哈特指出,企业不仅是利益各方契约的结合点,而且由于签约的各个利益方担当的风险是不同的,因此其所签契约的性质也不一样。既然各个利益方都担当了风险,企业就应该在为股东服务时,还要考虑其他利益关系方。

(4)行为学派观。行为学派认为企业是雇员、经销商、供应商、消费者、投资者及其他利益相关者的联合。企业的目标是按照参与者之间的条约条款一起去对付他们共同的外部环境。当环境变化时,条约就过时了,新的谈判或冲突就开始了。

(5)系统思维论。根据系统思维的思想,企业是一组合约,是由顾客、经销商、供应商、消费者、投资者、社区、政府等利益相关者相互作用的开放系统,该系统具有最优性、有序性、相关性及整体性等特性。

创新与运营管理专栏四:

韩都衣舍的价值创新

图片来源:www.handu.com

2014 年 9 月,由李冰冰、黄晓明、任泉三人成立的明星投资团队 StarVC 投资了首个项目"韩都衣舍",一时间韩都衣舍引起了媒体的广泛关注。

韩都衣舍品牌创立于 2008 年,定位为"韩风快时尚",目前其旗下品牌数量已达 30 个。2014 年,韩都衣舍获得了天猫女装历史上第一个三冠王:"年度第一""双十一第一""双十二第一",并在淘宝网、天猫商城、京东商城和唯品会等综合性平台上连续三年排名第一。2016 年"双十一",韩都衣舍销售突破 3.62 亿元,在天猫女装店铺 Top10 中位列第三。

一、成就有梦想的团队

作为一个淘品牌,韩都衣舍这十年来的成就得益于什么?很大程度上得益于其对利益相关者——员工的切身考虑。对旗下子品牌创始人、掌门人的荣誉和资格,韩都集团创始人不专享其功,而是真诚地把创建韩都衣舍员工认定为创始人、掌门人,这是韩都衣舍"成就有梦想的团队"公司使命的生动实践。

2015 年 6 月 25 日,是韩都衣舍的 9 周年庆。在其周年庆的系列活动中,有一群青春有朝气的韩都衣舍员工获得了集团的最高荣誉,分别接受品牌创始人、掌门人的认证。韩都衣舍认定创建员工为创始人的做法,在中国服装界、电商界都极其罕见。这正是韩都衣舍创始人兼董事长赵迎光的理念,他说:"老板往往是企业的天花板,决定着企业的高度,我们不做天花板,要做坚实的地板,让员工生猛地成长,成就企业的高度"。

二、"阿米巴经营"模式

韩都衣舍采取日本著名学者稻田和夫的"阿米巴经营"模式。"阿米巴经营"模式基于牢固的经营哲学和精细的部门独立核算管理,将企业划分为"小集体",像自由自在的重复进行细胞分裂的"阿米巴",并以各个"阿米巴"为核心,自行制定计划,独立核算,持续自主成长。韩都衣舍实行以产品小组为核心的"单品全程运营体系",在这一体系内,生产部、客服部、财务部、行政部等 11 个部门全部围绕产品小组转,产品小组由设计师、页面制作专员、货品管理专员三人构成,稳固的三角结构承担起不同的职责,分别负责产品选款、页面制作、货品管理等非标准化环节。此外,他们还有权力确定款式、尺码、库存深度甚至决定基准销售价格和打折活动。在最小业务单元上实现"责权利"的统一,是企业公共服务平台上的"自主经营体",凭借这一模式,韩都衣舍培养了大批具有经营思维的产品开发运营人员。

韩都衣舍的产品小组制的特殊结构,导致了从下而上的做多品牌的愿望强烈且持续。当一个品牌容量饱和以后,产品小组在越来越大的压力之下,自然就产生做新品牌的愿望。而不久的将来,这些品牌创始人、掌门人也会站在这里,为他们孵化出的子品牌创始人、掌门人授牌。

自由灵活,每个人都可以成为自己命运的主宰,极大的自由度和轻松的工作氛围,看上去"特立独行"却并不散漫,让员工将工作当成事业来做,使韩都衣舍在电商企业中一枝独秀。

(资料来源:作者根据多方资料整理而成)

9.2.3 价值创新管理

现代企业的竞争手段不断变化,技术固然是一条十分重要的途径,但是向价值领域扩展是当今的趋势。价值创新管理更是企业全面提升管理水平,实现管理精细化、科学化和规范化的必然要求;是积极吸收和借鉴企业优秀管理成果,实现管理理念创新、管理方法创新、管理手段创新的必然选择。

企业通过内部流程再造,重新构建内部业务流程和核算体系,提高内部生产和管理人员的积极性和主动性,降低各生产经营环节的成本浪费和损耗,挖掘新的利润空间,实现价值创新之路。因此价值创新管理也贯穿于企业价值链的各个环节,既包括采购、研发、生产、销售这些基本活动,也包括人力资源管理、财务管理这类辅助活动。

以人力资源管理者的价值创新为例。首先,人力资源管理者要成为学习型组织的构建者。这是因为价值创新的土壤来自于源源不断的学习。要实现企业的价值创新,如何将企业构建成为一个学习型组织就成了人力资源管理者的首要任务。人力资源管理者应通过构建学习型组织,使企业全员能获得不断学习、系统思考的能力,进而转化为持续不断的价值创新力,为企业在未来发展中注入价值创新的原动力。其次,人力资源管理者要成为客户导向的先行者。价值创新的着力点是在较大范围内发现并努力满足顾客尚未被满足的需求,向顾客提供更大的价值,客户导向是价值创新的基石。对人力资源管理者来说,企业的所有人员都是人力资源管理者的客户。人力资源管理不是一个简单的自上而下的管理过程,它同时还伴有自下而上的反馈。当客户的要求与反馈收集上来以后,人力资源管理者能否想客户之所想,做出相应的调整,是企业能否实现客户导向的一个关键。再次,人力资源管理者要成为战略伙伴的实践者。大多数企业的人力资源管理仍处在人事管理阶段,属于事后管理。这样不但失去了人力资源管理的真正意义,也使得人力资源管理变得枯燥与乏味。人力资源管理者要实现从人事管理向人力资源管理的跨越,成为企业的战略伙伴是一个关键的门槛。作为企业管理的战略伙伴,人力资源管理者不仅要了解企业的经营、业务部门对人才的要求、员工的要求,还需要了解客户的需要。人力资源管理者要将人力资源策略与企业的经营策略结合起来,支持企业实现经营目标,从而为企业的价值创新奠定基础。

9.2.4 价值共创

传统的价值共创理论认为价值共创是企业与用户之间互动以创造用户体验的过程,企业将其价值融入用户的个性化体验之中,用户和企业一样成为价值创造的一部分。然而,在当今的社会环境下,利益相关者间的紧密联系使得价值共创仅来源于企业及其用户的理论变得明显不合适。政府、供应商、投资者、债权人、行业协会等已经越来越能影响企业的商业活动,如何处理好与利益相关者之间的关系成为企业经营的重要部分。

价值共创只是途径,价值共创的目的是追求价值的最大化及企业的可持续发展。通过价值共创的具体行动实践,企业组织才能不断学习、不断提升,追求更高的价值,展示其发展潜力;企业与环境中的利益相关者才能共同创造社会价值并实现价值共享;企业组织与其环境的价值才能发生"交融"与良性共生,共同实现可持续发展。

9.3 运营管理

所谓的运营管理就是将一系列的社会资源(各种生产要素)输入企业的生产运营系统,企业按照特定的生产运营程序进行作业,并将其通过产品或服务的形式输出的过程。当然,企业的运营过程并不封闭,会受到各种外部环境、外部信息的影响,企业接收到这些信息后会对其生产运营做出相应的反馈,以更好地满足市场需求。企业的运营管理包括企业价值链的各个层面:市场营销、产品研发、人力资源、财务管理、物流管理等等。

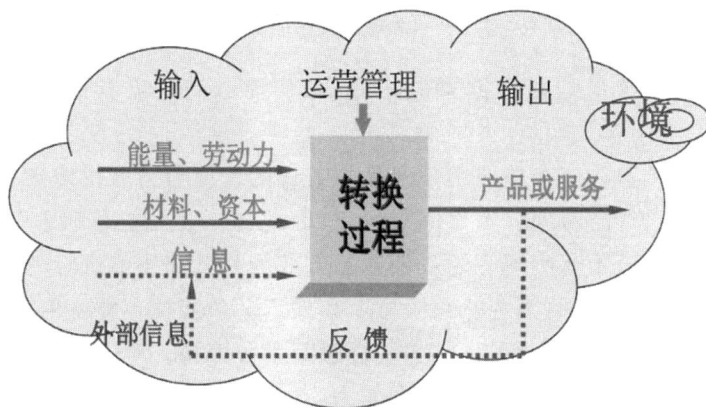

图 9-8　运营管理的转换过程图示

企业运营管理要控制的主要目标是质量、成本、时间和柔性(灵活性、弹性、敏捷性),它们是企业竞争力的根本源泉,也正因如此,运营管理在企业的经营管理过程中占据着重要的位置。信息技术已成为运营管理的重要手段,而今,由信息技术引起的一系列管理模式和管理方法上的变革,成为运营管理的重要研究内容。计算机辅助设计(CAD)、计算机辅助制造(CAM)、计算机集成制造系统(CIMS)、物料需求计划(MRP)、制造资源计划(MRP Ⅱ)以及企业资源计划(ERP)等,在企业生产运营中得到广泛应用。

9.3.1 市场营销

市场营销是指为创造价值及满足需要和欲望来管理市场,从而实现交换和建立关系的过程。市场营销的核心概念有 5 点,分别是:需要、欲望和需求;产品;价值、满足和质量;交换、交易和关系;市场。

需要是构成市场营销基础的概念。人类需要是指感受到的匮乏状态,包括对食物、衣服、房屋和安全的物质需要,对亲密忠诚和慈爱仁义的社会需要,以及对知识和自我表达的个人需要。欲望是指人类需要经由文化和个性塑造后所采取的形式。欲望无穷无尽而资源却非常有限,因此,人们会用有限的金钱选择那些价值和满意程度最大的产品,将欲望转变成需求。消费者将各种产品视为利益的集合,却只选择那些价格一定却能提供最佳利益集合的产品。

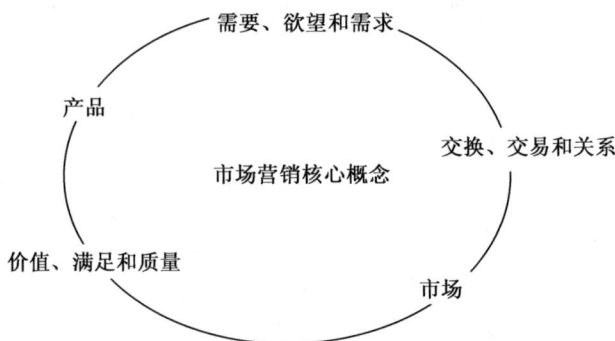

图 9-9　市场营销核心概念

产品是人们用来满足需要和欲望的东西,任何能够满足需要的东西均可以被称为产品。

顾客价值是指顾客从拥有和使用某产品中获得的价值与为取得该产品所付出的成本之差。顾客总是根据自己所理解的价值来行事,因此并不是总能准确和客观地判断产品价值。顾客满意取决于顾客所理解的一件产品的效能与其期望值进行的比较。如果产品效能低于顾客的期望,顾客便不会感到满意。如果产品效能符合顾客期望,顾客便会感到满意。如果产品效能超过顾客期望,顾客便会感到十分惊喜。

质量对产品或服务的效能最具直接影响力,一定程度上决定了顾客价值和满意。全面质量管理系统正是围绕这一中心而展开的。

交换是指通过提供某种东西作为回报,从他人处取得所需物品的行为。交换是市场营销的核心概念,交易则是市场营销的度量单位,指的是买卖双方价值的交换。交易的双方除了进行短期交易外,更希望与顾客或其他各方建立互惠互利的长久关系,为顾客提供长期价值。

市场是由交换和关系引出的,指的是产品的现实和潜在的购买者。这些购买者共同具有某一特定的、能通过交换和关系得到满足的需要或欲望。

创新与运营管理专栏五:

名创优品的成功逆袭

图片来源:miniso.cn

在过去的几年里,零售行业遭到淘宝、京东等互联网公司的致命冲击,从 2011 年起,关店风潮席卷各地。然而,在零售行业一片萧条的状况下,一个实体零售品牌MINISO 名创优品却毅然出现在大众眼前,且影响力越来越大。

名创优品是日本快时尚设计师品牌,由日本设计师三宅顺也和中国的叶国富在东京共同创办。2013年,名创优品由株式会社名创优品开业运营,同年9月进驻中国,全面布局在华时尚休闲百货市场。自2013年正式走出日本后,名创优品积极开拓国际市场,三年多的时间在全球开店超1800家,2015年营收突破50亿元,2016年营收实现近100亿元,被无印良品、优衣库和屈臣氏等列为"全球最可怕的竞争对手"。

名创优品的营销特色主要体现在两个方面:价格和体验。名创优品有独特的销售理念:要想在价格虚高的实体市场致胜,就要打出让消费者尖叫的价码,只有当产品价格低至同品类市场均价的1/3,才足以激励消费者将货架上的商品丢入购物车。因此名创优品的商品售价基本位于人民币10元至29元的区间(其中约70%的商品售价为10元)。然而,即便名创优品的商品价格卖得很便宜,却并不代表其品牌形象的二流,名创优品的门店大多设在一流购物中心与高端商业街,其目标客户也正是高端消费群体。Zara、H&M等品牌的畅销使越来越多的高端消费者更理性地看到"消费"的真相,更愿意为对商品本身的认同而买单。

除了价格吸引人之外,名创优品的另一种营销手法,是"制造购物的乐趣",提升消费者体验。名创优品提升消费者体验的第一个表现就是商品,名创优品贩卖的商品五花八门,包括从全球精心遴选的3000多种优质低价商品,从日常用品到文体礼品、食品、精品包饰、健康美容商品,还有创意家居、数码配件、纺织类等创意十足的商品。此外,名创优品每周推出一百种新品,更让消费者倍感惊喜。名创优品提升消费者体验的第二个表现在于,其倡导优质生活理念,并秉承"尊重消费者"的品牌精神,从产品、购物环境到服务等每一个细节均在倡导"开心就好"的生活理念,让消费者开心面对和享受生活赋予的一切,并从名创优品选择自己所爱的且毫无消费压力。这种尊重消费者的经营模式,为名创优品带来了不错的业绩。

虽然名创优品的模式并不新鲜,但与国内其他的十元商店相比,它的商品更有流行感、设计感,兼具功能性和实用性,同时加上微笑式服务和高档舒适的购物环境,致使名创优品在零售业的严寒中逆势成长,成长为实体零售寒流中的一股清流。

(资料来源:作者根据多方资料整理而成)

9.3.2 产品研发

企业通过价值链的方方面面进行创新,而产品研发是其进行创新的重要途径。此外,企业的产品研发与其市场和销售密切相关。企业产品研发的步骤包括以下八步。

(1)新产品构思

新产品构思包括两个方面的思维活动:一是根据得到的各种信息,发挥人的想象力,提出初步设想的线索;二是考虑市场需要什么样的产品及其发展趋势,提出具体的产品设想方案。产品构思就是把信息与人的创造力结合起来的结果。一种新产品的设想,可以提出许多方案,但一个成熟的构思必须同时兼备两点:①构思要非常奇特;②构思要尽可能接近于可行,包括技术和经济上的可行性。

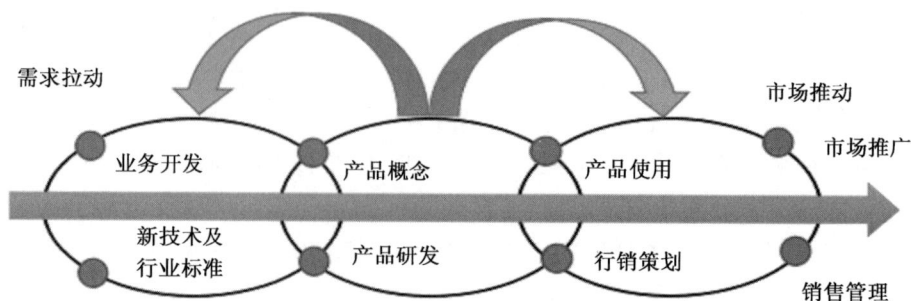

图 9-10　市场、研发、销售的关系

（2）新产品筛选

新产品筛选的目的不是接受或润色这一设想，而是在于说明这一设想是否与企业目标的表述相一致，是否具有足够的实现性和合理性以保证有必要进行可行性分析。

（3）编制新产品计划书

编制新产品计划书是在已经选定的新产品设想方案的基础上具体确定产品开发的各项经济指标、技术性能以及各种必要的参数，包括产品研发的投资规模、利润分析及市场目标，产品设计的各项技术与原则要求，产品开发的方式和实施方案等等。这是制定新产品研发计划的决策性工作，是关系全局的工作，需要企业的领导者与各有关方面专业技术人员、管理人员通力合作，共同完成。

（4）新产品设计

新产品设计是从技术和经济上把新产品设想变成现实的重要阶段，是实现社会或用户对产品的特定性能要求的创造性劳动。新产品的设计，直接影响到产品的质量、功能、成本、效益，以及产品的竞争力。新产品的设计要有明确的目的，为用户考虑，从掌握竞争优势的角度来考虑。

（5）新产品试制

新产品试制是按照一定的技术模式实现产品的具体化或样品化的过程，包括新产品试制的工艺准备、样品试制和小批试制等几个方面的工作。新产品试制也是对设计方案可行性的检验。新产品试制切忌设计是一回事，而试制出来的产品又是另一回事。否则，容易与新产品开发的目标背道而驰，导致最终的失败。

（6）新产品评定

新产品评定即新产品试制出来以后，从技术和经济上对产品进行全面的试验、检测和鉴定，这是一次重要的评定工作。对新产品的评定，不仅有利于进一步完善产品的设计，消除可能存在的隐患，而且可以避免产品大批量投产后可能带来的巨大损失。它主要包括对产品的技术性能的试验和对产品经济效益的评定。

（7）新产品试销

试销，实际上是在限定的市场范围内，对新产品的一次市场实验。通过试销，可以实地检查新产品正式投放市场以后，消费者是否愿意购买，在市场变化的条件下，新产品进入市场应该采取的决策和措施。一次必要和可行的试销，对新产品的作用非常明显：可以比较可靠地测试或掌握新产品销路的各种数据资料；可以根据市场变化趋势，选择最佳的组合模式或销售策略;可以对新产品正式投产的批量和发展规模做出进一步的决策等等。

(8)商业性投产

商业性投产包括新产品的正式批量投产和销售工作。在决定产品的商业性投产以前,除了要对实现投产的生产技术条件、资源条件进行充分准备以外,还必须对新产品投放市场的时间、地区、销售渠道、销售对象、销售策略的配合以及销售服务进行全面规划和准备。

创新与运营管理专栏六:

大疆创新创新产品研发

图片来源:www.dji.com

深圳市大疆创新科技有限公司(DJI-Innovations,DJI)(以下简称"大疆创新")成立于 2006 年,是全球领先的无人飞行器控制系统及无人机解决方案的研发和生产商。根据研究机构 Frost&Sullivan 的数据,在全球小型无人飞行载具市场中,大疆创新控制了惊人的、超过一半的份额。《时代》杂志曾将大疆创新研发的产品评为"2013 年度北美地区最值得拥有的高科技产品";而无人机领域的潜在竞争对手、《连线》前主编、全球创客运动的旗帜人物克里斯·安德森在谈到大疆创新的时候,不无敬意地将其比作无人机领域的苹果;据《2016 年中国互联网独角兽俱乐部》榜单,TOP10 的公司中除大疆创新外,其他 9 家公司都与 BAT 关联,大疆创新的地位由此可见一斑。那么,大疆创新地位的获得凭借的又是什么呢?

一、强大的科研队伍

除了位于中国深圳的总部之外,大疆创新还在海外设立研发机构。2015 年 11 月 5 日,大疆创新宣布其位于美国硅谷的研发中心已聘请原特斯拉研发团队高管戴伦·里卡多(Darren Liccardo)和原苹果公司资深工程师罗布·施拉博(Rob Schlub)等加盟。同时,大疆创新对哈苏公司进行战略投资,双方建立战略伙伴关系。目前,大疆创新员工人数已经超过 6000 人,其中研发人员约为 1500~1600 人,占了总员工人数的1/4 左右。大疆创新的研发团队掌握着数百项专利技术。

二、研发项目模块化

大疆创新内部并没有严格的 KPI 考核机制,其产品研发是按照模块进行划分的,比如按无人机的部件分为动力系统组、导航组、光学相机组等,每一个团队都在做自己的事情,团队之间也存在着竞争。大疆创新研发的各个环节齐头并进,不断地有惊喜出来。2016 年 9 月底,大疆创新发布的 MAVIC PRO 便携无人机在两年半前立项时,并没有想到 Lightbridge 图传的距离会达到 7 公里。大疆创新会把飞控、云台、相机、视觉避障、导航等各环节的最新研发成果,尽量用在新产品里面。除了无人机整机产品外,大疆创新也发布了新的相机、云台、飞控等系统,即大疆创新各环节研发的成果,都可以单独拿出来销售。

三、构建"系统优势"

通过项目模块化发展,大疆创新将一个个子系统的极致突破,把竞争壁垒垒越垒越高。从飞控模块到飞机整体、从云台到无线图传设备,大疆创新构建了一条完全自主的完整技术链条。渐渐地,大疆创新推出了突破性的高清无线图像传输,具有颠覆性价格的、从飞行云台技术延展出来的专业级摄像机电子稳定器 RoMin……除了研发项目按模块化分工外,大疆创新的农业机械、行业应用、SDK 团队、定制化等各种团队,也让其成果"遍地开花"。以农业机械团队为例,虽然在 2016 年只推出了两项产品,一项是 3 月底才正式开卖的 MG-1 农业植保无人机,另一项是 11 月底发布并于 2017 年一季度发货的 MG-1S。但由于大疆创新内部这样的团队很多,而对外则都是以大疆创新的品牌作为出口,因此大疆创新成功地建设出了一条系统链。

大疆创新的客户遍布全球 100 多个国家,通过持续的创新为无人机工业、行业用户以及专业航拍应用提供性能最强、体验最佳的革命性智能飞控产品和解决方案。作为全球顶尖的无人机飞行平台及影像系统自主研发和制造商,大疆创新始终以领先的技术和尖端的产品为发展核心。从最早的商用飞行控制系统起步,大疆创新逐步地研发推出了 ACE 系列直升机飞控系统,多旋翼飞控系统,筋斗云系列专业级飞行平台 S1000、S900,多旋翼一体机 Phantom,Ronin 三轴手持云台系统等产品,不仅填补了国内外多项技术的空白,并成为全球同行业中的领军企业。大疆创新以"飞行影像系统"为核心发展方向,通过多层次的空中照相机方案,带给人类全新的飞行感官体验,使得飞行在普罗大众中皆能随心所欲。

(资料来源:作者根据多方资料整理而成)

9.3.3 生产制造

生产制造是指生产企业整合相关的生产资源,按预定目标进行系统性的从前端概念设计到产品实现的物化过程。传统的生产制造型企业具有典型的资本、技术、劳动密集型三大特征。这类企业以效率领先、成本领先作为其扎稳市场脚跟的战略竞争策略,通过创新产品开发模式,引入先进的制造模式,采用全面质量管理模式等方法来促进企业的生产制造。IT 系统成了这些策略的助推器,常见的生产制造主要采用精益生产模式和 ERP 生产制造系统。

然而,经济全球化的发展,信息技术的不断革新,互联网、物联网、云计算、人工智能的相继涌现,使得企业经营模式受到了深刻影响。传统的生产制造都比较封闭,生产商自行决定生产何种商品,生产者与消费者角色割裂。但是,信息技术的发展打破了这一局限,越来越多的消费者参与到了企业的生产制造环节,打破了生产者与消费者之间的界限,最典型的就是小米手机的生产模式。在信息技术影响下,生产制造个性化、定制化趋势愈加明显。智能制造逐渐成为新一轮产业竞争的制高点,消费互联网持续扩张,工业互联网快速兴起。

9.3.4 财务管理

财务管理是企业组织财务活动、处理企业与各利益相关者之间财务关系的一项综合性管理工作。财务管理主要是资金管理,对象是资金及其流转,包括筹资、投资、资金营运及利润分配。财务管理的基本内容是如何筹集资金,取得资金后如何有效地投放资金,投放于各个项目的资金如何管理及组织日常财务活动,最后资金产生增值后如何合理地进行分配。

财务管理的环节包括财务预测、财务决策、财务控制、财务监督和财务分析。财务预测的主要任务在于测算各项生产经营方案的经济效益,为决策提供可靠的依据。财务决策是指在投资、筹资和营运资本管理过程中,对财务方案、财务政策进行选择和决定的过程。财务控制是根据企业财务预算目标、财务制度和国家有关法规,与实际财务活动进行对比、检查,发现偏差并及时纠正,以确保企业目标以及为达到目标所制订的财务计划得以实现的管理过程。财务监督是指运用单一或系统的财务指标对企业的生产经营活动或业务活动进行观察、判断、建议和督促。财务分析是指以会计核算和报表资料及其他相关资料为依据,采用一系列专门的分析技术和方法,对企业过去和现在的有关筹资活动、投资活动、经营活动、分配活动的盈利能力、营运能力、偿债能力和成长能力等进行分析与评价的经济管理活动。这五个环节在财务管理工作中相互联系、相互依存。

9.3.5 人力资源

经济学上把为了创造物质财富而投入于生产活动中的一切要素统称为资源,包括人力资源、物力资源、财力资源、信息资源、时间资源等,其中人力资源是一切资源中最宝贵的资源,是第一资源。作为企业的第一资源,人力资源在企业组织发展中扮演着重要的角色。充分发挥和提升人力资源在企业组织发展中的重要作用,是提升企业组织核心竞争力的关键,将会促进企业在激烈的竞争环境中持续、健康发展。

在企业的管理实践中,人力资源的主要职能包括七个方面:战略人力资源管理、平等就业机会、人员配置、人才管理、全面薪酬、风险管理与员工保护、雇用与劳动关系。战略人力资源管理囊括了人力资源的有效性、测量、技术、规划和保留。平等就业机会目前在我国市场还不太完善。人员配置包括工作分析、招聘与甄选。人才管理从新员工的入职适应开始,包含培训、人力资源开发、职业生涯规划、绩效管理等内容。全面薪酬的主要内容是薪酬、激励与福利。风险管理与员工保护涉及员工健康、安全、保障、疾病与康复计划。雇用与劳动关系包括员工权利与隐私、人力资源政策、工会或管理层关系。

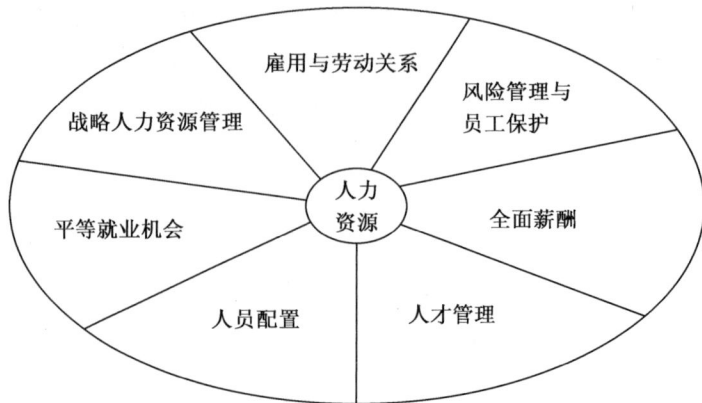

图 9-11　人力资源的主要职能

9.3.6 物流管理

物流管理是指在社会再生产过程中,根据物质资料实体流动的规律,应用管理的基本原理和科学方法,对物流活动进行计划、组织、指挥、协调、控制和监督,使各项物流活动实现最佳的协调与配合,以降低物流成本,提高物流效率和经济效益。实施物流管理的目的是要在尽可能低的总成本条件下实现既定的客户服务水平,即寻求服务优势和成本优势的一种动态平衡,并由此创造企业在竞争中的战略优势。因此,我们可以说,物流管理就是要解决把合适的产品以合适的数量和合适的价格在合适的时间和地点提供给客户的问题。物流管理发展至今,主要经历了八种模式:

第一方物流。第一方物流是指卖方、生产者或者供应方组织的物流活动,即由制造商或生产企业自己完成的物流活动。

第二方物流。第二方物流是指买方、销售者或流通企业组织的物流活动。第二方物流是企业自己的物流体制,它是介于企业完全的自主物流模式和完全外包的物流模式之间的一种物流模式,企业有较大的自主权。

第三方物流。第三方物流也被称为综合物流,是指生产经营企业为集中精力搞好主业,把原来属于自己处理的物流活动,以合同方式委托给专业物流,服务企业,同时通过信息系统与物流企业保持密切联系,以达到对物流全程管理控制的一种物流运作与管理方式。第三方物流通过与第一方或第二方的合作来提供其专业化的物流服务。常见的第三方物流服务包括设计物流系统、EDI 能力、报表管理、货物集运、选择承运人、选择货代人、选择海关代理等。

第四方物流。第四方物流专门为第一方、第二方、第三方提供物流规划、物流咨询、物流信息系统和供应链管理等活动。它不是物流的利益方,而是通过拥有的信息技术、整合能力以及其他资源提供一套系统的供应链解决方案,以此获得一定的利润。

第五方物流。目前关于第五方物流的提法并不是很多,有人认为它是从事物流人才培训的一方,也有人认为它是专门为其余四方提供信息支持的一方,还有人将数字物流称为第五方物流。数字物流是指在实际运作中提供互联网商贸技术去支持整个物流服务链,并且能够组合各接口的执行成员为企业的物流链协同服务的物流活动。

第六方物流。第六方物流以电子网络为服务平台,将产业链和第三方物流进行资源组合和系统集成,为用户高效提供全程物流操作。

第七方物流。第七方物流将"物—货币—物"的货币交易模式,变化为利用金融信息化交易手段与方式方法的"物—物"交易模式,从而加速资金快速安全的流动。

金融物流。金融物流是金融和物流的融合,因此也被称为物流金融。金融物流是指在面向物流业的运营过程,通过应用和开发各种金融产品,有效地组织和调剂物流领域中货币资金的运动。

物流管理强调运用系统方法解决问题,即利用现代管理方法和现代技术,使物流的各个环节(包装、装卸搬运、运输、储存、流通加工、配送和信息处理,即现代物流管理的基本活动)共享总体信息,把所有环节作为一个一体化的系统来进行组织和管理,以使系统能够在尽可能低的总成本条件下,提供有竞争优势的客户服务。

创新与运营管理专栏七:

太平鸟物流资源共享平台

PEACEBIRD
太平鸟

图片来源:www.pb89.com

太平鸟物流有限公司(以下简称"太平鸟物流")是太平鸟时尚服饰股份有限公司建设的物流科技型企业,其通过现代化物流中心整合了太平鸟旗下所有品牌服饰的传统零售渠道和网上销售的全部物流配送业务,通过集中统一管理形成物流资源共享平台,为太平鸟服饰的物流服务水平提升和销售规模不断扩大带来了强有力的支撑。

太平鸟物流的创新主要体现在其智能化和五星水平上。

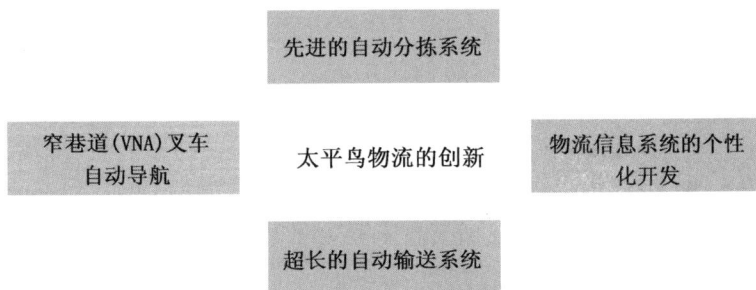

先进的自动分拣系统

窄巷道(VNA)叉车自动导航　　太平鸟物流的创新　　物流信息系统的个性化开发

超长的自动输送系统

图9-12　太平鸟物流的创新

一、先进的自动分拣系统

太平鸟物流引入国际先进的交叉皮带分拣机进行出库单件分拣,可灵活处理和应对 B2B 出库拣选、B2C 多品订单出库拣选、退货分理、C 品订单集合分配拣选等各种不同业务需求。其中 B2C 多品订单出库拣选的创新应用,逐步探索和解决电子商务物流领域内如何有效应对多品订单高效处理的难题。消费者发现的网上购物包裹发自离自己不远的太平鸟实体店正是这一探索的实践。

在退货处理的应用设计上,太平鸟物流形成了根据多种需求灵活切换处理的模式。太平鸟物流中心自动化件分拣机作业模式既可以根据业务节奏灵活切换,也可以以联机或脱机模式处理不同业务,更可以利用不同业务的间歇时间来进行退货处理,这大大提高了分拣机整体利用率。

此外,太平鸟物流中心采用滑块式分拣机根据订单和销售区域网络进行出库分离,同运输管理紧密衔接。

二、窄巷道(VNA)叉车自动导航

太平鸟物流的高位货架仓采用窄巷道(VNA)叉车自动导航系统,该系统中的窄巷道叉车采用"电磁＋RFID 导航",通过系统计算并选择最优化路径到达指定目的地,减少操作人员的判断。同时,通过 WMS 系统优化叉车任务,自动选择最高效完成任务的车辆和作业点,实现在一条巷道内进行多点作业,大大提高现场人员作业的安全性和箱拣效率。经过开发,该系统在国内率先实现了与 WMS 系统的对接,在物流中心 SKU 突然增加或业务量发生变化等情况下,可以实现箱位和托盘位的灵活转换。

三、超长的自动输送系统

太平鸟物流中心引入箱拣概念,以箱为单位进行零拣驱动,加速分拣机分拣、拆零拣选,在高度拆零的业务模式下可以保持高度的灵活性和柔性。通过一套全长近 2000 米的自动输送系统贯穿仓库 VNA 区域、拣配车间一楼收发货区、二楼零货存储区、零货拣选区、件分拣区、尾箱处理区、复核打包区等多个区域,可同时处理整箱出库、补货、周转箱拣货、复核打包、空箱回流等任务,实现了作业全程货箱自动搬运,让操作员工更多地关注于拣选,在降低劳动强度的同时,提高了作业效率。

四、物流信息系统的个性化开发

太平鸟物流中心采用 Infor 的 SCE 系统实现了服装行业仓储管理中最重要的两个需求。首先是灵活的拣选方式,线上、线下、B2B、B2C 等业务都是通过一套系统形成了规模效应,同时针对不同业务的特点实现不同的作业方法,但在操作界面上给员工的感知是相似的,也即执行复杂、操作傻瓜。其次是高效的系统作业,系统每一步取货操作都要经过路径的排程,计算最优路径,也就是每次取货都通过最短的路径操作,大大提高系统效率。在实际应用过程中,太平鸟物流与该系统的实施商一起进行了大量功能性开发,使其更贴合业务实际需要,具体包括系统架构及功能的个性化开发、流程优化及系统柔性设计、移动终端的实时管理监控和收发货预约提醒等。根据信息系统的设计,任何的作业流程都具有两种以上的方式可以执行,充分考虑了各种情况下的连续作业要求。

（资料来源：作者根据多方资料整理而成）

9.4 共享经济与企业运营

共享经济是指拥有闲置资源的机构或个人有偿让渡资源使用权给他人,使得双方都获益的一种经济行为。共享经济由于具有群聚效应、闲置产能、社会公共资源、陌生人之间信任等特点,而产生了协同创造效应。作为一种新的基于互联网技术的模式,共享经济在过去近十年不断摸索和创新。成功的共享经济创业型企业,在共享资源的发现、技术的创新、运营的极致方面都有其独特的领悟和实践。任何一家新进入的共享经济企业,在运作共享平台的过程中,都会碰上一些必然的问题：

(1)共享经济商业模式的本质是同时连接供应者与需求者,而双边又互为条件,相互促进。因此,共享经济商业模式存在所谓"市场冷启动"的问题。企业如何才能找到供应者与需求者？如何才能让双边用户群体运转壮大？

(2)主流的共享经济都是 C2C 模式,这种松散的关系让人脱离了固定的组织,成为一组组自由人的联合,该怎样才能保证他们的稳定性？

(3)共享经济环境下供应者与需求者大都为陌生人,当产生线上线下的种种关系时,怎样才能建立起彼此之间的信任？

(4)共享经济中存在着供应与需求信息不对称、匹配成功概率不确定的问题,怎样才能进行有效的匹配？

面临这些问题,共享经济企业该如何解决？其最重要的就是其商业模式。成功的共享经济企业的商业模式运作在以下六个方面有明显优势：

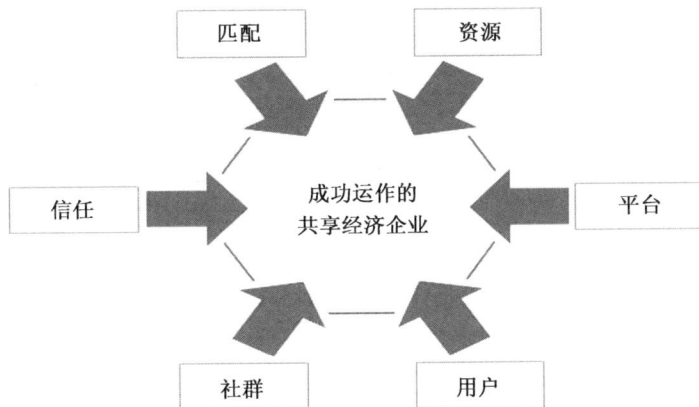

图 9-13 成功运作的共享经济企业

（1）挖掘充裕而稀缺的资源

共享经济使用的是闲置或盈余的资源。因此要成功，第一步便要考虑挖掘怎样的资源以便利用。这些资源的特点包括三个方面。首先，充裕性。只有总体充裕的资源，其被闲置或能盈余的概率才会高，才能够进行分享。其次，稀缺性。这些资源绝对充裕，但相对稀缺，即存在流动性稀缺与信息不对称稀缺的情况。再次，标准化。能找到充裕而又相对稀缺的资源作为切入点，可以启动一个项目。但如果要将项目做大，对资源还有一个要求，那就是标准化程度足够高，或者能将标准化程度提高，因为能快速扩张的一个前提是在不考虑进入新的市场情况下，流程可以标准化，这样才能迅速复制业务模式，进行快速扩张。

（2）激发网络效应的平台

互联网模式下的平台创新从 eBay 网站开始，通过 eBay 网站让买卖双方直接在网上进行交易，连接了以往缺乏完善渠道的两个用户群体。共享经济时代，平台模式迎来了前所未有的契机，将连接供应与需求的商机无穷放大，一边是海量闲置或盈余的资源，另一边是海量需要使用这些资源的人们，供和需在平台上无尽循环，释放出惊人的能量。

成功的共享经济平台，能激发正向的同边网络效应，正如在微信里，当人们看到越来越多朋友在上面分享人生的日常百态与快乐点滴时，自己也会加入；同时也能激发正向的异边网络效应，微信加入的个人用户越多，越能吸引更多的第三方应用程序（另一边用户）入驻。当然，在构建平台模式的时候，还有一个非常重要的问题需要思考，即是先吸引供应边的用户群体，还是先吸引需求边的用户群体，或是同时吸引两边用户一起入驻。在平台模式的历史上，尤其在共享经济平台的发展过程中，一般有多种策略可以采用，如补贴策略、用户顺序策略、双边同步与转换策略等。

（3）突破引爆点的用户

平台建立之后，便需要持续地吸引用户，促进用户规模的增长。只有当用户达到一定的规模时，才能突破引爆点。用户规模一定时，会大大降低平台自身发展的不确定性，用户从其他地方转移过来的成本也大大降低。那么，究竟该如何获取用户，从而达到引爆点的规模呢？用户群被引爆后，又该如何绑定用户，防止他们的流失呢？

在供应侧，首先可以采取传统的地推方式，积累第一批种子用户，并逐步扩大；其次是使用高科技的手段，使用诸如增长黑客（Airbnb 在发展初期使用的）之类的策略，充分利用既有平台的资源。在需求侧，除了口碑营销即消费者互相推荐之外，还可以利用免费、激发好奇、沉浸体验、场景加速器等策略。而当用户规模发展起来后，主要的挑战就转变为如何绑定用户。因此需要提高用户的转换成本，尽量封闭用户流失的出口，构建良好的品牌、提升用户的体验以及建立用户的归属感。

（4）建设共情的社群

关于用户归属感的建立，最有效的方式便是围绕平台建立社群，在用户间产生互相依存的力量，并让用户感觉到自己能在这个群体中发挥影响力。

建设社群，首先要基于共同的志趣和价值观，构成核心用户群体。这些人具有极强的归属感,是社群的中坚力量。他们构建了一种亚文化,其价值观非常明确,态度非常一致,社群规则能被友好地贯彻;他们不容易流失,还能帮助企业获取更多的新用户。其次,要做到线上与线下的结合,社群也需要线上与线下的互动、线上与线下的结合。只有这样,才能更好地增进用户与用户之间、用户与企业之间的接触与交流。再次,社群需要良好的管理与运营,使得社群的发展更好地与企业的整体发展相一致。缺乏管理的只能称为"群众",而有管理与运营的才能称为"社群"。

(5)维护基于信任的秩序

据调查显示,尽管有超过80%的被调查者认为共享经济让生活变得更美好,但也有69%的被调查者认为信任可能是一个问题。因此,如何构建共享经济世界中的信任感,是其成功商业化需要解决的可行性基础问题。个人在社交平台的信息和数据,是一个很好的参考依据。另外,共享经济企业通过在运营流程上的环节来把控,包括事前进行把关,事中引入处理问题与争议的机制以及全程范围内的监控与分析,事后双方进行评价并进行处理。

(6)满足供需高效的匹配

共享经济的资源所有权在底层,资源使用权在表层,在商品上私有却在服务上变为公有。为了更高效地进行供需匹配,需要建立筛选与过滤机制,削减流程中的降速环节。同时,尽可能地提供推荐选择。特别是在动态供需环境中,还需要增加供需关系透明度,刺激高峰时刻的供应,以及充分应用价格杠杆。

当然,随着人工智能的逐步发展,其在企业发展过程中扮演的角色也越来越重要。共享经济、大数据与智能机器合作的意愿,加速了人工智能驱动的商业应用进程,无论是金融服务、医疗这样的行业还是市场、销售这样的业务,人工智能都得到了青睐。人工智能通过预测分析、自然语言生成、语音或图像识别、机器学习等创新形式,正在重塑公司模式,帮助公司发掘新的领域增加收入,提高生产力。

创新与运营管理专栏八:

滴滴出行的市场营销

滴滴出行
滴滴一下 美好出行

图片来源:didichuxing.com

滴滴出行由北京小桔科技于 2012 年推出,是国内共享经济领域的代表企业。2016 年 11 月 27 日,优步 APP 在中国停止服务,自此,成立 4 年的滴滴出行凭借超过80% 的份额成为中国最大的出行类 APP,以近乎垄断的姿态接管了中国 400 个城市的网约车市场,覆盖 8 亿名城市居民的出行。每天,这个系统要完成 2000 万张订单——

从乘客接单、分配订单、规划行程、导航一直到收款付款。滴滴出行成为涵盖出租车、专车、快车、顺风车、代驾及大巴等多项业务在内的一站式最大智能移动出行信息平台。滴滴出行能够成功成为行业领头羊，原因非常多。而其创新的市场营销策略，更是企业界学习的榜样。

一、创新红包玩法

滴滴出行在市场开发初期，红包补贴为其赢得市场出力不少。相对传统的出租车市场，快车、拼车及专车的市场接受度相对较低，用户尚未养成消费习惯，但用户对红包的天然敏感性使红包补贴成为市场教育和用户习惯培养的最好方式。同时随着市场的不断变化，滴滴出行的红包补贴方式也在不断创新。最初，滴滴出行是将十元补贴以现金的形式直接放入用户的账户用以抵扣车费，后来随着与快的的补贴大战不断升级，滴滴及时改变策略，决定每单在十元和二十元之间随机补贴，金额不等。为了培养用户的消费习惯，滴滴出行还会在每项新业务推出时，加大红包补贴力度。后来滴滴出行又推出折扣红包。折扣红包是滴滴出行在市场教育后期的主要补贴方式之一，也是其进行市场保温的重要手段。这个阶段，用户在支付之后，只有进行分享才能拿到补贴，补贴的方式是下次乘车可以享受一定的折扣，折扣点数随机。

二、创新广告手法

随着社会形态和消费模式的变革，广告的内涵也发生了改变，不再是传统意义上的广而告之，而是如何响应、点燃人们那些已经蕴含在内心、表达在口头、体现在生活细节中的需要。"互动"和"体验"成为广告创意的核心。滴滴出行在上线顺风车业务时，推出"一分钱拯救地铁汪"的广告活动。广告以漫画的形式刻画了大城市上班族挤地铁的窘态，简洁的文案直戳消费者内心，通过让消费者参与测试并领取治疗金的形式与消费者互动，成功吸引了大量用户参与产品体验。

2014年12月18日，滴滴专车以"全力以赴的你，今天做好一点"为主题，以系列广告的形式，推出母子篇、加班篇、工作聚会篇三则TVC广告，并于12月20日登陆北上广深等地的地铁站、公交站、商务楼宇等户外平台。广告语"今天做好一点"经过网络平台的持续发酵，形成"如果……至少……"的滴滴体，作为沟通元在网络平台持续传播，吸引了包括明星、网络红人、媒体、社会大众等在内的大量用户参与滴滴体的造句活动。这一活动的推行过程中，共有116万名用户上传滴滴体DIY海报，且创下每秒钟上传滴滴体海报超过1.5万张、每秒转发分享5000人次的记录，滴滴专车微信号海报页在1小时内吸引了超过2950万人访问。

三、跨界营销

2014年，滴滴专车和电影《一步之遥》绑定，登陆全国各大院线。一句"如果梦想总有一步之遥，至少车上睡个好觉。全力以赴的你，今天做好一点"的广告口号触动了用户对当下生活方式的反思，引起了广泛的情感共鸣。2015年，滴滴出行携手昆仑山，秉承"升级用户生活品质"的共同目标，在"挑战6000——2015年青藏高原昆仑雪山自驾寻源之旅"项目上开展深度合作。2015 年父亲节,滴滴出行联合京东到家为父亲献礼。网友只要晒出自己与父亲的温馨合影,就有机会获得免费乘坐滴滴专车回家与父亲合影的机会,并定制自己对父亲爱的表达。滴滴出行的每一次跨界合作都成功抓住了合作的交集,多角度地诠释了"让出行更美好"的品牌理念。

(资料来源:作者根据多方资料整理而成)

章 末 案 例

先河环保价值创新

图片来源:www.sailhero.com

一、公司介绍

河北先河环保科技股份有限公司(以下简称"先河环保")成立于 1996 年,注册资本为 3.4439 亿元,2010 年 11 月 5 日,登陆创业板市场,成为中国环境监测仪器行业首家上市公司。目前先河环保拥有总资产 17 亿元、员工近千人,下辖 14 家子公司和 3 个研发中心。先河环保主营业务涵盖生态环境监测装备、运维服务、社会化检测、环境大数据分析及决策支持服务、VOCs(挥发性有机化合物)治理以及民用净化六大领域,产品遍布国内除港澳台外所有省份和地区,主导产品占有率在 30% 以上。

先河环保是国内高端环境监测仪器仪表领军企业,也是国内首家拥有国家规划的环境监测网及污染减排监测体系所需全部产品的企业,还是国家火炬计划重点高新技术企业、国家创新型企业、国家重合同守信用企业、全国博士后科研工作站、中国环保产业骨干企业及行业 AAA 级信用企业,也是中国环境保护产业协会副会长单位、中国环保产业协会监测仪器专业委员会副主任单位、河北省"巨人计划"创新创业团队。

有着如此头衔的先河环保在二十年的时间里,有过太多的成就和突破。2000 年,先河环保自主研发推出国产空气质量自动监测系统,填补了国内空白,打破了空气质量监测系统完全依赖进口的局面,迫使进口设备价格由之前的 100 万~120 万元/套降至 40 多万元/套。2001 年,COD(化学需氧量)在线监测仪获得国家环保认证。2003 年,首家推出针对国内水质设计的水质在线监测系统。2005 年,数字应急监测车研制成功。2009 年,PM2.5 自动监测仪研制完成。2011 年,率先推出地下水质自动监测系统。2012 年,先河环保首批参与山东环境监测社会化运营的改革探索——TO 模式(转让—经营),利用自己的设备和人员技术优势,提供准确可靠的环境空气监测数据。先河环保的产品包括水质、污水 COD、烟尘烟气、酸雨、饮用水安全、数字应急监测车等七大系列,完全覆盖国家节能减排政策,迎合污染企业实行在线排污监控、城市及流域大环境监控和环境突发污染事故应急监测的需要。

二、全价值链管理

先河环保的全价值链管理主要体现在企业的收购扩张和集团化建设方面。

2013 年,先河环保全资成立四川先河环保科技有限公司(以下简称"四川先河")。四川先河主要从事环境在线监测设备、配套设备、环保专用软件的开发及生产、销售,环境监测方案的设计、咨询及后期运营、维护等。

2014 年,先河环保先后收购了美国 CES 公司、广州市科迪隆科学仪器设备有限公司、广西先得环保有限公司、全资成立先河正态环境监测有限公司、河北先河正源环境治理技术有限公司。美国 CES 公司创立于 1996 年,致力于空气、大气以及水质重金属的在线监测,污染源追溯与空气重金属治理解决方案,是世界重金属监测领域中唯一一家被美国环保署(EPA)认可并通过美国环保技术认证(ETV)的厂家,在国际市场中占据领先地位。广州市科迪隆科学仪器设备有限公司和广西先得环保有限公司在两广地区专业从事环境监测在线系统建设和环境监测设备第三方运营服务,在业务领域使用的均是进口高端监测设备,在进口高端监测仪器的操作、控制以及系统集成、软件搭载等方面积累了丰富的经验。先河正态环境监测有限公司意在开展第三方检测业务,主要检测内容为环境质量检测、污染源检测、辐射检测、油气回收检测等其他检测业务。河北先河正源环境治理技术有限公司是专业从事工业有机废气治理的高新技术企业,致力于成为 VOCs 治理行业的创新者和领跑者。

2015 年,先河环保收购四川久环环境技术有限公司(以下简称"四川久环")80%的股权,四川久环成为先河环保的控股子公司。四川久环在地表水、污染源与重金属等水质自动监测领域积累了丰富的行业经验及市场。凭借结盟世界知名环境在线监测仪器制造商法国赛环,四川久环专业生产 SERES/SINOEPA 品牌系列水质在线自动监测仪器,在市场拥有良好的信誉和品牌知名度,在各类重点监测项目上批量使用,是国家重点水质自动监测站使用和推荐的重点品牌之一。先河环保通过收购四川久环,拓展水质监测市场。

2016 年,先河环保通过河北先河正源环境治理技术有限公司收购了北京卫家环境技术有限公司,切入民用净化领域。此外,还收购了美国 Sunset。Sunset 是世界有机碳与 OCEC(元素碳)气溶胶颗粒分析仪的领袖。

从 2013 年至 2016 年,先河环保从最初的空气质量检测公司转变为一家全价值链管理的公司,除去传统的环境监测设备业务,其运营服务业务比重也在不断增加,业务涉及生态环境监测装备、运维服务、社会化检测、环境大数据分析及决策支持服务、VOCs(挥发性有机化合物)治理以及民用净化领域。同时,其发展布局逐渐由河北走向整个中国,并走向世界,集团化战略逐渐实现。

三、前沿技术研究与技术创新

二十多年来,先河环保一直坚持走自主创新道路,拥有多项行业前沿技术。仅于2015年先河环保就获得9项专利,其中发明专利4项,实用新型专利5项;新申请专利4项,其中发明专利1项,实用新型专利3项。截至2015年12月31日,先河环保共拥有专利42项,包括发明专利6项,实用新型专利30项,外观设计专利6项;软件著作权29项。

推出大气网格化监控系统,突破传统监测局限,先河环保的先进理念决定了它的战略决策。先河环保的定位是做中国高端环境监测仪器的领航者。2015年上半年,在全参数空气质量传感监测仪的基础上,先河环保持续开发了TVOC传感监测仪,并整合物联网、云计算、空间地理信息集成等技术,推出基于室外空气质量监测的端到端一体化应用解决方案——大气污染防治网格化精准监控及决策支持平台。这一平台的推出代表着当前先河环保自主创新和内部协同的新高度。网格化监控系统采用最新的微型化及国标方法的小型化组合监测技术,以"全面布点、全面联网"为宗旨,通过大范围、高密度"网格组合布点",结合立体监测、移动监测,形成覆盖整个区域的在线监控网格,可实现密集布点、成本低廉、数据可靠的大气监测系统,满足环保部门监督检查以及监测范围全面覆盖的要求。

图 9-14　网格化精准监控系统

针对城市居民区、农村乡镇、工业园区、重点工业企业、道路交通、建筑工地、区域边界、污染物传输通道等多种环境监测对象,网格化监控系统不仅能够实时监控区域内主要污染物的动态变化,快速捕捉污染源的异常排放行为并实时预警,而且能通过数据分析甄别区域污染的主要来源,对其实现靶向治理。该系统还一举打通了大气监测数据与污染源监控管理、精准治理、评估评价、预警预报和政府决策的通道,其独创的"三级修正"和"四级校准"体系,可以有效保证数据准确稳定可靠,是对传统监测理念的革命性创新。

目前,平台支撑了 20 余个城市超过 2000 个监测点的监测数据实时展示、查询及分析,通过权限及细分模块配置实现不同用户功能不同的展现形式。通过传感器监测网络,平台用户可更好地了解区域污染实时分布,记录完整的污染事件和不同区域污染的真实情况,为减排和应急处置提供数据支持。平台通过自动统计每一次污染事件,预判并跟踪该事件对城市空气质量造成的影响,从而为政府高效精准地治霾提供科学决策依据,实现了云智能环保业务模式的创新,推动环保数据对改善国计民生的价值提升。在水质监测方面,先河环保开发了水质精细化网格监测系统方案,同时研发了适用于岸边、野外的小型化水质自动监测站,可实现常规五参数、氨氮、高锰酸盐、总磷、总氮等参数的自动监测。小型化水质自动监测站占地面积非常小,建站、移动方便,成本低;监测参数均采用国标法,无人值守自动运行,可完全替代现有水质自动监测站。运用网格化监控系统,先河环保在衡水市实现了"点对面、四位一体"的创新管理模式,在石家庄实现了扬尘污染的精准治理。

未来先河环保对于网格化产品还会从更多的角度深入:一是大力整合内外部资源,进行深度数据分析与功能挖掘,拓展应用;二是完善技术,提升产品稳定性和产品成熟度;三是从战略高度和抢占市场先机的角度,提高认识,各部门紧密配合,迅速系统化完成网格化系统的规范和指标体系,力争成为市场规矩的制定者、引领者;四是市场部要在全国全面铺开宣传与推广,高举高打,快速提升品牌影响力,成为引导市场的先行军;五是完善商业模式并加紧复制,实现规模效益。

除去大气网格化系统,先河环保在数据分析应用等前瞻领域亦有所涉及,预警预报平台、网格化平台、交通运输监测平台、在线源解析软件等渐成肱骨,在相关领域已批量应用;小型化空气质量监测系统日臻成熟,成为网格化大系统的重要支撑;颗粒物自动换膜采样器研制成功,极大提升了运营维护效率。在水质监测产品方面,新一代柜式监测仪器以及亚硝酸盐、总磷、氨氮等小型水质原位分析仪研制完成。

四、高附加值产品

先河环保的高附加值产品一个是基于"环保+物联网"和"大数据"的先进理念,通过自主创新,率先在业内推出的领先国内外的大气污染防治网格化精准监控及决策支持系统,其采用最新的微型化、小型化产品组合监测技术,通过科学合理的"组合布点",组成"群体式"的协同监测网络和专业性的"数据校准体系",达到环境监测网络全覆盖,是对传统大气监测理念的创新实践。另一个是在保定雄县开展的产业集群区域VOCs 第三方治理新模式。

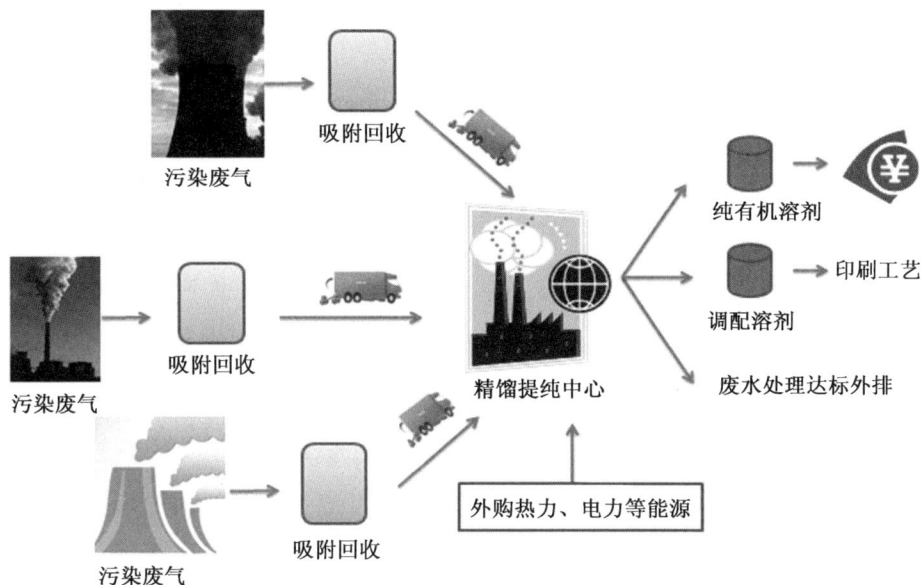

图 9-15　雄县包装印刷产业聚集区第三方治理项目

在 VOCs 治理领域,先河环保研制出了系列无铬浸渍炭、常温一氧化碳净化炭、溶剂回收炭、蜂窝状活性炭、活性炭纤维等吸附催化材料,多种高效低阻过滤纸、碳基泡沫、分子筛等材料,开发了大风量低浓度有机废气净化、烟草熏蒸尾气治理、溶剂回收等技术,在有机废气和有毒有害气体治理方面处于国内领先水平。先河环保 VOCs 治理业务的承接平台河北先河正源环境治理技术有限公司在整车涂装、PVC 手套油气回收、乳胶生产废气治理等领域都取得了突破性进展,而保定雄县包装印刷产业 VOCs 第三方治理项目一经推出便引起了极大轰动,为先河环保从监测到治理的扩张打下了坚实基础。

对于 VOCs 治理,先河环保将进一步一边完善现有的技术方案,健全不同产业治理方案,一边加快商业模式和盈利模式论证,针对不同类别项目和领域,实现商业模式最优并定型,同时也加快成熟案例的复制推广。

五、结论

随着"互联网＋"的发展,先河环保瞄准未来竞争领域,立足资本市场优势,积极推进兼并收购工作,加速产品技术与集团化建设,努力推动产业内的全球化整合及多元化扩张,开启了先河环保"服务国家战略、引领全球竞争"的新时代。

2016 年,先河环保通过体制改革,整合销售资源,形成大营销管理格局。先河环保与各子公司本着"优势互补,提高资源利用率、打造协调统一有机整体"的原则,进行营销管理及市场策略布局,协同效应明显。

技术与市场的结合,均是为了实现先河环保的三年目标——集团化、全球化、市值超百亿服务,期待先河环保走出自己的多元化道路。

(资料来源:作者根据多方资料整理而成)

本章小结

　　创业型企业通过技术创新、产品创新、价值创新的方式突破已有企业的局限,在创新的过程中诞生。然而,从创新到创业的过程并没有那么顺利,在当下竞争日益激烈的环境中,创业型企业更多地借助于价值创新来分得市场的一杯羹,而其价值创新又会基于利益相关者进行考虑。

　　创业者通过创新的途径建立了自己的企业,开始进行生产运营管理工作,从最前端的产品研发、生产制造到财务管理、人力资源,再到物流管理、市场营销,创业型企业实现了从投入到产出的完整过程。当共享经济在市场范围内逐渐扩散时,借助这一模式,创业型企业可能会走得越来越远。

问题思考

1.创业型企业如何实现从创新到创业的过程?

2.创业型企业该如何实现价值创新?

3.创业型企业应如何处理好企业的运营管理?

4.如何借助共享经济让企业运营效果更佳?

后　记

　　李克强在2014年9月的夏季达沃斯论坛上发出"大众创业、万众创新"的号召，并在2015年的政府工作报告中提出：推动大众创业、万众创新，既可以扩大就业、增加居民收入，又有利于促进社会纵向流动和公平正义。

　　在国家推进创新创业过程中，大众的创业创新热情得到了充分的释放。双创活动对促进新技术、新产品、新业态、新模式的发展，加快培育和壮大新产业发挥了重大作用。同时，创业投资呈现爆发式增长态势，不仅投资量有所增加，而且创业投资渠道体现出多元化特征，创业服务体系逐步完善，全国各地、各个层面都如火如荼地开展创新创业活动，各类创客空间、示范基地、创业大赛如雨后春笋般地涌现出来，不断激发民族的创业精神和创新基因。

　　《创业管理》教材的撰写是在对创业教育长期跟踪、研究的基础上，结合编著者团队持续在大学生创新创业教学、创新创业大赛、创业管理实践、商业模式等方面展开实践与研究进行的梳理和总结。可以说，本教材是集成商业模式视角去探索创业管理的内涵。该教材主要定位读者群是：创业管理、工商管理、电子商务、金融投资类高等院校专业学生，企业经营管理人才，管理咨询顾问，投资人才。可以说，本教材不仅面向经济管理类专业学生的培养和学习，而且还对企业管理人员具有一定的参考价值。

　　《创业管理》教材是在华东交通大学经济管理学院蒋翠珍副教授主持的2016年江西省高等学校改革研究课题《工科普通高校大学生创业教育课程体系的构建与实践》（课题编号：jxjg-16-5-8）的研究基础上构建大纲而编写的，并由蒋翠珍、廖列法、余来文、封智勇编著，承担了从项目策划、拟订大纲及各章节详细的写作思路、内容的审定，提出具体修改意见与执笔修订、定稿等工作。同时，华东交通大学刘修财老师，江西师范大学王江容、程云鹏、刘梦菲等三位研究生也参与了本教材相关章节的编写工作，具体参与编写人员分工为：第一章（王江容、余来文），第二章（王江容、封智勇），第三章（蒋翠珍、廖列法），第四章（程云鹏、廖列法），第五章（廖列法、蒋翠珍），第六章（程云鹏、封智勇），第七章（刘梦菲、蒋翠珍），第八章（刘修财、蒋翠珍），第九章（刘梦菲、余来文）。当结束写作时，如果说最后成书是一项成果，那么这就是一个众人智慧的集合。我们有效利用了汇川技术、尚品宅配、超图软件、达安基因、量子高科、美图等公司的内外部资料，包括网站资料、相关总结、成功经验、管理智慧和商业实践，使本书得以顺利完成。在此对这些成功企业表示感谢。

特别需要说明的是,本教材在编写过程中,学习、借鉴、吸收和参考了国内外众多专家学者的研究成果及大量相关文献资料,并引用了一些书籍、报刊、网站的部分数据和资料内容。引用资料尽可能地在参考文献中列出,也有部分由于时间紧迫,未能与有关作者一一联系,敬请见谅。在此,对这些成果的作者深表谢意。

限于研究者的学识水平,书中错漏之处在所难免,恳请各位同仁及读者指正。如您希望与我们进行沟通、交流,扬长补短,发表您的意见,请与我们联系。联系方式:eleven9995@sina.com.

参考文献

[1]付遥.创业时代 2[M].北京:中信出版社,2016.

[2]彼得·蒂尔,布莱克·马斯特斯.从 0 到 1:开启商业与未来的秘密[M].北京:中信出版社,2015.

[3]本·霍洛维茨.创业维艰:如何完成比难更难的事[M].北京:中信出版社,2015.

[4]孙陶然.创业 36 条军规[M].北京:中信出版社,2015.

[5]成杰.永不放弃:马云给创业者的 24 堂课[M].北京:中国华侨出版社,2011.

[6]彼得·戴曼迪斯,史蒂芬·科特勒.创业无畏:指数级成长路线图[M].浙江:浙江人民出版社,2011.

[7]任雪峰.我的成功不是偶然——马云给年轻人的创业课[M].北京:中国画报出版社,2010.

[8]李志刚.创京东:刘强东亲述创业之路[M].北京:中信出版社,2015.

[9]丹尼尔·平克.全新思维:决胜未来的 6 大能力[M].浙江:浙江人民出版社,2013.

[10]老雕.MBA 教不了的创富课[M].北京:当代中国出版社,2013.

[11]阳飞扬.从零开始学创业[M].北京:中国华侨出版社,2011.

[12]吉姆·柯林斯,杰里·波勒斯.基业长青[M].北京:中信出版社,2009.

[13]张玉利.创业管理[M].北京:机械工业出版社,2008.

[14]张玉华,王周伟.创业基础[M].北京:清华大学出版社,2014.

[15]卡普兰,沃伦.创业学[M].北京:中国人民大学出版社有限公司,2009.

[16]魏拴成,曹扬.技术创业学:创业思维 流程 实践[M].北京:清华大学出版社,2014.

[17]巴林格,爱尔兰.创业管理成功创建新企业[M].北京:机械工业出版社,2010.

[18]海天理财.一本书读懂大数据商业营销[M].北京:清华大学出版社,2015.

[19]张翔.微信小程序:分享微信创业 2.0 时代千亿红利[M].北京:清华大学出版社,2015.

[20]莫尔斯,米切米.创业学案例[M].上海:上海人民出版社,2008.

[21]罗珉.管理学范式理论的发展[M].西南财经大学出版社,2005.

[22]张玉利.企业家型企业的创业与快速成长[M].南开大学出版社,2003.

[23]彼得·德鲁克(美).组织的管理[M].上海财经大学出版社,2003.

[24]伊查克·麦迪思.企业生命周期[M].中国社会科学出版社,1997.

[25]斯晓夫,王颂,傅颖.创业机会从何而来:发现,构建还是发现＋构建?——创业机会的理论前沿研究[J].管理世界,2016(03).

[26]杨静,王重鸣.创业机会研究前沿探析[J].外国经济与管理,2012(05).

[27]张玉利,杨俊,任兵.社会资本、先前经验与创业机会——一个交互效应模型及其启示[J].管理世界,2008(07).

[28]秦剑.基于创业管理视角的创业拼凑理论发展及其实证应用研究[J].管理评论,2012(09).

[29]张玉利,陈寒松,李乾文.创业管理与传统管理的差异与融合[J].外国经济与管理,2004(05).

[30]俞晓春.适合中国的创业管理理论内涵的研究[J].现代经济信息,2010(16).

[31]付忠臣.创业教育与大学生创业思维培养[J].亚太教育,2016(20).

[32]陈标金,李胜文.大学生创业思维的内涵与培育途径[J].教育探索,2016(10).

[33]严毛新.政府推动型创业教育:中国大学生创业教育的历程及成因[J].中国高教研究.,2011(03).

[34]季学军.美国高校创业教育的动因及特点探析[J].外国教育研究,2007(03).

[35]黄兆信,王志强,刘婵娟.地方高校创业教育转型发展之维[J].教育研究,2015(02).

[36]杨晓慧.我国高校创业教育与创新型人才培养研究[J].中国高教研究,2015(01).

[37]黄兆信,曲小远,施永川,曾尔雷.以岗位创业为导向的高校创业教育新模式——以温州大学为例[J].高等教育研究,2014(08).

[38]向辉,雷家骕.大学生创业教育对其创业意向的影响研究[J].清华大学教育研究,2014(02).

[39]段华.创业企业货币资金管理问题研究[J].科技经济市场,2017(01).

[40]茅天元.论创业企业人力资源管理问题[J].市场周刊(理论研究),2017(01).

[41]李晚晴.孵化企业创业初期中的财务管理问题研究[J].商,2016(15).

[42]常萃.创业企业的管理实践[J].商,2015(06).

[43]陈明,余来文.商业模式:创业的视角[M].厦门大学出版社,2011.

[44]李飞,刘茜.市场定位战略的综合模型研究[J].南开管理评论,2004(05).

[45]张玉明.当家人的基本功(连载八)企业定位的方法:聚焦和差异化[J].北方牧业,2014(07).

[46]张泽一.产业政策有效性问题的研究[D].北京交通大学,2010.

[47]廖建文,崔之瑜.优化生态圈,迎接"HER"时代[J].哈佛商业评论,2015,(11).

[48]李文英.顾客体验与顾客参与理论的比较分析[J].商业时代,2012(20).

[49]喻见波,吴莹.基于服务价值利润链的服务管理应用探讨——以海底捞火锅店为例[J].商品与质量,2012(S3).

[50]黄顺魁.制造业转型升级:德国"工业4.0"的启示[J].学习与实践,2015(01).

[51]傅建中.智能制造装备的发展现状与趋势[J].机电工程,2014(08).

[52]饶扬德.企业资源整合过程与能力分析[J].工业技术经济,2006,(9):72—74.

[53]谭斌.企业能力整合与西部企业核心竞争能力[J].商场现代化,2006,7(473).

[54]肖坦.以科学发展观统领企业资源整合[J].企业文明,2009,(05):25-27.

[55]黄津孚.资源能力与核心竞争力[J].经济管理,2005,(20):4-5.

[56]吕立志.论新资源在新经济中的地位和作用[J].中国软科学,2001,(9):21-25.

[57]周子悦.科技时代下暴走漫画的成功及其原因分析[J].科技传播,2014(22).

[58]马鸿佳.创业环境、资源整合能力与过程对创新企业业绩的影响研究[D].吉林大学,2008,32.

[59]Allen F,Song W L. Venture Capital and Corporate Governance[J]. Center for Financial Institutions Working Papers,2002.

[60]崔远淼,刘国樱. 创业企业公开上市时机选择及策略探讨[J]. 萍乡高等专科学校学报,2005(1):70-73.

[61]房四海.风险投资与创业板[M].机械工业出版社,2010.

[62]蒋政.融资方略[M].经济管理出版社,2003.

[63]萨尔曼.创业企业融资[M].中国人民大学出版社,2003.

[64]沈禄政.酷6盛大整合之殇[J].网络传播,2012(5):80-81.

[65]肖甲第.我国风险投资退出机制研究[D].苏州大学,2009.

[66]杨开明.企业融资:理论、实务与风险管理[M].武汉理工大学出版社,2004.

[67]易歆歆.创业企业融资方法研究[J].中国商界,2010(1):127.

[68]佚名.风险投资六要素[J].中国科技信息,2001(17):31-31.

[69]贝昂无耗材空气净化器官网.http://www.beiangtech.com/.

[70]樊硕.商业计划于新企业生成:环境不确定性与产品创新性的角色[J].科学学与科学技术管理,2012-03-10.

[71]MBA智库网.http://wiki.mbalib.com/wiki/.

[72]龚文.如何撰写商业计划书[J].国际融资,2001,12.

[73]史琳,宋微,李彩霞,吴学彦.量身定制商业计划书[J].价值工程,2013,28.

[74]郭莉.撰写商业计划书应注意哪些问题[J].投资北京,2010,03.

[75]闪电购官网.http://www.52shangou.com/.

[76]网易严选官网.http://you.163.com/.

[77]健客网.http://www.jianke.com/.

[78]ROOBO智能管家官网.http://www.roobo.com/.

[79]作业帮.http://www.zybang.com/question/index/homeabout/.

[80]贺尊.创业计划书的撰写价值及基本准则[J].创新与创业教育,2012,10.

[81]陈德棉,邹辉文.风险投资项目初选方法和评估指标[J].科学学与科学技术管理,2001,10.44-47.

[82]OFO小黄车官网.http://www.ofo.so/.

[83]盛亚辉.创业投资策划与商业计划书[J].科技创业,2003,03.

[84]刘亚平.创业计划书的写作应抓住六要素[J].企业文化,2008,31.

[85]文之.怎样拟定创业计划书[J].劳动保障世界,2011,06.

[86]尹淑娅.风险投资中的创业企业价值评估模型及其运用[J].中国软科学,1999(06),78—79.

[87]国家信息中心信息化研究:《分享经济》案例之小猪短租——有人情味的住宿.

[88]小猪网. http://www.xiaozhu.com/.

[89]Sahlman W A. Some Thoughts on Business Plans[J]. 1996.

[90]Timmons J A，Spinelli S. New venture creation：entrepreneurship for the 21st century[J].Andi，1999.

[91]陈明,余来文. 商业模式：创业的视角[M]. 厦门大学出版社,2011.

[92]德鲁克. 创新与创业精神[M]. 上海人民出版社,2002.

[93]黄福宁. 创新概念范畴拓展的理论依据、实践价值及实施建议[J]. 科技与经济，2012，25(6):16—20.

[94]李时椿，常建坤. 创新与创业管理[M]. 南京大学出版社,2006.

[95]刘静,张征华等.财务管理[M].江西高校出版社,2013.

[96]科特勒. 市场营销教程[M]. 华夏出版社,2000.

[97](美)彼得.F.德鲁克 张炜译 创新与创业精神[M].上海人民出版社,2005.

[98]雍兰利,魏凤莲. 物流管理概论[M].浙江大学出版社,2011.

[99]约瑟夫·熊彼特,熊彼特,郭武军等. 经济发展理论[J]. 2015.

[100]周子悦. 科技时代下暴走漫画的成功及其原因分析[J]. 科技传播,2014(22).